民國文化與文學研究文叢

五 編

李 怡 主編

第 18 冊

時代潮汐衝擊下的文壇砥柱
——茅盾（下）

丁爾綱 著

國家圖書館出版品預行編目資料

時代潮汐衝擊下的文壇砥柱——茅盾（下）／丁爾綱 著 — 初
版 — 新北市：花木蘭文化出版社，2015〔民 104〕
目 2+296 面；19×26 公分
（民國文化與文學研究文叢 五編：第 18 冊）
ISBN 978-986-404-260-9（精裝）
1. 沈德鴻 2. 學術思想 3. 文學評論
541.26208   104012153

ISBN-978-986-404-260-9

9 789864 042609

民國文化與文學研究文叢
五 編 第十八冊   ISBN：978-986-404-260-9

時代潮汐衝擊下的文壇砥柱
——茅盾（下）

作　　者　丁爾綱
主　　編　李 怡
企　　劃　四川大學現代中國文化與文學研究中心
　　　　　北京師範大學民國歷史文化與文學研究中心
總 編 輯　杜潔祥
副總編輯　楊嘉樂
編　　輯　許郁翎
出　　版　花木蘭文化出版社
社　　長　高小娟
聯絡地址　235 新北市中和區中安街七二號十三樓
　　　　　電話：02-2923-1455／傳眞：02-2923-1452
網　　址　http://www.huamulan.tw 信箱 hml 810518@gmail.com
印　　刷　普羅文化出版廣告事業
初　　版　2015 年 9 月
全書字數　189682 字
定　　價　五編 24 冊（精裝）新台幣 45,000 元   版權所有‧請勿翻印

時代潮汐衝擊下的文壇砥柱
——茅盾（下）

丁爾綱　著

目次

乙　編

讀茅盾的處女作《蝕》三部曲

　　茅盾是初次提筆寫作就已相當成熟了的少數大作家之一。他的處女作《蝕》是由三個連綴性的中篇小說組成的三部曲，包括《幻滅》、《動搖》和《追求》，初次發表就一鳴驚人，震動了中國文壇。作家的精湛眼光和藝術才華很快取得了公認。但在茅盾說來，其成功並非偶然。茅盾在商務印書館歷時十年（通稱「商務十年」）的辛勤積累和「五四」新文化浪潮經受的薰陶使他接受了古今中外廣袤浩瀚的文藝的洗禮。中國共產黨建黨時他作為第一批黨員所從事的多方面的聯絡上下的革命實踐使他積累了豐富的生活素材。鍛煉出一副犀利的眼光。長期從事理論研究、文學批評、文藝編輯與翻譯介紹的一系列工作又使他較徹底地、消化了人類的文學遺產的豐富滋養。所以，當茅盾提筆創作時，他好像把一個干將莫邪精心冶煉的寶劍，初試鋒芒即犀利異常。

　　《蝕》自問世以來，受到熱烈的讚譽，也遭到過不公正的批評與苛責。對待此書，至今仍是仁者見仁，智者見智。評價頗不一致。因此，結合著它問世四十五年來經受的社會檢驗重新作客觀的估價，藉此總結茅盾的創作實踐經驗與教訓，也許並非多餘的事。

一

　　《蝕》之所以一發表就吸引了廣大讀者，特別是吸引著廣大青年讀者，重要的原因之一，是把人物的命運放在動蕩的大時代中經受波瀾狀闊的浪潮的沖刷洗滌，藉此顯示了頗為深邃的人生哲理。

　　在《幻滅》（三部曲第一部）中，作者截取的是靜女士和慧女士的人生道

路中較有關鍵性的一個斷面，這斷面對靜說尙大體完整，對慧說只是幾個片段。即便如此，仍然展現了從「五卅」運動到北伐潮中那波浪翻騰、風雷激蕩、烏雲滿天、濁風卷地的複雜的時代和複雜的人生。因爲作家筆下的人物和行進著的時代浪潮、社會變革或者若即若離，或者緊密攸關、藉助人物命運和其人生道路的曲折坎坷，把「五四」到北伐席捲全國、震動中原的社會政治事變，成功地展現在讀者面前。使我們能透過轟轟烈烈的政治風雲看到泥沙俱下的一面；也從風雲變幻背後，看到人們的心靈的歷程。他們的喜怒哀樂，在作者筆下無不和時代的脈膊相通。於是我們該從作品中看到了作者筆下的人物是怎麼處理個人命運與時代的政治變革的關係；又在作家的啓示與幫助下，自己去探求什麼是正確處理個人命運與時代政治變革關係的途徑。而無論間接描寫的「五卅」以來的學生運動也好，直接描繪的北伐誓師典禮也好，這些彌足珍賞的時代剪影，首先是在茅盾作品中拍攝下來。提供了這種歷史畫面的現代作家，除茅盾外，還很難找。

　　《幻滅》的藝術構思圍繞著靜女士的心靈歷程與她追求、動搖、幻滅、幻滅動搖、追求的反反覆覆的過程。作家緊緊抓住她和革命的關係展開她的內心世界。她主觀上傾向於革命。儘管她時有反覆，對社會變革或者若即若離，或者緊密聯繫。然而正是「五卅」前後的學生運動把受過「五四」思想洗禮，具有反帝反封建精神，熱心於通過社會變革來改變自己命運的靜女士捲入社會；也是這種泥沙俱下、魚龍混雜的學生運動中的陰暗面使靜女士的那顆嫻靜、善良的心變得心灰意冷。她偏居一隅、讀書解悲，然而藉書解悲悲更悲。她不甘寂寞；又試作愛情的追求，不料卻落入抱素這個政治歹徒的彀中。幻滅之餘再作追求，又受了北伐進軍鼓點的激勵。也正是在北伐爲標誌的大革命的嚴肅工作中，她又不滿於醉生夢死的生活與莫名其妙的感官刺激，然而她和強連長的「廬山戀」，不也是一種刺激嗎？靜女士表面上和從「五卅」到北伐的政治運動時即時離、若即若離，事實上她始終是和「弄潮兒」一樣，並沒有擺脫時代浪潮的「沾濕」。藉助這個大時代下的新女性的曲折坎坷的生活道路的眞實描繪。作家對激烈得快也平和得快的小資產階級革命青年作了善意而有深度的批評。民歌中說：「捨得一身剮，敢把皇帝拉下馬」。這一點靜女士是做不到的。她的個人追求雖有傾向革命、反抗黑暗的一面，但其中心還是個人主義的。這就使她時時有所顧忌：正義感促使她追求光明，不苟流俗；利己主義又使她難以捨身。所以她沒有在充滿污穢和血的革命中

摸爬滾打。她始終是個和革命事業隔著一層皮的人。

　　不過作家毫無全盤摸煞這類人物的意思。他說《幻滅》是寫這類革命青年革命前夕的亢昂興奮和革命既到面前時的「幻滅」，對此作家是作了具體分析的。「革命前夕的亢昂興奮」一語包含著兩方面的意思：一方面是革命積極性的表現；另方面則包含著不切實際的浪漫諦克的幻想。「革命既到面前時的幻滅」一語也包含著兩方面的意思；一方面是那不切實際的浪漫諦克的幻想被含有污穢和血的殘酷現實所粉碎；另方面則包含著被泥沙俱下的某些陰暗面所震懾而搖擺到一葉障目，不見森林的絕望境地。這一切都是小資產階級兩重性的反映，茅盾這方面的形象概括無異獲得了極大的成功。

　　在《動搖》（《蝕》三個曲第二部）中，作家放棄了藉人物的個人感受以側面寫政治運動的筆法，而是把主人公方羅蘭和胡國光直接推到湖北武昌附近一個縣城的工農革命與店員、婦女風潮中。並以從「四一二」到「七一五」、蔣介石、汪精衛叛變革命、夏斗寅事件衝擊湖北全省等事件爲大的政治背景。作品中的情節是直接從政治運動中提煉出來的。方羅蘭和胡國光作爲國共合作末期的國民黨官僚和打進國民黨內部的土豪劣紳，儘管有一個從相互對立衝突到殊途同歸、終將同流合污的過程，但他們之間那曲折複雜、細緻入微的政治糾葛、始終沒有脫離大革命臨近失敗期的政治風雲和重大社會變革事件。因爲作家是有意識地把他們安排在這個縣城的政治風暴中心，一箭雙雕地既寫他們各自的獨特性格以分別顯示其典型意義，又藉以反映其性格發展的典型環境，而這環境，也就是陰雲密布、朔風呼號的反動逆流和鋪天蓋地、沖決激蕩的工農革命運動的大搏鬥本身。

　　茅盾說：「《動搖》所描寫的就是動搖，革命劇烈時從事革命工作者的動搖。」「《動搖》的時代正表現著中國革命史上最嚴重的一期，革命觀念革命政策之動搖，——由左傾以至發生左稚病，由救濟左稚病以至右傾思想的漸抬頭，終於爲大反動。」「像胡國光那樣的投機份子，當時很多；他們比什麼人都要左些，許多惹人議論的左傾幼稚病就是他們幹的。因爲這也是『動搖』中的一現象」。所以茅盾「描寫了一個胡國光」。茅盾寫方羅蘭的「用意確要將它作爲《動搖》中的一個代表。」他「認不清這時代的性質，然而他現充著黨部裡的要人，他不能不對付著過去，於是他的思想行動就顯得很動搖了。」〔註1〕

〔註1〕　《從牯嶺到東京》，《茅盾論創作》，第34～35頁。

　　方羅蘭的性格表面看來似乎不能和靜女士一起也列入「現代青年」行列之中。他是稍長於靜女士而又置身政界的「幸運兒」。但從精神氣質著眼來衡量，方羅蘭確代表著已經「爬上去」了的小資產階級上層份子。這種人一路做官，一路右下去，是會滑進反動的泥坑而難以自拔的。方羅蘭的性格，有這種趨勢。最能代表他的政治傾向的是他那段有名的自白：

　　──正月來的帳，要打總的算一算！

　　　你們剝奪了別人的生存，掀動了人間的仇恨，現在是自食其報呀！你們逼得人家走投無路，不得不下死勁來反抗你們，你忘記了困獸猶鬥麼？你們把土豪劣紳四個字造成了無數新的敵人；你們趕走了舊式的土豪；卻代以新式的插革命旗的地痞；你們要自由，結果仍得了專制。所謂更嚴厲的鎮壓，即使成功，亦不過你自己造成了你所不能駕馭的另一面的專制。告訴你罷，要寬大，要中和！惟有寬大中和，才能消彌那可怕的仇殺。

　　　　　　　　　　　　　　──《茅盾文集》第 1 卷，第 249～250 頁

這是典型的「痞子運動」論。方羅蘭既撇開工農運動興起之前千百年來地主階級對農民的殘酷統治的事實，又隻字不提例如毛澤東在《湖南農民運動考察報告》中所列舉的「十四件大事」之類工農革命的歷史功績。反而把階級對抗責任一古腦地推到革命群眾身上。他表面上的「寬大中和」的中間立場，正是魯迅所說的「醜態而蒙著公正的皮。」「誰知道人世上並沒有這樣一道矮牆，騎著而又兩腳踏地，左右穩妥」。〔註 2〕實際上方羅蘭是正在「動搖」到革命運動的對立面一邊去。方羅蘭「不但在黨務在民眾運動上，並且在戀愛上，他也會動搖的。」茅盾把「方羅蘭之無往而不動搖」〔註3〕作為其性格特徵，在當時，在今天，都很有典型意義。其精華所在是明白地招示我們失卻起碼的革命氣質而又爬進統治階層的小資產階級右翼，儘管時有搖擺，但其基本趨勢是愈來愈右。正是這種人成了蔣汪等輩叛變革命的社會基礎。

　　《追求》（《蝕》三部曲最後一部）所寫，已經是北伐落潮、「四一二」剛過，政治角逐場上一片蕭殺景象了。白色恐怖和文字獄固然使正面描寫這一事變的革命作品無法問世，被通緝的茅盾當然也無法藉助調查研究去捕捉「劫

〔註 2〕　《答 K・S 君》，十卷本《魯迅全集》第 3 卷，第 84 頁。
〔註 3〕　《從牯嶺到東京》，《茅盾論創作》，第 35 頁。

後」的社會生活和革命處於低潮時的斷簡殘篇般的個別事件。於是茅盾又從《動搖》的寫法回到《幻滅》的寫法。不過有了兩篇試筆積累的經驗，茅盾畢竟不致退回原地去「冷飯重炒」，他採用多側面地截取政治敏感性最強的上層建築，意識形態領域生活片段的辦法，藉助多線索平行推進的電影蒙太奇手法加以組接，於是分別反映了新聞、教育等戰線的王仲昭、張曼青、史循、章秋柳等的灰色生活，把它相互映襯地組織在一部「劫後拾遺」的時代剪影片裡。於是，個人的種種追求與反覆失敗、不斷幻滅，知識份子經過革命潮頭的亢昂興奮之後在革命落潮期又傾向另一極端的行為——幻滅、頹唐、苦悶，追求無休止的感官刺激、編織蜘蛛網式的個人幸福的小天地……一下子都獲得了時代的意義。因為這是時代的側影、生活的支流，是革命落潮期必然呈現的複雜多變、紛紜幻漫的社會思潮的有機組成部分，帶有明顯的中國式的「世紀末」情緒。

《追求》中的一群是和方羅蘭不同質的。他們的苦悶和追求說明他們還有革命的要求。在「四一二」反革命政變之後的政治泥潭中，既不肯同流合污，又不能出污泥而不染。而在政治動亂的污泥濁水裡摸爬滾打過程中他們又經受不住那種嚴峻局勢的考驗。在「霧」樣的低氣壓中他們又不耐焦灼、不甘寂寞。在這充滿「中國式的世紀末的苦悶」的「時代病」中，他們就集結為這樣的一群：把幻滅的悲哀、向善的焦灼、頹廢的衝動融為一體。在力所能及處有所追求；又在追求中一一幻滅。

張曼青厭棄官場而想在教育上有所建樹。但他那遠不如葉聖陶筆下的倪煥之（《倪煥之》）的教育「理想」，在反動當局及追隨反動當局的走狗壓制學生的淫威下和習俗勢力的猖獗面前被打得粉碎，甚至他連戀愛的追求也失敗了。朱女士政治上的淺薄、情趣上的庸俗和「河東獅吼」的氣勢，足以把張曼青對生活的追求一筆斷送。

王仲昭最初似乎是個幸運者。他的新聞改革和愛情追求使他面前出現了春風得意的幻景。但是他高興得太早了一點。儘管他的改革計劃平庸淺陋，意趣也相當低，卻為反動當局所不容。「半步主義」的做法又行不通，最後連愛人也遭車禍毀了花容（這種描寫沒有生活的必然性，是茅盾在極端悲觀情緒支配下的一種敗筆）。

史循連自殺的追求都難實現。章秋柳追求刺激而頻演悲劇。她的自以為有所作為的改造史循的計劃，無非是藉縱慾喚起他生活的興趣，結果卻斷送

了他的性命。她自己也染上了梅毒，危及到她有恃無恐的肌體。這是她唯一的仗持！在這些人物命運的展示裡，茅盾的悲觀失望情緒達到極致。這些描寫有時違背了生活真實，違背了現實主義的邏輯。但是，通過這些人物命動悲劇的鞭辟，我們分明感到作家對自己那幻滅情緒也充滿了厭棄。不過這改變不了作品的基調，所以《追求》是《蝕》三部曲中最差的一部。

二

論及《蝕》三部曲，通常都要引用下面這段話：

> 我是真實地去生活，經驗了動亂中國的最複雜的人生的一幕，
> 終於感得了幻滅的悲哀，人生的矛盾，在消沉的心情下，孤寂的生
> 活中，而尚受生活執著的支配，想要以我的生命力的餘燼從別方面
> 在這迷亂灰色的人生內發一星微光，於是我就開始創作了。
>
> ——《從牯嶺到東京》，《茅盾論創作》，第 29 頁

這段話說明茅盾作為文學研究會的發起人和主要成員，儘管他的創作生涯開始稍遲，他仍然是堅持「文學為人生」主張的。不過這比文學研究會草創時期那種以人性論為思想基礎的「為人生的藝術」進了一大步，也和他從事社會運動之同時又以文學為業，並把文學活動置於從屬社會運動之地位時不同。經過白雲蒼狗的生活變換，茅盾從「真實地探索人生真諦」這個現實主義基點出發，來總結自己和別人的人生經驗，藉以映照出大時代的真實投影，並希望因此對自己、對別人都有裨益。這就決定了茅盾初次提筆，就把自己的人物及其命運放置在動亂激蕩的大時代的廣闊背景上。作品以其重大的主題、重大的題材、開闊的畫面與磅礴的氣勢，顯示出茅盾的創作個性與風格特色，茅盾說過：

> 在橫的方面，如果對於社會生活的各個環節茫無所知，在縱的
> 方面，如果對於社會發展的方向不看清楚，那麼，你就很少可能在
> 繁複的社會現象中恰好地選取了最有代表性、典型性的，即是具有
> 深刻思想性的一事一物，作為短篇小說的題材。對於全面茫無所知，
> 就不可能深入一角，這是我在短篇小說的寫作方面所得的一點經驗
> 教訓。
>
> ——《茅盾選集·自序》，《茅盾論創作》，第 21～22 頁

短篇如此，中篇或連綴性的中篇如《蝕》之類作品的寫作亦復如此。

在《蝕》中，茅盾並未正面展開時代畫卷的描摹，而是截取一角以顯全貌。但由於他選取的「最有代表性的、典型性的，即是具有深刻思想性的一事一物」，因而仍能展現風雷激盪的廣闊時代的全貌。茅盾不寫主潮寫回流，不寫閃電雷鳴而寫其餘響殘光，卻能使我們從另一角度得到認識生活、認識社會、認識時代的機會。何況側面也好，背面也好，畢竟都是整體的有機組成的一部分。高明的攝影師事實上決不死守一個角度，但他撥動快門時，仍不離方寸。茅盾正是這樣的高明攝影師。因此《蝕》中所寫，一言以蔽之：是從小人物的苦悶中折光地反映了時代的苦悶。因此，《蝕》的主題和題材仍是重大的；它反映的社會場景十分開闊，和革命落潮期那苦悶、焦灼的霧一樣的時代、江南梅雨般的政治局勢保持血肉聯繫。茅盾的創作始終保持著這個特點。《蝕》以後的《虹》從「五四」寫到「五卅」，和《蝕》相銜接、連貫地反映了黨成立前後第一個十年的時代洪流。《霜葉紅似二月花》則把這段歷史的前身推向辛亥革命前後。《子夜》和《多角關係》是三十年代中國社會的縮影。從《第一階段的故事》到《腐蝕》再到《鍛煉》，茅盾的作品始終帶有從處女作《蝕》開始就粗具模型的時代畫卷特點和史詩性質，那中國社會變革的風起潮湧，那時代發展的山排海倒，那磅礡的氣勢、雄渾的旋律，從茅盾獨有的美學追求的碩果和典型提煉的畫卷，把我們帶到前輩經歷的歷史道路上去，這種歷史回顧，這種認識生活的教材，所提供給我們的藝術享受，只有在茅盾那兒才能得到。

無怪當偉大作家臥床不起，每一個探視者握起那只枯瘦的手時，無不喚起「筆落驚風雨」的歷史感受，無不激起難以抑制的崇敬之情。

《蝕》反映社會政治運動的角度是經過精心考慮的。它不著重從階級鬥爭總情勢的角度揭露反動營壘，也不著重歌頌正面力量，塑造英雄形象，它和今天的作者通常寫政治事件和社會運動常用的寫法不同。它是從政治運動社會變革總局勢著眼側重寫革命陣營內部而不去勾勒敵對陣營。寫內部矛盾的著力點不在歌頌而在於批評與暴露。批評與暴露又不是目的，目的是在總結鬥爭經驗，探索人生道路和生活哲理。這種寫法頗有開創性。

《蝕》並非有意避開革命作家對敵對營壘給以鞭撻與暴露的這個義不容辭的任務。茅盾在挖掘革命受挫折、遭失敗，人物頻歷坎坷、倍受磨煉的社會根源時，魔影般的舊社會、舊勢力，分明是他著力撻伐的對象。作家在這些地方從未手軟過。他在寫內部矛盾時也不放過對闖進或混進人民內部的敵

對勢力鞭抽斧砍。《幻滅》對北洋軍閥暗探抱素，不就逐層剝開他那風度蹁躚、伶牙利齒、故作多情、乘隙伺機的情場老手的畫皮，還他一個特務走狗的可恥面目嗎？特別是《動搖》在塑造混進革命內部興風作浪的土豪劣紳胡國光的形象時，作家那愛憎分明的感情、入木三分的筆觸、淪肌滲髓的洞察，勾魂攝魄的功夫，都體現在這個反面形象的典型塑造上。事實上這種形象在十年動亂的社會濁流中仍然陰魂不散，這從歷史的角度印證了作家典型塑造鞭撻黑暗勢力的歷史功績，至今仍令人嘆爲觀止。《追求》這方面用筆較少，但也未忽視從氛圍描寫角度著力撻伐黑暗勢力。

這一切始終把握一個角度：以混進、滲進、或鑽進人民內部的敵對勢力爲限。決不把筆枝蔓開去。以寫胡國光論，當寫他鑽進來後，其策劃操縱、刻意經營破壞革命的活動，統統被作者推到幕後。所以然者，無非爲著重寫內部集中筆力，騰出篇幅。

爲什麼要著力描寫內部？茅盾有段與此有關的自述：

> 人生如大海，出海愈遠，然後愈感得其浩淼無邊。昨日僅窺見了複雜世相之一角，則瞿然自以爲得之，今日既之一角而幾幾及見全面，這才嗒然自失，覺得終究還是井底之蛙。倘不肯即此自滿，又不甘到此止步，那麼，如何由此更進，使我之認識，自平面而進於立體，這是緊要的一關。

> ── 《回顧》，《茅盾論創作》，第 16 頁

這裡所說，本是指認識生活，爲創作作更多的積累而言。但所闡述的認識生活的道理，則具有普遍的意義。茅盾在北伐失敗後翻檢了自己的思想，也回顧了自己的革命道路，他著重從個人與革命的關係中連帶總結了多年來自己和同輩人、特別是同類人所走過來的道路。撫今追昔，爲的當然是繼往開來。於自己、於別人，於革命，在當時都是非常必要的。他寫《蝕》的目的，如他所說，是「尚受生活執著的支配，想要以我的生命力的餘燼從別方面在這迷亂灰色的人生內發一微光」。可見，他自己以及於別人的目光，都還是從革命追求出發的。因此，他必須統覽全局，縱觀前後，總結經驗，以利再進。

他不認爲目前的「霧」一樣的局面就是定局。他也不相信中國的革命就此結束。他更不甘心自己就這麼頹唐闌珊下去。取書名爲《蝕》，就明確地表示了作家當時的意念和決心：「意謂一九二七年大革命的殺敗只是暫時的，而

革命的勝利是必然的，譬如日月之蝕，過後即見光明；同時也表示出我個人的悲觀消極也是暫時的。」〔註4〕他認識到自己和別人當時處於矛盾之中而一時又難擺脫。他說：

> 一九二七年上半年我在武漢又經歷了較前更深更廣的生活，不但看到了更多的革命和反革命的矛盾，也看到了革命陣營內部的矛盾，尤其清楚地認識到小資產階級知識份子在這大變動時代的矛盾，而且，自然也不會不看到我們自己生活上、思想中也有很大的矛盾。
>
> ——《寫在〈蝕〉新版的後面》，《茅盾論創作》，第 45 頁

《蝕》的立意，當然是反映這種矛盾，並試圖探索解決這些矛盾的正確途徑的。這就是《蝕》的藝術構思的著力點放在內部矛盾與心靈深處的衝突的揭露與反省革命運動領導階層存在的弊端的根本原因。這大有深意的藝術構思，不僅使《蝕》具有強烈的現實意義，獲得了歷史深度，而且也決定了其某些藝術成就所獨具的特色。

然而大革命失敗後茅盾的幻滅情緒使他難以看到中流砥柱。難以追隨和表彰逆流而上的弄潮兒的英姿。他無法而且不願為他們留下一抹剪彩。這固然是和茅盾創作的上述特色相違背。使他的作品中充滿了矛盾的情懷與難以抑制的憤懣。作家固然感到「虹一樣的希望也太使人傷心。」〔註5〕但又對惡霧般的政局感到難奈，他寧肯呼喚暴風驟雨。在散文《霧》中茅盾描繪這種心情時寫道：

> 我詛咒這抹煞一切的霧！
>
> 我自然也討厭寒風和冰雪。但和霧比較起來，我是寧願後者呵！寒風和冰雪的天氣能夠殺人，但也刺激人們活動起來奮鬥。霧，霧呀，只使你苦悶；使你頹唐闌珊，像陷在爛泥淖中，滿心想掙扎，可是無從著力呢！
>
> ——《茅盾散文速寫集》上卷，第 23 頁

這些可以說是茅盾及其《蝕》中大部分革命青年形象的共同感受。正是從這點著眼，即便是對《追求》中的一群，作者對其不甘寂寞尚思作最後的追求的描寫，也是懷著同情與鼓勵的，這使他對他們頹廢消極傾向的批評顯得軟

〔註4〕一九八〇年人民文學出版社新版《蝕》的《後記》。
〔註5〕《虹》，《茅盾散文速寫集》上卷，第 26 頁。

弱無力，而對其消極情緒的渲泄又顯得太欠節制。

茅盾解放後自我檢討道：

> 當我寫這三部小說的時候，我的思想的情緒是悲觀失望的。這是三部小說中沒有出現肯定的正面人物的主要原因之一。……一九二五至一九二七年間，我所接觸的各方面的生活中，難道竟沒有肯定的正面人物的典型麼？當然不是的。然而寫作當時的我的悲觀失望情緒使我忽略了他們的存在及其必然的的發展。一個作家的思想情緒對於他從生活經驗中選取怎樣的題材和人物常常是有決定性的；……

> ──《茅盾選集·自序》，《茅盾論創作》，第 19～20 頁

可見，《蝕》側重於內部且以批評、揭露為重點的寫法雖然在總結時代潮流中人生道路方面有其獨特的思想意義，但其局限性也是明顯的。其長處也罷，短處也罷，都和作家世界觀有不可分割的聯繫。

《蝕》並沒有正確回答出人生道路該怎麼走的問題。這連同流露了悲觀失望的情緒一起，遭到充滿「左」傾色彩的批評家對他的嚴屬批評。對《蝕》的現實主義當時很少有人作充分的估計。然而打倒「四人幫」後葉子銘在一篇文章中回顧了《蝕》的幾經沉浮的坎坷遭際之後提出一個問題：「為什麼茅盾的這部成名作，能在褒貶不一的爭論中與黑暗勢力的壓迫下，一版再版，不斷地獲得一代又一代的讀者，保持著它的藝術生命力呢？」葉子銘把《蝕》中主人公的思想歷程和打倒「四人幫」後十年浩劫中成長起來的當代青年潘曉發表在《中國青年》上的信作了對比。認為潘曉「由紫紅到灰白的歷程」與《蝕》中許多人物起碼有兩點相似之處：「一、兩者都是中國革命劇變時期的產物。」「都是具有一定普遍性的社會問題。」「二、兩者所表現的內容與傾訴的感情，儘管都是有缺陷的，然而卻都是真實的」，「因而才會都如此強烈地扣動同代青年的心弦。」葉子銘以此為據作出了結論：「它反映了生活的真實」而「藝術的生命是真實」，「因此，它不僅在當時具有強烈的現實主義，而且對後代的讀者也仍然具有一定的認識意義與教育作用。」〔註 6〕這些看法，顯然是很有見地的。

至於對出路、前景認識上的不足，茅盾後來的作品已經匡正。且不說《虹》和《子夜》，只要提一提抒情散文《沙灘上的腳跡》就足夠了。在這篇構思奇

〔註 6〕 《讀《蝕》新版隨感》，《名作欣賞》1980 年第 2 期。

特、意境險惡、令人毛骨竦然的作品中，「探路者」闖過夜叉和美人魚設下的種種磨難與陷阱，打消了等到天明再走的念頭，把心火撥得更亮，照耀著獸跡、鬼跡、人跡混雜的散亂的腳印，終於在展現了上過當的天真孩子的腳跡之同時，尋覓到「真的人」的腳跡，並沿著它堅定地前進了。這種從迷惘到發現，正是寫《蝕》時的心境與追求，當時作家追求不到或者發生懷疑的，後來他不是很快就追求到了並且從此一直堅信不移了麼？

<h2 style="text-align:center">三</h2>

《蝕》的藝術成就最重要的方面是人物形象的塑造。而其塑造人物形象最得力的藝術手法是心理描寫。如果說《蝕》是以成功地描繪人物見長、那麼《蝕》塑造人物的藝術手法則是以心理描寫見長。

中國和西歐的古典文學「很少有一大堆心理描寫」，「用長段的心理寫來表達人物內心世界的方法，還是到十九世紀末時，歐州文學才有一派作家採用。」茅盾是更讚賞「通過舉動聲音笑貌來表達」人物內心世界的。他特別讚賞《水滸》的這種心理描寫手法。他認為「長段心理描寫不是很好的方法，最好少用，但也要看長段心理描寫是用什麼方法等。有時通過人物活動來寫，比如寫一段回憶，這回憶中間充滿許多事實，作品中寫到這段充滿事實的回憶還是必要的，這也是屬於長段的心理描寫。但因為是通過人物過去接觸的具體活動來寫，就和那種沒有人物過去活動的長段描寫不同。〔註7〕

《蝕》恰恰是以此法作長段心理描寫的，這些精彩的心理描寫不僅結合著「人物過去接觸的具體活動來寫」，而且還運用了人物自述、作者代「抒」，客觀解剖和人物內心衝突甚至精神幻象等多種手法，使之有機地結合在長篇心理描寫裡，收到了奇特的藝術效果，使人物心理描寫有縱深感，把人物的內心世界立體化了。

最突出、最成功的例子之一是《幻滅》中對慧的一段長篇心理描寫。〔註8〕那是從他夜晚和抱素在酒館和公園調情之餘回到寓所躺下後開始的。作者寫她輾轉難寐，於是往事泉湧。第一層是她的身世的回憶：從「祖母的頑固，嫂嫂的嘲笑，母親的愛非其道」和「自己的風流逸宕」的對比中，激起她青春將逝，歸宿何在的感傷。第二層則著力渲染慧由傷心而憤恨而且詛咒

〔註7〕 《關於人物描寫的問題》，《文藝研究》1981年第2期。
〔註8〕 參看《茅盾文集》第1卷，第26～29頁。

這人生，詛咒她的一切經驗，詛咒她自己。」至此心潮達到頂點，然後轉入
寫慧對未來的憧憬。之後，又寫她把思緒拉回到現實時激起的更大的焦燥。
至此作家拋開人物自身的感受而轉入客觀描寫，寫她「頭蓋骨頭痛的像要炸
裂；」「直到她發昏。」然後把她引入夢境。第三層寫夢境。與夢境是把慧與
過去的男人的衝突和她現在與抱素的邂逅這兩種經歷交織起來，而以過去受
男性欺凌留下的痛苦記憶爲主，構成一幅近似精神幻象的恐怖畫面。描完這
最後一筆又把慧引回現實。第四層才寫慧進入了較爲清醒的盤算定奪階段，
她斷定抱素不值得愛而決定了自己徹底甩開抱素的對策；她恢復了「剛強與
狷傲」態度後重新肯定了「第一次被騙」後確定的「對於男性報復的主意」
是不錯的。於是徹底擺脫了噩夢的襲擊而重新振作起來。慧又恢復了她那玩
世不恭、剛強狷傲的本來面目了。這由許多手法組成的長篇心理描寫的成功
之處在於：藉助一次短暫的心理剖析高度概括地反映了慧由過去發展到現在
的個人身世和性格歷史；眞實地展現了慧的性格發展的必然邏輯；把她形成
的那帶點病態的對男性的報復主義及其形成的主客觀原因都寫得合情合理、
眞實可信。於是人物性格就油畫般地站起來了，給人以眞實、生動的主體感。
在《蝕》中，寫靜，寫章秋柳、寫方羅蘭、寫張曼青、王仲昭甚至史循，多
處運用了這種由多種藝術手法構成的長篇心理描寫，並大都收到了極好的藝
術效果。

　　此外，《蝕》還常藉助人物自白對一類人、一群人的心理作綜合的剖析。
這種寫法所概括的生活內容更爲廣闊，更加豐富。如《幻滅》中靜「想起半
年來的所見所聞，都表示人生之矛盾。一方面是緊張的革命空氣，一方面卻
又有普遍的怠倦和煩悶。」又如《追求》中張曼青對包括自己在內的時代青
年的分析：主觀上那「焦灼向上」的追求和「頹廢墮落」的傾向之間的矛盾，
和客觀上「政治清明些」「他們可能會納入正軌」，與實際上「這混亂黑暗的
時代」使他們不得不「自暴自棄」兩種遭際的差距。也是藉人物自白以寫心
理活動的範例。有時作者藉助人物對話以綜合分析一類人的心理。如《追求》
中章秋柳在組織那個社時發表的那番議論，就把「這一伙人」的心理分析得
入木三分。這伙人有向上要求而受到環境逆轉的阻力；無聊、苦悶、浪漫、
頹廢而受到向上心的自責時的痛苦：活脫脫地揭示了「這一伙人」那複雜的
內心，藉此也體現了時代的苦悶。

　　這種藉人物自白和人物對話剖析一類人共有的內心世界的心理描寫手

法，其好處不僅在具有更寬闊的概括力，使心理描寫具有更大的思想容量，而且在寫人物方面能收到一石三鳥的藝術效果：既寫了「這一伙人」，也寫了自白者或說話者自己，並且在說話者、自白者與被他剖析的「這一伙人」之間構成了映襯對比關係。

茅盾在《蝕》中還大量使用人物「自我解剖」式的內心獨白和藉助「內心衝突」等人物思想矛盾的心理描寫方法。如前面提到並引證過的方羅蘭的內心獨白：剖析的階級衝突雙方，達到「要寬大，要中和！惟有寬大中和，才能消弭那可怕的仇殺」結論的貌似公正、實則右傾的結論。這種內心活動描寫收到了類似話劇的「內心獨白」那樣的藝術效果。而《追求》中，寫章秋柳的內心衝突，則採用了兩個「章秋柳」相互辯論的類似「精神分裂」的獨特筆法。這種心理描寫手法的運用，是建築在對人物複雜心理作認識論和社會心理學的剖析，從而把握了人物思想活動內在規律的基礎上的。人的思想，由於多方面地受不同的客觀環境因素所制約，經歷著較為複雜的社會實踐歷程，其思想往往不是單一的，而是複雜的多側面的。這就會產生內心衝突和思想矛盾。茅盾寫章秋柳的這段長篇內心獨白，就抓住了她向善的意願與貪圖享受而自甘墮落、日趨頹廢的傾向之間的矛盾衝突，藉助類似精神分裂狀況的內心衝突寫向善的章秋柳與貪慾十足的章秋柳的相互辯論。這就把思潮起伏的內心衝突形象化、外在化了。既使心理描寫達到更進一步的深度，又能把它形象可感地展露在外，給讀者以洞幽燭微，透視人物肺腑的機會。於是「以前種種，譬如昨日死；以後種種，請自今日始」的宏願，和此後章秋柳雖略有振作，總的說卻依然故我，原地踏步的矛盾，把這個人物的性格特徵及其時代烙印，放在藉個人悲劇體現出時代悲劇的大螢光屏上加以放大，使之更清晰、也更栩栩如生了。

茅盾還善於寫人物內心的精神幻象。有時採用現實主義筆法寫這種精神幻象。如寫王仲昭在政局逆轉，不得已退居新聞界以求點滴改良新聞工作而給自己構築安樂窩時，作家讓他腦中出現了這樣的精神幻象：「在他們向空凝矚的眼前，浮出一個身材苗條的女子，纖白的手指上微沾些白粉筆的細屑。正捏著一些新聞紙細心地讀著，嘴角上停留住個嘉許的笑容。」這既是王仲昭的理想的追求與精神的慰安，又帶著他那浪漫諦克的主觀幻想色彩。但這精神幻象是以生活的本身面目出現在王仲昭心目之中，那畫面的寫法是現實主義的，比較簡括單純。

　　然而更多的精神幻象的心理描寫不是這樣，而是意識流般的用近似象徵主義以至印象派的手法，去捕捉人物幻覺中被扭曲了的奇特形象，以此展示人物獨特的心理活動與狀態。如寫方羅蘭動搖於孫舞陽與方太太之間的愛情心理，就有這樣的精彩篇章；院子裡開著火紅色小花的南天竹和孫舞陽那墨綠色的長外衣在方羅蘭眼裡駁雜交錯成一個幻象：「墨綠色上的紅星」放花炮般跳進，火星再聚成」絳紅的一點，又被裂成兩排「白米」牙綻開在一點絳紅雲中的「女性的迷人的笑！」「在彎彎的修眉下，一對黑睫毛護住的眼框裡射出黃綠色的光。」「透露著無限幽怨」。然後作者寫方羅蘭努力擺脫這精神幻象，他懷著悔愧之情，用方太太那「細腰肥臀和柔嫩潔白的手膀；略帶滯澀的眼睛」，和「美麗的鵝蛋臉」，以及「溫惋的笑容和語音」來取代自己心目中的幻象。這種獨特的精神幻象的心理描寫，不僅抓住了兩個女性的外貌與內心特徵，而且把方羅蘭處理愛情生活的動搖心情與軟弱性格描繪得栩栩如生。兩個女性形象又帶著方羅蘭主觀感受的某些特徵。所以這種心理描寫同樣也收到一箭雙雕、一石三鳥的藝術效果。

　　上述這些心理描寫手法和《蝕》中常常使用的把人物行動（音容笑貌、行為對話……）描寫與心理描寫結合起來的手法一起運用，頗增加了人物外貌與內心的立體感。通過人物內心隱秘的深入探索，強有力地借個人生活經驗映照出時代進程，成功地表達了主題。

　　茅盾筆下的人物之所以區別於平庸作家筆下的蒼白無力的人物，茅盾的《蝕》的人物描寫之所以能「油畫化」，能產生浮雕般的立體感，和他善於描繪人物複雜心理的多種藝術手法的綜合運用是分不開的。

　　當然，《蝕》畢竟是茅盾早期的作品，有時不可避免地帶著乍提筆時尚不能得心應手、駕輕就熟的痕跡。即以心理描寫而論，就有長篇心理剖析稍多、稍欠節制的缺陷；也有當使心理描寫與行動描寫相結合而沒能結合，或結合得不夠內在與有機之處。和後來成熟期的作品特別是《子夜》相較，顯然稍欠火候。這種不足是一般作家青年時期概無例外的，不獨茅盾然。

　　倒是把現代文學史上的著名作家作通盤比較，茅盾以其處女作《蝕》為標誌，的確屬於初試鋒芒即顯露出犀利筆鋒和過人才華的極少數的作家之列。以這個較高的藝術起點為基礎，茅盾不久就跨入了他創作的黃金時代，這是完全可以理解的。

　　至於《蝕》中流露的某些不健康情緒，如悲觀、幻滅等等，經過東渡日

本後的思想清理期，從寫《虹》開始就大體驅逐殆盡了。當茅盾結束安居生活後泛舟回國，他已經能以一個較為成熟的無產階級文藝戰士的姿態出現在左翼文壇，他以其獨具的磅礴的氣勢，犀利的鋒芒重新奮筆，譜寫了新的華章！

（1982 年 2 月 22 日寫完，6 月 21 日修改，
刊於 1982 年《山西大學學報》第 4 期）

《蝕》三部曲的結構藝術

作家的創作經驗有時比蹩腳的創作理論不知要高明多少倍。茅盾談創作經驗的文章即屬此類。他談《蝕》的創作經驗的文章最多，也最耐人尋味。不妨從結構藝術角度來考察一下這個問題。

在結構藝術上追求多樣化、多型號的獨特實踐

寫《蝕》以前茅盾從未想當作家，當時他從事編輯和理論批評及翻譯工作已十年有餘，其真正的事業是黨領導下的政治運動。大革命失敗後的特殊環境與處境才使他提起了筆。寫小說的材料「『無意中』積累得頗多」，但「並不是爲了存心要寫小說」，儘管這種創作衝動已經折磨了他兩年。也因爲這個原因，動筆時儘管處於妻子病榻旁一張小桌的簡陋條件，然而「凝神片刻，便覺得自己已經不在這個斗室，便看見無數人物撲面而來。」茅盾把這種凝神奮筆的創作形態叫做「信筆所之，寫完就算。」照理說，十年以上的理論批評與編輯工作積累了無數經驗，他頭腦中的條條框框也夠多了。爲什麼到他創作時不爲所拘呢？這裡茅盾提供了一條寶貴經驗：文藝創作的基本出發點是生活，即便是藝術技巧，也首先源於生活，並要遵循生活發展的邏輯和原則。

我們且看他布局謀篇時反覆考慮的兩個方案：一個是寫一部二十多萬字的長篇；另一個是寫成「七萬字左右的三個中篇。」「寫第二篇時仍用第一篇的人物，使三篇成爲斷而能續。」最後他採用了第二方案。但寫到《動搖》時卻放棄了「斷而能續」和人物統一的要求，他「不能不另用新人」，只有幾個次要人物如史俊、李克、王詩陶等則在兩篇或三篇中出場，三部曲各自的

主要人物以及主體情節，到另一篇中則宛如天半神龍，見首不見尾了。這寫法頗近於魯迅總結的《儒林外史》的筆法，換句話說可稱爲「召之即來，來之能戰；揮之即去，了無蹤跡。」茅盾的這種做法首先是從生活出發的。其好處是眞實，並能服從於表達主題，其缺點則是「結構的鬆散。」一年之後他不無遺憾地說：「如果在最初加以詳細的計劃，使這三篇用同樣的人物，使事實銜接，成爲可離可合的三篇，或者要好些。這結構上的缺點，我是深切地自覺的。」巴金所寫晚於《蝕》的《激流》三部曲就是用了人物結構均統一的即茅盾所謂「要好些」的寫法。茅盾說過：「我永遠自己不滿足，我永遠『追求』著。」這個出發點使他對《蝕》的結構所責過苛了。他自己似乎也意識到這點：否則他爲什麼要在「要好些」之前冠以「或者」二字呢？

實際上在藝術構思中他碰到了預先設計的藝術結構方案與表達主題思想、「最用心描寫的」「人物的個性」這二者之間的矛盾。茅盾積十多年理論批評與編輯、譯介工作的豐富經驗，他當然深諳形式服從內容和內容與形式必須有機統一的道理。於是他毅然放棄了預想，重新作了藝術結構設計。正所謂塞翁失馬，焉知非福。這福是爲後來者造的：它使我們見識了作爲三部曲在結構藝術上追求多樣化、多型號的獨特實踐。其好處是突破了結構嚴謹、結構要統一的單一化要求和程式。如果在現實主義相當正統並佔了絕對支配地位的當時，現實主義理論家茅盾理所當然地要過苛地要求自己，那麼從具有多樣化藝術口味的讀者說來，從今天我們的藝術視野遠較當年開闊的文藝現實需要說來，對《蝕》的結構藝術的評價，完全有必要重新估量。無獨有偶，最近頗受好評的劉心武的長篇《鐘鼓樓》又提供了一個藝術結構新的型號。這倒是一部具備統一的結構布局的長篇。但除了時間、地點能把那群人物略爲歸攏一下之外，怎麼談結構嚴謹和統一呢？如果也有人責備它結構鬆散，那不僅不妥，而且也顯得滑稽。因爲《鐘鼓樓》的結構服從於它的人物和主題。從這個意義上講，劉心武也好，茅盾也好，他們倒並非「信筆所之」，而是頭腦相當清醒地「有意爲之」的。我繞了很大的彎子談了這些看法，目的是使我們有條件對《蝕》的藝術結構作較爲具體的分析。下面就逐篇作簡要剖析。

《幻滅》：縱線的單線平推型藝術結構

茅盾筆下的「時代女性」系列，首先是從《蝕》的開篇《幻滅》伊始的。

它提供了靜女士型和慧女士兩種不同「型」的時代女性形象，茅盾更欣賞慧女士型。因此《動搖》中的孫舞陽、《追求》中的章秋柳以及稍次寫的《虹》中的梅女士都和慧有血緣關係而佔了吃重的地位。但在《幻滅》中，更吃重的倒是靜女士，慧的性格開展儘管比較潑辣跳蕩，然而她們宛如合跳雙人芭蕾，慧的回旋舞步無不緊緊圍繞靜這個軸心。《幻滅》的結構線索，總的說採用了傳統小說的主導觀念：即以人物性格發展和縱向情節線索的鋪展衍化為基幹的。這樣，由靜女士性格發展曲折歷程為縱線的單線平推型的結構方式，就成為《幻滅》藝術結構的基本特徵。

在運用單線平推型結構藝術時，茅盾的創作個性已初露端倪，其特點是：第一，把人物特別是主要人物靜女士安排到從「五卅」到「北伐」而以大革命高潮為主的廣闊時代背景中，儘管靜女士被置於革命漩渦之外，並因其內向性格導致的對革命洪流的離心力大於向心力而多半處於漩渦之外，因此也使得革命壯潮的典型環境描寫僅僅是藝術結構總體的一張襯景，即便如此，茅盾的《幻滅》藝術結構的開展從開端到結局，依託這一藝術結構展開的靜女士的性格發展，均較同代作家作品的社會分析色彩更濃，從而也更具時代性與社會性。

小說的開端伊始於靜女士「五卅」潮中初感幻滅遂冷卻了熱情而閉門讀書，為暗探抱素所騙並陷於嚴重的幻滅之中（前七章）。小說的發展由兩個波瀾組成。第一個波瀾（第八章）是託病住院偶遇黃興華醫士，通過他受到北伐勝利進軍時代氣氛的鼓舞而重新振奮了革命情緒。第二個波瀾較為恢宏（九～十一章）：包括了靜女士由上海來到武漢投身革命後幾易「工作」、幾度幻滅的心靈歷程。以這兩個波瀾為鋪墊推向高潮（十二～十三章）：和強猛的熱戀。而結局（十四章）則是這次熱戀以強的重返前線轉化為空虛告終，靜女士陷入更大的幻滅之中。表面看來小說的布局是寫靜女士的不斷追求、不斷幻滅；實際上是寫「時代女性」們與時代浪潮若即若離的社會衝突。因之這個結構就包孕了濃度頗大的社會蘊含和時代內容。第二，茅盾設置的藝術結構立體感縱深感特強。他是把人物作為一切社會關係之總和以顯示其社會本質為己任的，因此就藉助人物廣泛的社會聯繫頗具歷史感地對比觀照了種種社會世態與人物群像，眾星捧月似地寫了靜，也相映生輝地寫了一群人物特別是一群時代女性（如慧、王陶、趙赤珠等）。他們性格迥異、經歷頗殊、人生道路也各各不同。這一切各具獨立的意義，但從結構總體宏觀，又對靜女

士性格起著對比映襯作用。

　　茅盾的創作個性帶來的以上兩個特點把《幻滅》的極易流於單薄的單線平推型藝術結構搞得相當充實豐滿。它首次顯示了茅盾長篇結構藝術的過人才華。

《動搖》：雙峰對峙、兩水分流、雙曲線型的藝術結構

　　茅盾說《幻滅》是「信筆所之」，寫《動搖》卻是「有意為之」。誠然，《動搖》不論主題思想之深刻、人物關係之複雜、情節體系之錯綜還是藝術結構的恢宏嚴謹，都預示了《子夜》即將到來的先兆。儘管「《幻滅》後半部的時間正是《動搖》全部的時間」，但在《幻滅》中被當作襯景的大革命與北伐卻被推到前台，其主人公方羅蘭和胡國光就在其中邂逅、聯結、衝突。他們不像靜女士那樣置身漩渦之外，而是顛倒掙扎於漩渦之中。因此，兩部中篇重起爐灶安排人物體系及藝術結構，就不僅因為時間的重選──如茅盾所說的那樣，單只因為《幻滅》時間的後半正是《動搖》時間的全部：而首先是因為題材、主題、人物、環境、特別是事件衝突的正面性與人物矛盾的直接性決非單線平推型藝術結構所能包容，由於方羅蘭與胡國光處於矛盾衝突和事件聯結的兩極，他們各代表大革命中獨特的政治勢力，因此茅盾就設計了雙峰對峙、兩水分流、雙曲線型的藝術結構，而以方羅蘭與方太太及孫舞陽的「三角關係」為經緯線把大革命時武漢地區社會矛盾蜘蛛網般地縱橫交織在一起，創造出又一種獨特的結構藝術。由於方羅蘭處於這兩組關係網的連結處，所以他較胡國光更為吃重，相對說來在結構體系裡佔著軸心與契機的位置，這首先是因他那無往而不動搖的性格突出地展現著《動搖》的主題。可見作家仍嚴守著內容決定形式的基本前提。方羅蘭所處的縣黨部領導位置使運動的一張一弛都衝擊著他的生活和神經，太太和情人的隱隱的衝突也具有同樣的衝擊波作用，這就使《動搖》與《幻滅》在略帶心理結構因素方面具備了共同性：方羅蘭和靜女士的心理動態時時對藝術結構的組織設置起制約作用，在這兒伏下了十年以後設計《腐蝕》的那種基本上屬於心理藝術結構的結構藝術的種子；從中讓我們看到了茅盾結構藝術的發展進行軌跡。胡國光這一「極」也帶著明顯的心理結構的印記。這一切加在一起，使《動搖》儘管是著重寫波濤洶湧的大革命運動，但事件不僅埋沒不了人物，倒恰恰是事件的衝擊導致的人物心靈投影使人物在事件中活動時，心理活動更加細緻

而微，性格發展更加紮實而深，儘管讀者面臨的是澎湃洶湧的大海，給他們印象最深並奪去其全部注意力的卻仍是在濤頭嬉戲爭鬥的魚龍。這說明作為結構藝術高級工程師的茅盾儘管通過《幻滅》試了一次筆，豐厚的生活積累、理論修養和文學造詣卻使他短期即能作出重大突破。他還把史俊和李克從學校正式推到社會，推到政治舞台先後充當那從藝術角度看帶某種「客串性」的政治事件的主角。他們一先一後戲劇性地捲入方羅蘭、胡國光的性格衝突和當地兩股力量不斷決鬥的矛盾中去，其所採取的不同方針，使方、胡的政治地位如同立足激浪小舟之上，或起或伏地兩度失去平衡，藉此反映了左、中、右幾股政治力量在大革命中的起伏消長，而且也把方、胡各佔一「極」的雙曲線藝術結構纏繞加固得更為嚴緊密實，並且也使本來若即若離的《蝕》三部曲的前兩部中篇之間的鬆散聯繫結紮得稍為緊密。正是在這裡留下了茅盾最初打算把三部曲搞成一個統一人物體系、統一結構形式的長篇小說的印記。

《追求》：多線索平行交錯推進的藝術結構

這個辦法同樣用在聯結《動搖》與《追求》這兩部中篇上。在《動搖》中極不顯眼的以王詩陶為核心的那組「三角」關係取代了李克和史俊起同一作用。不過由於《追求》採用了多線索平行交錯推進的藝術結構，因而王詩陶們也就不可能像李克、史俊之於《動搖》、之於方、羅關係那樣起多方面的直接作用，因此《動搖》與《追求》的結構聯繫較之它與《幻滅》的結構聯繫更加鬆散了。《追求》中的心理結構因素較《動搖》的比重為大而更近於《幻滅》。因為它把張曼青、王仲昭、章秋柳、史循這四個人物所代表的四種同中有異、異中有同的生活道路，納入大革命失敗後左右著他們的幻滅情緒與不甘寂寞仍在追求掙扎的努力之中。不加強心理結構因素而仍依靠事件的推進已不可能（事實上也不存在這種條件）更好地展示人物性格發展的進程。所以茅盾除了用朋友關係和結社「事件」（假如說這可以稱得上是「事件」的話）把他們聯結在一起以外，就只能用章秋柳這個「無事忙」式的人物的「桃色」關係和從《幻滅》留下來的王詩陶等的時斷時續的線頭來綁紮三個中篇和《追求》四個各自獨立發展的結構部件了。

儘管如此，如果我們不是作表層觀察而是作深層觀察，如果我們不是從現象著眼而是從實質探究，那麼這四個人物的四條同中有異、異中有同的人

生道路，實際上也就是《追求》的藝術結構的四條縱式情節貫串線，它們有分有合，相互糾結，蜘蛛網般地把貌似鬆散的這部中篇膠合在一起。他們（它們）之間存在著相當鮮明的性格並比作用。這種別具一格的藝術結構類型，我想稱它為多線索平行交錯推進的藝術結構。也許有人會稱它為「板塊」結構。我想這不妥當。茹志鵑的《剪輯錯了的故事》是明顯的板塊結構，其人物、事件、情節等等安排的「隨意性」在作品中所佔的支配地位，和《追求》的四條線索緊密聯結對比的結構形式顯然不同。這種多線索平行交錯推進的結構形式不久茅盾又用過一次，那就是他自認為寫失敗了的中篇《三人行》。不過《三人行》的三條情節貫串線之間的糾結較之《追求》更為嚴密，人物的「分散行動」的自由較之「統一行動」也少得多了。

整體上：有一條人生道路面面觀的縱向貫串線

限於篇幅，最後只能總地提兩個問題。茅盾自認為《蝕》三部曲結構鬆散，所指究竟是什麼？其不足是否真的那麼大？從以上的分析可以看出，他所謂的結構鬆散主要指三部中篇之間的結構關係而言。分開看各部中篇本身，結構不僅不鬆，而且相當嚴謹。那麼三部曲相互之間是否鬆散到僅靠幾個次要人物蜘蛛馬跡、藕斷絲連地略具聯繫呢？這又不然。如果我們不是狹隘地把文學作品的藝術結構僅僅理解為純技巧性的東西，而是像茅盾這樣，把它看作作品的「間架」，是思想內容與藝術形式相統一地把作品的主題思想、人物體系、故事情節、矛盾衝突等等有機地統一在這個「間架」裡，從而把作品的思想脈絡和藝術線索的內在聯繫當作有機體作宏觀分析，那麼，《蝕》三部曲的整體結構還有次要人物連結關係以外的兩大結構線索統一著三部曲的整體。其一是：有一條人生道路面面觀的縱向貫串線勾連著它們。這和文學研究會「為人生」的藝術主張又有內在的關係。茅盾作為文學研究會的主要代表人物，創作伊始就注意貫徹這個主張，它自然而然地融匯在《蝕》的結構藝術裡。其二，把人物的命運，把許多種人生道路統統納入社會大革命、生活大動盪的宏觀歷史激流裡展示其各自的時代位置。對人物的褒貶，自然也頗具歷史感地潛藏在這裡。這就使得起結構線索作用的次要人物所代表的傾向和各個中篇主要人物的傾向作為社會生態發展史的內在統一的有機體潛藏在藝術結構的深層聯繫裡。於是這形形色色的諸般人生就是時代的也是社會的，其主幹就是下面所引的茅盾關於《蝕》的這段自白：

　　我那時早已決定要寫現代青年在革命壯潮中所經過的三個時
期：(1)革命前夕的亢昂興奮和革命既到面前時的幻滅；(2)革命鬥
爭劇烈時的動搖；(3)幻滅動搖後不甘寂寞尚思作最後之追求。

這樣，書名所稱的《幻滅》、《動搖》、《追求》和人物的「追求」、「動搖」、「幻
滅」，二者反覆地逆向地循環所構成的思想貫串線，實際上和藝術結構的縱橫
交織的貫串線隱而不顯地有機結合成一體，有鑒於此，我主張，不要把《蝕》
的結構藝術估價太低！

（刊於《中文自學指導》1985 年第 6 期）

《蝕》的縮影
——關於《色盲》的主題、結構和藝術手法

　　《色盲》寫於一九二九年三月三日，這是茅盾由東京遷住京都（一九二八年十二月）以後的第二個短篇（第一個是《詩與散文》），發表於一九二九年三月二十五日和四月十日《東方雜誌》二十六卷第六、七號上。這是早期短篇中最長的一篇，約二萬四千字。

　　之所以這麼長，是由其主題、結構和藝術手法的特點決定的。

一

　　茅盾寫道：

> 　　《色盲》（一九二九年三月三日）又是解剖小資產階級知識份子的思想意識的作品，但此篇的主角卻是個男的，曾在大革命的浪濤中翻滾過的林白霜。兩個陪角卻是女的，一個是「新興資產階級」的女兒李惠芳，另一個卻是封建官僚家庭的大小姐趙筠秋。林白霜是政治的色盲者。他認為靜的時候，分明是紅黃白三色，而動的時候，這三色便成為灰暗的一團。他卻不知道靜的時候並非三色而只有兩色，即紅與白。代表黃色工會的黃，只是白的遮羞布而已。故事採用戀愛的外衣，林白霜在反覆徘徊遲疑之後，下決心向李惠芳和趙筠秋求愛，這表明這個政治上的色盲者終於想從投靠「新興資產階級」或者封建官僚以解除他的苦悶了。
>
> ——《我走的道路》中冊，第 31 頁

作者自述的寫作意圖告訴我們，小說所取的「戀愛外衣」及其內涵的象徵性

的政治寓意，和《創造》是類似的。儘管也有不同，例如點明了趙和李各自象徵或代表的階級勢力，這在《創造》中並無類似的暗示。但其具體形象的客觀意義包含不了這麼明確的象徵性內涵。這一點《色盲》和《創造》是類似的。

　　這說明：早期的茅盾在現實主義深化程度上，在思想內容與藝術形象的結合上，仍有其不夠成熟之處，突出地表現在：戀愛和革命是兩張皮。第一，林白霜和趙筠秋、李惠芳的三角戀愛關係的描寫顯然有獨立的意義。第二，林白霜在政局大動蕩中產生的色盲症也有獨立的超過前一層的更重要的意義。以上兩者有連帶關係。因為政治上的色盲症帶來的幻滅感，迫使林白霜到戀愛的「綠色的小島」上休息，逃避。這表明，他的灰色的戀愛觀是其灰色的政治觀的繼續，以上兩層是作品的意象與形象描寫明確表示出的客觀內容。至於作者說林白霜在趙筠秋、李惠芳之間愛情選擇的動搖，就是說明他對封建官僚階級和新興資產階級的投靠，這層含意我們無法從作品的意象以至形象描寫中得到明確的感受，我們找不到形象的根據。所以，林白霜在趙、李之間的愛情選擇，和他政治上分不清黃、白、紅三色的政治色盲症固然難以完全統一，就是趙筠秋與李惠芳的形象客體，也難以與封建官僚階級與新興資產階級完全統一。因為出身和本人成分不是一碼事。她們的性格傾向雖與其出身的階級有聯繫，但也不能據此就判定其階級成分。如果一定要說二位小姐代表了上述兩個階級，林白霜在她們中的愛情選擇就是政治選擇，也是作品的主題，那麼此作品的主題就不僅是兩張皮，而是「三」張皮了！現在我們且放下作者自述的創作動機，而探討作品的形象描寫的客觀涵義。首先是「戀愛的外衣」。在這個作品中，由於趙筠秋和李惠芳的個性特徵遠比《創造》中的嫻嫻為具體，性格化程度也高，所以這件外衣「違反了作家的原意，她們實際上並沒代表兩個人出身的那兩個不同的階則，其自身卻具有實質性的意義，成為主題思想中有相對獨立性的實體」，並且可以分別歸入靜女士型──趙筠秋，和慧女士型──李惠芳的兩個小資產階級時代女性的人物系列中去，她們代表了戀愛過程中靈與肉的不同傾向，也反映了林白霜戀愛觀中靈與肉的不同追求的衝突，這個衝突因何教官的「新寫實主義」的「戀愛觀」對林白霜的影響而逐步加劇。它包括著林白霜對「靈」的側面的嚮往，因此趙筠秋的品性和精神對他有一定的吸引力。他背叛了封建家庭、穿上灰布軍裝投身大革命的行列中，這和林白霜革命傾向性頗有共鳴。另一

個側面則是林白霜又傾心於李蕙芳「肉」感很強的誘惑力。她的開朗性格和有意挑逗，她的資產階級家庭（父與兄）的企圖主宰政治的務實作風和行動精神滲透在她的「肉」感誘惑之中。因而形成的獨特性格，都刺激著林白霜自發的向心力。這兩個側面集中於一點，這就是林白霜的預想：為了解脫政治苦悶，然後去找戀愛，把它當作「休息」一下的「綠色的小島」。然而事情的發展往往出人意料。這組三角戀愛的結局卻像何教官所說的那樣，按「新寫實主義」的戀愛觀行事：「見著要愛的就盡管去愛，愛不到的時候就丟開，愛過了不再愛時也就拉倒」。但林白霜「既然不將女性視為玩具，卻又認她們是神」，於是他必然會陷入不可解脫的矛盾。這種矛盾當然不會有什麼理想的結局，林白霜也沒有什麼高招兒。面臨著趙筠秋的封建包辦婚姻悲劇，他無能為力。自私又使他不肯為對方作任何犧牲或鬥爭。他反而倒打一耙，埋怨趙筠秋沒有鬥爭性。於是理直氣壯地放棄了這「靈」的追求，而投降於「肉」的誘惑。但是，向這一步邁進時他內心又有矛盾。固然，看樣子最終他不得不向「新寫實主義」靠攏。但他是否能真正做到，這還是個疑問。因為他實質上是個《動搖》中「方羅蘭」型的人。他也是「無往而不動搖」，這是他的本質特徵。作品對這戀愛觀的兩「極」都持否定態度。否定了它，也就是否定了林白霜「無往而不動搖」的「方羅蘭」式的人生觀。至於對兩個女性所代表的兩種傾向，作者的感情色彩似乎傾向於趙而不傾向於李。文字描寫中隱隱透出，作者頗肯定趙與家庭決裂、毅然投身革命的氣質，而不欣賞李的放浪形骸，以自我為中心，為自己利益不惜排擠朋友的資產階級作風。儘管作者的理智明顯地流露出李惠芳及其所代表的階級是體現著歷史發展的實力的，這種創作心理意識是很有趣的，在《蝕》中兩類女性形象塑造大體上透露了作者心理傾向上的同樣的秘密。儘管作者一再宣言他對慧——孫舞陽——章秋柳的社會政治價值具有更高的評價，但形象一旦活動起來，依然是靜和方太太更富有性格的魅力，這可不可以用高爾基的話來解釋：「理智傾向於未來；感情傾向於過去」。

　　第二，脫去這「戀愛外衣」之後，留下的是對政治局勢、人生道路、未來前景的形象反映，這實際上正是林白霜的「色盲症」問題，這是《色盲》的中心題旨，也是形象體系的實質性內容。因此作者才把「三角關係」的描寫叫作「戀愛的外衣」，這是恰如其分的。作品所寫的四個人物，除李惠芳外都有一段革命經歷。作品開場所寫的情景，其時間是一九二七年「四一二」

政變之後的五月，地點在上海。這時大屠殺剛剛過去，汪精衛的背叛正在醞釀。人們對剛逝去的革命盛況記憶猶新，充滿懷念。因此作品的情節開展中，不時穿插著描寫一九二六年即一年前大革命高漲時期的武漢，當時趙筠秋和官僚家庭決裂後，穿上了灰布軍裝，林白霜在武漢也是革命激進者。趙筠秋就曾說他「在講台上的議論多麼積極多麼樂觀」，連何教官都自豪地說：

> 五六年前，人家還在花呀月呀做象牙塔裡的夢，老子就幹革命；到現在，反該他們是天字第一號的革命家了。哼，將來再看，到底誰是投機派！

從這段話裡，我們似乎聽得出茅盾被創造社、太陽社圍攻之後隱藏於懷的心曲！細心的讀者定會感到：何教官和林白霜很多思想、見解和感慨都有作家的成分。同時也帶有明顯的《蝕》的成分。這是非常有趣的事。

但是革命形勢瞬息萬變，現在已是「四一二」反革命政變之後了。經過這一變革，三個人物均和從前不同，趙筠秋忌言自己曾革過命，她說：「什麼革命？誰革過命？幾時見我革命？」這也許是因為剛剛發生的大屠殺使她心有餘悸，也可能是過分的失望、頹唐情緒鬱結成的過激之詞。總之這是她那強烈幻滅感的一種反映。這是十分明顯的。另一個人物何教官則開始向右轉了。他一方面對「打倒」不感興趣，一方面往來於滬寧之間，去問他所說的「新寫實主義」中「務實」去了。不過他的心並沒有死，還保持著對往昔革命盛況的追緬，他時時流露出正義的憤慨與感嘆。可對革命的東西他又不滿。他針對正在散發的油印傳單（標語口號的開頭都冠以「打倒」二字）發牢騷說：「他媽的，打倒！什麼都要打倒，什麼也不曾打倒！」正是在這語言環境中他說出了「將來再看，到底誰是投機派」的話來。客觀地看應該承認，這話是頗有分量的。但和何教官性格總體掛鉤分析，這話的意義就分量大減。因為他並非正在埋頭苦幹的繼續革命者，所以連林白霜也意識到「這些話從何教官嘴裡說出來，未免是無的放矢。」作者藉林白霜的心理反饋的描寫，巧妙地評價了何教官的總體性格特徵。

四個人物中，只有李惠芳是歡迎局勢逆轉的。因為她的政治社會地位不同。她「父親也許要辦輪船公司」，她哥哥「三四年前是在商言商，現在呢，政治的後台老板。」李惠芳也說：「他們要支配政權。」「他們有的是錢！」對此，李惠芳雖不完全引以為榮，但也微露得色。這又反映了她的性格傾向。

　　最複雜的是林白霜。在上述三種人的政治襯景下，作者全力寫他迷惘、徘徊、苦悶、頹廢！他是政治上的色盲。他靜觀則分得清黃、白、紅三色，動起來他只覺得眼前是一片灰黑。和何教官同樣，他也反對投機派，當他受到「是落伍，是動搖，是軟化一類的厲聲斥責」時，他用「憐憫意義」的「微笑」待之。茅盾曾一再說他是善於微笑的。在這兒他又說：「微笑有多種意義」。他可憐那些厲聲責人的勇士們竟用了從前別人罵過他們的話語來罵人，他更可憐他們在不久的將來大概又要用現在罵人的話來恭維自己了，他很知道這一班勇士是在那裡購買『將來社會』的彩票，他們自信此項彩票在三年內一定要開彩，所以拚命地想做一個捷足先得的英雄，一旦不如他們所預期時，他們的懊喪軟化的醜態便有他們過去的行為可以作證，他們實在只是一些太熱中的自私的可憐蟲！」這種看法是林白霜的，但也是茅盾的，甚至也是當時的魯迅的。魯迅的《非革命的急進的革命論者》一文關於「頹廢者」的批判，就與此論有一致處。可見好的作品總是反映著典型的現象。

　　然而這些正義的憤慨代替不了林白霜對人生道路的選擇，他憤慨，他也幻滅，他「感到人生異常虛空」、「又感得自己的渺小」，他想：「在現代人生這大機械中，我的地位，連一粒螺絲釘也不如，我只是一粒廢鐵，偶然落在這大機械中，在無數量的大輪小軸中間被搬動被軋轢罷了」。這和魯迅在《二月小引》中對蕭澗秋的評語十分酷似！可以說這也是當時小資產階級革命知識份子的通病。林白霜並不甘心幻滅，他說：我也「時常想擺脫我自己的灰色暗淡的人生觀，不幸總是不成功。我看見理想的泡沫一個一個破滅，我像在巨浪中滾著，感覺到一種昏暈的苦悶。」「自然我知道那灰黑裡就有紅黃白的色彩，很尖銳地對立著，然而映在我的眼前，只是灰黑」。「最使我痛苦的，就是我自己不願意的精神上的色盲。」但他又看不見前面有光明，於是只好找戀愛的「綠色的小島」來躲避和休憩了。

　　他的這個苦悶有時代的原因，也有時代的內容，有自己階級立場的原因，也為自己階級立場所決定。時代的原因就在「這裡是上海，不是武漢」（當年的武漢），「空氣不熱……現在不同……荒涼，虛苦寂寞。」這不就是《追求》中的一群的那種幻滅感嗎？這不就是茅盾在《從牯嶺到東京》中所作的自白嗎？

　　這階級的原因則是小資產階級的劣根性。口頭說沒有個人的利益追求，實際是不肯犧牲自己為群眾利益而追求，所以他感到「以他那樣的貌躬，負

起生活的重擔，實在毫無意義的。」他已經沒有積極的人生追求，甚至「自殺的影子陡然在他腦中一閃。」但以他的氣質論，他又缺乏自殺的勇氣！

不自殺又怎麼辦呢？於是就要追尋「綠色的小島」，以戀愛作休息，最後林白霜之所以會接受何教官的「新寫實主義」，原因在於他的「靈」的追求本身就包含著「肉」的危機：人生無目的，不頹廢又幹什麼呢？《追求》中的史循不就是以「肉」的追求爲終點，以「死」爲歸宿嗎？

茅盾的《色盲》實際上涉及到二十年代末三十年代初「革命＋戀愛」的創作公式有沒有生活基礎與時代根據的問題，茅盾之所以把政治上批判知識份子消極意識的主題披上戀愛的外衣，正因爲當時所謂的「革命」和所謂的「戀愛」在小資產階級知識份子中是個普遍性很大的客觀存在。只要是有生活根基的作家，寫此題材完全能挖出深刻的主題，而不致形成「革命＋戀愛」的公式，生活根基淺的則必然陷進公式化中去。茅盾的《色盲》不是公式化的。但概念化卻有一點。特別是林白霜和何教官的抽象說教式談話的那幾節的描寫，這個問題還比較突出。這也正是這個小說頗爲冗長的原因。也許是作者這方面的鬱積和感受太多了，也太深了！總感到話沒說完，意猶未盡。按理說寫了《蝕》本來也可以不必再寫《色盲》，因爲總地看《色盲》只是《蝕》的縮影。但作者畢竟又寫了《色盲》。目的可能就是要把鬱積的話說完。他在小說中盡情傾瀉，一時又難以把這一切化爲形象和意象，於是他不惜用整節整節的篇幅寫林白霜和何教官的談話，寫林白霜和趙筠秋、李惠芳的談話，甚至寫林白霜內心的自白。這些描寫有時竟失去節制，形象化也就不夠。這就使《色盲》具有明顯的概念化的痕跡。

二

概念化傾向和《色盲》的藝術構思以及作者的創作思想都有關係。

茅盾是主張「爲人生」的藝術的。他一向重視文學創作的傾向性。這是他的現實主義正確立場的重要內容。在《蝕》中，他使用的篇幅足夠使他從容作形象化的展開，所以《幻滅》、《動搖》都無概念化痕跡，到了《追求》就露出了端倪，他從時代洪流裡捕捉到了一股支流，但他自己也正陷在這激蕩湍急的支流旋渦中難以自拔。同時，他缺乏必要的篩選的時間，也未能保持一定空間的距離，以便完成從容的歷史反思。他既不能超脫其外，高屋建瓴地作觀察；又沒有充足的時間作從容的過濾，寫張曼青、王仲昭、史循、

章秋柳四個人物，其實是各從一個角度說明革命知識份子由追求到幻滅，由幻滅到追求到到幻滅的不同類型，設置這幾種類型的目的，歸根結蒂是要說明他們的「殊途同歸」。在這裡作家的主觀意圖本來很好，但是作者的主觀意圖並未徹底轉化爲人物的有血有肉的人生道路（特別是史循的道路，抽象概念的演繹大於性格邏輯的現實客觀依據及形象描寫）。作者違背常態，帶熱地處理了材料，並失卻了必要的冷靜。他們是按作家的主觀意圖或指揮棒行事的。

《色盲》也存在同樣的問題，比如：客觀上存在著出路，作者卻並不相信。於是《追求》和《色盲》就都沒有寫眞正的出路，也沒有去寫足以代表歷史趨勢繼續前進的正面人物。這也正是源出於對生活消化不夠，《色盲》的「戀愛外衣」之下覆蓋的林白霜，動搖於封建階級與新興資產階級（實際是官僚資產階級）的預定主題才沒有事實上也不大可能得到形象再現。當然讀者也無法感受到。因爲作品中沒有提供形象描寫的足夠的根據。

可以理解，大革命失敗後，茅盾一肚子話急於傾吐，傾吐之後遭到不公正的批評，又有一肚子委屈需要自我辯解和傾訴。所以寫了《蝕》後言仍未已，寫了《從牯嶺到東京》意又未盡。何況《從牯嶺到東京》的自辯自解又遭到更不公平的抨擊！憤於中而形於外，在生活積累和形象醞釀都不夠充分的情況下，就爆發爲《色盲》。它成了噴發鬱積之火的噴火口，於是，概念化的說教就成爲不可避免的了。

這也開了《三人行》和《路》，特別是《三人行》概念化傾向的先河。其實這端倪從《追求》中就埋伏下了。不過其政治指向並不相同。《路》和《三人行》雖也是生活積累不足導致一定程度的概念化，但那是爲了糾正《蝕》和《色盲》的消極思想感情傾向而寫的。這兩類不同傾向的作品集中說明了一個問題：生活積累不足，素材消化不夠時就帶熱地寫作，概念化傾向往往是難以避免的。

三

《色盲》的藝術結構是「眾星捧月」式的。這也是由上述藝術構思特點決定了的。因爲解剖「小資產階級知識份子的思想意識」的主題，決定了被解剖的主要對象林白霜在作品中的軸心位置。解剖的重點當然是人生觀。因爲這是「思想意識」的基本內容。而當時（大革命前後，主要是「四一二」

反革命政變前後）知識份子人生觀的主要方面是政治態度和戀愛觀。作品藝術結構縱線，從一九二六年的大革命高潮一直伸延到「四一二」政變之後的革命低潮。而前半側筆勾勒，後者則正面描寫。目的就是從對比中看人物思想意識之發展的。作者的處理辦法是以正面寫低潮時人物精神狀態為主，以側面回顧高潮期情景和人物的精神狀態為輔，前後對比地展示人物思想意識大起大落的變化。藉這特大幅度的變化描寫來批判小資產階級的搖擺性。時間的推移不到一年，空間的推移卻比較大：一方面是由武漢轉到上海，一方面也相應地從革命中心轉到反革命中心。「四一二」大屠殺首先是從上海開刀的，帝國主義從租界出動軍隊直接逮捕共產黨員和革命者一千多人交給蔣介石去屠殺。蔣軍還和青紅幫流氓勾結配合一起捕殺工人糾察隊。作者這一時空推移的設置，目的是讓主人公在矛盾衝突中經受衝擊，並以其「無往而不動搖」的獨特行動展示其內心世界。所以，時空的推移為描寫人物創造了有利的條件。

在這縱線結構之同時，作者又安排並交織進去多條橫線結構。它以「戀愛外衣」的方式，在林白霜周圍布置了趙筠秋與李惠芳這兩個人物。讓這兩個出身於封建官僚家庭和官僚資產階級家庭的女性作為不同的兩個星座，使林白霜游移於趙、李之間，展示其戀愛心理的起起伏伏。儘管這種「眾星捧月」式的人物關係未能充分體現出作品的政治寓意──即作者認為林在趙、李之間的選擇不是愛情的選擇，而是階級的選擇，但從思想意識和感情心理的階級傾向角度顯示其思想政治傾向的目的還是達到了的。此外作者還在橫線結構中布置了何教官這個人物，激化林白霜的內心衝突，這就在政治觀和戀愛觀兩個階梯上對林白霜搖擺於紅（革命）白「反革命」之間的小資產階級兩重性格作了更深一層的觸動和展示，這也就使何教官成為藝術結構中起獨特作用的人物。

此外在趙、李、何三個陪襯人物（「星」）的性格描寫中，「四一二」政變前後的縱線對比結構也起著類似對林白霜那種同樣的作用。這樣，眾「星」（趙、李、何）捧「月」（林）的藝術結構就縱橫交織地立體化地反映了當時形勢和小資產階級思想意識在激流衝擊下的波動搖擺。很顯然，這個藝術結構的設計，有力地突出了思想內容。

如果說藝術結構是作品的間架，人物性格和情節的開展則給結構間架充填了血肉，如何充填血肉才能使藝術結構更有力地為突出主題服務，這裡有

個內容與形式辯證統一的關係問題。茅盾採用了在性格對比中寫人物內心衝突，用深入的心理描寫使內心衝突深化，在衝突激烈處用現代派文藝常用的「精神幻象」手法把這種衝突尖銳化、概括化和抽象化，有時還採用類似意識流手法來寫心理活動，以擴大人物內心世界和感情領域活動的幅度，這一切藝術手段的成功運用，使內心衝突的描寫顯得分外強烈和集中。時時迸發出人物心靈的衝激波，它也時時衝擊和振撼著讀者的心靈。

此外小說還採用了象徵手法和雙關語來深化主題和深入展示人物的思想意識，使作品相當警闢，而且帶有濃厚的哲理思辨性質。在這裡，象徵手法和雙關寓意不僅限於人物語言，而且人物的思維活動，意識流動和心理動態，也時時帶著同樣的哲理思辨色彩。

這一切又突出地表現在爲作品確定的標題以及它對主要人物精神狀態的隱喻性質，甚至明喻性質。那游移於黃紅白三色之間的形象描繪，明顯地包含著主題思想與人物性格特徵的象徵比喻的寓意。

有了這個藝術結構與藝術手法的特色，《色盲》就顯得比《蝕》更空靈，更瀟脫，作品提供的略帶朦朧色彩的心理描寫和略帶暈圈的「眾星捧月」式的藝術結構和人物關係體系，都更爲含蓄地爲讀者留下了充分的思考餘地，這在一定程度上掩蓋了略嫌概念化的不足，因爲它提供了可供捉摸的韻味。

（1985 年 6 月 19 日寫訖，同年 11 月 6 日改畢於泉城，
刊於《臨沂師專學報》1986 年第 3 期）

茅盾的《虹》和「易卜生命題」

　　當今的時代如螺旋：許多歷史現象在重演。其高度方面的上升固然體現了歷史的超越；但那回環盤旋的生活渦流，反而使歷史的存留及存留歷史軌跡的許多文學難題，顯得容易理解了。

　　幾年前讀秦德君的《我與茅盾的一段情》〔註1〕時，雖並不以爲然，但感到不好理解。改革開放的三年飛躍，卻使這個難題顯得輕鬆了。

　　秦文涉面雖廣，要點只是三個：其一是說1928年茅盾東渡日本時政治上表現出種種動搖，是她這個「北歐命運女神」引導茅盾重新堅定起來。其二是說茅盾這時創作素材已經枯竭，長篇小說《虹》也並非茅盾所獨力創作，不僅素材是她提供，就連構思和命題都有她一半功勞。這實際上是在暗示，不是茅盾，而是她，引導著《虹》的形象思維流程。其三是以「當事人」的身分披露她和茅盾在日本同居的「情史」：一面渲染所謂茅盾幾近猥褻的種種追求，一面誇張自己的矜持莊重。

　　對此茅盾的家屬韋韜和陳小曼馳書《廣角鏡》社長，嚴肅指出：「這是一篇挾私攻擊的文章，是作者在『文革』中對先父誣陷的繼續，它將損害先父的聲譽，並造成國內外茅盾研究工作的混亂。」〔註2〕

　　確如韋韜陳小曼所說，此事在香港與海外曾引起一陣躁動。但國內廣大讀者、特別是學術界卻比較冷靜，相當審慎。後來雖然秦德君多次向訪者張揚文中類似說法，也並未引起多大的反響。而對某些人的趁機起哄，反倒鄙

〔註 1〕 刊於 1985 年 4 月 16 日香港《廣角鏡》第 151 期。
〔註 2〕 此信刊於 1985 年 5 月 16 日《廣角鏡》第 152 期。

薄視之了。

我感到秦德君舊情未續心存憤懣，當然可以理解。但作為「五四」前輩且處古稀之年，在故人謝世、死無對證情況下，仍以「記實」為名，行攻訐之實，此舉顯然不妥。姑且不論文中標榜自己、貶抑逝者究竟動機為何，即便從提供文壇史料計，則用誇大之詞、扭曲之筆所述的「事實」，可信程度到底多大？學術界普遍認為：不加考釋，不但很難引以為據，且易混淆視聽。因此予以澄清的呼聲此伏彼起。

筆者生來也晚，更非當事人和旁觀者。然而人世間一切事物，無不有邏輯發展的客觀規律。茅盾和秦德君及其關係亦不例外。舉凡與其思想、性格發展邏輯相悖謬者，很難說是事實；與背景史實相悖謬者尤然。至於如何評價，當然也有客觀標準。主觀隨意的解釋，是只會扭曲歷史的。

有鑒於此，幾年來我廣為考釋，謹慎推究，力圖從社會歷史與時代文化心理以及諸多作品的大背景中追蹤尋跡。關於「政治上」是否動搖，如玉先生在他的《這是為什麼——對〈我與茅盾的一段情〉的質疑》〔註3〕中，已經作出有力的駁論。近來我獲得新證，更能說明問題。其一是中共中央1928年10月9日致中共日本東京市委函（此件底稿現存中央檔案館，並編入中共中央文件匯編中），其中說：「沈雁冰過去是一同志，但已脫離黨的生活一年餘，如他現在仍表現得好，要求恢復黨的生活時，你們可斟酌情況，經過重新介紹的手續，允其恢復黨籍。」這就推翻了茅盾是「叛徒」，並侵吞南昌起義鉅款的誣陷。至於並未恢復黨籍，則因中共東京市委成員受日本警方注意先後返國，未及辦理。其二是找到了國民黨南京政府1929年的通緝中共領導人的《國民政府秘字第一號令》，及嘉興南湖黨史陳列館和南昌「八一」起義紀念館藏的國民黨浙江省政府和福建省政府轉發的這個通緝令，其內容完全相同。所列通緝名單均為193人，沈雁冰名列第57位。這就推翻了他在流亡東京時還時時想當蔣介石秘書的誣陷。因此對茅盾的種種政治誹謗，勿需多說了。

這裡擬就秦德君文章（除《我和茅盾的一段情》外，她後來還發表了《櫻蜃》和「與沈衛威的對話錄」——長達數萬字！）的二、三兩點略加考釋，旨在去偽存真，還歷史以本來面目。

〔註3〕此文刊於1985年6月16日香港《廣角鏡》第153期。

一

　　把作品當成作家懺悔身世、攻訐敵手、或眞人眞事實錄之作，這種陳腐文學觀念由來已久，雖歷百年而仍未絕跡。前兩者早有曹雪芹之與《紅樓夢》、魯迅之與《阿Q正傳》的有關評論爲證，後者則秦德君所謂《虹》是寫胡蘭畦說即是一例。其實作品之構成，哪有這麼簡單？它不僅非一時一事所能釀鑄，有時還需傾一代或幾代人的實踐方能凝成。《虹》的創作，即屬後一類。

　　《虹》是茅盾塑造「時代女性」系列人物的集大成之作，它的思想積累達十年以上。它起始於「五四」前後茅盾加入婦女解放問題的理論探討。此後他這方面的一系列理論建樹都匯入《虹》的長期構思源流。《虹》是茅盾和魯迅等同輩「五四」作家繼西歐民主主義啓蒙作家如易卜生等之後，長期探索婦女解放道路的思想與文學的結晶。要理清《虹》的構成脈絡，必須索本求源，從「五四」時代形成的「易卜生命題」，所作的種種回答、所作的文學表現談起。

　　所謂「易卜生命題」，其核心內容是婦女解放與婦女的生活道路問題。最早是由《新青年》雜誌推出來的。早在1915年它的創刊號上，陳獨秀就譯了By Mak O' Roll 的《婦人觀》，第1卷第3期又發表了陳獨秀的《歐洲七女傑》一文，介紹了英國醫學家奈廷格爾、俄國革命黨人蘇菲亞、法國愛國英雄貞德、社會主義學者羅月、自由戰士羅蘭夫人等人的事跡。遂開張揚女性，追求女權，重視婦女解放問題之先河。此後《新青年》除譯介了小酒井光次《女性與科學》等文外，還於1917年第2卷第6期起闢「通信」專欄談「女子問題」。此專欄延續四、五期之久。同時另發表的重要論文還有：華蘭的《女子教育》（第3卷第1期）、高索素的《女子問題之大解決》、陳寶珍的《記中國女子婚姻與育兒問題》（均第3卷第3期）、吳曾蘭的《女權平議》（第3卷第4期）、劉延陵的《自由戀愛》（第4卷第1期）等。到1918年6月15日第4卷第6期推出的「易卜生專號」更掀起高潮，刊有胡適的《易卜生主義》、袁振英的《易卜生傳》、羅家倫、胡適合譯的《娜拉》（全劇），和陶覆恭譯的《國民之敵》、吳弱男譯的《小愛友夫》（均係連載）。

　　胡適在詳細分析了易卜生的人生觀和創作中體現的社會觀與政治觀之後總結道：「易卜生的人生觀只是一個寫實主義。易卜生把家庭社會的實在情形都寫了出來，叫人看了動心，叫人看了覺得我們的家庭社會原來是如此黑暗

腐敗，叫人看了覺得家庭社會真正不得不維新革命——這就是『易卜生主義』。〔註4〕「五四」運動爆發後，作為反封建重大課題之一，「易卜生主義」和婦女解放運動問題，曾引起極大的震動與關注。為此《星期評論》1919 年7 月開闢了「女子解放從那裡做起」的專欄，廖仲愷、胡漢民、胡適、戴季陶等著名人士都著文參加討論。《新青年》則更繼續致力，發表了李大釗、魯迅等人的重要文章。此外發表重要文章的人，《新潮》上有羅家倫、葉紹鈞等，《少年中國》上有向警予、田漢、康白清等。大都主張把婦女解放放到反對封建制度大背景上，把婦女當成與男子同等的「人」來對待，解放應從自身做起，男子則予以幫助。為此必須注意婦女教育，提倡婦女參政，切實解決就業、育兒等實際問題。其中最深刻的見解是李大釗提出來的。他從「現代民主主義精神」立論，先確定了下述立論基點：「一個共同生活組織中的人，無論他是什麼種族、什麼屬性、什麼階級、什麼地域」，在「政治上、社會上、經濟上、教育上得一個均等的機會，去發展他們的個性，享有他們的權利」。由此出發來肯定「婦女參政運動」，確認婦女「在社會上也同男子一樣，有她們的地位，在生活上有她們的要求，在法律上有她們的權利，她們豈能久甘在男子的腳下受踐踏呢？」但李大釗作為早期共產主義知識份子，他的最高明處，在於明確了「女權運動仍是帶著階級的性質。」他認為：在政權機關中安放一兩個中產階級婦人作擺設，並不就能代表婦人解放的利益。「中產階級婦人的權利伸張，不能說是婦人全體的解放。」「婦人問題徹底解放的方法，一方面要合婦人全體的力量，去打破那男子專斷的社會制度；一方面還要合世界無產階級婦人的力量，去打破那有產階級（包括男女）專斷的社會制度。」〔註5〕

從 1919 年起，茅盾介入婦女解放問題的理論探討熱潮，並成為研究婦女問題持續時間最久、理論建樹最豐的專家。建黨以後，特別是 1923 年中共上海兼區執委會成立，茅盾當選為五人執行委員會成員和書記之後，他還兼任國民運動委員會委員長，和向警予共同分管婦女運動。遂又成為婦女運動活動家與領導人之一。這為他後來寫婦女問題小說，塑造「時代女性」形象系列，積累了豐厚的生活基礎。

開始茅盾尚未達到李大釗的思想高度。因為他的婦女觀受瑞典資產階級

〔註4〕參看《胡適文存》第 4 卷，上海亞東圖書館，1921 年初版。
〔註5〕《戰後的婦人問題》，1919 年 2 月 15 日《新青年》第 6 卷第 2 號。

民主主義婦女問題理論家愛倫凱（Ellen Key 1849～1929）的影響很大。她的《愛情與婚姻》、《愛情與倫理》、《母職的新生時代》等著作當時已風行世界。茅盾不僅據以立論並多處引證，還多次著文評介，甚至摘譯過她的許多著作。

這一切說明茅盾的思想與創作是以「五四」時期東西方文化大撞擊的思潮爲廣闊背景的。既得益於「五四」及西方資產階級民主主義的時代進步性，也囿於其階級局限性。這使他此後不久就開始接受馬克思主義時，其超越自己及同代人的步履較爲艱難。

1919 年，茅盾用佩韋的筆名發表了他第一篇婦女論文《解放的婦女與婦女的解放》。〔註6〕他鄭重宣布：「我是極力主張婦女解放的一人」，這「是根據人類平等的思想來的。」茅盾當時的立論之超人處，在於他估計形勢時頭腦十分清醒。他指出：「我們當前的問題，是解放的準備，和解放以後」。可以說，這個視野就是《虹》及其姊妹篇《霞》的藝術結構格局的萌芽狀態，此文既出，遂一發而不可收。他持續著文，影響很大，成爲致力鼓吹婦女解放最主要的理論家之一。僅收入《茅盾全集》第 14 卷的 90 篇文章（寫於 1917～1922 年）中，婦女問題論文就佔一半。第 15 卷所收 1923 年的 11 篇文章，全是論婦女問題的。此後隨著他直接介入政治運動而論題漸寬。但婦女問題始終是主要論題之一。粗略統計，到 20 年代末寫《虹》時止，他論婦女問題的文章近百篇。

這些文章集中談婦女解放道路與戀愛、婚姻、家庭問題。以 1920 年底爲界，隨著他由一個革命民主主義者轉變爲共產主義者，他對婦女問題的看法也有很大的變化。這種變化歷程及其內容，在《蝕》、《野薔薇》、《宿莽》及《虹》中的時代女性系列描寫中，有同步性的鮮明反映。

茅盾對婦女解放的總認識，是以「人的解放」爲前提。他最初認爲「婦女解放的眞意義是叫婦女來做個『人』，不是叫婦女樣樣學到男子便算解放。」〔註7〕但是很快他就認識到婦女解放是和無產階級的解放以至全人類的徹底解放緊密相連的。他認爲：「婦女問題的徹底解決，婦女的眞正解放，須有待於社會組織之根本改造。把婦女問題作爲一個單獨的問題來研究時，是徒勞

〔註6〕刊於 1919 年 11 月 15 日《婦女雜誌》第 5 卷第 11 號，後收入《茅盾全集》第 14 卷，第 63～69 頁。

〔註7〕《讀〈少年中國〉婦女號》，1920 年 1 月 5 日《婦女雜誌》第 6 卷第 1 號，《茅盾全集》第 14 卷，第 90 頁。

無功的。」〔註8〕

　　但是，茅盾和魯迅等「五四」先驅者同樣，他對「解放」的認識，也經歷了從強調改造意識形態入手，到強調首先和最基本的是改造經濟基礎、上層建築——特別是社會政治制度入手的過程。開始他是這樣規劃婦女運動的：「我想中國現在社會中阻礙婦女解放的障壁，莫如男女的道德責任不同，一切惡制惡習，都由此起。」〔註9〕

　　因此，婦女問題該從改造倫理，改造兩性關係入手，就是從精神方面入手，那才合乎文化運動的真意義。因此「我希望大家飽多做些社會上的事，少做些政治上的事。」也「不必定要從經濟獨立做起。」〔註10〕當然，這時他的主張還有自相矛盾處：有時他也講要先解決經濟權與政治地位問題。但從總體看，這時他受瑞典婦女理論家愛倫凱（茅盾在《愛倫凱的母性論》一文中對她作過系統介紹，見《茅盾全集》第14卷，初刊於1920年9月10日《東方雜誌》第17卷第17號）的影響太深了，對作為社會問題之一的婦女問題的看法，顯然是本末倒置的。

　　但是1920年底他開始接受馬克思主義之後，情況發生了質的變化。他認識到「現代婦女運動的主要目標早已不是教育了。」〔註11〕婦女要改變自己所處的「奴隸地位，重要的前提還是改革環境」！「一面為要求自身利益而奮鬥，一面為改造環境而與同調的男性作政治運動了」！〔註12〕他反對把婦女看成一個「階級」去籠統地反對壓迫她們的被當作「另一個階級」的男子，他認為壓迫婦女的「過去的罪惡，是有產階級的男子造成，不是一切男子。」因此「過去的人類的罪惡，惟有由無產階級的男女共同努力去滌除他。」〔註13〕他開始考察並重視經濟條件，特別是在勞動中所處地位不同導

〔註8〕　《問題是原封不動地擱著》，1931年1月1日《婦女雜誌》第17卷第1期，《茅盾全集》第15卷，第432頁。

〔註9〕　《評女子參政運動》，1920年2月15日《解放與改造》第2卷第4號，《茅盾全集》第14卷，第124頁。

〔註10〕　《家庭服務與經濟獨立》，1920年5月5日《婦女雜誌》第6卷第5號，《茅盾全集》第14卷，第138頁。

〔註11〕　《婦女教育運動概略》，1923年1月《婦女雜誌》第9卷第1號，《茅盾全集》第15卷，第1頁。

〔註12〕　《現代女子的苦悶問題》，1927年1月1日《新女性》第2卷第1號，《茅盾全集》第15卷，第309頁。

〔註13〕　《〈女子現今的地位怎樣〉按語》，1922年1月11日《民國日報·婦女評論》，《茅盾全集》第14卷，第311頁。

致男女不平等的事實。他認爲「農村社會內男女對於勞動有同樣的權利，然受舊禮教的遺毒，所以實際上婦女經濟上不能獨立」。「最先切要的事是打破舊禮教。因爲都市社會內男女對於勞動沒有同樣的權利」。所以「最先切要的事是改革現在的社會的經濟組織。」但他歸根結蒂認爲「什麼禮教等等，還是社會制度經濟組織的產兒。不把產生這產兒的社會制度和經濟組織改革過，而專從思想方面空論，效果很小」。〔註14〕特別是 1925 年發表的《新性道德的唯物史觀》一文，相當系統地論述了經濟、政治、思想道德三個因素相互間的辯證關係。因此也就端正了他對婦女運動方向、目的、途徑的認識。

與此相聯繫的是，他也端正了對婦女運動中堅力量的認識。1920 年上半年，茅盾把婦女分成「（一）闊太太貴小姐；（二）中等詩禮（借用）人家的太太小姐；（三）貧苦人家靠勞動餬口的婦女。」他認爲貴族婦女自不待言，勞苦婦女又是「無知識的，沒思想的」，她們都「不能擔當婦女運動的重任」，「有希望的只是」「中等人家的太太和小姐」，必須由她們做「中堅」。〔註15〕後來他一度曾寄希望於城市職業婦女。但旋即被實踐擴大和糾正了自己的偏頗認識，認爲一方面要「努力從各階級各方面去找些覺悟的女性來，不要專注目於太太們小姐們和嬌養的女學生們！」另一方面又特別強調「快到民眾中間尋求覺悟的女性。」〔註16〕

於是，茅盾終於把婦女解放問題納入整個革命運動作本質的考察了。認識到「婦女問題的徹底解決，婦女的真正解放，須有待於社會組織之根本改造。把婦女問題作爲一個單獨的問題來研究時，是徒勞而無功的」。因此他主張把「內除軍閥，外抗帝國主義，這兩個國民運動的口號」，〔註17〕作爲整個婦女運動總口號，在此之下再規劃婦女運動獨特的具體的目標。

顯然，從《蝕》到《虹》組成的「時代女性」系列，其產生的思想基礎及不同女性的思想性格發展，大都可以從上述簡單概括中追尋到成因與脈

〔註14〕《婦女經濟獨立討論》，1921 年 8 月 17 日《民國日報·婦女評論》，《茅盾全集》第 14 卷，第 246 頁。

〔註15〕《怎樣才能使婦女運動有實力》，1920 年 6 月 5 日《婦女雜誌》第 6 卷第 6 號，《茅盾全集》第 14 卷，第 144～146 頁。

〔註16〕《〈婦女週報〉社評（一）》，1923 年 9 月 5 日《民國日報·婦女週報》第 3 號；《茅盾全集》第 15 卷，第 51 頁。

〔註17〕《〈婦女週報〉社評（五）》，1924 年 7 月 16 日《婦女週報》第 44 號，《茅盾全集》第 15 卷，第 179 頁。

絡。換句話說：茅盾在其時代女性系列的塑造中，留下了自己思想發展的影子。而由《虹》到《霞》的整體構思，梅行素性格發展的前三個階段（《虹》）及其後的質變（《霞》），充分而完整地體現出茅盾及其同代思想先驅與文學先驅對婦女問題與婦女解放運動的認識的發展過程。而這些，早在茅盾認識胡蘭畦和秦德君、以及聽說胡蘭畦情況之前就生動而完整地形成著、發展著、變化著。

我認爲：茅盾論婦女解放問題的雜文，與其塑造婦女形象特別是時代女性系列的小說創作，這兩批成果相映生輝，是他貢獻給中國現代史與中國現代文學史的關於婦女解放問題的熠熠發光的「雙璧」。經營這項巨大工程的時間是以十年計的。豈是秦德君所講的關於胡蘭畦身世經歷的幾段故事包容得了的？

二

《虹》的創作準備是從回答「易卜生命題」發軔的。易卜生放棄其民族浪漫主義戲劇而從事現實主義社會戲劇創作，旨在從家庭與社會兩個方面揭露資本主義表面繁榮幸福實則醜惡腐朽的尖銳矛盾。被戲劇界稱爲「一對劇」的《娜拉》〔註18〕（1879 年作）和《群鬼》〔註19〕（1881 年作），從兩個不同側面，選取婦女道路作窗口，展示了上述矛盾。《娜拉》的主人公娜拉棄家出走，《群鬼》的主人公阿爾文太太棄家出走後又重回故家困守亡夫的家庭牢籠倍受煎熬，是從兩個方向相反的發展趨勢，提出一個共同問題：在男女不平等的社會制度裡，在愛情、婚姻與家庭悲劇中，如何解決婦女命運與生活道路問題。易卜生提出的爲反抗悲劇命運「棄家出走」與「無路可走」被迫返回家庭囚籠的路子，構成西方作家與中國作家兩個世紀來常寫不衰的「易卜生命題。」特別是娜拉那種精神，震動了中國社會。她否定虛僞的法律與僞善的宗教，公然向把女性當玩偶（她意識到「在家裡」她是父親的「泥娃娃女兒」；出嫁後她又是丈夫的「泥娃娃老婆」，是靠「耍把戲過日子」）的社會進行大膽反抗。她公開宣布：「我首先是一個人！」要走眞正屬於自己的路。

在中國這片不同於瑞典資本主義的半封建半殖民地的國土上，魯迅首先

〔註18〕現通譯《玩偶之家》。
〔註19〕中譯本初刊於 1919 年 5 月 1 日《新潮》第 1 卷第 5 期。

提出了《娜拉走後怎樣？》的問題，並作出了著名的回答：

> 但從事理上推想起來，娜拉或者也實在只有兩條路：不是墮
> 落，就是回來。因為如果是一匹小鳥，則籠子裡固然不自由，而一
> 出籠門，外面便又有鷹，有貓，以及別的什麼東西之類；倘使已經
> 關得麻痺了翅子，忘卻了飛翔，也誠然是無路可以走。還有一條，
> 就是餓死了，但餓死已經離開了生活，更無所謂問題，所以也不是
> 什麼路。
>
> 人生最苦痛的是夢醒了無路可以走。……
>
> 然而娜拉既然醒了，是很不容易回到夢境的，因此只得走；……
> 她除了覺醒了的心以外，還帶了什麼去？……她還須更富有，提包
> 裡有準備，直白地說，就是要有錢。
>
> 夢是好的；否則，錢是要緊的。
>
> ……自由固不是錢所能買到的，但能為錢而賣掉。……為準備
> 不做傀儡起見，在目下的社會裡，經濟權就見得最要緊了。第一，
> 在家應該先獲得男女平均的分配；第二，在社會應該獲得男女相等
> 的勢力。可惜我不知道這樣權柄如何取得，單知道仍然要戰鬥；或
> 者也許比要求參政權更要用劇烈的戰鬥。
>
> ——16卷本《魯迅全集》第1卷，第159～161頁

魯迅在自己的小說創作中試圖回答這個問題。他寫了勞動婦女和知識婦女兩
型。屬勞動婦女型的如《在酒樓上》的阿順，年輕輕地被父親主婚許給據說
還不如一個偷雞賊的男人，遂慚憤「吐紅」而死。嫁出去的呢，或者如《明
天》中的單四嫂子，死了男人又死了兒子，孤伶伶一個人在藍皮阿五之類地
痞流氓的覬覦下，做她「見兒子」的「夢」。或者如《祝福》中的祥林嫂，
一次次地嫁人，一次次地被賣；一次次地死夫喪子。等待著她的是死後被兩個
死鬼男人「手」，閻王只好把她鋸成兩半的命運。即便潑辣如《離婚》中的愛
姑，在象徵封建勢力的「七大人」的「公斷」下，以「九十元」的賃價和那
妍居著小寡婦的「小畜生」丈夫離婚之後，等待她的前途，又會比單四嫂子
和祥林嫂好得了多少呢？

屬於知識婦女型的如《幸福的家庭》中嫁了「作家」組成「幸福的家庭」
的「妻子」，戰亂與清貧折磨得她一雙明亮的眼睛變得陰凄凄，整天在「A」
形白菜堆和死蛇似的捆柴的稻草繩中討生活。至於自由戀愛結了婚之後，不

能日日更新愛情，遂導致愛情枯竭；又經不住社會重壓，導致家庭破裂的《傷逝》中的子君，離開小家庭重返那個她逃出來的舊家庭，去和「兒女的債主」的父親繼續困守，「她的命運」已被決定：只能是在「無愛的人間死灰」。而她，正是在易卜生和娜拉的鼓舞下從那個舊家闖出來的「五四」新女性。所以，在魯迅筆下，不論勞動婦女還是知識婦女，都面臨著「夢醒了無路可以走」的悲劇命運。

對魯迅的這種描寫，茅盾頗不滿足。在 1927 年寫的《魯迅論》中，他固然肯定其「描寫『老中國兒女』的思想和生活」從而使人「懍懍地反省自己的靈魂究竟已否全脫卸了幾千年傳統的重擔」；也肯定《彷徨》中上邊提到的那些作品對「現代青年生活的描寫」所透露的「五四」精神和時代信息。但他同時認爲：這「不是被壓迫者的引吭的絕叫，而是疲茶的宛轉的呻吟。」〔註20〕兩年後茅盾又在《讀〈倪煥之〉》中說：這「也只能表現了『五四』時代青年生活的一角；因而也不能不使人感到不滿足。」〔註21〕茅盾所期待的是：把婦女道路、婦女命運放到大時代的革命洪流中去尋求總體的解決，而魯迅則無意提供他不可能提供的這樣的解決。

於是茅盾自 1927 年始，自己提筆去探尋解決「易卜生命題」的更爲合理的答案。

應該特別指出，大革命失敗後的茅盾，正處在思想困惑期。革命信念他毫未動搖。但對當時右傾和「左」傾領導人鼓吹的所謂「革命出路」，他從根本上產生了懷疑；因爲實踐證明他們吹起的只是一個一個花花綠綠的肥皂泡，不能解決實踐問題。那麼眞正的出路究竟在哪裡？茅盾尙在探索而一時得不到答案。於是他按照自己獨特的習慣，每當處在困惑期，他便停下來認眞思考；總結歷史的和個人的經歷，探求眞正的出路。這一時期探求「易卜生命題」所寫的小說，明顯地打上了時代困惑與痛苦思索的痕跡。隨著他探索前進與思想的漸趨明晰，其小說也隨之豁然開朗了。

值得注意的是，茅盾作品盡量不讓女主人公進入新舊婚姻所構築的「家庭牢籠」。即便進入，她們也多屬不守「婦道」叛逆「閨」範的人物。《詩與散文》〔註22〕中新寡的桂少奶奶雖屬舊式婚姻的犧牲品，但在極端自私的青

〔註20〕1927 年 11 月《小說月報》第 18 卷第 11 號。
〔註21〕1929 年 5 月 12 日《文學週報》第 8 卷第 20 期。
〔註22〕初刊 1928 年 12 月《大江》第 1 年第 3 期，初收入《野薔薇》。

年丙的誘惑下，突破封建貞操觀念而在「實實在在的事兒」裡苦中求樂。當
她發現青年丙藉口她太「散文化」而始亂終棄，去追求「詩化」的表妹時，
她以新的「征服」打「敗」丙後，就毅然踢開了他！表現了舊式閨閣中也不
乏「女強人」。表現出思想一旦解放，被壓迫的女性也同樣具有性格威力。反
之，如果生性懦弱不求自我解放，即使自由結婚而囿於「婦道」，如《動搖》
〔註 23〕中的方太太，也不能不在「家庭牢籠」中眼睜睜看丈夫另有所矚而自
食苦果。因此，茅盾讓筆下的女性都對沒有愛情的、追求權勢方面「門當戶
對」的婚姻特別警惕。也因此，即便是革命落潮時退出時代漩渦而在家庭中
尋求避風港與休憩所的時代女性，如《曇》〔註 24〕中的韵女士，也不得不再
次棄家出走。顯然茅盾的藝術構思有意識地把矛盾尖銳化了。作為一個滿懷
革命憧憬投入時代大潮的新女性。妻妾成行的反動軍官的懷抱豈能是她恢復
不平衡心態的寧靜的歸宿？儘管韵女士已是「繞樹三匝，無枝可依」的「鳥
雀」，且處在「夢醒了無路可以走」的困境，也還要鼓動那尚未麻痺的翅膀，
為解放自我而毅然奮飛。當然，在為自我解放而棄家出走的時代女性中，茅
盾給《創造》〔註 25〕中的嫻嫻安排了一個較為樂觀的前景，她似乎是處在渾
渾噩噩狀態中，以較舊的閨秀的心態與君實結合的。君實當然不滿乎此，但
他的「創造」啟迪了嫻嫻自我解放的意識之後，那「大步前闖」的衝擊，又
使葉公好龍的君實難以消受而急思限制。但嫻嫻卻不肯半途止步，於是她就
扔下君實先走一步了。茅盾說《創造》「還暗示了這樣的思想：『革命既經發
動，就會一發而不可收』。」「它的前進是任何力量阻攔不了的。」〔註 26〕這
種象徵寓意我們從作品中很難看出。但小而言之，用於理解婦女解放，這個
內涵則十分明顯。

　　然而《創造》只是象徵地而非具體地回答「易卜生命題」。嫻嫻走後的前
景，茅盾似乎也感到渺茫。因此其後他把筆墨轉移到多方位探索形形色色
的時代女性在婚前對生活道路的種種不同的執著追求上。許多作品表明茅
盾的觀點集中在自由戀愛的生活前景。他借助深廣的文化背景描寫，一再
揭示：在中國這片封建控制固若金湯的國土上，愛情追求不能不面臨著重重
陷阱。首先是以女性為玩弄對象的炎涼世態，它甚至扭曲了如《一個女性》

〔註 23〕 初刊於 1928 年 1～3 月《小說月報》第 19 卷第 1～3 號。
〔註 24〕 初刊於 1929 年 4 月《新女性》第 4 卷第 4 號，初收入《野薔薇》。
〔註 25〕 初刊於 1928 年 4 月《東方雜誌》第 25 卷第 8 號，初收入《野薔薇》。
〔註 26〕 《我走過的道路》中冊，第 11 頁。

〔註 27〕中的楊瓊華那純潔的性格。殘酷的現實迫使她放棄了得自法國啓蒙主義思想家、哲學家盧騷的「復歸於自然」的信念，和以善良待人的態度；她藏過「眞我」，以「詐巧陰狠」的「假我」處世。即使這樣也未能維持「一鄉的女王」地位，於是作家引導人物的認識漸趨清醒：昔日包圍自己的那些「魔鬼」，其實不過是些「蛆蟲」！絕望使這朵美好的花過早地枯萎了！這就印證了《自殺》〔註 28〕和《幻滅》〔註 29〕中藉助環小姐和靜女士所揭示的訓戒性主題：不能持重而輕率失身，其後果將是嚴重的：或者成了特務泄慾的對象（如靜女士）；或者爲封建自我意識所困，在心造的輿論譴責幻影中自戕（如環小姐）！

她們的悲劇也許就是茅盾寫另一些女強者們病態心理產生的根據；這也許就是《幻滅》中慧女士的男性報復主義和《動搖》中孫舞陽的「性享樂主義」形成的基礎。這種貌似積極實則消極的病態行爲，其實還不如《追求》〔註30〕中的章秋柳和王女士的「獻身主義」：她們或爲助友，或爲「再來奮鬥」而克服貧困，相比之下有其較爲高尚的目的。

以上所述茅盾小說兩種類型的婦女解放之路的探索，其積極成果與其說是在「道路」本身，勿寧說是在照示前進途中重重障礙的艱險性。後者的積極意義在於指出：依靠個人奮鬥無濟於事；即便是時代女性中之強者，也必須放棄個人奮鬥方式，克服革命落潮中的困惑與幻滅情懷，去尋求眞正意義的出路之所在。

如果我們把這些作品串起來看，可以作以下的美學估量：第一，作家總的出發點是把女性眞正當作與男子完全平等的人來看待；從她們身上發掘反對封建制度、反叛封建道德倫理觀念的人格力量。第二，大膽張揚她們蔑視封建貞操觀念，及以個性解放爲張力對待「性關係」的全新意識；有意識地揭示其與「五四」時代覺醒精神的歷史聯繫；並以過人的反道統的熱情與膽識，維護這種女性固有的權利。第三，這些女性不僅對男性中心主義給予極大衝擊，還以極大的蔑視對封建婚姻制度及其後盾──封建制度提出永久性的懷疑。上述三個特徵，正是她們被稱作「時代女性」的本質所在。「時代女性」系列的塑造，又是茅盾對中國現代文學史無可替代的一大貢獻。

〔註 27〕 初刊於 1928 年 11 月《小說月報》第 19 卷第 11 號，初收入《野薔薇》。
〔註 28〕 初刊於 1927 年 11 月《小說月報》第 18 卷第 11 號，初收入《野薔薇》。
〔註 29〕 初刊於 1927 年 9、10 月《小說月報》第 18 卷第 9、10 號。
〔註 30〕 初於 1928 年 6～9 月《小說月報》第 19 卷第 6～9 號。

但是，這些以寫「時代女性」群的種種生態爲軸心的小說，儘管對前人回答「易卜生命題」所作的建樹有所突破，然而尚未能開拓出全新的路。茅盾堅持的「婦女運動必須與社會革命、階級解放運動相結合，才能徹底求得婦女解放」的理論，在這些小說創作中並未得到充分的形象再現。

主要原因在於，他還沒有從大革命失敗後的幻滅情緒中得到徹底解脫。革命出路在哪裡的問題還未得到徹底解決。因此，在清理思想之同時，對「易卜生命題」，茅盾仍在孜孜不倦地探索著。

隨著茅盾對思想困惑的逐步清理，他對中國革命的眞正出路也日漸明確。反映到創作上，他就不滿足於《創作》式的象徵性暗示。而是調動他「五四」開始所作的全部思想的與生活的積累，醞釀著回答「易卜生命題」全新格局的新創作，這就是《虹》及它的未完成的姊妹篇《霞》。

三

《虹》的產生有其時代背景與文學背景。

1928 年頃，葉聖陶推出長篇力作《倪煥之》，立即引起茅盾的極大關注。1929 年 5 月 4 日，他完成了長篇論文《讀〈倪煥之〉》，〔註31〕給予了高度評價：

> 把一篇小說的時代安放在近十年的歷史過程中，不能不說這是第一部；而有意地要表示一個人——一個富有革命性的小資產階級知識份子，怎樣地受十年來時代的壯潮所激盪，怎樣地從鄉村到城市，從埋頭教育到群眾運動，從自由主義到集團主義，這《倪煥之》也不能不說是第一部。

聯繫到茅盾在《虹·跋》中所說：《虹》「欲爲中國近十年之壯劇，留一印痕。」〔註32〕可以說《虹》與《倪煥之》這兩部長篇是異曲同工之作。也不妨把《讀〈倪煥之〉》一文當作《虹》的創作動機的夫子自道。因爲此文完成於《虹》構思完畢並動筆之初。其中提出的時代性標準和運用它對主人公倪煥之所作的剖析、評價，都和《虹》的主人公梅行素的性格構成有血緣關係。

茅盾在此文中首次提出文學的時代性標準。

> 一篇小說之有無時代性，並不能僅僅以是否描寫到時代空氣爲滿足；連時代空氣都表現不出的作品，即使寫得很美麗，只不過成

〔註31〕初刊於 1929 年 5 月 12 日《文學週報》第 8 卷第 20 期。
〔註32〕1930 年 3 月有上海開明書店初版的《虹》卷末。

　　爲資產階級文藝的玩意兒。所謂時代性，我以爲，在表現了時代空
　　氣而外，還應該有兩個要義：一是時代給予人們以怎樣的影響，二
　　是人們的集團的活力又怎樣地將時代推進了新方向，換言之，即是
　　怎樣地催促歷史進入了必然的新時代，再換一句說，即是怎樣地由
　　於人們的集團的活動而及早實現了歷史的必然。在這樣的意義下，
　　方是現代的新寫實派文學所要表現的時代性！

——《茅盾文藝雜論集》上冊，第 288 頁

茅盾寫《虹》的主人公梅行素的性格發展，明顯地體現著這新寫實派的時代
性要求，把她放到時代潮流前端推動其性格發展，並讓她和妨礙時代發展的
舊勢力始終處於對立地位，其性格發展的每一階段都貫串著新舊衝突，同時
她時時注意投身變革的新潮的濤頭，和時代的弄潮兒同步，雖然也時時面臨
時代新潮與自身舊的烙印的種種衝突，但總是在時代浪潮衝擊下主動地也相
當痛苦地經受著自我改造。茅盾興趣的這個熱點，可以解釋他評《倪煥之》
時對時代女性金佩璋陷入家庭瑣事而消蝕了鬥志的性格走向不感興趣，幾乎
傾全部注意力於倪煥之隨時代艱難前進的曲折行程。不能說葉聖陶這部力作
的創作經驗對茅盾沒有影響。但梅行素性格同時又是對倪煥之性格及其生活
道路的一種超越。由於葉聖陶無力把握置身革命潮中的倪煥之如何泅泳，只
好藉一場「腸窒扶斯」病結束了他的生命；而茅盾卻把自己及出身剝削階級
的同代共產黨人知識份子曲折艱難探索前進的革命征程，與婦女革命前驅者
崎嶇航程結合起來，匯聚成梅行素追隨中國革命大潮，趟出一條中國婦女徹
底解放之路。因此梅行素和倪煥之作爲中國 20 年代男女革命知識份子的兩個
典型，無異雙峰對峙，兩水分流，相映生輝地代表著「五四」青年隨時代彳
行前進的艱難航程。他們前面有一盞明燈，那就是茅盾所說「北歐運命女神
中間的一個很莊嚴地」引導他向前〔註33〕的那個方向針。

　　茅盾對「北歐運命女神」所指爲何，曾作過明確的解釋：

　　　　北歐的運命女神見北歐神話。當時用這個洋典故，寓意蓋在蘇
　　　聯也。這也有點「順手牽羊」，因按歐洲人習慣，北歐實指斯坎的納
　　　維亞半島。

——《覆莊鍾慶信》，文化藝術出版社，
《茅盾書信集》，第 196 頁

〔註33〕《從牯嶺到東京》，1928 年 10 月《小說月報》第 19 卷第 10 號。

此信寫於 1961 年 6 月 15 日，當時茅盾顯然無法預見二十年後秦德君竟會以指引茅盾前進的「北歐運命女神」自居。故此信旨在記實。歷史也一再說明：茅盾這代革命者從大革命失敗後的困惑中能夠得到解脫而重振革命勇氣，社會主義蘇聯在當時代表的共產主義方向，無疑是唯一璀璨的指路燈塔。不僅是茅盾和他筆下的梅行素，就是同處幻滅失望之中的秦德君以及胡蘭畦，也都是藉此助力重新奮起的。

迄今為止，梅行素性格是二、三十年代之交產生的「時代女性群」中縱向開拓、橫向開拓與內向開拓最豐富、最具立體感、也最具內涵密度的一個。不能說這與「北歐運命女神」作為人物的「底氣」無關。當然，這個性格首先是時代風雨與生活土壤萌發的新芽。茅盾為此作了長期的生活積累。他自己從事婦女運動的直接體驗，他在建黨後與革命女戰友並肩作戰的種種閱歷，加上他的夫人孔德沚從事婦女運動結識的女性也和茅盾有多方面的接觸，這一切就是產生包括梅女士在內的「時代女性群」的豐厚生活積累。正是這些保證了這「群」中的每一位都有鮮明的個性，哪個和哪個性格上也沒有什麼雷同。

茅盾在《我走過的道路》中說：

> 至於梅女士，我是從當時中央軍事政治學校武漢分校女生隊中一個姓胡的，取為部分的模型，此女生名中有一個蘭字，此即梅女士之所以成為姓梅。
>
> ——《新文學史料》1931 年第 3 期，第 13 頁

茅盾當時任該校的政治教官，有條件了解胡的經歷。這段話也可以《胡蘭畦回憶錄》中得到印證。〔註 34〕但茅盾了解胡蘭畦的經歷也許更早。據胡蘭畦回憶，她早在 1924 年 6 月赴上海出席全國學聯代表大會時，由於兼負責考察上海女子工業社而住在該社，那時她就「認識了」茅盾的夫人「孔德沚、和陳望道教授的妻子吳庶五，她們都是女子工業社的股東。」〔註 35〕孔德沚當時從事婦女運動結識的女友既然成為茅盾創作「時代女性群」的原型，胡蘭畦當然也不例外。不過我們應該承認，秦德君繼上述茅盾的直接積累之後，在她和茅盾同居過程中補充提供了一些事例，這是完全可能的。因為早在胡蘭畦離家出走抵重慶後她就結識了胡蘭畦。她還先於胡蘭畦到瀘洲川南師範

〔註34〕 參見《胡蘭畦回憶錄》上冊（1901～1936）九、十兩章。
〔註35〕 同上書，第 69 頁。

任教並與胡一度同事。〔註36〕兩個女友相互了解是當然的事。但茅盾僅汲取了胡蘭畦經歷中某些片斷，作爲故事梗概的部分構架。全書的藝術情節和人物性格則主要是茅盾獨立的藝術虛構。即便如此，茅盾所借用的材料也並非全部源於秦德君。這是顯而易見的。我們不必去一一分清。至於哪些是借用，哪些是虛構，事關作家形象思維過程的藝術建樹，下面倒打算順便作些對比研究。如果能順便澄清「貪天功爲己功」導致的問題，倒也有助於澄清文壇上歷時多年的無聊紛爭，也省得後人費工考證。

茅盾以自己的「時代性」標準爲梅女士確立的性格基調是雙重的：一方面「數千年來女性的遺傳在她心靈深處蠢動」；另方面「顛沛的經歷既已把她的生活凝成了新的型，而狂飆的『五四』也早已吹轉了她的思想的指針」，「她只能堅毅地壓住了消滅了傳統的根性，力求適應新的世界，新的人生。」而「五四」精神中固然包括了「毫無歧視地一體接受」的「個人主義、人道主義、社會主義、無政府主義，各色各樣互相衝突的思想」，其中就有「易卜生主義」的洗禮所形成的信念：「托爾斯泰和易卜生都是新的，因而也一定是好的。」她崇拜娜拉，但更崇拜林敦夫人。因爲林敦夫人是「爲了救人」能「將『性』作爲交換條件」的勇者，但娜拉做不到這一點，她難以忘懷自己是「女性」，而林敦夫人則「是忘記了自己是『女性』的女人！」這影響著梅女士的處世方針，也埋下她嫁柳遇春爲父還錢的種子。這一切都是鑄成梅女士「惟一的野心是征服環境，征服命運」，「因時制變地用戰士的精神往前衝」的性格主調的基因。「她準備獻身給更偉大的前程」。可見，茅盾給梅女士安排的性格起點，正是「五四」精神和「易卜生主義」相結合的產物。由此透出「五四」文學與西方文學的淵源關係。也衝破了胡蘭畦個人經歷的事實框架。

茅盾給梅女士前進路上安排了三大難關：家庭關、社會關、革命關，自然地構成其性格發展的三個階段。而她闖過第一關的思想動力，便包括了以民主主義爲核心的「易卜生主義」。

梅女士要闖的家庭關包括雙重的含義：其一是「在家從父」。「父親的目的是錢，人家也是利用錢來誘脅他」。她「賣身救父孝女」般地嫁給了柳遇春，而「犧牲了個人的自由意思」。其二是出嫁卻不「從夫」，而且以使其「人財兩失」的方法懲治這「靠金錢買肉體」者。辦法是離家出走。這種林敦夫人

〔註36〕參看上書，第30～31、37頁。

般的行動卻是根據她自己的自由意志。梅女士用這種既屈從又反抗的充滿矛盾的獨特方式闖過了家庭關。這一行動既體現出「五四」時代女性思想解放的共性，又體現了梅行素「用戰士的精神往前衝」的獨特個性。作家一開始就把她寫成在時代狂潮衝擊中能主宰自己命運的強者。作家也寫她婚後幾乎被柔情所動，難以從「柳條牢籠」中自拔，這種神來之筆增加了性格的複雜性和真實性。

應該承認，寫性格發展的這一階段，茅盾確實較多地汲取了胡蘭畦婚姻經歷中部分素材，但這僅是用作部分故事梗概，而不是藝術情節。即便這樣，茅盾的創作也決非僅限於藝術情節的鋪排和人物性格、人物關係的刻畫，而首先是創造與虛構：第一，胡蘭畦被母親嫁給她曾資助過的一個商人楊固之，為的是因此不會受虐待；而茅盾筆下的梅行素則是被貪財的父親嫁給姑表兄柳（此姓也許是由「楊」的對應字衍化出來的）遇春。這種修改旨在突出其買賣婚姻性質。第二，胡蘭畦不願嫁楊固之並非因其「相貌品德不好，而是因為他衣著雖然華麗，但倒吊起來肚裡也吐不出幾滴墨水。」〔註37〕梅行素不願嫁柳遇春一因其買賣婚姻性質，二因柳遇春自幼調戲過她的惡劣品質；三因（這是最重要的）她所愛的是其姨表兄韋玉。這些虛構揭示出買賣婚姻破壞了愛情這一悲劇性質。第三，胡蘭畦「有心拒婚」，但怕曾祖母和父親經受不住打擊而「於心不忍。」「明知這是鳥投樊籠，可是有什麼辦法呢？」〔註38〕

胡蘭畦她是接受表親魏宣猷「先出嫁」後「用合法手段離開成都」的建議出嫁的。梅行素則抱著娜拉和林敦夫人的自主意識和犧牲精神，懷著使柳家「人財兩空」的報復目的，和打破封建貞操觀念的解放意識進「柳條牢籠」。〔註39〕而主動進「籠」使柳遇春「人財兩失」的主意，是梅女士自己想出、自己決定的。第四，胡蘭畦去重慶任教是由魏宣猷代為聯繫，並「巧妙地說服婆婆家，婆家也同意了」〔註40〕的；而梅行素則是自己設計逃出「柳條牢籠」的。第五，幫助胡蘭畦的魏宣猷是她的遠親。但和她並無愛情關係。茅盾把魏宣猷一分為二：其一衍化為與她相愛的軟弱的托爾斯泰主義者姨表兄韋（魏的諧音）玉，其二衍化為同學兼女友徐綺君。他們分擔了魏的任務（徐

〔註37〕《茅盾全集》第 2 卷，第 3～6、39、44～45 頁。
〔註38〕《胡蘭畦回憶錄》上冊（1901～1936 年），四川人民出版社，第 21～22 頁。
〔註39〕參看《茅盾全集》第 2 卷，第 47～49 頁。
〔註40〕《胡蘭畦回憶錄》上冊，第 23 頁。

促梅思想進步，幫其出走和謀職；章則頂著魏的表親身分去當梅的戀人，他決定了梅願去重慶的動機，而且也是他病重返成都路上與梅女士「失之交臂」，回成都後去世）。

這一切鋪排和虛構既使梅女士的秉性智慧反抗精神及內心複雜性遠遠超過了胡蘭畦；又使人物活動的環境更複雜，更真實，更具社會內容，因而兩者都更具典型性。茅盾的創造顯然是開拓性的。

茅盾給梅行素安排的第二大難關是社會關。這是回答「易卜生命題」的關鍵所在。魯迅所說「娜拉走後怎樣」所指首先在此。茅盾把梅女士的社會關剖為兩面：其一是安排她赴瀘州川南師範附小就業謀生以求經濟獨立；其二是把她置於軍閥惠師長魔爪下任家庭教師，艱難而頑強地維護自己的政治獨立與人格獨立。兩者都是嚴峻考驗而後者尤甚。兩者都借用了胡蘭畦經歷的軀殼，而虛構了事件進程的全部內涵。第一，他把胡先後在「川師」和瀘縣公子兩度任教及其曲折經過大大簡化，把視點集中在「川師」之內。第二，他降低了當時新潮流的格調，據《胡蘭畦回憶錄》載：「川師」的教育改革成就顯著，尤以惲代英任教務長後倡導新風、改革教學為最。就是胡任職瀘縣公學時，也曾艱苦創辦幼稚班，推行女子剪髮。此外她還參加了李求實等組織的馬克思主義研究會，這一切蔚成了一代新風。〔註41〕這些材料茅盾都捨棄不用。他反而寫「川師」教改名實不副；寫社會新潮則革新其名，守舊其實。所謂新潮人物多熱衷於婦姑勃谿、打情罵俏、任情縱慾、庸庸碌碌；而人品和教績卻一無足取。他們在惠師長統治下以施新政、倡新潮刁興沽名，實際上骨子裡仍是舊的。因此茅盾的描寫顯然是更為本質的把握，因此也更近於生活真實。

此外茅盾有意識地推遲了梅女士接觸共產黨、接觸馬克思主義的時間，為其性格發展的第三階段：過革命關，留下了餘地。而且早在寫第一階段時預先埋伏下黃因明這個人物作為張本，使梅女士上海時期的人際關係及介入革命主潮的背景更為豐滿。這樣，就更使作家給梅女士確定的性格追求（先求事業，次為謀生）和客觀環境大相徑庭。這和她潔身自好、狂狷孤傲的性格也難以諧調。於是她「牢騷，煩悶，激怒」，感到「我的生活的圖畫上一切色彩都配錯了」。〔註42〕這種心態既是對新舊交雜性格弱點的尖銳批評，也是

〔註41〕參看《胡蘭畦回憶錄》上冊，第3章。
〔註42〕《茅盾全集》第2卷，第125頁。

對梅女士性格弱點的尖銳剖析；個人和社會之矛盾的一個側面，藉此遂得到生動展現。

梅行素當然不甘於久困此境，她之所以不怕惠師長的「花鳥使」楊瓊枝的引誘，敢於踏進惠府當家庭教師，一方面固屬冒險與好奇，一方面也為了擺脫平庸生活的困囿。在寫《虹》的前一年，茅盾在散文詩《霧》中寫道：「我自然也討厭寒風和冰雪。但和霧比較起來，我是寧願後者呵！寒風和冰雪的天氣能夠殺人，但也刺激人們活動起來奮鬥。霧，霧呀，只使你苦悶；使你頹唐闌珊。像陷在爛泥淖中，滿心想掙扎，可是無從著力呢！」〔註43〕茅盾這種心態，顯然和梅女士相通。而她代表的嚴肅奮戰的人生態度與那邊的庸庸噩噩的一群形成鮮明對比，褒揚梅女士之餘，對那一群也構成了反諷。

在《虹》中，茅盾沒有正面展開梅女士在惠府面臨的複雜矛盾，這段情節茅盾顯然壓縮刪削過。但從惠師長逼她做姨太太、楊瓊枝則以槍口相向的情節設計中可以窺知，她在「川師」和惠府面臨的社會關的兩個側面，也就是魯迅所說娜拉走後將面臨鷹、貓的吞噬。茅盾正是利用這些社會衝突來揭示梅行素威武不能屈、富貴不能移、潔身自好、不染污泥、奮勇往前衝的性格。至此，梅女士較之出走的娜拉，在性格和女性人生道路的方向上，都有相當大的突破。茅盾取胡蘭畦經歷的軀殼僅僅是據以作故事的構架，而人物性格和人物關係的典型化工作則是依據時代動向與生活真實去重鑄人物、重鑄環境的開創性工作。這裡滲透的創作主體意識也完全是茅盾的而非秦德君的。

茅盾為梅行素生活道路設置的第三關是革命關。在《虹》中，作家只來得及描寫出其第一個階段。在這裡出現一個很有意思的現象，即：茅盾利用胡蘭畦赴上海出席全國學生聯合會代表大會的生活基礎，讓梅女士也以同樣原因來到上海之後，從此就讓梅行素和她的原型胡蘭畦分道揚鑣了。原因是胡蘭畦後來投考了中央軍校武漢分校，再後來又去德國留學，這種經歷較為獨特，不能反映中國婦女求解放的一般道路。如果作家拘泥於原型，勢必限制了典型人物的普遍意義與廣泛概括性。因此茅盾讓梅女士留在上海，置身於地下黨的外圍，在黨的指引下投身「五卅」運動。在與工農革命運動相結合的經歷中，讓她經受各種考驗，特別著重讓她經歷個人與革命集體的矛盾，從而引發她內心世界公與私、個人英雄主義與集體主義的深刻衝突，藉以克

〔註43〕《茅盾全集》第11卷，第64頁。

服其小資產階級意識。這是一切出身剝削階級的革命知識份子幾乎毫無例外，人人都要經歷的。

梅女士所過的革命關所概括的也是雙重內容：其一是革命知識份子與工農革命運動的結合；其二是革命的婦女解放運動與整個中國革命運動的結合。前者是知識份子的歷史必由之路；後者是婦女解放的歷史必由之路。這就徹底解決了中外作家幾經努力未能解決的「易卜生命題。」這是文學史上的一大突破。也是茅盾實現其主張的新寫實派文學的時代性要求的一大建樹。過去的文學史對此未能做出充分的評價。而今應該把它放在應得的位置了。

但是茅盾為此所作的藝術構思，不能不讓人物背負著過大的時代背景與政治場景，使形象的典型化塑造的內涵負荷過於沉重。為了使人物塑造避免抽象化、概念化，就必須保持和突出梅女士的鮮明個性。因此作家緊緊把握著她以個人奮鬥方式不顧一切往前衝的性格特徵，放筆寫她狷介孤傲、潑辣率直與熱情洋溢、神經過敏的心態特徵。如果說這對前兩個階段面臨家庭關解決婚姻問題，面臨社會關解決經濟獨立、政治獨立和人格獨立問題尚能從容裕如，那麼在過革命關時，面對以上海為中心的整個全國革命運動，梅女士的性格涵蓋力就顯得捉襟見肘了。這一狹窄的藝術視角起碼限制了對共產黨人領導的「五卅」運動的應有描寫。她對黨的認識上與組織觀念上的模糊，使得她眼裡的共產黨人奇詭怪誕、撲朔迷離。這也限制了茅盾施展他那如椽大筆，去渲染「五卅」時代那磅礴恢宏的革命氣勢。加上茅盾對黨的基礎工作者生活積累相對不足，因此梁剛夫、黃因明等共產黨員形象儘管比《動搖》中的李克較為豐滿，但總的看仍嫌單薄。這不僅是茅盾一個人的局限，當時蔣光慈等共產黨員作家都有此弱點。

有的評論者認為梅女士性格發展到第三階段顯得蒼白，我過去也曾持這種看法。但細細品味作品重在梅女士個人奮鬥過程的心理描寫的這一特點，就會覺得其實不然。梅女士個人奮鬥過程的內心體驗不僅複雜，而且豐富。她那以狂狷自信為特徵的個人英雄主義心態極富性格特徵與時代特徵。再加上她和梁剛夫的愛情糾葛產生了極有特色的性格撞擊：過去梅女士在愛情婚姻方面一向穩操主動權，這次卻處處被動且患得患失，這更加透出置身革命潮中個性解放主義與集體主義兩種不同思想體系在感情層次裡顯示的差距，它引發出人物內心觀照的極為生動的精神與情感的獨特光輝。在讀者面前能

展開具有如此開闊的內心天地的形象，在 20 年代末的現代文學史人物畫廊中，幾乎是絕無僅有；即便從整個中國現代文學史看，也是不可多得的獨特個性。

這種藝術規定性的高明處還在於：它給梅女士過革命關的第二段描寫，留下了充分的餘地。

在第一階段，梅女士儘管在「五卅」運動中走上街頭匯入時代洪流，但其動機很大程度上包括與梁剛夫第一決雌雄，在革命方面比個高低的個人英雄主義成分。《虹》發表於 1929 年 6〜7 月《小說月報》第 20 卷第 6〜7 號，此前在該刊第 5 號的《最後一頁》中曾作預告，它引用了茅盾給鄭振鐸的信中談到《虹》的有關部分。此信現在已很難找到，現據該刊 5 號《最後一頁》中所引部分，全文摘引於下：

> 「虹」是一座橋，便是 Prosepine（春之女神）由此以出冥國，
> 重到世間的那一座橋：「虹」又常見於傍晚，是黑夜前的幻美，然而
> 易散；虹有迷人的魅力，然而本身是虛空的幻想。這些便是《虹》
> 的命意：一個象徵主義的題目。從這點，你尚可以想見《虹》在題
> 材上，在思想上，都是「三部曲」以後將移轉到新方向的過渡；所
> 謂新方向，便是那凝思甚久而終於不敢貿然下筆的《霞》。

這「象徵主義的題目」便是講當時的革命局勢及梅女士性格發展的兩重性，其中當然包括其局限性。對此茅盾在回憶錄中如此解釋：「我本來計劃，梅女士參加了五卅運動，還要參加 1927 年的大革命，但 1927 年當時的武漢，只是黑夜前的幻美，而且『易散』，此在政治形勢上，象徵著寧（蔣介石）漢（汪精衛）對峙只是『幻美』而且『易散』。在梅女士個人方面，她參加了革命，甚至於入黨（我預定她到武漢後申請入黨而且被吸收）；但這只是形式上是個共產黨員，精神上還是她自己掌握命運，個人勇往直前，不回頭。共產黨員這光榮的稱號，只是塗在梅女士身上的一種『幻美』。……所以《虹》又只是一座橋。思想情緒的純化（此在當時白色恐怖下用的暗語），指思想情緒的無產階級化，亦即小資產階級知識份子的思想改造。這是長期的，學到老，改造到老。轉移到新方向即指思想轉變的過程。所謂凝思甚久而未敢貿然下筆的《霞》，是寫梅女士思想轉變的過程及其終於完成，《霞》將是《虹》的姊妹篇，在《霞》中，梅女士還要經過各種考驗，例如在白色恐怖下在南方從事黨的地下工作，被捕；被捕之日，某權勢人物見其貌美，即以為妾或坐牢

任梅女士二者擇一，梅女士寧願坐牢。在牢中受盡折磨，後來爲黨設法救出，轉移到西北某省仍做地下工作。霞有朝霞，繼朝霞而來的將是陽光燦爛，亦即梅女士通過了上述各種考驗。有晚霞，繼晚霞而來的，將是黃昏和黑夜，此在梅女士則爲通不過上述各種考驗，也即是她的思想改造似是而非，仍是『幻美』而已。」〔註44〕

由此可見，儘管茅盾藉梅女士指引了中國婦女解放運動及中國知識份子走上革命的歷史必由之路，但他對道路的曲折性與艱鉅性，始終保持著清醒的認識。因此，梅女士的形象塑造雖因「人事變遷」，「回上海後即加入左聯忙別的了」，使《虹》的後半篇和《霞》均未完成，〔註45〕成爲中國現代文學史上的永久的憾事，但已完成的部分的典型意義已經具有方向性，且足以完滿回答縱跨兩個世紀的「易卜生命題」了。而完成這一浩大藝術工程的茅盾的創造性勞動，已經成爲客觀存在的歷史事實，決非後人喋喋數語所能「掠美」或否定得了的。

當然，在歐化傾向與「爲藝術而藝術」傾向充斥文壇的今天，某些口味過於時髦的讀者很可能不喜歡茅盾小說的這種藝術走向。他們會認爲：「當一個作家對於他的描寫對象在理性上認識得太明晰，解剖得過於冷靜的時候，就有可能減少或失去那種活躍的、創造性的靈動神思，那種由陌生和朦朧而帶來的審美陶醉。」「這種力圖把政治意識滲透到生活的全部流程的文學觀念，雖然給了他以開闊的視野和雄放的胸襟，但同時也使他不可避免地縮小了文學和政治的距離，導致他在創作上的傾斜和風格上的單一。」〔註46〕其實這種說法簡直不像是經歷了近百年帝國主義侵略和幾千年階級壓迫的炎黃子孫的正視現實、直面人生的負責任的論述，倒像是來自另一個星球上也許不存在社會組織的「宇宙人」的囈語。茅盾恐怕比當今任何人都更了解西方學者的下述觀點：任何社會（包括社會主義）的改造都不能改變人的本性，人的本性的基礎是由人本主義的永恆不變的本質所構成。但是茅盾深知，即便是這種人本主義，也脫離不了社會和存在階級的社會中的階級關係。因此他引導梅女士尋求婦女解放和自我解放之路時，並不醉心於人性和原始生命力的虛無飄渺的探索。對於這個，在梅女士性格發展的第一階段曾經出現過，

〔註44〕《新文學史料》1981年第2期，第11～12頁。
〔註45〕同上，第12頁。
〔註46〕1988年5月28日《文藝報》第21期第2版。

但在過社會關的第一階段，就碰得粉碎了！所以茅盾直面現實，扣緊受著三座大山壓迫，處於「五卅」到「大革命」特定時代狂飆衝擊的社會的人的梅女士的社會政治處境，只能從這個現實出發去探求她的政治道路和生活指針。這就和小市民的以至藝術至上主義的美學追求大相逕庭。因此茅盾也不會把梅女士以及她的讀者引向任憑其自發的生命力莽撞地闖蕩的個人奮鬥的路。這正是茅盾新寫實派的時代性美學原則的可貴之處。

四

行文至此，重要的問題只剩下兩點：其一是如何看待以真人真事為基礎和向別人借用故事情節進行創作的問題。其二是如何看待秦德君所謂「我和茅盾的一段情」問題。

前者是古已有之的事，並非自茅盾始。這種把聽來的故事或事件衍化為典型情節、孕育出人物和人物關係，以虛構成偉大作品的範例，在文學史上比比皆是。普希金的《黑桃皇后》的主題：「金錢的權力以其毀滅性的腐蝕力量摧殘了人類最高貴的、純潔的感情」是深刻的。但支撐作品這一主題的中心情節聖才爾曼「教打三張牌」的故事，是普希金從娜塔利亞·彼得羅夫娜·高利曾娜公爵夫人的孫子那兒聽來的。孫子打牌輸了，去向祖母要錢，她沒有給，卻拿出三張牌。那是聖才爾曼在巴黎教她的，現在她又教給了孫子，孫子如法炮製，果然，把輸的錢贏回來了。這個素材被普希金提煉加工，典型化的結果就是世界聞名的傑作《黑桃皇后》。

果戈理也曾給普希金寫信說：「勞駕給個情節罷，隨便什麼可笑的或者不可笑的，只要是純粹俄羅斯的笑話就行。」他的《欽差大臣》的題材動機，就是普希金提供的。那是兩個騙子冒充官員行騙的故事，到了果戈理手裡加以改造，就成了一部世界名劇。果戈理的的《外套》的故事原型也是聽人說的一件事：一個小官吏丟了獵槍，果戈理把奢侈品換成了生活最必須的外套，就敷衍成一個扣人心弦的悲劇！本文一再提及的易卜生的《玩偶之家》的故事也是以聽來的真人真事為基礎。女主人公娜拉的原型是易卜生《布朗德》一劇的熱心讀者勞拉·皮德生。她摹仿著寫了《布朗德的女兒們》，自稱為《布朗德》續集，寄給易卜生，因而相識。她的頗具家長作風和大男子主義的丈夫患病無錢醫治和療養。勞拉私下借錢辦此事並偽造了保人簽字。她瞞著丈夫說是她得的稿費。後來易卜生聽說她丈夫為此事暴跳如雷，勞

拉受打擊後患精神病，她丈夫則斷然和她離了婚。據此易卜生創作了《玩偶之家》。

這裡關鍵有兩個問題：寫什麼和怎麼寫。作家的生活積累也如歷史的長河。它奔流而下，並不能預定在何處興風作浪，在何處匯成淺灘。但這些積累不斷在作家頭腦中醞釀發酵漸趨成熟。這好比是十月懷胎。只有尋求到適合的形式外殼，或感受到生活的呼喚作為觸媒，這才能一朝分娩。因此，問題的關鍵，首先不在於寫什麼（就是「寫什麼」的問題，也得首先看作家如何運用素材、剪裁素材、改造素材和作了哪些虛構），而在於他怎麼寫。所以，把作品與其生活原型作對照研究，可以窺見作家形象思維勞績的堂奧。只有把兩者比較分析，才更能發現作家才能的高低，審美感受與審美表現力的高下。

秦德君說茅盾寫《虹》時生活積累已盡，是她講的胡蘭畦經歷導致了這部長篇問世。有的論者被這說法所動，對《虹》的創作勞績的估價大大降低。無非因為這些論者和秦德君一樣，並不真正懂得形象思維規律和作家典型化工作對創作的決定性意義。何況《虹》的生活積累和思想積累源遠流長。正如上文所說：即便茅盾對胡蘭畦的了解，也絕非單靠秦德君這一個來源。這一事實希望有助於澄清這個被人為地攪亂了的問題。

至於秦德君所說的她和茅盾的這「一段情」，這是一個複雜而敏感的問題。秦文目的何在，其實不難窺知。無非是想利用部分讀者對兩性關係尚殘存的封建意識來敗壞茅公在他們心目中的聲譽。聯繫到秦德君近幾年所說的無中生有的攻擊茅公的話看，韋韜夫婦在《致〈廣角鏡〉社長信》中說它「是一篇挾私攻擊的文章」，也不是沒有道理。

作為個人關係或個人品格評價，這個問題對文學史研究沒有多大意義。但把這「一段情」作為打上鮮明時代烙印的歷史文化現象，則是一個意義不可忽視的研究課題。近幾年排除封建意識與極「左」思潮的工作大有收效，思想解放了的讀者與論者，曾從多方面探索歷史文化意識，我也想從這個視角接觸一下這個課題。

在包括魯迅、郭沫若、茅盾在內的「五四」文學先驅的生活與創作中，存在著一個顯然的矛盾：作品中呼喚愛情婚姻自由，但個人生活中的愛情婚姻卻不自由；作品中張揚反對愛情婚姻中的舊倫理道德，但個人生活中卻不得不一定程度地屈從於舊倫理道德。這種現象，已經構成與西方發達資本主

義國家極不相同的中國現代文學史上的一個十分奇特的文化現象與文學現象。迄今為止，對這個問題才剛剛開始觸及。勿庸諱言，作為新舊社會思潮大撞擊、新舊時代交替的陣痛期的時代產兒，即便偉大如魯迅、茅盾、郭沫若，其愛情與婚姻以及整個生活道路都不能不受舊社會制度之害。為封建禮教、封建婚姻制度所圍，被迫屈從舊道德倫理規範，導致愛情與婚姻的終身痛苦，感情領域經受著終生折磨，這方面他們也無異於常人。

　　魯迅在家庭包辦下不得不和朱安女士完婚就是證明。他秉承母命，一是出於對慈母的感恩和愛；二是血管裡還存留著未清除盡的「服從就是『孝』」的舊倫理道德觀念。舊社會養育大的一個二十六歲的新青年，即便偉大如魯迅，也不能要求他的新意識純而又純。過去我們為賢者諱，因此也不大提朱安，更不談魯迅曾屈從舊倫理道德觀念的這一局限。其實我們何必這樣？我們既應正視他的屈從，也應正視他的痛苦。他對許壽裳說：「這是母親給我的禮物，我只能好好供養它，愛情是我所不知道的。」〔註 47〕這句話他在《隨感錄四十》中重覆談過，而且作了闡發，「愛情是什麼東西，我也不知道。」「然而無愛情結婚的惡結果，卻連續不斷地進行。」「形式上的夫婦」，卻「都全不相關」，「但在女性一方面，本來也沒有罪，現在是作了舊習慣的犧牲。我們既然自覺著人類的道德，良心上不肯犯他們少的老的的罪行，又不能責備異性，只好陪著作一世犧牲，完結了四千年的舊帳。」「作一世犧牲，是萬分可怕的事；但血液究竟乾淨，聲音究竟醒而且真。」「我們能夠大叫，是黃鶯便黃鶯般叫，是烏鴉便烏鴉般叫。」「我們還要叫出沒有愛的悲哀，叫出無所可愛的悲哀。」〔註 48〕這是魯迅結婚十三個年頭之後所作的總結。也是他一生行為的自述。他婚後四天即棄家東渡，一生和朱安相敬如賓，但感情相處卻如路人。魯迅對朱安唯一的一次表示不滿的話是，1914 年 11 月 18 日的日記中對朱安的來信所作的評價：「謬甚」。朱安也只有一次流露不滿的話：「老太太嫌我沒有兒子，大先生終年不同我講話，怎麼會生兒子呢？」在淒苦中魯迅終於還是另覓出路，和許廣平自由戀愛結成終生伴侶。朱安則陪伴婆母了卻一生。我們當然不能責備魯迅不守夫道，正如同也不必苛責他屈從舊道德與朱安結合。而朱安女士的一生，無非演繹了又一個中國的「娜拉」。

〔註 47〕《亡友魯迅印象記》，第 60 頁。

〔註 48〕16 卷本《魯迅全集》第 1 卷，第 322 頁。

　　郭沫若也是在他 21 歲（1912 年）時由母親包辦草草完婚的，這婚事曾拖了四五年。保媒的本家嬸母把女方說得天花亂墜。郭沫若也存著慢慢教育她，愛情也「可以慢慢發生」的「機會主義」心理。及至新人出了轎，這才兜頭一盆水似的感到真是應了成都的一句俗話：「隔著布口袋買貓子，交訂要白的，拿回家去才是黑的」。郭沫若在婚後第五天（比魯迅多住一天）即坐船返回學校，他後來在回憶錄中反思道：「父母是徵求了我的同意的。」但是媒人誤我。「我的一生如果有應該懺悔的事，這要算最重大的一件。我始終詛咒我這件機會主義的誤人。」〔註 49〕郭沫若後來另有所就，這是大家都知道的事。而他的夫人張瓊華的命運悲劇和朱安酷似。她 1912 年出嫁，在沙灣郭宅一直獨居到 1952 年，之後移居東山，於 1980 年結束了她 68 年寂寞、痛苦、守活寡的一生！這是另一種造就「娜拉」的問題。

　　如果按舊道德倫理權衡，茅盾的操守較魯迅和郭沫若為「好」。

　　他五歲時由祖父包辦了婚姻，而且終生沒有改變過。他和魯迅相似，早年喪父，對慈母既愛且孝。他也是出於舊的道德倫理觀念，在被動的情況下漠然地結了婚，但茅盾對舊婚姻採取了積極的變革現狀的態度。婚後他多方幫助孔德沚提高文化，開闊視野，也努力去培植愛情。如果我們從茅盾為克服包辦婚姻造成的情感上和文化層次上的距離這一視角來讀他的短篇《創造》，未始不可以說這裡邊孕含著作家感情深處的某些隱痛和為改變它而作的努力和掙扎。孔德沚不識字，開始時思想也不夠開化。連名字都是茅盾起的。是茅盾的母親教她識字，在商務初期茅盾已在文壇嶄露頭角。孔德沚卻還剛上中學。此後她參加革命，入黨，都是在茅盾的幫助之下。當然這不是「創造」，但那改造和深造之良苦用心，在茅盾的作品與回憶錄中頗有蛛絲馬跡可尋。

　　和郭沫若不同，茅盾為人嚴謹，情感內向，他不善也不愛表現自我。愛情的苦悶與飢渴雖從未形諸筆端，但情感豐富如茅盾，這個隱秘是不難想像的。正如魯迅所說，他們這一代人：「背著因襲的重擔，肩住了黑暗的閘門」，〔註 50〕為青年人作前驅鳴鑼開道的。他們身上不能不帶著殉道者的自我犧牲的色彩，卻極難泄露其複雜的真情和心態。

　　東渡日本的亡命生活，客觀環境和主觀心態都具有特殊的因素。生活的

〔註 49〕 《少年時代‧黑貓》，《沫若文集》第 6 卷，第 276～277 頁。
〔註 50〕 16 卷本《魯迅全集》第 1 卷，第 130 頁。

苦悶和時代苦悶相結合，漂流異國，子然一身，他不僅經受著極大的情感寂寞，更重要的是大革命失敗導致的幻滅心境折磨著他，這和苦於看不清前景的焦灼情緒相結合，這一切反映著整整一代人的時代苦悶與病態心理。秦德君的出現使茅盾的生活需要、感情需要都產生了得到滿足的可能性。而秦德君又是孫舞陽般的「性解放者」和梅行素般的不顧一切向前衝的女性。因此，這「一段情」的產生就具有明顯的必然性。對茅盾說來，這也是個性解放的情感要求戰勝封建道德倫理觀念的一次突破。

但這又絕不僅僅是個人私生活上的一個偶然性的突破，它首先打上了明顯的時代烙印，強烈地反映著自「五四」到大革命失敗革命知識份子群體心理情感中強烈跳蕩著的時代浪潮的律動。

在「五四」時代和 30 年代，兩性關係的解放曾經被認為是反封建的個性解放的革命行動的一部分。幾千年禮教形成的男女貞操觀念在當時破得相當徹底。因此「同居」並不被當作大逆不道的事。對此現象不結合時代思潮，就很難理解。1931 年 4 月 25 日出版的左聯機關刊物《前哨》第 1 卷第 1 期關於「左聯五烈士」的《死難者專號》，在《被難同志傳略》中記載了五烈士的革命事跡。在「四，馮鏗」中描寫了她的下述經歷：「平日雖與同志同居，但誓不生育，用各種方法避免懷孕，恐妨礙工作，這到她死為止，是成功了的。」當時的這一實錄，特別令人注意的有兩點：其一是馮鏗「與同志同居」有意避孕，至死前一直成功，是被當作馮鏗的革命事跡來評價的。其二是報導者那直言不諱、且不以為忤的嚴肅態度與平淡語氣。兩者都生動地留下當時蔑視封建貞操觀念，以突破兩性關係常規為反封建行為的時代烙印。這種例子是很多的。郁達夫、沈從文、丁玲的作品中都有突出的反映。茅盾當時的許多作品也作了真實的描述。樂黛雲概括道：「茅盾所寫的『時代女性』，對傳統的生活方式和傳統的道德教訓都作了徹底的否定。」「這對於幾千年來的社會秩序和壓迫婦女的道德鐐銬是一個強烈的反動和對抗。」它「更鮮明地表現在兩性關係之中。這些新女性首先打破了幾千年的男性中心思想，在兩性關係中以男性享樂為主的舊觀念。」「她們公開提出性的享樂也是女性的權利，甚至誇張地把『性』作為向男性報復的一種手段。」「她們徹底顛倒了過去男性為主的秩序，誇張地採取主動」。樂黛雲還引了梅女士、孫舞陽、章秋柳等人物的「夫子自道。」〔註51〕這些看法是有道理的。

〔註51〕《中國現代文學論文集》，北京大學出版社，第 188～189 頁。

在大革命失敗後，失望導致了苦悶、幻滅、頹廢情緒的泛濫。它與上述兩性關係的新觀念相結合。「人們瘋狂地尋覓肉的享樂，新奇的性慾的刺激。」靜女士就曾作過分析：「然而這就是煩悶的反映。在沉靜的空氣中，煩悶的反映是頹喪消極；在緊張的空氣中，是追尋感官的刺激。所謂『戀愛』遂成了神聖的解嘲。」〔註52〕

樂黛雲還指出：「這類現象和蘇聯十月革命後普遍流行的『杯水主義』頗有類似之處。」「從茅盾所描寫的婚姻戀愛這個角度，我們也能看到舊社會價值觀念的全面崩潰。在中國知識份子中長期存在的『情』和『禮』的衝突呈現了全然不同的局面，傳統的『禮』已經不再佔有規範作用，『性』代替『情』在知識份子生活中佔據重要地位，在兩性關係中，女性轉而採取主動。這些現象反映了中國知識份子生活和社會變動的一個獨特方面。茅盾的作品忠實記載了這些現象。他的貢獻是獨一無二的，不僅前無古人，後來也再沒有別的作品能如此大膽而創新地探索這一領域。」〔註53〕這些看法不僅可以當作對茅盾作品、茅盾與秦德君同居行為的深刻說明，就是用來作為理解當代青年和當代文學中兩性關係描寫的參照，也是別有見地的。

茅盾不是不食人間煙火的神，也不是不具七情六慾的佛，而是一個具有高度文學才情的物質的人。生當斯世，他不能揪住自己的頭髮撥離地球而不受時代浪潮與時代回流的衝擊。

何況，茅盾以及魯迅、郭沫若、作為新舊時代交替期的弄潮兒，他們對時代浪潮的感受力本來就超乎常人。

作為當事人和那個時代的過來人，應負的責任本是幫助今天的青年理解那段獨特的歷史和歷史的獨特性。即便不然，也大可不必化作個人間的恩恩怨怨在人已作古、死無對證情況下去算那筆冤孽帳。

上述種種，不論歷史的現實的生活，還是文學作對它的種種反映，都強有力地說明一點，「娜拉」也好，「易卜生命題」也罷，在中國，其內涵還比西方豐富、複雜，涵蓋面寬，不僅包括女性命運，也包括某些男性的命運。

郭沫若在自傳第一卷《少年時代》卷首寫了一首詩體前言，抄在下面以結束本文：

〔註52〕《蝕》，《茅盾全集》第1卷，第71頁。
〔註53〕《中國現代文學論文集》，第188～189頁。

我的童年是封建社會向資本制度轉換的時代，

我現在把它從黑暗的石炭的坑底挖出土來。　　·

我不是想學 Augustine〔註54〕和 Rousseau〔註55〕要表述什麼懺
悔，

我也不想學 Goethe 和 Tolstoy〔註56〕要描寫什麼天才。

我寫的只是這樣的社會生出了這樣一個人，

或者也可以說有過這樣的人生在這樣的時代。

　　　　　　　　（1988 年 4～6 月初稿，1989 年 1 月修改，

　　　　　刊於《中國現代文學研究叢刊》1989 年第 3 期）

〔註54〕奧古斯丁（353～430），非洲迦太基人，中世紀哲學家，著有《懺悔錄》、《神
　　　　國》等書。

〔註55〕盧騷（1712～1776），法國哲學家、作家，著有《民約論》、《懺悔錄》等。

〔註56〕歌德和托爾斯泰。

　　　　（以上三條注文係《沫若文集》原注）

丁玲的莎菲和茅盾的「時代女性」群

一

在中國現代文學史頭一個十年末期，文壇上出現了兩組「時代女性」群像。一組出自茅盾筆下，包括靜女士（《幻滅》）、方太太（《動搖》）等性格內在、嫻靜含蓄的一個系列和梅女士（《虹》）、慧女士（《幻滅》）、孫舞陽（《動搖》）、章秋柳（《追求》）等性格外向、熱烈狂放的另一個系列。另一組出自茅盾的學生丁玲筆下，以夢珂（《夢珂》）和莎菲（《莎菲女士日記》及其續篇）為代表。

這兩組「時代女性」群一經在文壇上出現，即以其光彩奪目、撼人心靈的性格鋒芒和藝術光焰震顫著讀者的心靈，鼓動了青年的激情。與此同時，也起了截然相反的評價，導致了歷時幾十年的爭論。

袁良駿談及丁玲的《莎菲女士日記》時說：

> 這篇作品不僅給丁玲帶來了巨大的榮譽，而且可以說，也奠定了她文學道路的基礎。但是，伴隨著丁玲坎坷不平的人生道路和文學生涯，這篇作品也歷盡滄桑，經受了許多許多連作者也始料不及的褒貶毀譽。也許，在中國現代文學史上，評價的截然相反、意見的尖銳對立，恐怕沒有任何一部作品可以出於《莎菲女士日記》之右吧？

> ——《褒貶毀譽之間——談談《莎菲女士
日記》》，1980 年《十月》第 1 期

對於丁玲及其《莎菲女士日記》來說，情況大體如此。然而無獨有偶，茅盾

的《蝕》三部曲及其中塑造的女性系列所帶給茅盾的厄運，和丁玲大同小異，雖未出於其「右」，也可算作「比肩」。個中原因，值得我們深長思之。

我贊成良駿從評論者角度所作的解釋：「仁者見仁，智者見智」。但這是從評論者角度立論，沒有涉及作家、作品本身的因素。所以，我覺得這不足以說明問題的全部。從作家作品考慮原因，總而言之：主要因為兩個性別不同、年齡分屬兩代、生活閱歷懸殊很大的作家，殊途同歸地觸及了大革命前後半封建、半殖民地中國社會中繼承了「五四」傳統的「時代女性」的歷史命運，涉及到她們和時代動向、社會思潮、革命發展、歷史進程的關係問題。時代背景是複雜的、人物、特別是人物內心世界是複雜的，反映這一生活和這組人物的兩位作家的生活道路、思想歷程、政治的藝術的傾向、情趣也是複雜的。因此使不同時代、不同經歷的讀者、論者認識和評價這一切固然感到困難，即便同一讀者或論者，由於所處不同歷史時期的政治氣候的變換，認識同一問題時，其看法也難免時過境遷而隨之更易。至於出於不可告人的政治動機而在不同氣候下作出不同的或自相矛盾的評價，那是另一個性質的問題。

因此，在飽經滄桑、痛定思痛之後，重新提出這兩組形象作平心靜氣、實事求是的分析，不能認為是老調重彈地重複了陳舊的課題。反之，倒可以從中汲取歷史教訓和文藝實踐經驗，這對繁榮新時期的無產階級文藝不無裨益。

二

茅盾和丁玲都屬於「五四」以來以「為人生的藝術」始的典型的現實主義文學流派，他們之間又在文學思想上有師承關係。從人物性格外在的和內在的特徵類比，丁玲筆下的莎菲，是接近於慧女士——孫舞陽——章秋柳型的。她們年紀相去不遠，大都屬於大革命前與大革命後的兩個時代。因此，就性格類型言，其共同性大於差異性。

但就人物所賴以誕生的作品整體看，卻存在著不小的差異。這就是：茅盾筆下的「時代女性」明顯地生活在革命漩渦之中和激流餘波之內；丁玲筆下的「時代女性」，卻基本上游離於時代激流之外。以《夢珂》和《莎菲女士日記》為代表的丁玲早期小說，作者的追求重點是內向的，即重在人物內心世界的深入探索。到了三十年代，丁玲才轉入「外向」的追求，即重在人物

與其生活環境之關係，特別是側重時代環境的追求與捕捉。及至四十年代，丁玲進入了成熟期，這才把：「內向」的追求與「外向」的追求結合起來，寫出了《太陽照在桑乾河上》這樣的里程碑式的作品。但在茅盾說來，其創作伊始就把「內向」追求與「外向」追求結合起來。他在創作初期就有大規模地反映中國社會的宏偉計劃，即注意藉助個別人物的獨特命運，反映風雲變幻的時代思潮、歷史動向。用他自己的話說，叫做取精用宏。茅盾筆下的「時代女性」較之丁玲筆下的時代女性，其面貌遠爲清晰。

論及丁玲的《莎菲女士日記》時，不論全盤肯定者還是一棍子打死者，都承認馮雪峰這樣一個論點：

> 作者把莎菲這女士（她的前身就是夢珂）的矛盾和傷感，的確寫得可謂入微盡致，而且也的確聯帶著非常深刻的時代性和社會性，……
>
> ——《從〈夢珂〉到〈夜〉、〈丁玲文集〉後記》

但對莎菲所「聯帶著」的「時代性和社會性」的認識和解釋，答案相距不啻千里！然而對茅盾筆下的時代女性的「時代性和社會性」，其認識和解釋卻大體一致。原因在於茅盾對人物所處的典型環境作了相當充分的插寫，他高屋建瓴，統攝全局，時代背景描寫得相當充分，相當鮮明。早期的丁玲卻只緊扣人物的內心世界及其生活的狹小天地。除此之外，不越雷池。使人覺得她和她筆下的人物類似，對時代浪潮不感興趣。儘管性格描寫與人物關係中折光出時代的面影，但從折光中看物體本身，畢竟與鏡中花、水中影相類。儘管如此，客觀地看，丁玲早期的「時代女性」群，其所反映的時代性、社會性，仍是不容否認的客觀存在。只是難以和茅盾的相比。除了丁玲的態度不同於茅盾之外，還因爲她對時代、對社會、對人生、對革命的認識局限性遠甚於茅盾，於是她筆下的人物及藉此體現的作家傾向招來更大的非議，亦是意料中的事。

這倒不是說茅盾及其時代女性群的描寫就沒有認識局限和時代局限，正相反，茅盾和他的人物招來非議，源亦在此。

茅盾是中國現代文學史上第一位黨員作家；也是當時和黨中央最接近、紮根群眾運動最深的作家之一。大革命失敗後，他一度情緒消極、幻滅。其棄政從文的原因。自己作了自白：

> 我是眞實地去生活，經驗了動亂中國的最複雜的人生的一幕，

終於感到了幻滅的悲哀，人生的矛盾，在消沉的心情下，孤寂的生活中，而尚受生活執著的支配，想要以我的生命力的餘燼從別方面在這迷亂灰色的人生內發一星微光，於是我就開始創作了。

──《從牯嶺到東京》

這就是說，茅盾是充分經歷了人生而後進行創作的。他直接經歷的人生，是和中國共產黨建黨之後領導的由「二七」到「五卅」直至北伐一系列政治運動密不可分，而且相當時期都在指導運動的核心工作著。這時他的思想的主導因素已經逐步為馬克思主義所主宰。儘管他北伐後幻滅、消沉；中國革命將沿著國際共產主義運動的大方向前進，這個信念他從未動搖過。而且，他的創作具有明確的功利目的：「在這迷亂灰色的人生內發一星微光。」因此，他的《幻滅》、《動搖》、《追求》特別是《虹》，都程度不同地寫人物對革命主潮的捲入和游離。捲入時有所沾濕，有所顧忌；游離時則有所留戀，有所挽惜。總之，不論靜女士──方太太，還是慧女士──孫舞陽──章秋柳，他們性格發展的過程，都以革命主潮的發展為中軸。特別是《虹》中的梅行素女士，她的性格發展的三個階段，是圍繞著從「五四」到「五卅」而起起伏伏，終於經過外在的內在的矛盾衝突而明確了生活目標：投入到工農時代的主潮中，作一個弄潮兒和參加者。這已經指示著時代女性由「五四」戰鬥傳統始，以投身工農大眾革命運動終的生活方向了。

這一系列人物的生活運程，或多或少、程度不同地包含著作家自己生活道路的坎坷和突進。有其「生活的執著的支配」力在。而且帶著作家自我反省的成分：對自己也對人物在革命潮流中的搖搖擺擺，有明顯的自我批判自我清算的色彩。

丁玲年輕於茅盾八歲，她也是個「時代女性」。她以其遠離革命政治漩渦的單純閱歷闖入文壇，其情況和茅盾是不同的。她說：

像我這樣小資產階級出身，又年輕少經驗，因此極容易對一切不滿。……我找不到滿意的答案，非常苦悶，想找人傾訴，想吶喊，心裡就像要爆發被緊緊密蓋住的火山。我於是在無其他任何出路之下，開始寫小說，所以根本不是什麼「為文藝而文藝」，也不是為當作家出名，只是要一吐為快，為造反和革命。

──《我跟文學結下了緣分》，《我的生平與創作》，第 14 頁

不過她所說的「造反和革命」，還不是茅盾從事的共產黨領導的工農運動，也

不是某些無聊之人所說的「加入了無政府黨」，她的追求基本上還屬於民主主義個性解放的範疇。她當時明確表示還不願加入共產黨。原因是對共產主義缺乏本質的認識，「對少數時髦的，漂浮在上層、誇誇其談的共產黨員中的幾個熟人有些意見」。她也受不了集體主義的紀律約束，她「固執地要在自由的天地中飛翔，生活實踐中尋找自己的道路。」〔註1〕但她「並沒有如意地探索到一條出路。」卻碰到大革命失敗後的革命低潮：

> 我精神上苦痛極了！除了小說我找不到一個朋友，於是我寫小
> 說了，我的小說就不得不充滿了對社會的卑視和個人的孤獨的靈魂
> 的倔強。
>
> ──《一個真實人的一生》

從丁玲的這些自白和實際狀況分析，在二十年代末，和茅盾追求革命、用文學手段服務於革命的現實主義總方向上是一致的。但他們當時和工農革命的關係卻很不相同，他們政治信仰還有較大的距離。對待自己內心的小資產階級情感的態度也不相同：茅盾是不自覺地渲泄和有意識地加以反省甚至批判；丁玲則基本上是當作真情實感盡情傾瀉而較少反省。她的怨憤集中在客觀環境。怨天尤人、憤世嫉俗，對環境中是否有光明、如何才能追求到這一光明，都不甚了了，但知道必須追求，因此其作品中正面的東西相當朦朧。

不論《夢珂》還是《莎菲女士日記》，其中的「時代女性」的基本特點就是「充滿了對社會的卑視和個人孤獨的靈魂的倔強。」其作品中很少寫時代的剪影，革命的回聲。社會場景狹窄，人物關係局限在「五四」以後「時代女性」遠離革命後的「寂寞」、孤獨裡。於是，愛的追求、不論是友愛還是性愛，幾乎成了她們生活的主要內容。

不錯，我們可以贊成馮雪峰的論點：夢珂是莎菲的前身。但是夢珂畢竟不同於莎菲。她的境遇寫得較為具體：從封建家庭到學生社會，看透了男性玩弄女性設置的種種「愛情」羅網而思獨立謀生，終於陷進黑暗社會的魔掌中。莎菲呢？作品沒有提供更充分的憤世嫉俗的依據，蘊姊的婚姻不幸固然是前車之鑒，但僅此是否就是她憤世嫉俗的充分理由呢？凌吉士的卑劣粗俗固然引起她的厭惡，但她畢竟是自願地忍受其卑劣粗俗而貪戀其外在的男性美的，這也難作其憤世嫉俗、苦悶彷徨的主要依據。因之，莎菲的性格苦悶，其內容遠較茅盾筆下的時代女性為複雜朦朧而不易解釋。因為凌吉士畢竟和

〔註1〕丁玲：《向警予烈士給我的影響》

靜女士所碰到的北洋軍閥特務抱素難以相比。

　　反之，莎菲內心裡消極、頹廢、自私、幻滅情緒，無論就量和質言，均較之茅盾筆下的「時代女性」群更爲嚴重，作家也缺乏茅盾具備的起碼的批判態度。

　　於是，丁玲及其「莎菲型」時代女性群招來的非議。較之茅盾爲甚。這正是「仁者見仁，智者見智」的客觀的依據；隨著政治氣候的變化，有人作出前後矛盾的解釋，個別論者甚至持無限上綱，一棍子打死的態度。但他們也能從作家作品中找出一兩條理由——儘管牽強附會、卻好像言之成理。究其原因，除了論者自身的問題之外，和作家、作品主觀上的弱點可茲利用，也不無關係。當然，我不是說這些論者這麼作就是對的。這一點，下文我還要集中論及。

三

　　然而，不論典型環境寫得較爲充分的茅盾，還是典型環境寫的不夠充分的丁玲，他們筆下的這兩組「時代女性」群，是否具有其時代性和社會性，是否是特定時代的產物、反映了特定的時代內容，是否具有典型意義和文學史價值？這是我們和某些徹底否定論者分歧的焦點所在。而且，從方法論講，脫離了時代的社會的環境去看兩位作家及其塑造的兩組「時代女性」群，能不能算作眞正的馬克思主義的實事求是的批評，這是今天重新評價這一複雜文學史現象的核心問題。也是我們作出公正評論的無法回避的焦點問題。

　　馬克思主義歷來認爲，就人的社會本質而言，是一切社會關係的總和。特定歷史時代湧現的作家如此；特定歷史環境中作家筆下的人物形象也是如此。恩格斯在給現實主義下定義時，特別把典型環境中的典型人物作爲重要因素，其理論基礎即在於此。

　　儘管茅盾筆下的「時代女性」群和丁玲筆下的「時代女性」群在各自的作品中典型環境因素描寫得是否充分有些區別，但在以下幾點，卻是一致的、鮮明的。第一，由於「五四」運動給予封建勢力的致命的衝擊，這些知識女性已經不同於其先輩——大家閨秀或小家碧玉，不僅不再受三從四德的制約，而且也不再受封建的或者不太封建的家庭勢力的制約。她們在社會上以與男性平等的姿態出現——儘管還存在著某些實際上的不平等。這本身就說明：她們已經和新民主主義革命發生了內在聯繫，客觀上也受到中國共

產黨領導的把矛頭主要指向帝國主義、封建主義的新民主主義革命的波及。
第二，也由於「五四」運動作為一個思想解放運動廣泛汲取了西歐資產階
級民主主義思想，汲取了各種社會主義思想，其中也包括無政府主義思想，
因而，自由、平等、博愛與個性解放、戀愛自由、甚至愛情至上主義等等，
都在她們思想中打下了烙印。第三，由於「五四」到大革命期間工農革命運
動在黨領導下不斷高漲，她們當中有的人自覺地或不自覺地捲入其中（如
《動搖》中的孫舞陽、《虹》中的梅行素）；其他人儘管未曾捲入或捲入不
深，但不能否認，她們呼吸到了這時代的空氣，她們的大部分自覺或不自覺
地厭惡以至反對北洋軍閥統治，不滿黑暗現實，不滿大革命失敗後蔣介石
新軍閥造成的白色恐怖的低氣壓，不滿生活中並未隨著大革命前後的政治風
浪而減少了齷齪、窒息的氣氛。這一切都激起她們改變現狀的強烈要求，這
些要求無形中和黨領導的革命相呼應，這就形成了她們對革命自發的甚至
是自覺的向心力。反過來說，共產黨領導的革命運動客觀上代表了人民利益
與時代要求，其中也包括著「時代女性」群的意願在內。她們不滿現實的積
極對抗與消極抵抗，客觀上都有助於這一革命運動。以上三點，即或受到
種種貶斥攻擊的丁玲筆下的莎菲，也同樣具備。這就是她和他時代女性所具
有的最主要的時代性和社會性。抹煞這些時代的、社會的客觀內容，把諸如
莎菲的種種性格特徵僅僅歸結為人物的性格弱點，歸結為作家丁玲主觀意
識的再現或渲洩，顯然是不夠客觀、不切合實際的。而且，恰恰是這兩組「時
代女性」群獲得了這些時代的烙印，因此在現代文學史上也獲得了典型意
義，佔有了一定的文學史地位。而且是難以取代的特定地位，這是任何人難
以抹煞的。試問：如果說，在十九世紀俄羅斯文學中出現的那批「多餘人」
形象，經過別林斯基、東爾尼夫斯基和杜勃羅留波夫的論述和高爾基的支
持，其社會性和時代性都成為文學史上公認的事實，為什麼茅盾和丁玲筆下
這兩組「時代女性」群比所謂的「多餘人」的形象，就其對革命的歷史作用
說有過之而無不及，反而卻應該否定其典型意義和文學史價值呢？這顯然是
不公正的。

　　而且，這兩組「時代女性」群的社會性和時代性還有其極其獨特的歷史
內容。這就是茅盾自己作過的關於《蝕》的著名概括：

　　　　我那時早已決定要寫現代青年在革命壯潮中所經過的三個時
　　期：(1)革命前夕的元昂興奮和革命既到面前時的幻滅；(2)革命鬥

　　爭劇烈時的動搖；(3)幻滅動搖後不甘寂寞尚思作最後之追求。

——《從牯嶺到東京》

這裡集中概括的，著重點是「時代女性」們對待革命、對待生活的主觀傾向與內在追求。儘管茅盾這裡針對《蝕》中的「時代女性」群和男青年而言，其實一定程度上包括了《虹》中的梅女士，也概括了《夢珂》中的夢珂和《莎菲女士日記》中的莎菲的。丁玲筆下的莎菲，基本上屬於《追求》中章秋柳這一群。對黑暗中國的現狀，她們極其不滿；對未來的前景，她們相當朦朧；她們活得無聊，但又尋求不著有意義的生活；她們渴望人愛（友愛也要，戀愛也要），但又不能無私地愛人，更不能爲了愛人民而忘我獻身；和壞人比，她們太好，和好人比，她們又較壞。這壞，主要是以極端個人主義爲軸心，以自我爲半徑考慮人生的；她們有正義感，也不甘於庸庸碌碌過平靜的生活，她們要熱烈、尋刺激，但和真正的革命熱情又有相當的距離，他們帶有極濃的歇斯底里，帶有較重的頹廢色彩。密雲不雨的鬱熱天氣中，連飛禽走獸也激動不安、東闖西撞。作爲具有兩重性的革命小資產階級女性形象，她們在大革命失敗後的低潮中，也難以忍受白色恐怖的鬱悶天氣，因此，就像飛禽走獸憑其本能在密雲不雨期中盲目掙扎以追求生得舒適一樣，「時代女性」群的生的掙扎，靈的喊叫，也是其小資產階級本性的自發的甚至是自覺的要求。這要求既有改革黑暗社會的革命性因素，也包含著小資產階級動搖性、脆弱性的消極的因素。

　　茅盾和丁玲的藝術筆觸所及，是關乎人生道路與時代進程、革命發展方向之間的關係問題；是通過「時代女性」群的個人苦悶的描寫藉以反映時代的苦悶。他們落筆在從靜女士到莎菲女士等這一個個的個別形象身上，藝術概括的視野，卻放在從「五四」以後到大革命失敗之後革命小資產階級如何在革命動蕩時代尋求自己的生活道路，把握自己的生活航向問題上。反帝反封建爲基本目標的中國革命還將持續，「時代女性」群的這種追求完全合拍。但大革命失敗後造成的危機感，階級力量對比發生變化後黑暗更爲濃重帶來的時代重壓感，「五四」以來一度得到的自由、民主空氣隨著白色恐怖加劇顯得分外稀薄所凝成的窒息感，共產黨及其領導的工農革命遭到挫折、黨的戰略重心由城市轉入農村、這一重大戰略轉移一時難以被認識導致的惶惑感：這一切造成不少追求革命的知識份子和小資產階級革命家的個人苦悶。他們由此感到了無所適從，既吃不透現狀，又看不清前景。生活如茫茫大海，自

己的小舟如何航行？繼續追求而無所得之餘，就產生了幻滅情緒：於是小資產階級的動搖隨之顯現，頹廢傾向因之抬頭。然而他們所探索、所追求的個人出路與生活航向，也正是代表廣大工農群眾根本利益的中國共產黨人以及廣大革命者正在努力探索與追求的重大課題。對於共產黨和工農大眾說來，這也是並非垂手可得的探求中國革命道路的歷史課題。正因此，大革命失敗後的短暫的幾年，才成為中國革命遇到挫折後的時代苦悶期。也正是在這個歷史交叉點上茅盾和丁玲筆下的「時代女性」群反映出來的個人苦悶實際上充分體現了時代的苦悶。她們是敏感的一群，她們身上打上了革命低潮期那鮮明的時代烙印。

這一切，相當逼真、極為傳神，十分細緻、準確透剔地反映在茅盾和丁玲筆下的「時代女性」群像中。她們、連同她們的相當典型（茅盾）或不甚典型（丁玲）的環境描寫一起，構成了大革命失敗後低氣壓時代革命知識青年社會生活重要的一角。對於中國現代文學史和中國現代革命史說來，至今這種藝術概括仍然是鳳毛麟角，不可多得的。

如果說我們承認小資產階級是中國新民主主義革命統一戰線中不可或缺的一員，如果我們承認調動革命小資產階級的革命性和改造他們的動搖性，是中國革命至為重要的課題之一，如果我們承認中國小資產階級像汪洋大海一般的中國現實，既承認小資產階級有權利在新文化中佔有其應佔的位置，又承認革命的新文學有反映小資產階級的革命要求，改造他們的階級劣根性的義務，那麼，我們對茅盾，丁玲描繪「時代女性」群所作的種種努力，所取得的別人難以取代的藝術成果，有什麼權利一筆抹煞？有什麼權利一棍子打死呢？

四

文學史的規律證明：凡是複雜的文學現象，都難以一下子認識清楚，估定其應有的價值。往往引起長期的爭論，許久許久都難於統一。

即以中國現代文學史論，第一個短篇小說《狂人日記》問世以來，關於「狂人」的形象一直爭論了六十五年，至今還未統一。關於阿Q形象的爭論也是這樣，而且爭論的範圍超越了國境。《子夜》和《腐蝕》問世以來，吳蓀甫和趙惠明這兩個形象就成了爭論的中心。至今存在的分歧甚至大於「狂人」和阿Q。解放以後，《創業史》中的梁三老漢以及趙樹理等作家筆下的某些人

物導致了關於「中間人物」的一場大討論。後來由於政治因素作怪，此問題偏離了學術之爭，直至「文革」後才納回正規。

茅盾和丁玲筆下的「時代女性」群引起的爭論無非是又一次重覆了這一文學史規律性現象而已。這說明兩位作家都創造了較爲複雜的文學現象。這本身就是了不起的功績。

每當歷史發生重大轉折，每當歷史的必然要求和這一歷史要求實際上不可能實現而導致歷史悲劇的演出，特別是當革命高潮因革命失敗而導致落潮並轉入低潮期，歷史的曲折就要導致社會的大動蕩，就要導致人們思想的和生活道路的大動蕩。這時，社會思潮就必然出現紛然雜陳的混亂狀態，作家的政治敏感和藝術敏感也就大有用武之地。因爲這是創造複雜的文藝典型的大好時機。

經過十年動亂之後我們看看今天的社會思潮的複雜性。看看當代青年的內心追求和內心苦悶，我們就會想起魯迅先生的名言：歷史往往有驚人的相似之處。這是因爲客觀規律是在不斷重覆的狀態中存在著，正是藉助於客觀規律的不斷重覆性，我們才會認識它、把握它，作家才能概括它，形象地再現它。當代作家中被公認的大手筆蔣子龍，不僅以其敢於正面接觸重大現實問題著稱，而且也以善於把握當代青年複雜心理狀態著稱。他的《赤橙黃綠青藍紫》中所寫的三個人物：解淨、劉思佳、葉芳，哪一個不具有當代青年的複雜性格？哪一個不打上十年動亂、甚至此前已經實際上存在的「左」傾思潮的時代烙印？如果我們連根帶土一起對照剖析，作爲當代女性的葉芳和當代男知識青年的劉思佳，他們性格的複雜性和茅盾的章秋柳、孫舞陽、慧女士以及丁玲的莎菲相比較，他們的思想、情感、性格對於各自的時代思潮的關係，是不是有驚人的相似之處？我無法斷定蔣子龍之於茅盾、丁玲，是否有師承關係，但我敢於斷言：從繼承「五四」文學革命現實主義傳統來說，這種師承關係是存在的。在這現實主義傳統中，精華所在是把人物放在特定時代來認識、考慮、概括、再現。用茅盾的話則是：人物和環境同時在作家的觀照之中。而環境的最重要的因素是時代。人物性格的核心則是時代的階級烙印。在這種現實主義的理論和實踐面前，形而上學和形式主義及教條主義顯得多麼軟弱無力啊：他們的貼標鑒的文藝批評方法，毫無用武之地了！

魯迅說得好：

不過我總以為倘要論文，最好是顧及全篇，並且顧及作者的全
人，以及他所處的社會狀態，這才較為確鑿。要不然，是很容易近
乎說夢的。

——《且介亭雜文二集·「題未定」草（七）》

遺憾的是古往今來，「近乎說夢」的批評家何其多也！

即以對茅盾、丁玲筆下的「時代女性」的批評而論，就表現得五花八門。
全盤肯定、一片叫好聲、毫不觸及作家筆下的人物描寫存在弱點者固然有之。
一筆抹煞、一棍子打死者更比比皆是，有人拋開了愛情追求的時代的階級的
背景和內容，說莎菲是個「玩弄男性」者！有人拋開了特定歷史條件和階級
處境，說莎菲是沒落階級頹廢傾向的化身」，「世紀末的病態、虛無的傾向」
的代表者！又有的人說法十分矛盾，甲說莎菲是「當今資產階級人物的一種」
乙又說她是「病態心理的厭世主義者。」這一切不禁使讀者眼花撩亂地發出
喟嘆：莎菲啊，莎菲，你究竟是何許人物？

這個問題，其實早有答案。作出者不是別人，恰恰是當時受到類似攻擊
但具有遠見卓識的大批評家茅盾。他在《莎菲女士日記》問世的四年之後
寫道：

在《莎菲女士日記》中所顯示的作家丁玲女士是滿帶著「五
四」以來時代的烙印的；如果謝冰心女士作品的中心是對於母愛和
自然的頌讚；那麼，初期的丁玲的作品全然和這「幽雅」的情緒沒
有關涉，她的莎菲女士是心靈上負著時代苦悶的創傷的青年女性的
叛逆的絕叫者。莎菲女士是一位個人主義，舊禮教的叛逆者；她要
求一些熱烈的痛快的生活；她熱愛著而又蔑視她們的怯弱的矛盾
的灰色的求愛者，然而在遊戲式的戀愛過程中，她終於從靦腆拘束
的心理擺脫，從被動的地位到主動的，在一度吻了那青年學生的
富於誘惑性的紅唇以後，她就一腳踢開了這位不值得戀愛的卑瑣的
青年。這是大膽的描寫，至少在中國現時的女性作家中是大膽的。
莎菲女士是「五四」以後解放的青年女子在性愛上的矛盾心理的代
表者！

接著茅盾對丁玲創作道路的不足與轉機作了評析：

但那時中國文壇上要求著比《莎菲女士日記》更深刻更有社會
意義的創作。中國的普羅革命文學運動正在蓬發。丁玲女士自然不

能長久站在空氣之外。於是在繼續寫了幾篇以女性的精神苦悶（大部分是性愛的）作爲中心題材的短篇而後，丁玲女士開始了流行的「革命與戀愛」的題材寫一部長篇小說了。那就是《韋護》。……

如果說《韋護》這篇小說是丁玲思想前進的第一步，那麼，繼續發表的《一九三〇年春上海》，就是她更意識地想把握著時代。

──《女作家丁玲》

在茅盾的這些精闢評述中，既「顧及」了「全篇」，也「顧及」了「作者的全人」，而且也慮及了「他所處的社會狀態」。因此「較爲確鑿」。遺憾的是「較爲確鑿」的評論家是太少了！相當一部人還是「近乎說夢」。

「近乎說夢」的批評家現在還有，但是，我看他們已經到了退休的年齡了！論文要「顧及作者的全人，以及他所處的社會狀態」的大好時光已經到來了。茅盾和丁玲筆下的「時代女性」群，經過半個多世紀的耐心等待，終於等到了「落實政策」的機會，可以重新恢復名譽了。

當然，推倒那些不實之詞以後，她們也不必沾沾自喜，更不應把自己臉上玷染的歷史塵埃掩藏起來，或者竟說成是精心敷的香粉，或擦的高級雪花膏。

因爲，歷史的無情之處，正在於它實事求是，給一切人、物、事恢復其本來面目。這恰恰又是它的公正之處。

作家們，在公正的歷史面前，大膽地揮動你生花的妙筆，譜寫時代的新篇吧！

（刊於《山西大學學報》1984 年第 4 期）

左翼文學的里程碑《子夜》

　　《子夜》是茅盾的代表作；也是他在新形勢新環境影響推動下，審美觀與創作視野不斷升華，追求新突破，攀登新高度的力作。如果說忠實地記錄他的人生體驗的《蝕》遵循的是他在 1922 年提出的「文學是人生的反映」的「鏡子」說；〔註1〕「欲爲中國近十年之壯劇留一印痕」〔註2〕的《虹》遵循的是他 1925 年提出的把「指示人生向更美善的將來這個目的寓於人生的如實的表現中」的「指南針」說；〔註3〕《路》、《三人行》遵循的是他 1929 年提出的「文藝不是鏡子，而是斧頭；不應該只限於反映，而應該創造」的「斧子」說；〔註4〕那麼他充分醞釀構思《子夜》時，他的美學觀又有昇華。《中國蘇維埃革命與普羅文學之建設》這篇長文，就綜合了他「構思《子夜》時反覆想到」，並通過《子夜》來實踐的新理論：珍視過去革命鬥爭的經驗教訓，把它體現於作品使之「成爲工農大衆的教科書！」因此，必須從工廠、農村、蘇維埃區域建立「革命作品的題材」。在這篇文章中茅盾還有這樣一大段話：「從一切統治階級的崩潰聲中，革命巨人威脅的前進中，亘全社會地建立起我們作品的題材。」特別是要「從統治階級各派的互相不斷的衝突」，其「背後的各帝國主義的衝突」，「統治階級的瘋狂的白色恐怖以及末日將至的荒淫縱樂」，其「最後掙扎的猙獰面目所透露出來的絕望的恐怖」，「從小資產階級的動搖」中，「建立起我們作品的題材」。〔註5〕這一切顯然與《子夜》直

〔註1〕《文學與人生》，《茅盾全集》第 18 卷，第 269 頁。
〔註2〕《虹・跋》，《茅盾全集》第 2 卷，第 291 頁。
〔註3〕《文學者的新使命》，《茅盾全集》第 18 卷，第 539 頁。
〔註4〕《西洋文學通論》，第 322 頁。
〔註5〕《茅盾全集》第 19 卷，第 306～307 頁。

接有關。而且「教科書」說比「斧子」說更昇華一步，它集上述諸說之大成，審美境界更高，同時也更加切合文學的實際作用了。茅盾還接受了「革命文學」標語口號化傾向和自己的《路》、《三人行》缺乏生活導致概念化的教訓，〔註6〕他特別強調充分積累生活，使作品具備紮紮實實的現實基礎；對此生活依據要作「透視的觀察與辯證法的分析」。他還強調「燃旺我們的情感，從活的動的實生活中抽出我們創作的新技術！」〔註7〕事實證明，《子夜》正是在此美學觀指導下，才實現了茅盾創作的自我超越，實現了對「五四」以來新文學特別是長篇整體水平的超越，成為一部里程碑的鉅制宏篇，也成了左翼文學中無人超越的高峰。

一

作家的創作，特別是大部頭的長篇創作，不可能僅憑現炒現賣似的為寫作而現去搜集的新材料；通常其生活積累都有此前並無寫作意圖時的人生經驗，和立意後圍繞寫作意圖進一步作人生體驗這兩個階段。前者可稱為生活的「原始積累」；後者可稱為「定向積累」。茅盾自述《子夜》創作經歷時，多涉及 1930 年後的「定向積累」；基本上未述及其「原始積累」。朱自清說《子夜》「是為了寫而去經驗人生的。」〔註8〕吳組緗和今天有的年輕學者各從不同立點說茅盾是「主題先行」，都是因為，他們並不了解寫《子夜》前茅盾到底都作了哪些「原始積累」的緣故。茅盾並不辯解，他只回答這些責難說：「我並不是為了要寫那樣的生活就去看那些生活。」〔註9〕

《子夜》的生活「原始積累」，為時遠比《蝕》長。

茅盾調動了自童少年時代到寫《子夜》時 30 多年的全部人生經歷與體驗。由於計劃一再壓縮，農村部分的生活素材切下來寫成《農村三部曲》、《林家舖子》等中短篇，下述的「原始積累」也部分地應用於說明這些作品的形成，大體包括以下幾方面：一、童少年與青年時代茅盾在故鄉的體驗，

〔註6〕 這兩個中篇寫於《子夜》的構思中與《子夜》據第三次的大綱正式動筆寫作之前，其失敗教訓對《子夜》頗有助益；也是形成《中國蘇維埃革命與普羅文學之建設》一文許多觀點的重要基礎。

〔註7〕 1931 年 11 月 15 日《文學導報》第 1 卷第 8 期，《茅盾全集》第 19 卷，第 308 頁。

〔註8〕 《〈子夜〉》，1934 年 4 月 1 日《文學季刊》第 1 卷第 2 期。

〔註9〕 《關於文藝創作中一些問題的解答》，1955 年 3 月 10 日《電影創作通訊》第 16 期，《茅盾文藝評論集》（上），第 173 頁。

及此後多次返鄉的生活體驗。茅盾的故鄉桐鄉縣烏鎮，是連接城鄉、匯農桑絲織等農工兩業生產過程與流通過程使之銜接的生產基地與水陸要衝集散地。植桑、養蠶、繅絲業之發達，與上海絲紗大廠連結之緊密，從古到今，一脈相承，持續不斷，常盛不衰。茅盾自幼就跟隨出身農村的祖母養蠶採桑。及諳世事就觀察把握了葉行、繭行欺行霸市、魚肉蠶農桑農的複雜社會矛盾。他與類似他家的丫姑老爺顏富年（這是《春蠶》中老通寶的原型之一）之類的蠶農、黃財發之類的桑農、及乾葉行、繭行生意，參與操縱市場的親戚故舊等等，不僅熟稔，且能溝通思想；了解他們酸甜苦辣的人生體驗與複雜的心態。這一切說明：他對吳蓀甫的「雙橋王國」及其裕華絲廠的原料基地的複雜社會矛盾，早有深切的觀察與體驗。茅盾自幼即具備的極強的觀察感受、直覺體驗、情感記憶、想像提煉與審美加工能力，使他一直保持並逐漸提煉昇華著這珍貴而又豐富的題材。對照歷史上的茅盾故鄉烏鎮與《子夜》所寫吳蓀甫的「雙橋王國」，《農村三部曲》、《林家舖子》、《當舖前》與《小巫》等小說所寫的典型環境，我們不難發現：其相互關係頗類似魯迅的故鄉紹興之與其作品的典型環境魯鎮、未莊。而葉行、繭行的買空賣空，又是茅盾後來了解公債市場的買空賣空的認識基礎。他自幼了解桑蠶絲生產流通過程，後來又漸漸認識、了解了桑農、蠶農、絲廠主的破產命運與帝國主義的入侵深入到農村的關係：這不過是因日本絲奪去中國絲的紐約、里昂等國際市場，並受列強操縱下的捐客趙伯韜式的買辦資本的鯨吞因而破產，遂使中國民族資本主義及其代表人物吳蓀甫、朱吟秋們「此路不通」的第一個大環節。這當中當然包含著城鄉之間、資本家與工人、農民之間隨之被激化了的矛盾在內。對這一切，茅盾觀察體驗了整整 30 年！〔註 10〕二、從茅盾 1916 年進商務印書館到寫《子夜》之間的 15 年時間，他對上海十里洋場的上層社會生活與各階級、各階層間的矛盾，不僅有所參與和直接體驗；而且日深一日地從領導革命與創作提煉這雙重視角，作過反覆觀察體驗調查研究。在上海，他的朋友與戰友中間有革命黨、自由派；同鄉故舊中有企業家、公務員、商人、銀行家。自幼為其父執與師長，稍長又提攜過他左右過他的命運與前

〔註 10〕 參看《我走過的道路》（上、中）有關章節，與《我怎樣寫〈春蠶〉》、《〈子夜〉是怎樣寫成》等創作自述，及《子夜》創作前後的散文副產品《故鄉雜記》、《「現代化」的話》、《我的學化學的朋友》、《鄉村雜景》、《陌生人》、《桑樹》、《大旱》、《人造絲》、《戽水》、《舊帳簿》等記錄「原始積累」的作品。

途的表叔盧鑒泉，在北京時擔任北洋軍閥政府公債司長，提供給茅盾以觀察國債兌現大會的機會。在上海擔任交通銀行行長時，他又把他蛛網般的上層社會軍、政、商、工、金融以及社交界的複雜社會關係提供給茅盾。其公館是三教九流、社會各界人物麇集的場所。茅盾來此交際觀察了解，始自入商務印書館後盧表叔隨即亦來滬任職的一、二十年代之交。這大大早於1930年他患眼疾時由原始積累轉向定向積累若干年。在上海還有茅盾的二叔沈永欽，他1920年和1930年分別任新亨銀行、交通銀行高級職員。三叔沈永釗從20年代到1935年也一直是交通銀行職員。四叔沈永錩1931年起任中央銀行職員。他們和盧表叔給茅盾提供了了解上海以至全國金融界，如何左右民族資本與買辦資本複雜關係的全方位視野。茅盾參與中共上海兼區執行委員會領導工作，擔任國民運動委員會委員長，負責對國民黨及上海社會統戰工作期間的一切政治活動，也能把觸角伸展到包括經濟在內的各個領域。這都使他能較系統地把握中國經濟、政治、軍事各條戰線的情態及其相互衝突相互糾結的狀況。這一切正是趙伯韜、吳蓀甫、杜竹齋、朱吟秋、唐雲山、雷鳴等《子夜》中人物的活動天地。對此，茅盾寫《子夜》前，有十餘年的觀察與體驗。三、茅盾在黨內有上述任職；他還在上海大學任教，並參與「五卅」運動；此後又領導商務大罷工並取得勝利；他在武漢執教軍校，又主編《國民日報》；再加上他參與直接領導婦運的機會，和孔德沚從事婦運、工運給他提供的機會，這一切使茅盾對黨內，對國共兩黨與軍政各界，對工運以至農運、婦運、學運的綜合舉動，如「五卅」、「北伐」等，或觀察體驗過，或直接介入過，這使他對這一切領域及其活動在30年代的延續情況作間接了解時，有足夠的參照系。四、《子夜》涉及的知識界與時代女性，則是他過去，以及寫《子夜》時，作過長期觀察體驗，都有充分的直接經驗的。五、我按有情節行為、介入過事件的原則作統計，《子夜》所寫直接出場與個別未出場（只有三個）但合乎上述原則的人物共92個。較重要者50餘人。其中含一，各類資本家9人；二，地下黨員、工人及家屬、黃色工會成員及資方代理人共29人；三，知識份子與時代女性近20人。一、三兩型「是作者有接觸，並且熟悉，比較真切地觀察了其人其事的」，第二型「則僅憑『第二手』材料」〔註11〕和大革命前參與革命活動時有過接觸者。茅盾說，其寫人物的基本的方法是借鑒高爾基，即「是把最熟悉的真人們的性格經過綜合、分

〔註11〕 《再來補充幾句》，《茅盾全集》第3卷，第562頁。

析，而後求得最近似的典型性格。」〔註12〕但有的人物也有原型：如主要人物吳蓀甫「部分取之於我對盧表叔的觀察，部分取之於別的同鄉之從事於工業者。」周仲偉就是「綜合數人而創造的」。盧鑒泉之女寶小姐則「以爲吳少奶奶的模特兒就是她」。〔註13〕茅盾對這些原型，多經過長年的觀察。他觀察研究吳蓀甫的主要原型盧鑒泉則經過烏鎭、北京、上海三個時期，長達30餘年之久！

《子夜》的立意也源遠流長，同樣經過不自覺的「原始積累」與自覺的「定向積累」的過程。自從認同了父親「大丈夫當以天下爲己任」的抱負起，茅盾就逐漸養成宏觀地認識把握歷史與社會現實的習慣，並相應地逐漸形成了思維定勢。首次集中地展現其社會參與意識的，是嚮往辛亥革命並因其失敗而頹喪。〔註14〕第二次則是「五四」前發表《學生與社會》與《1918年之學生》；入共產主義小組和入黨；發表《自治運動與社會革命》；參與上海兼區執委會領導工作，參與「五卅」運動；在廣州與武漢發表大批政論。這一切都是，而且更加是他對中國社會及其前景形成了宏觀地、全方位地認識思考與把握的，幾十年來日深似一日的連貫性線索的標誌。其思考的中心，是中國社會的本質、中國革命的道路與正確方向問題。《蝕》與《虹》是他先後分別從橫向與縱向這兩個略有不同的視角，大規模反映中國社會與革命道路的最早的創作。《路》、《三人行》則又回到橫向的揭示。《喜劇》透示的雖是回國後他對照去國前的革命高潮與回國後處在革命低谷期面對「革命者」成了「新軍閥」問題所產生的困惑與現實間離感、歷史反差感；但也說明茅盾所持的清醒的現實態度；說明他對中國社會性質一仍其舊、革命的艱鉅性也一仍其舊，具有透徹認識。理性思考與形象揭示的幾十年的思路，集中在中國社會性質與中國革命道路這個聚焦點上：這既是《子夜》立意的淵源；也是茅盾大規模全方位反映中國社會走向的濫觴。所有這一切都是我們把握《子夜》創作過程及其奧秘的鑰匙。

〔註12〕《我走過的道路》（中），第98頁。
〔註13〕《我走過的道路》（中），第98、123頁。
〔註14〕構思《子夜》前後，茅盾連續發表的《我的中學時代及其後》、《我所見的辛亥革命》兩文，與《子夜》的立意有關，留下了他宏觀把握中國社會性質，反思革命道路，提煉《子夜》主題時回溯歷史的痕跡。

二

《子夜》最初的立意，形成於 1930 年晚秋。1930 年秋，茅盾「眼疾、胃病、神經衰弱並作」，〔註15〕醫生要他「八個月甚至一年內不要看書」。於是，他「每天沒事，東跑西走」，在盧公館，也在其他場所，和同鄉故舊中的企業家銀行家以及社會各階層人士常常來往。茅盾說：向來對社會現象「僅看到一個輪廓的我，現在看的更清楚一點了。當時我便打算用這些材料寫一本小說。」這就是他寫《子夜》最初的立意。「後來眼病好一點，也能看書了。看了當時一些中國社會性質的論文，把我觀察得的材料和他們的理論一對照，更增加了我寫小說的興趣。」〔註16〕中國社會性質大論戰始於 1928 年陶希聖、陳獨秀、施存統、譚平三等發表的對中國社會性質的謬論，與蔡和森、李立三等中共領導人、理論家對他們的批駁。這場論戰歷時很長，約在 1932 年才告段落；其餘波一直延續到抗戰爆發。茅盾的自述表明，他是在眼疾發作不能看書而深入生活之後，形成了《子夜》最初的立意；眼疾稍好能看點書時才讀這些論戰文章的。因此讀論戰文章的作用，並非幫助確定《子夜》的立意；而是促進其深化其立意的種種思考；推動他對原始積累所得生活素材的分析理解、提煉昇華，從而逐漸形成了較明確的主題範圍：「（一）民族工業在帝國主義經濟侵略的壓迫下，在世界經濟恐慌的影響下，在農村破產的環境下，為要自保，使用更加殘酷的手段加緊對工人階級的剝削；（二）因此引起了工人階級的經濟的政治的鬥爭；（三）當時的南北大戰，農村經濟的破產以及農民暴動又加深了民族工業的恐慌。這三者是互為因果的。」其最終導致的結果是：「中國並沒有走向資本主義發展的道路，中國在帝國主義的壓迫下，是更加殖民地化了。」「在這樣的基礎上產生了中國民族資產階級的動搖性。」大革命失敗後民族資產階級已從中國共產黨領導下的革命統一戰線中分裂出去；如果不重新回來，「他們的『出路』是兩條：（一）投降帝國主義，走向買辦化；（二）與封建勢力妥協。他們終於走了這兩條路。」〔註17〕茅盾意識到對此作形象表現寫成小說，其審美效果將能反駁托派與資產階級學者關於中國社會性質與出路的那些謬論。〔註18〕

〔註15〕 《我走過的道路》（中），第 91 頁。
〔註16〕 《〈子夜〉是怎樣寫成的》，1939 年 6 月 1 日《新疆日報》《綠洲》副刊。
〔註17〕 《〈子夜〉是怎樣寫成的》，《茅盾全集》第 22 卷，第 53～54 頁。
〔註18〕 《我走過的道路》（中），第 92 頁。

可見《子夜》立意之前，先有幾十年有關生活的原始積累；這當中當然會伴之以關於中國社會性質與發展方向道路的初步的理性思考。其後利用眼病休養時間，進一步直接接觸後來成為描寫對象的民族資本家與買辦資本家。在這一深入接觸過程中，才產生了作品的立意。隨後又在閱讀中國社會大論戰文章中，藉助理性思考促進了小說主題思想的形成，並預計到審美表現可能達到的後果。這是其創作過程的第一階段。其特點一是先有充分的生活積累；二是據生活積累提煉主題時帶有明顯的理性思考的特徵。這時其主要人物尚處在胚芽中未能破土而出。

1942 年茅盾寫道：「創作先有主題呢？還是先有人物？從主題的命義上講，它是在人物之前就有了的。譬如打算描寫社會現象中的這麼一種現象」，「當然包括我們對於這種現象的看法和見解，是先有這個主題，才來寫的。」可是事實上「也不一定這麼呆板」。在構思或創作過程中「只想到主題，而沒有想到人物，也是不會有的。」「總先有了幾成影子；進一步把和那主題有連帶關係的人物，更詳細的分析起來，那麼人物的影子在作家的腦子裡就更加明顯起來。」「所以在理論上講起來，應該是主題在先。但實際上也不老是這樣的。差不多在主題已經很成熟的時候，人物十之八九也已經有了。至少主要的人物已經有了七八成的樣子。」〔註 19〕這就是茅盾的主題通常略先於人物而形成的「主題先行」論。但他這裡有個基本前提：在生活積累充分的基礎上，才能先後形成主題與人物。主題是先於人物形成而不是先於生活，主題的形成也是以充分的生活積累為基礎的。這就和「四人幫」後來的主題先於生活的「主題先行」論有質的區別。茅盾上述論述大體準確地反映了《子夜》的情況。因為茅盾形成上述《子夜》的基本主題時，以盧表叔與上海灘頭那些親戚故舊以及其他方面的工、商、金融等資本家為基礎提煉虛構的人物，已經有七八成影子了。於是茅盾結束了生活的「原始積累」階段；開始了擴展與補充生活的「定向積累」這第二階段。

茅盾「不只一次到交易所、絲廠、火柴廠等等，實地觀察」，以期將虛構人物置於真實的而且具時代特色的環境中，更「典型地刻畫他們的性格。」〔註 20〕在正幹經紀人的商務印書館老同事章郁庵的幫助下茅盾才得進門禁森

〔註19〕《談「人物描寫」》，1942 年 10 月 10 日桂林《青年文藝》第 1 卷第 1 期；《茅盾全集》第 22 卷，第 333 頁。

〔註20〕英文版《茅盾選集》序，《茅盾序跋集》，第 218 頁。

然的交易所，並聽他「說明交易所中做買賣的規律及空頭、多頭之意義」。茅盾藉助自幼所得關於葉行繭行買空賣空的知識基礎，很快把握了這一切。〔註21〕黃果夫也回憶他陪茅盾去交易所時之所見：茅盾對此極熟稔；「活躍得像一個商人」，「擠在人叢打聽行情，是那樣認眞和老練。」〔註22〕

這些「定向積累」大大豐富了茅盾的題材。約在 1930 年 10 月，他的構思基本成型，於是動筆寫了第一份大綱。茅盾說他這是學巴爾扎克的做法。但實際上他也有所創造。他「先把人物想好，列一個人物表，把他們的性格發展以及聯帶關係等等都定出來，然後再擬出故事的大綱，把它分章分段，使他們聯接呼應」。〔註23〕第一份大綱手稿幸運地保留下來，現存在韋韜同志處。〔註24〕大綱寫在短篇小說《色盲》手稿背後，題名爲《記事珠》，署名蒲劍。共是三冊；以英文字母列序號爲：A.《棉紗》；B.《證券》；C.《標金》。每一冊都依次分別列出「表現之要點」、「故事的結構」、「動作的組織」、「側面描寫之要點」、「時間的分配和地點」諸項。《證券》還列有「描寫之方法」項。《棉紗》寫上海紡織工廠中的勞資衝突與罷工運動。《證券》寫同年秋至次年底約一年半時間，在天津或武漢證券市場的鬥爭。時地之擴大，導致人物陣營成倍地擴大，人物關係與故事情節極曲折複雜；展現出銀行家勾結政府操縱證券市場吞噬工業資本的殘酷鬥爭。《標金》故事的時間是 1929 年 2 月至 10 月約八九個月，對火柴等民族工業凋敝與投機事業之興隆作對比描寫。對買辦資本與帝國主義之勾結，揭露尤深。對家庭內部與男女關係中之腐朽面，涉筆亦多。這就是茅盾最早構思的「都市三部曲」。其結構類似《蝕》：時間有交叉，地點有交換，人物體系各自獨立，而由《棉紗》中工廠主之弟貫串《證券》（時爲銀行總司庫）、《標金》（時已爲銀行副總經理）。基本立意與主題已約略顯現。人物與情節是在原始積累與定向積累所得的生活素材基礎上提煉的；但提煉欠精，頭緒稍繁，較爲雜亂。主要人物性格雖已顯現出《子夜》中吳蓀甫、趙伯韜的雛型，但其性格特點有交叉，且極分散；人物均未正式命名。總體看離大規模反映中國社會的要求尚遠。茅盾自感「形式

〔註21〕《我走過的道路》（中），第 114～115 頁。
〔註22〕《記茅盾》，1942 年 8 月 10 日《雜誌月刊》第 9 卷第 5 期。
〔註23〕《〈子夜〉是怎樣寫成的》，《茅盾全集》第 22 卷，第 55 頁。
〔註24〕此大綱第一稿刊於《小說》雜誌 1996 年第 6 期，據手稿署名爲「蒲劍」。題目也據手稿，《記事珠》，但「ABC」三個字母是編者誤置；那是手稿用以作「三部曲」的「標序」的。

不理想」。「農村部分是否也要寫成三部曲？這都市三部曲與農村三部曲又怎樣配合、呼應？等等，都不好處理。」於是「就擱下了這個計劃」。11 月份轉而寫《路》，約寫了一半後又發作第二次更嚴重的眼疾。中間全休了三個月。乘此機會茅盾不斷思考，決定改變原計劃而重新構思。〔註25〕

這次他決定「不寫三部曲而寫以城市為中心的長篇，即後來的《子夜》。」其他重大的決定是：「將紗廠改為絲廠。」〔註26〕並「以絲廠老板作為民族資本家的代表。」這樣更能充分發揮茅盾的生活積累優勢：「對絲廠的情況比較熟悉」；能用絲廠「聯繫農村與都市」以更深層地揭示經濟危機的實質與深廣度，〔註27〕也能更充分地反映民族工業所受帝國主義經濟的壓榨：中國絲在法國里昂、美國紐約的市場優勢受日本絲競爭「漸趨失利」。在上海，中國絲廠又受日本廠家的擠兌。茅盾仍保留火柴廠在瑞典火柴競爭下「不能立足」紛紛破產以為副線。他還把時間集中在一年之內，地點則集中在上海一地。這一切都更能充分寫民族工業破產及「最後悲劇的原因」。為加深「定向積累」與深化自己的認識，茅盾「再一次參觀了絲廠和火柴廠」。據此新構思，茅盾寫了一個《提要》和一份簡單的提綱。1931 年 1 月眼疾漸愈。2 月 8 日續完《路》後，「又據此提綱寫出了約有若干冊的詳細的分章大綱。」〔註28〕這些大綱均佚，但《提要》手稿卻在，茅盾全文引入《我走過的道路》（中）。〔註29〕

從中可以看出：茅盾把《棉紗》、《證券》、《標金》中工業、公債市場、農村三條縱線集於已正式命名的主要人物吳蓀甫之一身，使之成為統貫全書的主幹人物。其性格集中了「原始積累」、「定向積累」形成的第一份大綱中棉紡廠主、火柴廠主的某些側面；剔除了與性格主體不諧和的某些側面，提它移到趙伯韜身上使用。把原火柴廠主的老太爺性格及家庭成員移入吳府，組成吳老太爺與吳蓀甫父子兩代的五口之家。圍繞吳蓀甫形成「兩大資產階級團體」：以吳蓀甫為首的工業資本家團體，含買辦及火柴廠主周仲偉、航商某甲、礦商某乙、絲廠主朱吟秋、綢廠主某丙〔註30〕、捲煙廠主某丁；以趙

〔註25〕 《我走過的道路》（中），第96～97頁。
〔註26〕 《我走過的道路》（中），第97～98頁。
〔註27〕 《〈子夜〉是怎樣寫成的》，《茅盾全集》第22卷，第55頁。
〔註28〕 《我走過的道路》（中），第97～99頁。
〔註29〕 見《我走過的道路》（中），第99～107頁。
〔註30〕 這甲、乙、丙被寫入《子夜》即孫吉人、王和甫和陳君宜。

伯韜為首的銀行資本家團體，含經紀人韓孟翔、大地主某甲〔註 31〕、銀行家杜竹齋等。這時陸匡時、李玉亭、劉玉英、雷參謀等均已獲名並已出場。其餘介於兩團體間的人物均以甲、乙、丙、丁……庚、辛或「某」等標之，並注明身份。此外在「叛逆者之群」項下，列有地下黨員及工人（蔡眞、朱桂英等），但性格很不具體。

二稿涉及社會層面與人物遠較現在的《子夜》定稿廣泛，但較初稿集中：它以兩大集團鬥爭為基幹，展開交易所的三次大戰與工廠的三次罷工。情節也更激烈更複雜：如趙伯韜插手工運、策劃逮捕吳蓀甫；吳蓀甫則策劃暗殺趙伯韜。資本家的性關係糜爛與小資產階級、知識份子的情愛、情變、婚外戀等等均已穿插其中。藉助這複雜多姿的矛盾糾葛，繪出城鄉交織、以上海十里洋場為主的光怪陸離、危機四伏的社會矛盾大全景。其最大的突破，是主要人物的典型化、人物關係的一體化與藝術結構的有機化。

據此大綱，茅盾開始動筆。到 1931 年 3 月已「寫完前幾章的初稿」。但命筆後茅盾「感到規模還是太大」，生活積累仍嫌不足。再作定向積累，則「非有一二年時間的詳細調查，有些描寫便無從下手。」軍事方面因茅盾素無體驗，再調查「也未必能寫好」。「於是就有再次縮小計劃的考慮。」〔註 32〕

4 月下旬沈澤民夫婦赴蘇區前曾來辭行，提供了中共中央四中全會後被擠出中央、肺病又發的瞿秋白的住址。茅盾夫婦兩次趨訪，因黨的機關遭破壞，瞿秋白必須轉移，他暫住茅盾家約兩週。他們的中心話題是《子夜》的構思。瞿秋白看了大綱和已寫好的前四章初稿。他支持正面寫城鄉工農革命運動的構想，他詳細介紹了「當時紅軍及各蘇區的發展情形，並解釋黨的政策」之成功面與失敗面。他對工業資本家與買辦資本家的性格及其相互鬥爭的審美表現與細節描寫，都提出具體意見。這對《子夜》定稿規劃影響很大。茅盾基於據「耳食的材料」而不能「實地去體驗這些生活」只能導致概念化「不如割愛」的原則，〔註 33〕並未接受瞿秋白正面寫城鄉革命鬥爭的意見。但卻用他所提供的材料充實側面描寫與背景描寫。茅盾仍下決心壓掉農村、集中寫城市。只有第四章不忍割愛；保留下來，成了半游離狀態。但對瞿秋白關於資產階級描寫的建議，如改兩大集團最終握手言和為一勝一敗，吳蓀甫最

〔註31〕即《子夜》中之尚仲禮。
〔註32〕《我走過的道路》（中），第 109 頁。
〔註33〕《我走過的道路》（中），第 110 頁。

終走了投降洋商之路；吳蓀甫憤怒絕頂獸性發作要破壞東西，因而姦了吳媽等等；均據以照改。於是茅盾又寫了第三份大綱。〔註34〕

第三稿是據以寫《子夜》的大綱定稿。其最大的變化是：一、割去了農村、農運的正面描寫；壓縮了戰局的正面描寫。二、取消了綁架、暗殺、通緝、以及趙伯韜插手工運等描寫。集中寫經濟鬥爭特別是公債鬥法。三、簡化了缺乏直接體驗的工運、地下黨中的路線鬥爭的描寫。四、刪去諸如軍火買辦、政客、地主、失意軍人、報館老板、左翼作家等人物。也簡化了次要人物關係的正面描寫，如張素素的多次失戀等。五、特別重要的是增添了此前從未出場的屠維岳這個人物。而許多主要人物如孫吉人、王和甫等航商、礦商脫穎而出，給他們定性格、定位置，組織到人物關係矛盾衝突的有機結構中。但這時馮雪峰堅請茅盾出任左聯行政書記。從5月上任到10月請准長假寫《子夜》，這期間又中斷了5個月。這就是《子夜》從生活到創作構思，再到正式執筆前的創作準備階段。

茅盾1933年在《子夜·後記》中說：「右《子夜》十九章，始作於一九三一年十月，至一九三二年十二月五日脫稿；其間因病，因事，因上海戰爭，〔註35〕因天熱，作而復輟者，綜計亦有八個月之多。」這是指結束了上述創作準備，正式於10月動筆後的情形。可見《子夜》的創作準備所用的時間，數倍以至幾十倍於寫作的時間。

由此可得出以下結論：一、《子夜》的創作方式是以「托爾斯泰方式」為主、以「左拉方式」為輔的。其大部分素材是自童少年起幾十年「經驗了人生」所得的原始積累；由此產生了創作立意。然後又用約一年左右時間為寫作而去經驗人生作定向積累。其主題形成於大量生活積累之後，與主要人物的形成過程大體上相伴而生。二、這決定了茅盾大規模反映中國社會與時代，敢於通過創作回答中國社會性質與道路問題的膽與識。茅盾曾說：《蝕》與《子夜》發表後即引起轟動。原因之一是「我敢涉足他人所不敢而又是人們所關注的重大題材」。「這並非三十年代的作家中沒有才華如我者，而是因為作家們的生活經驗各不相同。」《子夜》成功的主導方面是寫資產階級與小

〔註34〕此分章大綱現存的只剩下第十至十九章，刊於1984年出版的《茅盾研究》叢刊創刊號。其後所附，即此分章大綱前的部分大綱殘稿；其內容與人物和三稿不同。說明這是第三稿之前的殘稿。

〔註35〕事主要指包括奔祖母喪事在內的兩次回鄉等；戰爭即1932年「一、二八」上海抵抗日軍侵略之戰。

資產階級，茅盾在這方面的生活積累，無人能與之比肩。敗筆則在對工農和地下黨的描寫。這方面他雖再三努力，終未臻生活積累比較充分的境地。由此茅盾「悟出一條真理：豐富的生活經驗是作家創作的無窮的泉源。」〔註36〕

三、《子夜》寫成後曾獲好評曰：「第一是真實，第二是真實，第三是真實，沒有口號，沒有標語，也沒有絲毫主觀的教訓主義的色彩。」〔註37〕這是很中肯的評價。其原因首先在堅持了充分積累生活的原則；在充分的生活真實性基礎上形成其高度的藝術真實性。說《子夜》「是為了寫而去經驗人生」，顯係不了解原始積累情況之語。說《子夜》是「主題先行論的典型」，更是毫無根據的判斷。《子夜》由生活到創作的過程，的確曾經接受理性的過濾，形成了茅盾形象思維始終伴隨理性思考的特徵。但其審美表現，不僅堅持了充分形象化、充分典型化原則，而且舉凡易導致概念化的部分（如農村、戰爭、地下黨、工運），或者斷然刪去，或者變正面描寫為側面描寫與背景描寫。因此，說《子夜》「是一部以嚴謹的客觀性、科學性、社會科學的觀察分析代替了創作中的個人思想情緒」所寫的「一份高級形式的社會文件」，〔註38〕則更是毫無事實根據。全憑主觀杜撰的妄斷。這一切說法，都經不住事實的檢驗。

三

《子夜》最突出的特點與貢獻，是以「排山倒海」的磅礴氣勢，「大規模表現社會」，「大規模的描寫中國都市生活」；〔註39〕「揭示在這漫漫的長夜裡」，人們「怎樣的解決他們所爭執著的『現在』」；「摸索著他們的前途」，從而「把握著 1930 年的時代精神的全部」，充分體現出「社會辯證法的發展」態勢，〔註40〕因此，它是「五四」以來的文學作品特別是長篇小說中觀照社會最具宏觀性、整體性、時代性與史詩品格的一部。

對此基本特徵的內涵，茅盾簡要概括說：「這部小說以上海為背景，反映了中國人民在中國共產黨領導下進行長期反帝反封建鬥爭中的一個階段；這

〔註36〕英文版《茅盾選集》序，《茅盾序跋集》，第 218～219 頁。
〔註37〕余定義：《評〈子夜〉》，1933 年 3 月 10 日《戈壁》第 1 卷第 3 期。
〔註38〕藍棣之：《一份高級形式的社會文件──重評〈子夜〉》，《上海文論》1989 年第 3 期。
〔註39〕瞿秋白：《讀〈子夜〉》，1933 年 8 月 13、14 日《中華日報》。
〔註40〕余定義：《評〈子夜〉》。

個階段的鬥爭是殘酷的，情況是複雜的，然而從整個形勢看來，這是黎明前的黑暗，所以小說題名爲《子夜》。」〔註41〕茅盾想了好幾個書名。最初「擬了三個：夕陽、燎原、野火」。〔註42〕現存的手稿的題名是《夕陽》。最後出版時定名《子夜》。因爲它更能體現蛻舊出新、積極進取的時代的歷史的發展動勢。

茅盾以生花的妙筆，寫了90多個人物，藉助一樹千枝的宏大藝術結構，把他們組織到以吳蓀甫的性格典型化爲核心、圍繞吳趙兩大集團血肉拼搏的矛盾衝突裡；展開在複雜的形形色色的人物關係中：資產階級內部買辦資本家、民族資本家與中小資本家「大魚吃小魚、小魚吃蝦米」的生死搏鬥；以國民黨政權爲靠山的地主資產階級與中國共產黨領導下的工農革命運動間時起時伏、政治與軍事並舉的階級鬥爭；反動政權內部分別以美英日帝國主義爲主子的蔣介石集團、汪精衛集團的政治鬥爭與南北大戰；特別是關乎全局的國共兩黨、白區蘇區分別代表著性質、方向、前景均不相同的兩個「中國之命運」的大決戰，正處在由「子夜」漸趨「黎明」的歷史性大轉變。茅盾描寫的這一切，構成縱橫交織的30年代中國社會的鳥瞰圖。他把這複雜交錯衝突多變的時代社會內涵，納入吳趙兩大集團、與「三條火線」性質不同的矛盾鬥爭中。

茅盾在雄才大略的主人公吳蓀甫周圍，集結了精明果斷的太平洋輪船公司總經理孫吉人、講義氣肯實幹的大興煤礦公司總經理王和甫、金融大亨杜竹齋、汪派政客唐雲山。他們各具經濟政治實力，共同經營益中公司及其兼併的朱吟秋、陳君宜絲、綢大廠和另外八個小廠，遂與周仲偉的火柴廠形成犄角之勢。這是趁第一次世界大戰間隙發展起來的程度不同地具「法蘭西性格」的中國民族資本家精英集團。若處在資產階級上升時期，何愁不能把中國推上逐漸發達的資本主義社會！然而茅盾以清醒的理性，充分把準自鴉片

〔註41〕《〈子夜〉朝文版序》，初見於 1960 年朝鮮國立文學藝術書籍出版社朝文版《子夜》。現據手稿編入《茅盾全集》第 3 卷；引文見第 556 頁。

〔註42〕《我走過的道路》（中），第 112 頁。茅盾起先曾定名《夕陽》：那時寫作及半，應鄭振鐸要求先在《小說月報》第 23 卷起連載。但抄件及《小說月報》其他稿子毀於「一‧二八」上海抗戰大火中（《小說月報》因之亦終刊），未能先與讀者見面。但定名《子夜》出版之前，其二章一節與第四章曾分別以《火山上》、《騷動》爲題，刊於 1932 年 6 月 10 日、7 月 10 日《文學季刊》創刊號與第 2 期。這些書名、篇名的變化確定，反映了作者立意及審美表現不斷深化的過程。

戰爭迄今在帝國主義全方位侵略下，已變中國為半封建半殖民地，並使民族資產階級具先天軟弱性的殘酷歷史真實，以自己自辛亥到北伐近二十年的革命實踐生活閱歷為依據，藝術地來為這群民族資本家精英典型，描繪出十分狹窄、處處碰壁的生態環境：他們面對的一方，是有美國金融資本與蔣記政權為背景的買辦資本家趙伯韜集團；另一方是中國共產黨邊克服「左」傾路線錯誤，邊實施以農村包圍城市的正確路線，因而能正確領導日益壯大的紅軍、蘇區、與城市的群眾政治運動。生不逢時的中國民族資產階級，這時已錯誤地離開中共領導的民主革命統一戰線，投向時時以反動政策限制他們的當政的大地主大資產階級。這一切使吳蓀甫「國家像個國家，政府像個政府」的發展民族工業的憧憬，以「雙橋王國」與益中公司為基礎，實現其「高大的煙囪如林」，「輪船在乘風破浪，汽車在駛過原野」的「理想」，注定都將化為泡影。茅盾持如椽大筆，通過吳、趙鬥法的中心情節，舉重若輕地展開這場以吳蓀甫命運悲劇演出的時代悲劇的歷史進程。

茅盾寫吳趙衝突，極力突出其才華與實力之間存在的巨大反差以突出其悲劇性質。趙伯韜才智遠遜於吳蓀甫，但他憑蔣政權與美國金融資本的實力，就有了對付吳蓀甫游刃有餘的經濟政治與軍事手段。他從工業與公債投機兩條火線，發動了對吳蓀甫四面圍擊的殲滅戰。針對吳蓀甫資金原料兩不足的中國民族資本家的致命弱點，茅盾寫趙伯韜以朱吟秋廠壓死吳蓀甫的工業資金，分化出杜竹齋藉此切斷了吳蓀甫的資金外援，從而把吳蓀甫在工業方面推入困境。針對吳蓀甫车取暴利的資產階級貪婪本性，茅盾寫趙伯韜以「投之以鼠，引蛇出洞」的戰略，從合作搞公債初戰告捷的第一回合，到一切對著幹的二、三兩個回合，通過公債鬥法，變吳蓀甫等的工業資本為投機資本，然後戰而勝之；使其連廠帶資本加上住宅，都被一網打盡。於是吳蓀甫剩下的只有一顆供自殺用的子彈，和那顆不甘臣服的破碎的心。然而這點點餘忿，也僅限於另尋外國主子充當掮客，以挫趙伯韜渴望全勝的快意。而其放棄了發展民族工業，促中國走資本主義道路的理想的實質則同。對變中國為半殖民地的帝國主義而言，其目的倒是全部實現了！

寫吳蓀甫對抗趙伯韜與寫吳蓀甫鎮壓與對抗中國共產黨領導下的工運農運，是茅盾藉以反映時代，揭示這段歷史的史詩性內涵的藝術構架的兩翼。對此兩翼茅盾不僅同樣重視，而且對後者更加著力。寫趙伯韜僅讓他出場了四次；其集團的基本成員也僅寫了尚仲禮一人。寫工運，茅盾卻展示出一個

龐大的人物陣容，組成一個多層面建構的複雜階級關係與階級鬥爭衝突。

　　大綱三稿毅然捨棄了趙伯韜煽動工運，脅迫吳蓀甫的情節，並且虛構了一個被評論界中人稱作「吳蓀甫的替身」的屠維岳，取代老昏無能的莫干丞，任吳蓀甫的裕華紗廠主事。他以更加狡猾與陰狠的手段，鎮壓黨領導的工運。這些修改，前者是因趙伯韜的操縱削弱了黨的領導與工運的自主性，後者則因其顯得水落船低，難充分反映工人的鬥爭精神，而且吳蓀甫不可能親自指揮去平息工潮，莫干丞又不足以體現吳蓀甫心狠手辣，大刀闊斧的性格側面，對展示大革命失敗後民族資產階級已經加強了的反動性顯然有礙。因此這些修改，都增加了審美力度的多義性。亦因此，屠維岳不僅如某些論者所說是吳蓀甫的「替身」，寫他的更重要的意義，既是對吳蓀甫的性格中反動性與陰險狠辣一面的反照；也是寫吳蓀甫知人善任的精明。吳蓀甫起用屠維岳前後那兩次唇槍舌劍的對話，既體現了把與趙鬥法的損失轉嫁到工人頭上的矛盾的連鎖性與延伸性，又藉此兩強相撞迸射出的性格火花，反映他們雖站在不同立點，卻共同表現出對工人陰險毒辣凶狠狡詐；表現出對共產黨咬牙切齒的刻骨痛恨。這就從兩個層面共同刻畫了他們的反動的階級本性。因此寫屠維岳儘管存在性格成因描寫不足的弱點，但對其性格內涵的刻畫，卻具自我表現與反襯吳蓀甫這雙重作用。特別是寫他鎮壓工運、發現並打擊地下黨、分化利用黃色工會的對立派別藉以分化瓦解工運，這有膽有謀、軟硬兼施的性格特色，無不反襯出吳蓀甫軟硬兼施、以硬為主、知人善任、以「大將風度」自詡的性格。這就在平息工潮這條火線上，一箭雙雕地寫出主子與鷹犬合謀為奸這種統治者壓迫者層面的複雜情態。

　　茅盾由上往下推及黃色工會這一基層鷹犬兩派狗咬狗的鬥爭，既寫其愚弄鎮壓工人的一致性，也寫桂長林與錢葆生兩派分別以汪、蔣為靠山的複雜性。茅盾採用一明一暗、顯隱交錯的筆法，既寫其明爭暗鬥的矛盾性，又寫其一旦涉及本派利益，又共同損害吳的利益，利用工潮分化工人，打擊對方，這又一種一致性。這一切描寫，都在行動與矛盾衝擊中反映出 30 年代初插手工運的又一類爪牙的複雜社會層面。茅盾還忙裡偷閒，在兩派中穿插上一個中立的李麻子，和並非工會、因與屠維岳爭寵爭權而站在錢葆生這一派的曾家駒、吳為成、馬景山等幾個吳蓀甫的親屬，使其撥亂其間；此外又寫了老昏無能，失寵但又不甘心失敗故時時充當「耳報神」的原工廠主事莫干丞，讓他站在屠維岳一旁「添亂」：這一切描寫，就把勞資雙方衝突對立中，中層

壓迫者及其複雜性，一覽無餘地展現在讀者面前。

黨領導下的工人運動的描寫也頗有氣勢。為表現時代特色，也為使工潮描寫能居高臨下，茅盾推出了執行李立三「左」傾路線的克佐甫、蔡真，執行正確路線的瑪金，以及站在「取消派」立場的蘇倫這三類地下黨員形象。小說以有限的篇幅，寫其思想衝突所反映的路線鬥爭內容；也寫出「左」佔上風後，既造成了工運的高漲，也帶來了慘重損失。我們如果把茅盾的這種有分寸的分析批判態度放在當時的文學創作環境中衡量，幾乎可以說是空谷足音。茅盾很注意把握分寸：即便寫「左」傾如克佐甫也是代表革命力量。他在對敵鬥爭、支持與發動工人打擊資產階級的反動行徑，為工人爭取生存權利，藉以發展黨領導下的革命事業上，不僅是堅決的，也是有戰鬥性與打擊力度的。這就準確地真實地再現了革命低潮期黨領導工運的成功經驗與失敗教訓。

茅盾寫工運和工人階級在工運中的情態，也注意描寫的準確性與分寸感。不論寫站在正確路線一邊或寫盲從「左」傾路線一邊的工人、工人黨員如陳月娥、何秀妹、張阿新、朱桂英，都首先盡力表現其堅強奮鬥、忘我犧牲的革命本質與樸素的階級覺悟這一主導層面。正是她們發動了工潮並衝在最前面，聯合兄弟廠，共同掀起全市性罷工浪潮。茅盾旨在表明即便革命處在低谷，又有「左」的干擾，革命群眾運動那戰鬥的氣勢與堅韌的鬥爭精神，仍然形成並代表著時代主流。茅盾也不回避工運內部的複雜性：確實有姚金鳳、薛寶珠等敗類被收買，而分化出去；成為工運發展的隱患。但茅盾又寫出工人們一旦發現他們的背叛行為，就堅決揭露；顯示出敵我間憎愛分明的鮮明態度。寫黨內與工人內部存在隱患而毫不回避，正反映出茅盾尊重生活尊重歷史的藝術家風範。但他寫來極有分寸，一直準確地把握住主流與支流的位置。

此外茅盾還精心設置了朱桂英、朱小三姐弟倆分處吳蓀甫的裕華廠與周仲偉的火柴廠，分頭參與了兩場不同形式的勞資鬥爭。兩個廠不僅資方是犄角之勢，就是勞方發動的形式不同的工運，也呈犄角之勢。這和其他兄弟廠的相互聲援、配合衝廠以形成全市工運的描寫一起，反映出 1930 年上海工運所體現的革命時代的進取精神與歷史的動勢。

「農村交響曲」的寫作計劃，經一再壓縮，成了《子夜》的政治背景與局部小結構。但保留的第四章並非絕對的游離成分。它展示出：農民運動向

吳蓀甫的「雙橋王國」發動的致命的攻勢，是毛澤東「以農村包圍城市」正確路線與「星星之火，可以燎原」革命總形勢的有機部分。這個點和茅盾以背景描寫方式虛線般地時時點染出的工農紅軍向蔣軍、蘇區向白區的強有力的攻勢一起，成為城市工運描寫的對應物；正是這些描寫，使城鄉呼應、工運農運配合，形成由「子夜」向「黎明」漸進的巨大歷史驅動力。有了中國共產黨領導下的這種白區工運低潮與蘇區農運高潮的緊密配合的整體性描寫，就從另一個方面展示出中國共產黨領導的新民主主義革命，同樣是堵塞中國走資本主義道路的性質不同的歷史障礙。也是在這裡，茅盾給尚不思悔改，不肯走回頭路的吳蓀甫，留下一條有真正意義的出路。這也是由「子夜」轉向「黎明」的歷史必然性與可信性的審美表現的重要的一隅。

這一個工運層面和通過吳趙鬥法那另一個層面異曲同工，都從各自的歷史必然性角度，強有力地揭示了資本主義的此路不通！這各從一面揭示出的辯證發展的客觀歷史取向，明確回答了中國社會的性質問題；對大論戰中的托派與資產階級學者，作出了雄辯力有的形象感人的回答！

《子夜》還寫了作為上述經濟、政治鬥爭對應物的上層建築、意識形態領域中那形形色色的複雜生態，即茅盾所說的「新『儒林外史』」。這裡有直接介入吳趙鬥法，明為調停、實則參與，明似幫閒、實際幫忙的經濟學教授李玉亭、律師秋準、交際花徐曼麗，以及等而下之但亦不可少的，主觀上犧牲色相從中分一杯羹，客觀上各以其微力推波助瀾的劉玉英、馮眉卿。有表面超脫於公債市場、實際亦打「遊擊戰」，詩人其表、玩弄女性者其裡，但時不時代替茅盾來評點人物行為的范博文。杜氏叔侄與范博文表現迥異，本質上大致相同。茅盾的描寫表明：這些教授、文人、博士、大中學生，既然生在那個時代，誰也無法靠自拔頭髮脫離地球。在「新『儒林外史』」中，最精彩的藝術形象依然是形形色色的時代女性。她們有獨自的特點，卻都具類似的共性。徐曼麗、劉玉英、馮眉卿也歸此類。林佩瑤放棄了學運中的「白馬王子」，嫁了叱吒經濟風雲的企業家「英雄」，成了吳少奶奶，是一個金錢強姦愛情後產下的怪胎。她殘留的似水柔情，又是對金錢扭曲了情慾的吳蓀甫那情感上的粗疏的強有力的反襯。不論人生道路抑或貞操觀念，林佩珊和四小姐吳慧芳都是吳蓀甫與其父之間存在的那種資本主義與封建主義意識形態衝突的對應物。由此可更充分地去把握茅盾對這兩位女性性格描繪的核心內涵與個性特徵。只有張素素比較模糊。可能因為最初構思的她原來與李玉亭

等人的愛情糾葛史方案，被定稿大大壓縮，僅留下點蛛絲馬跡所致。但她仍有資格與徐曼麗、劉玉英、林佩珊一起，作爲慧女士型的代表，和林佩瑤、吳慧芳等靜女士型人物構成雙峰對峙的時代女性群的兩「極」，展現出茅盾寫女性的文筆那特異的風采。

表面看來，這「新『儒林外史』」世界比第四章有更大的游離性。但如果從茅盾對經濟基礎、上層建築、意識形態作總體觀照的新型社會剖析小說的藝術結構視角考察，就不難看出，這也是《子夜》及其觀照社會生活的宏觀性、整體性、時代性、史詩性特徵不可或缺的有機組成。何況，從人物關係說，他們又是刻畫吳蓀甫性格特徵，構建《子夜》典型環境的不可或缺的有機組成部分。

四

從主題思想內涵說，以上描寫的幾個側面，幾乎是同等重要的。它們異曲而同工，共同奏出「時代交響曲」的整部樂章。但從典型人物塑造看，其成就卻相差極大。可能因爲茅盾不僅沒在工運第一線作更久的參與，〔註43〕而且限於他仍被通緝、且已失去組織關係等政治環境的局限，他對 1930 年的工運、農運的了解，只能憑瞿秋白等介紹的第二手材料和參觀工廠時獲得的部分淺層次的觀照。對當時的地下黨，茅盾有些接觸，對身先士卒的基層黨員及其活動的了解，也大體如此。因此，茅盾儘管用了很大的力氣去了解、去描寫這許多工人和地下黨員形象，卻沒有一個稱得上是眞正意義上的典型。特別是地下黨員，除瑪金個性較鮮明具一定典型性外，其餘多呈扁平狀，缺乏立體感。比較起來，對「新『儒林外史』」中那群知識份子與時代女性，由於茅盾熟悉他們，寫來就能妙筆生花，多數形象個性鮮活，具較強的典型性。

《子夜》推出了一系列形形色色的資產階級形象。這才是眞正意義上的典型人物。其中吳蓀甫的典型性格塑造尤見工力。把他與魯迅筆下的著名典型阿 Q、祥林嫂放在一起也毫不遜色。這是茅盾及其《子夜》一個大特色大貢獻。直到 1949 年，中國現代文學史翻完最後一頁，儘管作家隊伍高手成群，雕成的人物畫廊豐富多彩，琳琅滿目，但能夠成批推出形形色色資本家形象系列的作家，除了茅盾沒有第二位。至於描繪資本家其典型化程度臻魯迅筆

〔註43〕1925 年他參與了領導商務印書館的大罷工。此前他在印刷工人中發展黨員、建立組織，有過一段直接參與的經歷。

下的阿 Q 水平而毫無遜色者，除《子夜》中的吳蓀甫外，更沒有第二個。由此可見，茅盾及其塑造的典型吳蓀甫在中國現代文學史上的意義和位置是何等重要了。

茅盾顯然是在充分研究了中國資產階級形成發展史基礎上，把握了充分的人物原型，進行吳蓀甫性格典型提煉的。出於大規模反映中國社會與反映 30 年代初特定時代風貌的需要，茅盾選定了中國第二代民族資本家作為吳蓀甫的性格定位基礎，賦予其性格以充分的文化內蘊。其父吳老太爺本有可能由官而商，成為維新變法前後湧現的第一代民族資本家。但他由新黨而舊派，由居官而退隱，由儒而道，走了一條二者折衷互補的路。因此他未能跳出封建主義藩籬；他的人生道路與其子南轅北轍，構成了父與子的代溝與衝突。茅盾是從封建家庭脫穎而出的。他和吳蓀甫道路不同，但對這種人身上的封建階級烙印之深，感同身受。故寫吳蓀甫性格具兩重性時，略加點染，即能入骨三分。茅盾寫吳蓀甫精心營建「雙橋王國」，此舉具多義性：一是為寫「農村交響曲」張本。二是為了體現第二代民族資本家，其資本的原始積累大都以地主經濟實力為始基這種中國特色。三是寫這表面上的鄉土意識，其實質與發家實地的地主階級封建意識一事兩面。因此吳蓀甫思想意識的經濟政治文化思想各個層面，均與封建主義具千絲萬縷的聯繫。這決定了吳蓀甫性格發展的取向；也是切入其內心世界的一把鑰匙。以此為基礎，吳蓀甫遊歷英美，借鑒資本主義工業振興經驗，尾隨其後想在中國走「法蘭西道路」。這被茅盾稱之為「法蘭西性格」的基質，是以封建層面為基礎，後天形成的；因此具軟弱性、不徹底性與被前者制約的特性，就不難理解了。二者異質同構互補，而且有機結合，形成了吳蓀甫這個典型性格兩大內在要素。由此可見，從性格典型化言，茅盾從性格基礎上就注意使吳蓀甫具中國國情特色；他就命定地無法成為真正意義上的法蘭西資產階級典型。因此他們絕不能推動中國走上資本主義道路。吳蓀甫在家庭內部的封建家長作風，並不弱於乃父。他還把這種封建家長作風帶到益中公司，特別是他個人的裕華紗廠。這也有別於以民主主義經濟政治法律制度為基礎的西方資產階級的個性與共性及其文化意蘊。這一切使吳蓀甫必然在得意的順境中，具有「頤指氣使」的個性特色；這就和趙伯韜的蠻悍霸道、杜竹齋的和氣奸滑，形成鮮明對照。

堅持發展民族工業以振興經濟，是吳蓀甫真誠的夢寐以求的理想。這和他因貪上當，違背初衷，把工業資本移作投機資本，最終滑入破產的泥坑，

一紙兩面地構成吳蓀甫性格內涵相互矛盾相互對立的兩「極」，但又有機統一於其性格深層，形成又一獨特的性格內蘊。當他看不起願以金融優勢經營工業的杜竹齋，而產生自我優越感時，他當然想不到他會走後來那條路。同樣，當他把汪精衛的振興實業的政治謊言當作真心實意的經濟綱領時，也絕沒想到他這位一隻眼睛看政治、一隻眼睛看經濟利益的不肯在商言商的明智人物，有朝一日也會像趙伯韜尾隨蔣介石當美帝國主義在華的掮客那樣，自己也尾隨著汪精衛，另覓外國主子，當趙伯韜式的掮客。然而追求利潤不擇手段的資產階級貪婪本性，使上述貌似矛盾的對立的兩「極」，磁鐵般地統一在吳蓀甫的人生道路中，成為一紙兩面似的有機構成。這就使大革命失敗後投靠了大資產階級的民族資本家吳蓀甫，對抗共產黨、對抗與鎮壓工運農運的反動政治態度必然每下愈況。隨著三條火線的失敗，他不僅不肯回頭，重新加入黨領導下的民主統一戰線，而且愈失敗愈頑固，反動性與日俱增。這正是 1930 年茅盾準確把握著的吳蓀甫性格的關鍵。也許正是在這裡，吳蓀甫有無愛國意識，是否值得同情這個問題，和茅盾在「左」的政治氛圍逐漸增濃的 1952 年，曾給吳蓀甫扣過「反動資本家」的帽子到底對不對的問題一起，至今仍是讀者關注的熱點，和學界看吳蓀甫引起爭論的焦點。究其實，愛國主義與愛國意識，本來就是既具階級性又具時代性的意識形態範疇。過去可能忽略了這一點，遂拿人民群眾的或今天的愛國主義標準，來要求吳蓀甫。因此就有人對吳蓀甫的愛國意識，產生了不承認態度。這種結論當然是非歷史主義的。如果承認愛國主義及愛國意識具有階級性與時代性，我們就不應要求或指望吳蓀甫作為一個民族資本家形象，會放棄其個人私利或階級利益，以無私的集體主義的動因為基礎，形成其愛國主義意識。反之，茅盾正是把握住了吳蓀甫從特定階級立點，在特定時代，把個人與本階級的私利與汪精衛打出的「振興實業」口號統一起來這種行為特點。吳蓀甫希望「國家像個國家，政府像個政府」；換言之就是這一切都要保障自己發展民族工業。但吳蓀甫發展民族工業的努力，不僅與當時中國特定的時代要求，即發展生產力，促使國力增強的要求相統一；而且也與限制阻礙中國國力與民族工業的發展，竭力使之成為半殖民地的帝國主義的利益與態度，產生了根本對立。這是他和買辦資本家趙伯韜性格碰撞的基本內涵。對吳蓀甫這種愛國意識，我們沒有理由懷疑其真誠。正因為有這了個側面，抗戰爆發後吳蓀甫們才可能重新回到民族統一戰線中來。茅盾也正是在這個立足點上，毫不掩飾他對

吳蓀甫持同情態度，也不掩飾後來他塑造許多民族資本家，對其作審美表現時的同情態度。朱自清曾說：茅盾把「吳屠兩人寫得太英雄氣概了，吳尤其如此，因此引起了一部分讀者對於他們的同情與偏愛，這怕是作者始料所不及罷」。〔註44〕此說其實只對了一半。茅盾寫吳蓀甫對趙伯韜鬥法的英雄氣概，是出於上述取向而刻意為之；並不掩飾其審美傾向。今天看來，這取向經得住歷史的檢驗。對這我們毋庸諱言。這與寫鎮壓工運的屠維岳的才氣產生了不應有的副作用，是作者始料不及，且取向欠當問題，根本不是一回事。因此，評價吳蓀甫性格的愛國意識層面及其典型意義時，對作家的審美傾向與作品的審美效果的正面價值，不應該持非難態度。不過朱自清的評價其本質不同於後來的「左」傾評價。

但茅盾寫吳蓀甫對工運、農運的鎮壓，對共產黨和紅軍的敵意卻都持鮮明的鞭撻態度。1952 年《茅盾選集》自序中稱吳蓀甫為反動資本家，固然有與當時「左」的氛圍相關的聯繫性；但此說僅僅存在以偏概全之弊，卻並非無中生有之論。因為他強調的是，大革命失敗後從革命統一戰線分裂出去，投靠蔣介石和大資產階級的吳蓀甫反共與鎮壓工運的階級本性在特定時代中表現出的反動性層面。即便寫《子夜》的當時，茅盾對此層面與性格側面的描寫，也持批判鞭撻的鮮明立場。這已是《子夜》書成時就鑄就的事實。因此茅盾 1952 年說吳蓀甫是「反動資本家」，並非定性失誤；而是以偏概全。中國民族資產階級本來就具毛澤東所一再論述過的兩重性，也具備在不同歷史環境中其主導層面會相應地轉化這一基質。茅盾所寫的典型環境能把握住時代的特性。《子夜》手稿扉頁今尚保留。在豎寫原書名《夕陽》時，其下的英文橫寫著：

A Romance of modern China transition

In Twilight $\begin{cases} \text{a novel of} \\ \text{industrialized China} \end{cases}$

初版封面題書名《子夜》，內封題簽下面反覆襯書著許多斜行的英文，仍是：

The Twilight: a Romance of China in 1930 〔註45〕

〔註44〕《〈子夜〉》，1934 年 4 月《文學季刊》第 1 卷第 2 期。
〔註45〕漢譯文字當是：「一部關於當代中國轉折時期的小說。黎明：一部關於中國實業界的小說。」「黎明：1930 年發生在中國的浪漫故事。」

茅盾正是緊扣著時代歷史環境，塑造吳蓀甫上述性格兩大層面與兩大特徵的。這種審美表現，既具生活真實性、時代真實性，也具藝術真實性與藝術典型性。對此也不應持異議。

茅盾寫吳蓀甫上述兩個性格側面及其主導位置的相互轉化，扣緊這典型環境的時代特徵，通過其個性由剛愎果斷到自餒、寡斷這一巨大轉化過程，來反照在吳與趙由初次何作公債到二、三兩次公債鬥法被趙「引蛇出洞」圍而殲之，遂使吳蓀甫的工業資本徹底敗在以國際金融資本與國內官僚資本為後盾的買辦資本之手的失敗過程。這說明：命運可以扭曲性格；這既符合時代發展邏輯，又符合吳蓀甫性格發展邏輯與吳趙人物關係發展邏輯。因此這種性格發展與人物關係發展的審美表現，均具高度的生活真實性與藝術真實性。通過幾十年的審美效果的檢驗，更證明了其真實可信性。

茅盾對吳蓀甫內心世界的開掘描寫，也具高度的典型性。金錢慾利潤佔有慾，是支配吳蓀甫一切情慾的軸心。這使其內心世界的道德層面與情感層面被擠到狹窄的一角，形成了極端貧乏極端空虛的心態。特別處在徹底失敗境地時，表現出鮮明的強烈的色屬內薦性格特徵。在這種內心世界的描寫中，茅盾也緊扣住其矛盾重重的性格特徵。如寫他自認為具外國企業家般「高掌遠蹠的氣魄和鐵一樣的手腕」從而極「富自信力」的一貫心態，這當然是他剛愎自用作風的心理基礎。但當楚歌四面困境日甚時，他又跌入「苦悶沮喪」、「閉門發悶」、自感渺小與孤獨的心態低谷，極力把「由藐視一切的傲慢轉成了沒有把握的晦暗」的臉色，深深隱藏，不肯暴露於人前。他擴大資金兼併吞噬大小敵手，與其說這是滿足於貪婪的金錢渴望，不如說是要滿足其強烈的佔有慾更合乎他的心態。處理家庭關係時，他也注重孝悌等封建道德行為規範。但變父親入殮大典為策劃兼併小廠與公債投機陰謀的場合；對弟妹的命運前途也極關注，但其情感取向卻在行使和維護自感似將失去的封建家長權威；利用郎舅關係與杜竹齋「結盟」，目的不在親情而在利用；結果卻成了「開門揖盜」。這道德情感層面，也充滿虛偽與矛盾：最終證明了溫情脈脈的親情紗幕下籠罩著的卻是赤裸的金錢關係。他也渴求情愛與情慾的放縱；但「事實」上的種種追求，使他的情慾被擠到情感世界之一隅，沒有如趙伯韜那樣充分放縱的機會。吳蓀甫不沉澱酒色的正人君子形象，其實是個假象；原因在於他無暇分心，以致三次當面放過妻子愛情不專的物證。對劉玉英的色情挑逗當時他竟麻木未覺，事後也不過「把不住心中一跳」了

事。他姦污王媽，其肉慾快感竟被破壞的快感所取代：這正是吳蓀甫式的特殊的心態。

吳蓀甫上述種種性格特徵，充滿了矛盾對立性，因為這一切都是東西方文化撞擊的對應物。他的物質生活方式是歐化的；精神生活卻凝結著中國古老文明的東方色彩。一切矛盾對立互補，統一於其典型性格的審美表現中。這與別人毫不雷同也不可重覆的個性特徵，與集階級性時代性民族性於一體的共性的結合，真個是渾然天成，水乳交融！說這完全符合黑格爾與恩格斯提出的「這一個」典型化標準，毫無誇張之嫌。其性格描寫的功力，似可與巴爾扎克寫高老頭、歐也妮·葛朗台，魯迅寫阿 Q 的功力相比肩：這說法當不為過。正因此，茅盾借吳蓀甫的個人悲劇展示時代悲劇的審美立意，顯然是通過其高超的審美表現才能得到完滿的充分的體現。

《子夜》以吳蓀甫為核心，推出了一資本家典型人物系列：黃金榮杜月笙般蠻悍霸道且具流氓氣質、公債與女人一齊扒進的買辦資本家趙伯韜，貌極和善、內含狡猾奸詐、關鍵時刻為了錢竟六親不認的金融資本家杜竹齋，瀕臨破產仍能插科打諢哈哈大笑的周仲偉，膽大心細有大將風度的孫吉人，較仗義、肯實幹的王和甫，此外還有個性鮮明的朱吟秋、陳君宜等等……茅盾一部小說足足推出了一條資本家人物畫廊。如果把《子夜》與此後的作品作統一觀，則茅盾以半生精力為中國文學史雕塑了一所中國資產階級各種典型人物陳列館；若按時序排列這些典型，足以展示中國資產階級歷史命運的發展史。在中國文學史上，這一偉大建樹是獨一無二的。就是縱觀世界文學史，做出茅盾這種建樹的大作家，也只有巴爾扎克等少數幾位大師。

五

《子夜》在藝術方面也有許多重要特點和重大歷史貢獻。

《子夜》展現出了茅盾的社會剖析小說的最高成就。茅盾推出了《子夜》，影響著左翼文壇湧現出一批作家，共同形成了文壇與學界公認的社會剖析小說流派；他們的貢獻建構了左翼文壇最重要的文學殿堂。其首要的特點，如同瞿秋白所指出的那樣：是以馬克思主義先進世界觀方法論為武器，把握生活、剖析社會。它把茅盾 20 年代倡導的實地觀察、客觀描寫的原則，提高到充分揭示社會本質及其歷史動向與前景的新水平。另一個特徵則是把「經驗了人生而後創作」的「托爾斯泰方式」與明確了創作指向而後去經驗人生

的「左拉方式」有機地結合起來，形成了與蘇聯社會主義現實主義同步的有中國特色的革命現實主義創作方法；並運用這一方法大規模、全方位、宏觀微觀緊密結合，通過典型形象群體的塑造，與博大的藝術結構的營建，史詩般地剖析與反映中國特定時代特定社會的現實。這是《子夜》賴以開創社會剖析流派小說的基本思想特徵。

與此相對應的是，以博大的藝術結構體現社會剖析力度，我曾用「一樹千枝」「榕樹型」藝術結構爲其命名。〔註46〕這是因爲《子夜》包含了三條主線、兩條副線，其下又附屬15條支線，共同形成整體藝術結構。三條主線即工廠、公債市場與雖已割去仍殘存著的農村及蘇區紅軍的斷續描寫。兩條副線即「新『儒林外史』」與枝枝蔓蔓地把情節通向軍政兩界（當然包括重要背景的南北大戰與紅軍的革命攻戰）。其下15條支線盤根錯節相互糾結著92個人物所組成的複雜人物關係：共同構成1930年中國社會特定的時代大景觀；共同顯示出中國並未走上資本主義道路，而是更加殖民地化的殘酷現實，也展示出它由「子夜」逼近「黎明」的時代動勢。這是《子夜》的社會剖析力度別人難以企及的一大特色，正是在這些地方時時閃現著茅盾及其《子夜》的理性特徵。

其實《子夜》又不單純是社會剖析小說；它也具有自《蝕》開始爲茅盾後來的許多中短篇不斷發展了的心理剖析小說的特徵。二者經緯交織，完成了其大規模剖析社會以回答中國社會性質的大問題。明乎此，就更易理解《子夜》時代景觀爲什麼會極富立體感：它是由生活與心理兩層結構厚度所構成。這是一所既可觀賞又可感受的藝術大殿堂。

無怪乎《子夜》問世不久，連茅盾的論敵《學衡》派的吳宓，也化名「雲」，著文稱讚其爲「結構最佳之書」，認它「不時穿插激射，具見曲而能直，復而能簡之匠心。」不僅「人物之典型性與個性皆極軒輊，而環境之配置亦殊入妙。」「筆勢具如火如荼之美，酣恣噴微，不可控搏。而其微細處復能委宛多姿，殊爲難能而可貴。」〔註47〕這些話實際上已大體闡述了茅盾社會剖析藝術的基本特色。

《子夜》另一個藝術特點與貢獻是開創了都市文學的新格局。在《子夜》之前，都市文學創作已經有兩個流派：一是老舍爲代表的描寫帝都京城市井

〔註46〕見拙著《茅盾的藝術世界》第五編：結構藝術論。
〔註47〕《茅盾著長篇小說〈子夜〉》，1933年4月10日《大公報》文學副刊。

細民的京派現實主義都市文學；一派是劉吶鷗、穆時英爲代表的描寫半殖民
地上海大都會畸形生態的新感覺派都市文學。但兩者都限於都市景觀的局
部，反映不出時代動態與歷史取向。茅盾推出《子夜》，徹底改變了都市文學
的現狀，展現出它應有的整體格局：一、它從經濟基礎到上層建築意識形
態，對大都市大時代的面貌作出全方位的反映。二、它以資產階級爲重點，
兼及社會各階級、各階層，對社會生態構成與人物關係作出多層面的反映。
三、它以國情爲基礎，對西方文化與西方生活方式對中國文化與中國生活方
式無孔不入的滲透所造成的畸形與扭曲，從都市文化景觀的變異性與多樣性
視角，作出總體反映。四、它對這畸形的病態的都市現狀及其發展趨勢、未
來前景，對發展中的主流、支流，積極動勢與消極動城的總體取向組合的複
雜情態作出眞實的本質的反映，使都市文學不僅從力度與速度等方面獲得了
律動感，而且把大都市的歷史、現狀、前景作縱橫結合的整體觀照，顯示出
「都市美和機械美」與農村的「靜態美」大異其趣，展現出「動態美」的都
市文學特徵。〔註 48〕五、對環境、人物、人物關係，外部世界與內心世界作
統一的立體化的藝術觀照，藉助時空的變換，聲色力等多重視角，抒情狀物
寫人、對比反差扭曲、戲謔與漫畫化等多種筆法的綜合運用，展現不同於鄉
村荒漠的喧囂駁雜的大都市文學觀照的力度、速度與強度。

　　一切都圍繞體現充滿殘酷競爭與矛盾衝突的都市的時代新特徵；也注意
表現現代化的人物、環境、主題，以適應業已現代化了的審美情趣與閱讀期
待。茅盾說：「都市文學新園地的開拓必先有作家的生活的開拓。」〔註 49〕
《子夜》對都市文學格局的新開拓，恰恰反映了茅盾的思想與生活的新開
拓。也因此，《子夜》所代表的都市文學的新格局、新格調，既不同於老舍與
新感覺派代表的京派、海派都市文學；也不同於《子夜》問世前後湧現的巴
金、曹禺分別代表的「川味」、「津味」都市文學。《子夜》以鐵鼓銅鈸般的音
響，閃電霹靂般的動勢，描繪出半封建半殖民地中國大都市已死方生的世相
百圖，與全方位、多視角、立體化的人文景觀；取得與世界都市文學同步前
進的效果。

　　《子夜》又是中國文學現代化的里程碑。中國文學現代化，始自「五四」

〔註 48〕茅盾：《都市文學》，1933 年 5 月 15 日《申報月刊》第 2 卷第 5 期，《茅盾全
　　　　集》第 19 卷，第 422 頁。
〔註 49〕《都市文學》，《茅盾全集》第 19 卷，第 423 頁。

新文學革命。其里程碑標誌是魯迅的小說，尤其是《阿 Q 正傳》。其理論表述則是「爲人生」的文學與現實主義文學：爲改變人民群眾被壓迫的命運提出了「人的解放」與「揭出病苦，引起療救的注意」的口號；個人與環境衝突的悲劇成了文學現代化的思想主題。但這個文學現代化命題未突破資產階級民主主義的局限。魯迅就說：「吾輩診同胞病頗得七八，而治之有二難：未知下藥，一也；牙關緊閉，二也。牙關不開尚能……啓之，而藥方則無以下筆。」〔註50〕茅盾也說魯迅筆下寫的是古老中國鄉村過去的人生與靈魂。

　　從 1923 年《中國青年》倡導革命文學到 1925 年茅盾提倡「無產階級藝術」，中國文學現代化開始了其無產階級新階段的序幕。但創作上雖有蔣光慈的《短褲黨》等問世，但其公式化概念化傾向不能作爲新階段的標誌。葉聖陶的《倪煥之》（1928）和巴金的《家》（1931）雖在很大程度上發展了「五四」文學命題，卻仍是「藥方則無以下筆」之作。茅盾的《虹》（1927）倒是開了藥方，但仍嫌力度不夠。

　　只有 1933 年《子夜》問世，才以其群體命運與階級解放的現實觀照。社會上、中、下各層面的全方位描寫，黨領導下工農革命前景的樂觀展示，以及思想與藝術的有機統一，審美表現的整體性成熟，足可與《阿 Q 正傳》比肩。而其思想導向，則有質的超越，成爲中國文學現代化即無產階級化與革命現實主義化的里程碑標誌。於是以《阿 Q 正傳》爲標誌建構了被馮雪峰稱爲「清醒的現實主義」的第一階段；以《子夜》爲標誌建構了被瞿秋白和馮雪峰稱之爲「革命的現實主義」的第二階段。中國文學的現代化進程，至此才趕上了世界文學步伐；並且被全世界廣泛承認。中國文學現代化的眞正意義的兩座里程碑，就是《阿 Q 正傳》和《子夜》。

　　《子夜》這一切成就，充分反映出茅盾鮮明的創作個性。《子夜》的時間跨度僅從 1930 年 5 月 16 日寫到 7 月 22 日共兩個月零六天；而且空間切入點主要限於城市。但包容的卻是整個中國的大千世界。茅盾說：他「喜歡規模宏大，文筆恣肆絢爛的作品。」〔註51〕其實這也很能說明《子夜》風格特色的主導面。若把它與精雕細鏤入木三分這另一側面整合一起，則可以視作茅盾的創作個性在《子夜》中的基本體現。

　　1933 年 9 月 21 日朱自清的日記寫了一段趣事：李健吾來「談在滬遇茅盾

〔註50〕《致許壽裳》，《魯迅全集》第 11 卷，第 345 頁。
〔註51〕轉引自《茅盾的創作歷程》，第 397 頁。

情形，茅盾開口講社會問題，健吾開口講藝術（技巧）」，「聖翁則默坐一旁，偶一噫氣而已」。「默揣兩邊談話情形，甚有味。」〔註52〕這段文字活畫出三位作家不同的個性。此事發生在《子夜》問世之際，茅盾似仍沉醉在其社會問題的觀家不、研究、品味、表現的，由感性到理性再到感性的形象揭示的激情之中。審美表現伴之以理性思索的特徵，是形成《子夜》風格的淵源所在。這給《子夜》帶來許多長處。但其部分弱點也與此有關。在生活不足時理性過強，就難免概念化之弊。《子夜》寫三條火線其藝術造詣不甚均衡，似與此不無關係。

六

《子夜》剛剛問世，瞿秋白就斷言：「應用真正的社會科學，〔註53〕在文藝上表現中國的社會關係和階級關係，在《子夜》不能夠不說是很大的成績。」「這是中國第一部寫實主義的成功的長篇小說。」「1933年在將來的文學史上，沒有疑問的要記錄《子夜》的出版」。〔註54〕稍後馮雪峰進一步斷言：《子夜》「是『五四』後的前進的、社會的、現實主義文學傳統之產物與發展」；是「革命的、戰鬥的現實主義的」「普洛革命文學裡面的一部重要著作。」「《子夜》並且是把魯迅先生先驅地英勇地所開闢的中國現代的戰鬥的文學道路，現實主義的創作的路，接引到普洛革命文學上的『里程碑』之一。」〔註55〕這些評價已經被歷史充分檢驗過，證明確是科學的實事求是的評價。

《子夜》出版不久，就在國內外產生了重大的影響。當時還是小青年的理論批評家陳沂回憶道：「這是當時轟動我國社會和文藝界的大作品，德國共產黨還為這部作品專門開過紀念會。」〔註56〕趙景深回憶道：「高爾基在生時對於茅盾的作品亦很稱道。」〔註57〕1936年斯諾在《活的中國·序言》中說：「茅盾大概是中國當代最傑出的小說家，他的《子夜》已有英、法譯本。」作家杜埃當時「正在東京，『左聯』支部曾發起舉行《子夜》的討論會，出席

〔註52〕《新文學史料》1981年第4期。聖翁指葉聖陶。
〔註53〕當時這提法是指馬克思主義而言，限於文網，不能直說。
〔註54〕《〈子夜〉與國貨年》，1933年4月2日《申報·自由談》。
〔註55〕《〈子夜〉與革命的現代派的文學》，1934年11月作，刊於次年4月20日《木屑文叢》第1輯。
〔註56〕《憶茅公》，第158頁。
〔註57〕《茅盾紀實》，第166頁。高爾基當時讀的是俄文《子夜》片斷。那時《子夜》尚無俄文譯書。

人數出乎意料之多，後來成為捷克著名的漢學家的普實克院士……作了精彩的發言。」〔註58〕劇作家趙明回憶1937年讀了《子夜》，認識了中國的性質與「可悲現狀」，「決計離開國統區」去延安或蘇聯走革命道路。後來去了新疆，1939年成了去新疆講學的茅盾的學生。〔註59〕當時是內蒙一個中學生的袁烙說：「《子夜》使我們這些生活在困難日亟的北中國古城的青年學生」認清了「一個根本問題：中國的出路何在？誰能領導人民拯救中國？」他們得出共同答案：「我們一定要投奔共產黨」，就這樣「有的同學參加了八路軍，有的到了延安。」〔註60〕許多作家回顧說：正是讀了《子夜》，明確了革命與文學之關係，和文藝創作的規律，因而走上文學道路。

《子夜》的出版引起了很大的反響。此書三個月內重版了四次，初版3000部，此後重版每次均5000部。這種情況引起了反動當局的恐慌。1934年2月，反動當局以「描寫帝國主義者以重量資本操縱我國金融之情形」，「諷刺本黨」，「描寫工潮」，「內容鼓吹階級鬥爭」等罪名下令禁之。後經書商再三交涉才被允許必須大加刪削才能出版。但當即有個至今尚不明為何人所辦的「救國出版社」按原版全文重印。其《翻印版序言》說：「《子夜》是中國現代最偉大的作品。」不僅「描寫中國社會的真象，而且也確能把這個社會的某幾個方面忠實反映出來。《子夜》的偉大處在此，《子夜》不免觸時忌，也正因此。」「天才的作品是人類的光榮成績，我們為保存這個成績而翻印本書。」〔註61〕

而今文學史已翻過40多年的篇章，《子夜》在國內外均獲得了世界名著的文學史地位。如美國的《東方文學大辭典》茅盾條目說：它「特別成功的地方」是「採用現代小說的技巧」，「精確地描繪出當時中國的許多相互衝突的力量」。「茅盾的作品標誌著中國文學中現實主義傾向的頂峰。」法國《大拉魯斯百科全書》說：茅盾是「眾所公認」的「第一位將革命記錄下來的歷史家」，包括《子夜》在內的著作「細緻地描繪了自封建王朝結束以來中國生活與經濟的變遷」。蘇聯《大百科全書》說：「《子夜》是中國新文學中第一部社會史詩型的優秀作品。」〔註62〕

〔註58〕 《憶茅公》，第294頁。
〔註59〕 《憶茅公》，第355頁。
〔註60〕 陝西人民出版社：《紀念茅盾》，第89頁。
〔註61〕 《晦庵書話》，第48、67～71頁。
〔註62〕 以上評論轉引自《茅盾研究在國外》，第100、95、102頁。

　　《子夜》在獲得很高聲譽之同時，也存在徹底否定的評價。美籍華裔學者夏志清在《中國現代小說史》中說：《子夜》「僅是按照馬克思主義的觀點給上海畫張百醜圖而已。」書中人物包括吳蓀甫「都是定了型的」，「是注定了要受馬克思主義觀點詆毀的那種醜化人物。」他說：茅盾缺乏「有創造性的想像力」；「同情心範圍縮小了」。「小說家感情已經惡俗化了。」因此夏志清判定「《子夜》是失敗之作」，遠不如其前期的《蝕》。其實，夏志清貶低茅盾和《子夜》是不足爲奇的，因爲他的總傾向就是貶低進步作家，抬高有資產階級傾向或反共的作家。正因爲如此，他的《中國現代小說史》中文版 1979年在香港面世以後，就成了促成中國國內捧資產階級文學貶無產階級文學之潮流的濫觴和源頭。

　　《上海文論》1988 年第 4 期率先開闢「重寫文學史」專欄，旋即於當年和次年發表了一系列文章，先否定了趙樹理、柳青等作家的方向，接著否定了丁玲、何其芳的思想發展及其後期創作。他們否定茅盾則更爲著力，在《上海文論》1989 年第 3 期上同時發表了兩篇長文。北京某些刊物也予呼應。從這些文章總取向看，所謂「重寫」的基本路子是：抬高資產階級傾向的作家，或避開其錯誤政治傾向而過譽其藝術；貶低無產階級作家的政治傾向時多半是扣一頂「機械論」、公式化、概念化的帽子。對世界觀轉變者則肯定其前期而否定其後期。可見其政治藝術標準、傾向均極鮮明。

　　其中否定茅盾與其《子夜》的意見，綜合起來大致是：一、說《子夜》創立的「社會剖析小說」「範式」，「構成了對『五四』文學傳統的一次重要背逆」。因而也是對魯迅傳統的「背離」、「拋棄」、「歪曲」與「片面的發展」。〔註63〕二、說《子夜》的創作方法是與「四人幫」搞的那套「三結合」、「三突出」創作原則「相通」的「主題先行」論，是以「嚴謹的客觀性、『科學性』，社會科學的觀察分析代替了創作中的個人思想情緒和早期浪漫蒂克（小資產階級對現實的空想和革命狂熱性等等）的帶古典傾向的作品」，是「一份高級形式的社會文件。」〔註64〕三、說茅盾「戴上『階級』的濾色鏡與『鬥爭』的變色鏡在作品中僞造生活」；通過《子夜》形成了「非『敵』即『我』、」「非此即彼、先進與落後、革命與反革命」的「『二元對立』」模式。」

〔註63〕汪輝：《關於〈子夜〉的幾個問題》，《中國現代文學研究叢刊》1989 年第 1期。

〔註64〕藍棣之：《一份高級形式的社會文件》，《上海文論》1989 年第 3 期。

〔註 65〕四、說存在「兩個彼此對立的」政治家和文學家的茅盾，其「靈魂分裂爲兩半」，但文學家的一半「屈從」政治家的那一半。其小說「面對虛構世界」對政治能持「比較超脫的態度」；但同時又把文學當作「發泄」政治失意時的「幻滅情緒的出口」。儘管茅盾具「文學天賦」，「卻沒有建立起皈依文學的誠心」。因此擔心他會無意中輕慢了文學，遭到藝術女神的拒絕。〔註 66〕

本文不承擔評論茅盾研究史的任務，〔註 67〕但以茅盾研究史反照茅盾的文學史貢獻與地位，卻是本文命題應有之義。自《子夜》誕生至今已經 65 年。不論對它如何評價，都證明《子夜》作爲文學力作〔註 68〕是個無法抹煞的客觀史實。上述種種相同的以至對立的看法與評價，有的當然是客觀地反映了《子夜》的成就或缺陷這種客觀存在。有的則是讀者、論者從個人的社會政治傾向與文藝觀、審美情趣的取向出發，所作出的並不符合其客觀實際的主觀臆斷；於是也就反映出評論者自身的主觀傾向性與局限性；這與《子夜》無關。有的則因爲《子夜》和其他少數內涵及張力既宏大又複雜的文學名著同樣，認識它並不容易，而且這認識過程也將十分漫長；於是仁者見仁，智者見智，就成了不可避免的現象。

然而有一點十分明確：《子夜》的思想內涵與藝術蘊藏，作爲客觀存在的文藝客體，其能量將隨著歷史的延續，作持久性的揮發與放射。它那鮮明的無產階級革命思想傾向與革命現實主義的審美張力，過去、現在、將來，都將使取向相同者作出愉快的思想藝術的審美認同；使取向對立者感到極不愉快，甚至受到嚴重衝擊，因而作出思想藝術的審美排斥。他們的強烈反映，都是很自然的。

這就從審美過程與文學史發展過程這個重要的層面與貫串線，證明了一個真理：《子夜》是一部不朽的鉅制與力作！

有了這部力作，茅盾的文學大師地位就堅如磐石，想把他從文學大師行列中除名，當然也是徒勞的。

〔註 65〕徐循華：《對中國當代長篇小說一個形式的考察》，《上海文論》1989 年第 3 期。

〔註 66〕王曉明：《一個發人深思的矛盾》，《中國現代文學研究叢刊》1988 年第 1 期。

〔註 67〕1993 年 9 月南京大學出版社出版的《茅盾與中外文化》收有我 1991 年 10 月在南京召開的茅盾研究國際學術討論會上提交的長文《論東西方文化碰撞中對茅盾的歷史評價》，對這些觀點提出了反駁意見。

〔註 68〕夏志清在《中國現代小說史》中否定《子夜》時也用過此語。

《子夜》藝術結構線索圖

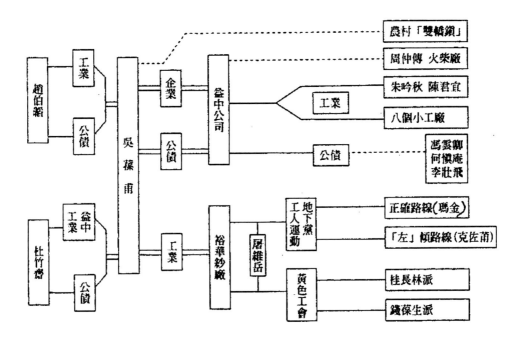

《林家舖子》論辯
——《子夜》的「餘韻」之一

一

　　《林家舖子》寫於 1932 年 6 月 18 日。茅盾說，那時因病，因上海「一‧二八」戰爭，因回鄉奔喪，《子夜》寫了一半就擱筆了。「偶有時間就再作些短篇。《林家舖子》和《小巫》便是那時的作品。題材是又一次改換，我第一回描寫到鄉村小鎮的人生。」〔註1〕《子夜》原「打算一方面寫農村，另方面寫都市。」由於「農村經濟的破產掀起了農民暴動的浪潮」，並「大大地減低了農民的購買力，因而縮小了商品的市場」，〔註2〕也限制了工業的發展，所以農村和都市是緊密相連的，但《子夜》的創作計劃沒有全部實現。農村方面的生活和商品市場縮小情況及其與民族工業破產的關係，在《子夜》中沒有得到充分體現。但《多角關係》《林家舖子》和《農村三部曲》卻彌補了這個缺陷。因此這些作品的思想內容和《子夜》存在有機聯繫，都是茅盾大規模地反映三十年代初期中國社會現實總計劃的組成部分。

　　《子夜》和《多角關係》集中寫民族資產階級的命運與出路問題；《農村三部曲》寫農民階級的命運與出路問題。《林家舖子》則夾在二者之間，在工業品流通過程中展示三十年代初期城鎮小商人的命運和前途問題。

　　在都市、農村交響曲的邊緣地帶，茅盾通過中篇《林家舖子》與《多角關係》建構了一個也屬於《子夜》「雙橋王國」的小城鎮的藝術世界。這兩篇

〔註 1〕 茅盾：《我的回顧》，《茅盾論創作》，第 10 頁。
〔註 2〕 茅盾：《〈子夜〉是怎樣寫成的》，《茅盾論創作》，第 60 頁。

作品中所寫的「錘子吃釘子，釘子吃木頭」（《多角關係》中語）的社會矛盾，則是《子夜》所寫「大魚吃小魚，小魚吃蝦米」的有機關係的延伸。它們共同完成一個重大的政治任務：對「中國向何處去」作出明確回答，藉以批駁托派和國民黨右派在中國社會大論戰中散布的謬論。

因此，這組小說都帶有明顯的社會概括性與社會剖析性，高瞻遠矚地反映了深廣的社會場景。

茅盾告訴我們：

> 搜集材料務求其多，而運用之時則切忌太濫。這便是抉擇。
>
> 題目是從生活經驗中產生出來了，但還未便即此自滿，立刻下筆。應當以此題材爲中心，搜集一切直接間接有關的材料，而這一切直接或間接有關的材料都不是打算用來增加作品之「量」的，倒是爲了使得自己對於所要寫的題材認識得更清楚而充分，乃所以改進作品之「質」的。
>
> ──《茅盾文集》第 10 卷，第 182～183 頁

茅盾這話是經驗之談。在茅盾開始寫《子夜》之後，和動筆寫《林家舖子》之前，他寫了一篇洋洋萬言的散文組篇《故鄉雜記》。從中我們看得出《林家舖子》、《農村三部曲》和《當舖前》等創作的題材、主題的來源及其提煉。其中茅盾記述了他的故鄉有五、六萬人口的烏鎮二十多家舖子的破產和他了解的中小商人的不幸命運及其處世哲學。茅盾寫道：

> 我想：要是今年秋收不好，那麼，這鎮上的小商人將怎麼辦哪？他們是時代轉變中的不幸者，但他們又是徹底徹尾的封建制度擁護者；雖然他們身受軍閥的剝削，錢莊老板的壓迫，可是他們惟一的希望就是把身受的剝削都如數轉嫁到農民身上。農民是他們的衣食父母。他們盼望農民有錢就像盼望自己一樣。然而時代的輪子以不可阻擋的力量向前轉，鄉鎮小商人的破產是不能以年計，只能以月計了！
>
> 我覺得他們比之農民更其沒有出路。
>
> ──《茅盾文集》第 9 卷，第 161～162 頁

爲此，茅盾寫了《林家舖子》，通過主人公林先生的形象塑造，概括了上述複雜尖銳的社會現實。

茅盾說他的故鄉烏青二鎮「是個大鎮」，「店舖很多」。他祖上就遺有泰興

昌紙店。他「從童年以至青年，跟鎮上的商店中人就很熟悉，也熟知當時他們做生意之困難，同行競爭是普遍的」。1932 年「一‧二八」戰事後他送母還鄉，促成了《林家舖子》的創作，﹝註 3﹞因爲這次他更深切地了解了社會動蕩、農村與城鎮破產趨勢日益嚴重，許多小商人面臨著徹底破產的悲劇命運，而這與政局時局新態勢大有關係。他在《故鄉雜記》中所記甚多，所寫的那位熱心助人與傳播信息、綽號「活動新聞報」的小雜貨店主，即林先生的原型之一。烏鎮茅盾紀念館負責人汪家榮著文提供了又一說：林先生的原型是與茅盾有親戚關係的與其家泰興昌氏店比鄰的雲升祥京廣雜貨店主姚蘭馨。其獨女姚鳳珠還與茅盾在私塾有同窗學誼。壽生的原型則是雲升祥對面振興雜貨店那個精幹的伙計聞以蓀。姚蘭馨以釜底抽薪法招他爲婿，改名姚繼蘭。替自己主持店務，並把振興店擠垮。那位一著急就打「呃」的林大娘，是茅盾把應家橋頭一位有此病的老板娘「搬」到林家的。許多情節諸如抵制日貨風潮，商人買通官府，改日貨商標冒充國貨，許多細節諸如望仙橋、「西柵外的繭廠」、「票市快班」、土匪「太保阿書」等，當地老年人均能指出其眞人眞事的依據。﹝註 4﹞這完全合乎茅盾「取精用宏」的典型化原則。他說：「要寫一個小商人」，就「應當同時觀察了十幾個同樣的商人，加以歸納綜合」，才能臻「同中有異，異中有同」之「創造的最上乘」。﹝註 5﹞實際上他是把多年積累，準備寫「農村交響曲」，因縮小了計劃才從《子夜》素材中切割下來的生活素材與新獲得的生活素材合在一起，用於寫《林家舖子》，也用於《小巫》等作品的。林先生這個典型，正是取精用宏的產物。

二

茅盾賦予這個人物以善良、本分、不問政治，卻熱衷於利潤的個性特徵。他當然是舊制度的「擁護者」。他身受「軍閥的剝削，錢莊老板的壓迫」剝削；又「把身受的剝削如數轉嫁到農民身上。」農民是他的「衣食父母」，他盼「農民有錢就像盼自己一樣」。﹝註 6﹞茅盾的《林家舖子》也具《子夜》般的社會剖析特徵。他當然要同時觀照人物及其與環境之關係，注意從這

﹝註 3﹞ 《我走過的道路》（中），第 129～131 頁。
﹝註 4﹞ 《瑣談〈林家舖子〉的生活原型》，《桐鄉茅盾研究會刊》第 3 輯。
﹝註 5﹞ 《創作的準備》，《茅盾全集》第 21 卷，第 25、19 頁。
﹝註 6﹞ 《故鄉雜記》，《茅盾全集》第 11 卷，第 123 頁。

「特定地區的生產關係，社會制度，立於支配地位的特權階層以及被支配的階層」〔註7〕如林先生的處境中，展開人物與環境之關係的描寫，以深化其典型性格。小說寫出四條繩索捆綁著林先生，展示出其個人悲劇具備充分的時代悲劇內涵：一、作為小商人，林先生在商品流通過程中既分享工人與店員的剩餘價值，又與主要顧客鄉下人構成剝削關係。但農民的破產卻使他失去了傳統的雇主！二、小店主林先生也具小資產階級兩重性。在維持上述剝削他人之關係的同時，他又受恆源錢莊及有黨部背景的同行裕昌行的盤剝與榨取。但他又把其損失轉嫁到小股東朱三太、張寡婦等的頭上。三、在「一‧二八」日軍侵滬之戰衝擊下，林先生具雙重複雜心態：他並未意識到戰爭會危及自身；卻乘機向難民兜售「一元貨」發一筆小財。戰爭激起的抑制日貨風潮衝擊了他的生意，也導致上海東升號騎門索債；他的店員又幾乎被「拉夫」：沒有愛國心的他，此時才倍感民族侵略的嚴重性及對自身的危害性。四、他又面臨著代表「三大敵人」的國民黨棍陳麻子與反動當局卜局長的敲詐逼婚。這一切整合的結果，就是林家舖子徹底破產，林先生不得不攜女潛逃的悲劇。茅盾把社會剖析所得，昇華為審美表現的情節結構與藝術手段，從而使個人悲劇的時代的社會的悲劇內涵表達到極致。

茅盾把這四條「催命索」勒到林先生身上，其牽線人物不是別人，恰恰是林先生的掌上明珠林小姐：一、她身著東洋貨遭非議，要添新衣又沒錢；這件事最早傳來了時代的衝擊波。二、黨棍陳麻子、官僚卜局長為爭娶她為妾所施加的種種壓力，正是林家舖子倒閉的主要原因。三、這就使林大娘做主，把女兒配給店員壽生的行為，具有充分的合理性。茅盾說：這「正表現了舊社會中婦女的『寧願粗食布衣為人妻，不願錦衣玉食作人妾』的高貴傳統心理」。這又反襯出林先生小資產階級兩重性之進步面。這一切描寫，可以說是茅盾道德評價與審美評價相結合的神來之筆！

這一切描寫，使《林家舖子》與《子夜》，林先生的命運與吳蓀甫的命運的時代悲劇內涵，發生了有機聯繫。

文化大革命以來，茅盾及其《林家舖子》遭到「四人幫」文化專制主義的誣陷，被扣上渲染資產階級的「苦難」，美化資產階級的面貌，鼓吹「剝削有功」，鼓吹階級調和等莫須有的罪名。其原因一在於「四人幫」以極「左」面貌出現，把小資產階級「擴大化」為民族資產階級；二在於從形而上學出

〔註7〕 《創作的準備》，《茅盾全集》第21卷，第26～28頁。

發，拋開三十年代初期中國社會的半封建半殖民地性質，故意把黨領導下的四個革命階級反對三大敵人的這一社會基本矛盾偷換成無產階級與資產階級的矛盾。此外，他們還不從作品特定的主題思想出發，對作品隨意提出無理要求。一有不合，動輒得咎！於是小說《林家舖子》和據此改編的同名電影不僅一齊被打入冷宮，而且遭到圍攻批判。這和三十年代國民黨反動派禁止出版這一小說，真是「左」右配合，異曲同工。

今天我們就必須恢復歷史本來面目，充分肯定茅盾在小說中適當寫出了林先生階級本質這一客觀事實，並且應公正地承認，茅盾把林先生受壓榨而導致破產的悲劇命運作為描寫重點，有其反帝、反封建、反對國民黨反動派的意義。

做為一個農村小鎮的小商人，林先生是在帝國主義、買辦資本和民族資本經營的工業產品和農村市場之間討生活的。在半封建半殖民地的中國社會，在商品生產與流通過程中林先生起著不可取代的作用。茅盾正是通過緊緊束縛在林先生身上的各條繩索的一一剖析，通過林先生破產過程的生動描繪，揭示了三十年代中國農村小鎮社會矛盾的實質內容，控訴了帝國主義特別是國民黨反動派的累累罪行。

這正是《林家舖子》的現實意義所在。

明瞭了這一層深意，再回過頭看作者著重表現林先生受壓榨的一面，並寄寓了深深同情，對此不僅無可非議，而且恰恰在這裡顯示了大作家的藝術匠心。

三

掌握這把鑰匙，從民族的階級的矛盾總情勢出發，再來看歷來遭到非難的林小姐與壽生的結合問題，就可迎刃而解。

誰也不否認，壽生是個店員工人，其店主儘管是小資產階級，他們之間仍然是存在剝削的雇傭關係。然而，惟其林先生屬於小資產階級，我們又不能把他們之間看成敵我矛盾，而且也不應等同於類似《子夜》中裕華紗廠工人和吳蓀甫之間那種剝削關係。壽生的地位當然比不了屠維岳，但在店中的實際地位起碼比裕華紗廠的女工要高。他和林小姐兄妹相稱，不光是林先生借重壽生的具體表現，也一定程度地反映著帶點封建性的經濟關係。這雖不足以抹煞了剝削關係，但起碼說明把他們之間看成一般的典型意義的剝削關

係並非是很科學的。至於說成是「階級調和」，那更是無稽之談。

我姑且承認，林小姐和誰結婚，在《林家舖子》的命題範圍之內，這不僅是生活問題，而且也包含一定的政治內容。因此應該從階級和階級對立關係來考慮其描寫是否真實，是否正確。

但是，以此為前提，我們首先應得的結論是什麼呢？那就是：卜局長要林小姐作妾也好，黑麻子貪林小姐的美色也好，這個關係，才是真正意義上的階級壓迫關係。如果作者調和了這個矛盾，當然是不折不扣的階級調和。然後作品實際表明：作者在這個大是大非問題上不僅沒有調和，反而十分鮮明地揭露了這一階段壓迫的罪惡，從而鮮明地體現了作者嚴正的革命立場。林家寧肯破產而不願「高攀」，反映了他們的品德和氣節。於是隨著林先生的出走所帶來的是林小姐的出路與去向問題。林小姐不管嫁誰都行，只要她和她的父母不屈從黑麻子和卜局長，就體現了對國民黨的反抗。而不肯嫁給卜局長作妾，前面說過，正如作者解放初在一封信中所說的那樣，「這一行動正表現了舊社會中婦女『寧願粗食布衣為人妻，不願錦衣玉食作人妾』的高尚的傳統心理。〔註8〕

說林小姐嫁給壽生算階級調和，這簡直是笑話。如果一個店員工人娶一個小資產階級女性為妻就是階級調和，那麼我們人與人之間的關係就太可怕了。農民階級中的許多人例如中農階層，根據毛澤東的論斷是屬於小資產階級範疇的，那麼你難道可以把店員娶個中農的女兒也叫做階級調和嗎？如果這種極「左」言論可以成立，那麼我們用同樣的邏輯把它說成是「工農聯盟」在婚姻問題上的體現，你將何以答對？

何況，壽生在林家舖子這個特定的環境裡的地位無疑是「高級」職員。即使這樣，林大娘開始時也無意把女兒嫁給壽生，壽生和林小姐結合時林先生已經徹底破產。他們的小資產階級上層地位已經失掉。這種人民內部儘管階級不同但經濟地位並不懸殊的婚配是真實可信無可厚非的。而林家不把女兒嫁國民黨官僚而寧肯下嫁一個店員，這個行動不折不扣是對國民黨反動派打一記響亮的耳光：是體現小說主題思想的有力的一筆。也是茅盾從生活真實出發創作典型情節，描繪人物關係的神來之筆。正是在這些地方，顯示了作家的現實主義力量。

〔註 8〕《茅盾小說講話》，第 159 頁。

四

《林家舖子》的藝術成就也是很可觀的。首先在人物描寫方面有獨特的成就。作品最可貴的地方在於在寫人物的方法有新的突破：作者放棄他描寫人物最拿手的方法——心理描寫，而是藉助人物行動描寫和把人物推到矛盾衝突漩渦之中這兩種藝術手法刻劃典型人物。作品對林先生的塑造，不僅在他自己的創作道路上，就是在整個現代文學史上，也是一個成功的範例。林先生那精明、強幹、善良而且時又保持著小商人必然會有的自私心理，都是在他面臨的一系列衝突當中，藉助他對災難到來之前、之時、之後的一系列應對措施，他所採取的委屈求全的態度表現出來的。林先生在動盪翻騰的社會浪潮中用自己的行為證明著自己的內心，一步一步由遠而近，活脫脫地顯露了自己的靈魂。

寫林大娘著筆不多，而神氣活現。寫林大娘的筆法略略不同於林先生，作者賦予人物行動以獨有的特徵，這就是她在現代文學史上相當出名的那個「呃——」。這個「呃——」在下面的描寫中顯得特別生動，那是林小姐因穿洋貨在學校受了氣後回家換衣服而且發脾氣的時候。林大娘著急地說：

阿囝，呃，你幹麼脫得——呃，光落落？留心凍——呃——我

這毛病，呃，生你那年起了這個病痛，呃，近來越發凶了！呃——那種母親痛女兒的心情，那種急切的勸阻和因病而無法把話說得「急」而且「切」的矛盾，因為存在這一矛盾而使她分外著急，急中有亂，於是自然地轉了話題的更加「急切」的神情，不是活畫出一個慈愛的母親形象，生動地表現出一顆慈母的心嗎？

然而較之這有特徵性的行動描寫更勝一籌的，是把在矛盾衝突中展現人物性格和藉助行動描寫刻劃人物性格結合起來使用的時候。這就是在四面楚歌之中林大娘挺身而出，一方面作出了丈夫連夜出走的決策；一方面下定了把女兒嫁給壽生的決心。而且她調兵遣將，打發女兒跟父親出走，留下壽生陪自己支應門面。在她那個處境，在她可能的範圍之內，林大娘的決策，她那當機立斷，挺身而出處理無法解脫之危局的精神與魄力，不是顯得十分驚人嗎？誰曾預料得到這個弱不禁風、連連打「呃」的病女人，居然會有這麼高的膽識？但是，茅盾把筆插在生活縱深，他對人物性格發展的描寫，帶著我國廣袤原野的鄉土氣息，使林大娘的性格發展，具有不容置疑的藝術可信性與強大的邏輯發展的必然性。而人物性格發展的描寫方法，無非仍是用了

行動描寫與在衝突中展現人物性格相結合的方法而已。

可見，方法固然平淡，看你怎麼運用。同是一把斧子，在我們手裡，只能劈劈柴；而在能工巧匠手中，三砍兩削，能雕出多麼動人的藝術品哪！茅盾正是這種藝術上的能工巧匠！

《林家舖子》藝術上最突出的成就，除人物描寫外，當推創造性的藝術結構。

從短篇小說體裁來看，《林家舖子》的藝術結構是既簡單又複雜的。所謂簡單，是說它只截取一個生活斷面寫了林家舖子衰亡史這個情節發展過程。所謂複雜，是說它糾葛著相當複雜的階級的民族的種種矛盾。頭緒紛繁，線條複雜，容量很大，卻統一在十分簡單的故事情節體系裡。國民黨反動派和日寇直接間接摧殘林家舖子的過程，上海東升號派人坐鎮收款，恆源錢莊逼還欠債，裕昌祥勾結黨部陰謀挖貨的過程，聚隆與和源的倒閉、朱三太、陳老七、張寡婦的索還本利不可得的不幸遭遇，四鄉難以收還欠款，農民失去購買能力，這八面埋伏，四面楚歌的紛繁矛盾，都各得其所地被安排在林家舖子一再掙扎、終於破產的過程之中。彷彿一張蜘蛛網，絲絮雖多但經緯分明，綱舉目張，軸心突出。以林先生的掙扎與破產出走為主線，以林小姐的婚姻糾葛為副線，主副兩線一而二、二而一，相互糾結成統一的整體。這一切統一在林先生在國民黨反動派的代表人物最後才出場的黑麻子與始終沒出場的卜局長這一基本矛盾上。寫這組矛盾，林家舖子的掙扎明寫，促使林家舖子倒閉的諸種勢力及其陰謀活動暗寫。因是因，果是果，明暗相間，疏密有致。

第一章寫抵制「東洋貨」和國民黨藉此發國難財在林家引起的風波，這是小說開端。第二章寫林先生為扭轉生意清淡、入不敷出、債台高築的局面而廉價售貨作了最大努力，但毫無起色；第三章和第四章寫戰爭的影響和林先生身上的幾條追命索的逐步收緊：戰局的影響，黨部的敲詐，上海客人的索款，恆源錢莊的逼債，同業的中傷和挖貨，小戶股東的討取利息，四鄉欠款的收不上來等等，這三章是情節的發展。第五章寫雖有售一元貨的成功，但終因同業的暗算，國民黨黨棍和反動官僚的謀婚而林先生終被逮捕，這是情節發展的高潮。第六章寫裕昌祥挖貨，壽生、林小姐配婚，林先生出走；第七章寫林家舖子倒閉、各方債主分贓，則是情節發展的結局。各種環節，構成一個有機的鏈索。首尾呼應，環環相扣。這樣嚴密的藝術結構，就

使複雜的矛盾，紛繁的情節，簡單精煉地統一在林家舖子破產過程這一條幹線上。

這種舉重若輕，胸有成竹的結構藝術，以短篇體裁表現了一個中篇甚至長篇未必容納得了的社會內容，充分顯示了茅盾的藝術造詣及風格特色，在現代文學史上，是不可多得的一個範例。

試論茅盾的「農村三部曲」[註1]
——《子夜》的「餘韻」之二

　　茅盾的「農村三部曲」——《春蠶》、《秋收》、《殘冬》是彼此有機地聯繫著，而又可以各自獨立的一組描寫農村生活的短篇小說。描寫半封建半殖民地的中國農村，是茅盾短篇小說的主要主題之一。而「農村三部曲」則是其中最傑出的作品。

　　作者用了現實主義傳神的筆，給我們描出一幅舊中國江浙農村的全景。在這裡，作者痛心地寫出中國農民依以爲命的農桑事業的日趨衰敗，農民境遇的日趨悲慘。在全面地揭示了造成農村困難破產的原因的同時，作者也寫出了農民的反抗情緒怎樣隨著苦難的加深而增高，農民是怎樣的克服了封建迷信宿命論觀點的束縛，統一了內部的分歧和矛盾，因而覺悟逐步提高；反抗由無力到有力，由無組織到有組織。由偶爾的一次轉入持久的鬥爭。你可以感到作者懷著多麼強烈的恨，來鞭撻帝國主義和舊中國的統治階級；懷著多麼強烈的愛，來歌頌、鼓舞承繼了歷代農民的革命精神，逐漸成長起來的反抗的農民。作者肯定地說：這一點點熊熊之火，將燃成燎原之火，將燃化爲紅色政權。這就是這一幅由血和火織成的圖畫的總的主題。這總的主題在反映農民覺醒和鬥爭的發展過程的三篇小說中，從不同角度上體現了

〔註 1〕 此文是我的茅盾研究的處女作。寫於 1956 年春，刊於《處女地》月刊 6 月號，距今已有 58 個年頭了。當時我 23 歲，是大學三年級學生，學步的蹣跚，文字的稚嫩，和時代的印痕俱在。收入本分，固係敝帚自珍；也因此文首次把《農村三部曲》作整體考察，歷來爲學術界所承認。副標題是編入本書時後加的。

出來。

作者把這個龐大的主題，放在 1932 年「一·二八」事件前後由初春到殘冬的農村背景上。

《春蠶》寫的是比較富裕的農民老通寶一家如何逐漸地破產。去年秋收雖好，「可是地主、債主，徵稅、雜捐，一層一層地剝削來，早就完了。現在他們唯一的指望就是春蠶，……」老通寶一家像全村的農民一樣，懷著美麗的幻想，不惜借債買桑，日夜奔忙，希望春蠶豐收，換到錢歸還舊債和新債，贖回當舖裡的夾衣和夏衣，也飽一飽久經飢渴的肚皮。老通寶忐忑不安地祈求上蒼，唯恐天老爺不給好命運。幸而春蠶豐收了，「二三十人家都可以採到七八分，老通寶家更是比眾不同，估量來總可以採一個十二三分。」

但是，春蠶的豐收給老通寶帶來的不是幸福，而是「白賠上十五擔葉的桑地和三十塊錢的債！一個月光景的忍餓熬夜還都不算！」因為繭價大跌，而且幾乎所有的繭廠都不開門。可見使老通寶及其他農民破產並失去土地的不是什麼上天，而是一種他們不易理解的力量。小說深刻地發掘了這個原因，由於帝國主義經濟的侵入，通過他的掮客——買辦資產階級，以金融控制中國工業，並直接和中國絲廠競爭，因而使中國絲廠破產關門；勉強開工的絲廠繭廠，又多用日本較便宜的繭子。因此老通寶的繭子當然賣不出去。因為春蠶賠帳而氣累成疾的老通寶如果知道這些，他將會更痛恨洋人！因為僅從帝國主義摧殘了在第一次世界大戰間隙中發展起來的中國民族工業，導致農村破產這一點來說，已經是令人髮指了！

在帝國主義、官僚資本主義與封建勢力壓榨下，農民破產是必然的。他們對溫飽生活的幻想正像吹起來的肥皂泡，雖然五光十色，然而總要破滅。這樣，在飢餓線上掙扎的農民當然要反抗了；他們的鋒芒，首先指向剝削階級。不過儘管作者已經指出這種半封建半殖民地的社會無論如何非改變不可，可是，當時老通寶他們並沒有意識到這一點。

如果說在春蠶方面的虧損孕育了農民的反抗情緒，那麼在《秋收》這篇小說中，這種反抗情緒已經轉化為行動了。滿腦子封建意識，安分守己的老通寶還可以忍受這個失敗，然而許多農民卻忍受不了！他們聚集起來，以「吃大戶」的方式向統治者開火了！深入骨髓的貧困迫使純樸的農民鋌而走險。

反抗是中國農民的革命傳統，因此小說也注意表現了太平天國起義在農

民當中的深廣影響。而且小說也側面寫出黨所領導和建立的紅色政權的影響（「原也聽說別處地方鬧『長毛』鬧了好幾年了」）。這不僅揭發了矛盾的社會根源，也追溯到矛盾的歷史根源，從而指出這是整個社會制度的問題，應該從根本上解決。不過這場鬥爭是自發的，它的口號也不過是「有飯大家吃」。

這個鬥爭勝利是不容易取得的。固然因為以多多頭等為領導的農民群眾的態度是堅決的，鬥爭是勇敢的，反抗是激烈的，但是農民內部也存在著矛盾和分歧。由於封建思想傳統的影響，一部分農民對「吃大戶」這一方式不容易馬上接受，自私的心理也妨礙他們的團結和一致。不屑說老通寶是反對的了，就連願意參加的四大娘夫婦，因為大家吃了自己的米，也還是連哭帶喊呢！當他們和大家一起，重新從鎮上弄回米來時，他們才體會到農民是應該同甘共苦患難的。由於鬥爭的勝利，連老通寶也默認了多多頭是對的，農民內部矛盾的分歧，基本上統一了。

農民雖然迫使鎮上的鄉紳們暫時讓了步，弄得了一些糧食，但只能救目前的急，不能根本解決問題。他們還不得不種田。可是除了老通寶之外，誰都知道借債種田，簡直是替債主作牛馬，然而他們只有在田裡打算半年的衣食，甚至還債！

又是徹夜的不眠，又是和天災鬥爭，好容易又豐收了；「但是鎮上的商人卻也生著眼睛，他們的眼睛就只看見自己的利益，就只看見銅錢，稻還沒有收割，鎮上的米價就跌了！」穀賤傷農，由於資產階級的重利盤剝，農民「幻想的肥皂泡整個兒爆破了！」而「討債的人卻川流不息地在村坊裡跑」

春蠶的失敗使老通寶得了一場大病，現在這秋收的幻滅則送了他一條命。

《秋收》對照地寫出了老通寶和多多頭所代表的農民的兩種不同的道路。安分守己，光靠勤儉生產是「山窮水盡」的死路，只有反抗才是「柳暗花明」的生路。但經驗證明：那種漫無目標的鬥爭也不解決問題。以多多頭為首的反抗農民，接受了教訓，在探求新路，醞釀新的鬥爭，於是在小說《殘冬》中一場更尖銳更激烈的鬥爭就展開了。

《三部曲》的前兩部，只是以帝國主義，資本主義對農村的壓榨來探索農村破產的原因，沒有正面揭露農民和地主的矛盾。這個農村的基本矛盾是在帶有總結性的《殘冬》中展開的。然而作者並非一般化地寫地主剝削（因

為這是有口皆碑的），而是通過張財主發現祖墳上樹少了，強逼全村農民賠償這一件事，突出地描寫地主階級的淫威和殘酷的剝削。他逼得農民惶惶不安，只好自動地給他看樹，以免樹少了給自己帶來災難。作者更揭露了地主勾結官府，坐地分贓，而官府又勾通強盜的罪惡事實。

帝國主義的輪船從中國的內河到大海，一船船載走從人民身上擠來的血汗，資產階級張開血盆大口吮吸剩下的血肉，地主階級刮地皮更是不遺餘力，而「政府」手持鋼刀保護著這些強盜的利益。農民貧困破產已經非常普遍，連較為富裕的老通寶一家也到了不得不骨肉離散各自謀生的地步。小農經濟解體了，農村破產了！革命情緒已經飽和，一部分受傳統的封建迷信宿命論思想束縛的農民，在期待著真命天子下凡。而另一股新的力量以多多頭他們為代表，開始有組織地進行武裝鬥爭了！「哈哈！你就是什麼真命天子麼？滾你的罷！」是的，他們已經摒棄了一切幻想，離開了自發的鬥爭的道路，腳踏實地地從事新的革命了！這正是紅色政權蓬勃發展的時候，這支農民力量當然也是反對三個敵人的革命隊伍的一個組成部分。這一點點星星之火，已經呈燎原之勢了。作者對這些農民英雄唱出熱情的讚歌，並且樂觀地宣告：這兒不久也會和井岡山一樣，掛上紅旗。作者告訴我們說：「冬」既然是「殘冬」，難道離春天還會遠嗎？

從《農村三部曲》中不難看出：打倒三個敵人是我們革命的基本任務。而且小說不只攻擊了統治者，歌頌了革命，同時也教育了農民，鼓舞了革命。主題這樣深刻的「農村三部曲」，它的黨性之強，在當時影響之深，是可以想見的。

這深刻的內容是通過人物形象的刻畫來實現的。「三部曲」中主要刻畫了兩種類型的農民，一種以老通寶為代表，另一種以多多頭為代表。從對事件的重要性方面說，老通寶是《春蠶》的主角，在《秋收》的事件中漸漸退居次要地位；多多頭在《春蠶》中是次要人物，在《秋收》中逐漸重要起來，在《殘冬》中他已是主要人物了。這一個演化的過程本身就反映了農民階級的逐漸覺悟和逐漸成長。

生在清末，和高門大戶有密切聯繫的老通寶是受封建觀念毒害很深的典型的舊式農民。他父親勤儉忠厚，他自己是規矩人，安分守己、勤儉刻苦是他處世哲學。在貧困的煎熬下他雖然感到痛苦，但是他承認這一切制度是合理的，保守而固執地遵循著它，不敢也不肯越軌一步，總是逆來順受。他的

這些行動，無形中支持了統治階級。他也不甘屈服於貧困，他也有自己的希望，他把一切希望寄託在農桑事業上。他實現自己希望的方式固然是靠自己的「力氣」，想盡方法來掙扎；但另一半卻是靠天命，因此他又相信鬼神。這一切都把老通寶緊緊地按在統治階級給他安排定了的軌道上，他只能邁著笨重的腿，像馴服而又堅韌的老牛似的躑躅著！一任統治階級從自己身上擠奶割毛甚至吃肉，不反抗也不想反抗，貧困壓得他直不起腰來，他的命運是悲慘的。

他也知道自己悲慘命運的形式是由於「銅鈿都被洋鬼子騙去了」，因為「他自己也明明看到自從鎮上有了洋紗，洋布，洋油，——這一類洋貨，而且河裡更有了小火輪船以後，他自己田裡生出來的東西一天一天不值錢，而鎮上的東西卻一天一天貴起來。他父親留下的一分家產就這麼變小，變做沒有，而且現在負了債。」因此他痛恨洋鬼子，「聽得帶一個洋字就好像見了七世冤家！」然而老通寶不但不想法反抗，而且以他驚人的毅力和容忍，來不斷地吹起一個個希望的泡沫。可是生活是無情的，老通寶的希望的泡沫不管是如何的花花綠綠，在階級鬥爭如狂飆一樣的社會裡，一個一個都泯滅了！接二連三的打擊向他身上逼來，一直逼得他失去了土地，甚至失去了生命！自己的失敗，多多頭他們的勝利，使老通寶不得不否定自己的看法，承認多多頭的路是對的，但這已經太遲了！

老通寶這形象一方面概括了勤勞、堅韌、善良、忠厚、永不失卻信心、永遠有充沛的生命力的中國農民的優秀品質，——他以這些博得了讀者的熱愛，另外也概括了無數代在封建淫威下默默地忍受，無聲無息地死去的農民的悲慘命運。他的一生就是對統治階級的一紙憤怒地控訴書，這裡面畫下了統治階級猙獰的面目。老通寶使你同情也使你痛心，使你不能不為挽救無數善良的老通寶而起來鬥爭！當然，如上所說，老通寶的悲劇給農民留下了慘痛的教訓：企圖以勤勞取得生活的美滿就是等死，只有反抗才是活路。

多多頭是在農民中的另一種類型。雖然作者不像寫老通寶那樣正面刻畫他，但這些側面的描寫，已足以使多多頭活現在我們的面前。「他很高興地工作著，他覺得這也是一種快活。」他富有同情心，而且沒有受傳統的封建思想影響；全村只有他一個人把荷花當成人看待。他不迷信，也不受老通寶那些清規戒律的束縛。他是清醒的，農民的命運他看得很清楚。而因他常常一句話就揭露了社會的本質。他說：「單靠勤儉工作，即使做到背脊骨折斷也是

不能翻身的」，「規規矩矩做人就活不了命」。他敢於反抗，他堅持反抗的主張，並勇敢地投身進去。他領導了搶米風潮，進行了勇敢的鬥爭。他言行一致，忠實於同志。當搶米的群眾要吃他家的三斗米時，他一點私心也沒有，他對哥哥說：「你有門路，賒得到米，別人家沒有門路，可怎麼辦呢？你有米吃，就不去，人少了，事情弄不起來，怎麼辦呢？──嘿嘿！不是白吃你的，你也到鎮上去，也可以分到米呀！」他把自己的命運和大家的命運結合在一起，無私地為大家鬥爭，不惜犧牲一切。總之，這是一個徹頭徹尾的「新人」，他是中國農民的希望之花，只有多多頭們才能掌握自己的命運。當他意識到無目標的風潮不能解決問題，根本問題在於階級的壓迫、社會制度的統治時，他就和自己的同志──陸福慶、李老虎等，一起拋棄了自發的鬥爭形式，進行自覺的武裝鬥爭，大膽地向代表中外統治階級利益的「政府」挑戰，首先拔除了人民的眼中釘──三甲聯合隊。這個嶄新的農民一步步成熟起來，走上了徹底叛逆的道路，他像一條淙淙的小河，活潑激動地流入革命的大海。

這樣的新人和頑固的老通寶的性格，當然是會尖銳衝突的。作者正是通過典型性格的衝突，反映了農民在革命問題上內部存在的矛盾，反映了這衝突如何在錯綜複雜的革命鬥爭中得到了解決，使農民內部趨於統一，團結一致舉起了革命的大旗。塑造這個典型的意義不僅概括了成長中的新農民，而且在於給農民指出了一條革命的出路，並以多多頭的英勇鬥爭和革命樂觀精神來鼓舞農民。

作者在主要人物老通寶、多多頭周圍，又浮雕了一系列的次要的典型人物。黃道士是老通寶的耳報神，在他和老通寶的思想共鳴，促成老通寶性格以及故事情節發展的同時，從他身上，從別人對他的信任上，我們又可以看出生植在農村的封建迷信、宿命論思想是如何的根深蒂固。他的性格和老通寶的性格相映生輝。他們會給革命帶來困難，但這些困難是可能克服而且必須克服的。

出場不多的陸福慶、李老虎是多多頭的影子，在本質上他們和多多頭是一樣的，可惜他們的性格刻畫得不如多多頭鮮明。比起來六寶和荷花的性格倒是明朗得多。六寶率直、潑辣是和她的能幹、接受新事物快（如對搶米風潮的態度）同樣突出，由於他愛多多頭，因而和婢女出身為大家賤視的荷花構成了小說的一個次要矛盾。站在六寶身後的是封建思想體系對奴婢人格的

蔑視。儘管六寶沒有糟踐人權的意思，但她和這類思想的人一起，無意中糟踐了人權和人性。荷花開朗、樂觀、堅定、潑辣，也相當能幹，她是一個被侮辱被損害的女性。她作過婢女，受過無數的欺凌，因此也對統治階級有更深沉的仇恨。她大膽地揭露了和張財主勾結的「局長」，她敢於參加「吃大戶」的鬥爭。同時她也具有農民的主要優點：勤勞、善良、敢反抗。但是人們不把她當人看待，「白虎星」這綽號和她結下了不解之緣，使她歡笑中帶著哭聲。笑臉裡藏著憂容。她和六寶等構成的次要矛盾，不只反映了農對現實生活的複雜，也揭示了封建宗法思想對農民的毒害。不克服這些，農民階級的團結不會牢固。一直到多多頭進行武裝鬥爭前夕，六寶和四大娘還看不起她，但大家已經承認她是自己人了，因為這時農民的階級覺悟更高了。

農民對「起來反抗」的態度各各不一，阿四夫婦儘管個性不同，但他們起初都抱觀望的態度。在多多頭的影響下，他們終於也跳上了革命的船，但他們還沒有成為尖兵，只是「搖搖船」而已。然而不可否認，在黨的教育下，他們可能而且必然會成為革命的主力。

作者沒有正面刻畫反面人物，但你完全可以感到他們的存在。而且一個個無不是青面獠牙，血盆大口。張剝皮的殘酷毒辣你不憎恨嗎？「局長」的陰險，「三甲聯合隊」的猖獗你不氣憤嗎？作者固然也沒有提供「洋人」的形象，但是難道你沒有看見他們把瀴甸甸的銅錢一袋一袋送到開回國去的輪船上嗎？

《三部曲》的人物塑造得是那樣的成功，許許多多的形象各有著絕然不同而又非常鮮明的個性。你完全可以感到他們不同的聲音和笑貌。他們的一言一笑，一舉一動都用各人獨特的方式，在讀者心中留下了生動的印象，使你為他們而喜，為他們而悲。然而這也並不是偶然的，因為作家駕馭了多種多樣的刻畫人物的方法和技巧。

這就是二十年後的今天，無數的讀者仍然激動地讀著《春蠶》、《秋收》、《殘冬》，而且百讀不厭的原因。也正是因為這一點，我們的文學史家才在自己的現代文學史著作中給這一組三部曲和它的作家茅盾留下了重要的篇幅。

（刊於 1957 年《處女地》6 月號）

突破兒童文學創作困局的
《少年印刷工》

一

　　一九三五年二月一日出版的《文學》四卷二期上，發表了著名理論批評家茅盾（署名「江」）的兒童文學論文《關於「兒童文學」》。一年之後，他的中篇兒童小說《少年印刷工》在葉聖陶編輯的兒童文學刊物《新少年》創刊號上開始連載。如果說《關於「兒童文學」》是茅盾的兒童文學觀和對「五四」以來兒童文學發展歷史的綱領性的論文，那麼《少年印刷工》則是他的兒童文學觀在創作方面的具體實踐。兩者出現在這個時候是有深刻的時代歷史原因的。一九三五年頃，中國兒童文學正經歷著從沿襲古代、照抄外國階段向全國創新的階段過渡。有一大堆積存的問題急需解決，創新的路子又亟待摸索。恰在這時，表面來看兒童的需要似乎引起了當局的關注。一九三三年十月，經上海市兒童幸福委員會呈請，國民黨上海市政府定一九三四年為「兒童年」；一九三五年三月，經中華慈幼協會呈請，國民黨中央政府又定一九三五年八月一日起的這個年度為「全國兒童年」。但是官樣文章掩蓋不了殘酷的現實，中國兒童卻處在水深火熱之中。帝國主義的侵略，階級的壓迫不僅使童心過早地凋謝，甚至還朝不保夕，不知何時凍餓斃命！幸存下來的，也面臨著精神和物質的糧荒。他們面臨的精神上的糧荒，又同兒童文學界的嚴重現狀相聯繫。僅就兒童文學思想性言，就有人這樣認為：「《七俠五義》等等封建意識的舊小說固然有毒，即如《寶島》等等西洋少年文學也是不衛生的，所以孩子們在現今簡直是無書可讀。」但茅盾又反對「因噎廢食」，於是他繼續堅持他從前提出的兩條「目前救急的辦法」：「熱心兒童文學的朋友聯合起

來，研究他們的譯著何以不受兒童的熱烈喜愛。」「選定比較『衛生』的材料，有計劃地或編或譯」。〔註1〕從第一條出發，他寫了論文《關於「兒童文學」》；從第二條出發，他創作了中篇兒童小說《少年印刷工》。這是茅盾對黑暗社會的嚴峻的回答，也是他對兒童文學創作的積極推動。我們從這兩個角度深入進去，可以看出理論批評家和作家在兒童文學領域中做過怎樣的建樹，存在著什麼弱點。對今人說，也不妨從中照照鏡子。

二

在論文中，茅盾總結了當時兒童文學創作中存在的三大弊端：從思想看，「實在是一個大垃圾堆，這垃圾堆裡除了少數的西洋少年譯本外，乾淨有用的東西竟非常之少。」從題材看，涉及面非常狹窄，即使擴大到兒童讀物的幅度看亦復如此，「關於現代生活的各方面的，尤其少到幾乎可說沒有。」從藝術看，「大半太不注意『文藝化』」。〔註2〕

針對這種情況，茅盾提出了兒童文學創作要堅持思想性與藝術性有機統一的原則。他引用蘇聯著名兒童文學家馬爾夏克的話，闡述了這樣的思想性標準：「『兒童文學』是教訓兒童的，給兒童們『到生活之路』的，幫助兒童們選擇職業的，發展兒童的趣味和志向的。」〔註3〕他也述了藝術性標準：「『兒童文學』必須是很有價值的文藝的作品，文字簡易而明快；是科學的技術的文學，但必須有趣而且活潑。」「必須有明晰的故事（結構）」，「這故事又必須是熱鬧的」，「必須有英雄色彩的」。這一切都是從兒童的心理要求和興趣特點出發的，因此茅盾也主張「我們要創造『新』的神奇故事」，但著眼點卻在「引兒童們的眼光和想像朝著『將來』；也可以描寫人們怎樣更進一步利用科學來征服自然界」。〔註4〕在此前寫的《書報述評‧幾本兒童雜誌》中，茅盾闡述對思想性藝術性相統一的原則：「兒童文學當然不能不有『教訓』的目的，——事實上，無論那一部門的兒童文學都含有『教訓』，廣義的或狹義的；但這『教訓』應當包含在藝術的形象中，而且亦只有如此，這才兒童文學是兒童的『文學』，而不是『故事化』的格言或『勸善文』。」〔註5〕

〔註1〕 《「給他們看什麼好呢？」》，1933 年 5 月 11 日《申報》副刊《自由談》。
〔註2〕 《關於「兒童文學」》。
〔註3〕 《關於「兒童文學」》。
〔註4〕 《關於「兒童文學」》。
〔註5〕 刊於 1935 年 3 月 1 日出版的《文學》第 4 卷第 3 號，署名「子漁」。

這樣，茅盾實際上堅持著三條原則：健康的正確的教育作用，特別是生活理想教育；思想性藝術性的有機統一；適合兒童審美心理的兒童文學特點。

這個努力，很明顯地體現在《少年印刷工》的創作裡，實際上成爲它的創作意圖。

在開始發表《少年印刷工》的《新少年》半月刊的創刊號上，文前有一個《本文提要》：

> 這是寫給十三、四歲少年們讀的小說，長約五、六萬字，在本刊上一年登完。主人公是一個十五歲的少年，並不愚笨，很懂甘苦，也不是沒有志氣，中途不幸失學，成了印刷所學徒，終於能夠靠本領吃飯。作者藉這就業故事提出了一些和中途失學的少年切身有關的問題：例如職業和知識慾的衝突，在業時的幻想和失業等等。作者又藉這職業生活盡量描寫了現代技術：例如怎樣排版，怎樣鑄圖，怎樣印刷等等，把現代機械所能做到的「奇蹟」去代替神仙武俠的「奇蹟」，把少年人好奇愛熱鬧的心理轉一個方向，這也是作者企圖達到的一個目標。

關於這個《本文提要》的作者，魏紹昌同志認爲「很可能是作者自己所作」〔註6〕這個看法有一定道理，但已經很難證實。〔註7〕因此，本文暫以出自編者手筆對待。勿庸置疑，它基本上體現了作者的創作意圖。因爲它不僅合乎上述的理論主張，也合乎《少年印刷工》的作品實際。

三

茅盾一向追求最大限度地擴大作品的思想容量以反映廣闊的社會內容。《少年印刷工》也一樣，它雖是兒童小說，卻具有超出一般兒童文學作品的極廣闊的社會場景和相當深刻的主題思想。故事背景是一九三五年抗日戰爭全面爆發的前夕。〔註8〕其前沿觸角卻伸展到一九三二年「一・二八」上海事

〔註6〕《少年印刷工・跋》。
〔註7〕筆者曾詢問韋韜，他說茅公沒有留下這方面的說明材料。葉至善說葉聖陶先生當時並不具體負責《新少年》的編務，現在已難以憶及此事。主持具體編務的宋易、徐調孚兩先生已先後作古，因此《本文提要》的作者暫時只能存疑。
〔註8〕陳沂在該書的《序》中錯定爲一九三六年。這與作品的實際不符。小說寫趙元生失妹的時間是一九三二年上海「一・二八」事變發生後的第三天（見該

變。主人公趙元生失妹喪母的悲慘身世。父親的小店倒閉後父子三人衣食困頓的不幸遭際，都緣日本帝國主義侵華戰爭所致。這就把主人公趙元生置於災難深重的民族矛盾的漩渦中，以他爲中心人物展開的一系列悲劇情節，展示著重大的社會主題。

沿著「失妹」線索延伸下去，是小說開端過後的神來之筆：舅父領來姓周的所攜小女孩，據說就是三年前失卻的小妹。作者一方面故意撲朔迷離，小妹是眞是假寫得並不透底。小說描寫中的情景規定是：這不單因爲事隔三年，由於「女大十八變」關係難以辨認，還因爲在其父面前有一個更大的難題：即或是眞，也無錢認取。當時他自己面臨失業的危機，所捐的貨轉售給的幾家小店又面臨倒閉的危險。兩個危機足以使父子衣食無著，又哪裡來錢贖回並養育失而復得的女兒？因此無論眞假都不能認帳！這就把民族矛盾和階級矛盾交織在一起，把國難當頭、階級壓迫深重的殘酷現實揭示得頗有深度。茅盾藉助這個情節還展開了一系列複雜的人物關係，展示了許多人物內心世界的衝突：在父親內心，殘酷現實使自己顧不得骨肉之情，二者之間發生了衝突；在兒子內心，想認小妹而又無力認領，就業前景渺茫使他無力解決此矛盾，於是感情和理智、願望和現實在內心發生了衝突。出於上述原因，在這女孩是否就是小妹的問題上，父子之間態度和感情均有差距，這又導致父與子之間潛在著矛盾。此外，舅父與父親，舅父、父親與姓周的之間因此也有矛盾。這一切集中於一個焦點：窮！因爲窮，即或是失敗的父女、兄妹也難以相認；因爲窮，即使不是人家的女兒也硬要去冒充！

其實這女孩是否就是失去的小妹，是不難辨認的。她手上有無黑痣就是謎底；何況事隔三年她尚不致「變」到無法辨認的程度；她的自己也不會完全失卻記憶。但作者故意在辨認有無黑痣時讓她哭了起來而避免揭開「謎底」，這倒不是故弄玄虛。這甚至也並非僅爲藉撲朔迷離的筆法調動小讀者的好奇心以造成懸念；作者匠心獨運地這麼處理，實在是出於思想深度的追求。因爲沒有這種藝術效果，上述的種種矛盾均難展示。而只有「辨認」眞假的情節才能把上述矛盾的奇特的遭際結合在一起，使民族矛盾和階級矛盾交織

書第 10 頁），舅父領姓周的和被稱爲元生妹子的小姑娘來認父親是在三年之後，即一九三五年。該書第 92 頁還寫僞「冀東自治政府」，正在醞釀，而該僞政府成立的時間是一九三五年十一月。此外，第 106 頁寫老角的一句話：「十年前不那麼著，那自然什麼都不同了」，暗指「五卅」慘案及當時工人運動的失敗。可見說小說的故事發生在一九三六年是不確的。

成的人民苦難結晶成有奇特色彩的兒童小說情節，使兒童以易於接受的方式受到生活教育。僅此一端，就足見茅盾把三十年代兒童文學思想性提到新的高度的主觀努力和良苦用心。

其實，從作品整體看，小妹問題並非趙元生面臨的主要矛盾；他的主要矛盾是面臨著失學的危機。早在奴隸制社會中，古人就憧憬過老有所終、幼有所養、養而能教的理想。事過三千多年，在半封建半殖民地的中國，它仍不能成為現實！葉聖陶在短篇小說《小銅匠》中就接觸了學齡少年失學就業的社會問題。但茅盾的《少年印刷工》後來居上，他把這一社會矛盾納入少年趙元生複雜的內心世界中：寫失學就業激起他的內心痛苦和奮力掙扎，寫趙元生既不得不屈從殘酷現實，又不甘屈從而在選擇職業上發奮力爭！少年時代正處在求知慾強、事業心盛的時期。趙元生的上進的要求卻像大石底下壓著的小草，只能曲曲彎彎地掙扎著生長！作者挖掘了這一矛盾引起的內心痛苦，這個挖掘頗有思想深度！

茅盾沿著社會摧殘少年趙元生的壯志、趙元生卻在逆境中始終掙扎著不斷追求知識、追求理想的主客觀矛盾的線索來構思全書。藉助趙元生從造紙廠到印刷廠這兩度就業、兩度追求及其失敗的過程描寫，一方面揭露了黑暗的社會制度和民族的特別是階級的壓迫；一方面讚揚了少年趙元生所體現的不斷追求、昂揚向上的奮進精神。作品寫到後來藉工人老角和他們所印的抗日救亡小報而揭示出政治彩色更強、更濃的思想內容。這一切情節鏈條把問題提到少年們「生活之路」應沿著什麼方向前進的高度：知識的渴望、事業的追求和政治理想的追求結成一體，所以打破妨礙這一追求的社會政治桎梏而實現美好的理想，就成了他們生活道路的必然歸宿。這就收到把小讀者的眼光和想像引向未來的積極效果；因而從根本上改變了三十年代兒童文學創作中思想內容薄弱甚至「不衛生」的局面。

這個情節基於雖然一波三折，處處飽和著超乎一般兒童文學的思想濃度，但由於它能夠緊扣主義公趙元生的性格刻劃，所以仍能為年齡小的讀者所理解和接受。同時，人物性格也恰恰藉助頭緒較為紛繁、社會矛盾較為開闊的複雜情節的展開，而寫得比較豐富，比較完整，比較飽滿。

於是，《少年印刷工》就以其超過同時代和此前出現的其它中國兒童小說的強烈思想性而在一九三六年中國文壇上佔了較重要的地位。和當時「不衛生」的或思想境界低下的作品相比，它使小讀者精神振奮，耳目為之一新。

　　《少年印刷工》還包含著另外兩個側面。一個側面是勞、資雙方的矛盾：這就是資產階級對工人階級特別是童工的帶有明顯封建色彩的超經濟剝削，和工人內部對此的種種不同態度。作品側面反映了他們或者消極抵抗，或者正謀積極反抗的對策，但對壓迫者和剝削者的對抗情緒表現得比較明顯。這種藝術描寫對入世未深的兒童和少年說來是重要的階級教育課。其社會效果絕非以童心和大海為主題的那類早期兒童文學可比，也非簡單地申訴人間不平的同期兒童文學可比。如果說在階級教育十分普及的今天的小讀者讀來不一定會發聾振聵；可是在當時不僅小讀者，就是大讀者讀了也會產生發聾振聵作用的。

　　另一個方面就是上面提到的「把現代機械所能做到的『奇蹟』去代替神仙武俠的『奇蹟』，把少年人好奇愛熱鬧的心理轉一個方向」的問題。為了表達這一內容，收到這一效果，茅盾把造紙工業和印刷工業的工業流水線過程相當完整地展現了出來。從認識意義角度說，這也是值得重視的。

　　這一切形成了《少年印刷工》思想方面多主題、情節結構方面多線索、反映社會生活上又是多側面、多角度的特點。因此和「五四」以來的兒童小說比，它顯得相當複雜。正像茅盾小說和「五四」以來其他小說比顯得相當複雜一樣，它體現出茅盾的創作個性和思想藝術追求，體現出他對文藝社會功能的理解和對文藝表現力的這充分運用。

四

　　茅盾深知把這麼複雜的內容概括進作品中而要為兒童接受，這並非易事。他採取的辦法是集中塑造一個中心人物，並把一切情節納入他的生活經歷和視野之中。他採用中國民族小說的傳統筆法：把描寫融匯在敘述之中，一切藉書中人物的眼睛看出，藉其主觀感受寫出。茅盾的創新在於藉此抒發主人公的主觀感受，使內心世界和外在客觀世界的描寫結合起來；藉以調動小讀者們的求知慾和好奇心，使之隨著作品主人公自然地捲入書中的矛盾，共同體驗主人公的內心生活及其面臨的社會生活現實。

　　這種藝術構思取得的最大成果是把主人公趙元生的形象塑造得較為豐滿，具有活生生的個性。

　　他不同於雖有不平、但無抱負，對黑暗統治雖有不滿、但不反抗，只消極、廝混的周連福；也不同於隨遇而安，憑技術吃飯的王全生。他有抱負，

不苟同，勇於追求，勇於堅持，不屈從於環境而又善於認識環境，他睜大那雙搜索一切社會角落、探求一切生活秘密的大眼睛，順理成章地從個人奮鬥向覺醒道路紮實地邁進。如果不是作者「因忙於他事，實在不能再寫下去了；(「他事」者，文學以外之社會活動及當時之救亡運動也)」〔註9〕趙元生的性格發展無疑會由「自在」轉到「自為」，由「自發」反抗轉向自覺革命的新階段。

作者還賦予人物感情豐滿、思想活躍、對新事物、新生活敏感而善於追求、勇於探索的性格特徵。他執著、堅韌、百折不回的精神給讀者留下較深的印象。

不足的是：作品的生活內容過分嚴峻，趙元生待人接物過分冷靜，他的童心凋謝得過早。雖為環境所逼迫，但未始沒有作者把他放到過分嚴峻的生活中而忽略了這個人物的年齡特徵的原因。他過早地成熟為一個「小大人」了。

人物和環境關係的描寫也有可議之處。對趙元生說來，不是家人左右他的生活，而是家裡一切人均服從他的意志。這種一邊倒的傾向對寫人物也許有一定好處，但對人物關係描寫卻並不有利。因為他和家人的關係無法脫離半封建的中國社會。在中國獨特的社會環境中長輩肯於一切都順從晚輩，很難說這種描寫有較充分的典型性。而且，趙元生在印刷工人中所博得的「尊敬」的描寫也欠分寸感，因而減少了可信性。

但是這兩點不足並不影響主人公趙元生性格的完整性和豐滿性。從整體看來，這還是一個較為成功的少年工人典型。

同時這也不影響以這個中心人物統帥全部情節體系的藝術構思，以及藉他的眼、耳、鼻、舌、心來感受生活，來溝通讀者和作品而使讀者進入書中描寫的藝術境界。

五

問題在於，圍繞趙元生的周圍環境描寫，缺乏有機的統一性。我在上文作思想性考察時之所以採用一個一個剖析作品的情節鏈條的方法，就因為這些情節線索在小說整體結構中缺乏內在的統一性和聯繫性。

擺在我們面前的是一盤散金碎玉，即令趙元生這條紅線能貫穿散金碎玉

〔註9〕茅盾致魏紹昌的信。

成為「念珠般」的結構，但是念珠串上的珠子之間只緣線索的貫穿才相互連結，而並非像鏈條的各個環節那樣絲絲入扣、環環卡緊。

　　情節結構上的這個特點使我們想到《儒林外史》。所不同的是趙元生作為中心人物能貫穿始終並一定程度地統帥著全局。

　　但情節結構的各個部分遠不是有機的統一體，游離成分是相當多的。不僅上文提到的小妹失而復「得」的獨特情節並未在全書中貫串下來，小說開端在貧富懸殊的趙元生與周家寶這兩個少年之間所展開的性格衝突也沒有貫串下來。在趙元生家庭內部，父與子、兄（趙和生）與弟之間的矛盾只貫串全書情節的不到一半。在造紙廠裡，儘管把「視角」掃到選料間、蒸料間、打漿部、造紙部、切斷整理部和打包間，構成了完整的生產流水線描寫，但不僅資方與勞方的矛盾沒有展開，初露端倪的趙元生和李連根之間的性格糾葛也遠未展開。造紙廠和印刷廠這兩個生活斷面構成的兩個情節鏈條之間除從生產角度說略有關係外，就情節結構角度說則毫無關係。對印刷廠生活的描寫重蹈了完整反映生產過程的覆轍，撿字、排版、拼版、付型、印刷裝訂以及鑄字等車間的生產流水線，雖反映得較為完整，但各車間涉及了那麼多人物，卻未構成人物關係。甚至把勞、資雙方的矛盾包括在內統一考察，離典型環境的要求也相去尚遠。特別可惜的是圍繞看印「小報」線索引出一個獨特的性格：工人老角，從目前的鋪墊看有希望靠他把趙元生引上新的革命道路。但作品寫到這兒就草草收束，使老角這個重要人物宛如天半神龍見首不見尾。正所謂「來也匆匆，去也匆匆」！此外，在王全生、趙元生和周連福三個青少年工人之間本可以構成一種類似《三人行》中所寫的幾條不同的生活道路的對比描寫。但在《少年印刷工》中，由於注意力放到「把現代機械所能做到的『奇蹟』去代替神仙武俠的『奇蹟』」上了，這種藝術構思的可能性也沒變成「直接現實性」！於是這多線索的情節鏈條並未構成完整的藝術結構；即使是散金碎玉也因其「散碎」而大為減色。

　　在寫完《子夜》之後，從容裕如地駕馭那麼宏偉可觀的多線索交錯推進的結構藝術的茅盾，對《少年印刷工》的藝術結構決不會無能為力。以他的深湛眼光和藝術功力，把其中隨便哪一條線索生發開去，都不怕無法深入地鋪展，那麼為什麼《少年印刷工》會像《儒林外史》那樣，「僅驅使各種人物，行列而來，事與其來俱起，亦與其去俱訖，雖云長篇，頗同短制」〔註10〕

───────────

〔註10〕魯迅：《中國小說史略》。

呢？原因也很明顯：面對著藝術結構與情節體系完整性的一端和展示「現代機械所能做到的『奇蹟』」這另一端之間發生的矛盾，作者寧捨棄前者而追求後者。這是一個相當失策的抉擇。中國讀者喜聞樂見的是有頭有尾故事性強的民族化的藝術結構形式，中國的兒童在民間故事和說書般的「講故事」的方式薰陶下要求故事性強的欣賞心理是更甚於大人的。但《少年印刷工》除了「小妹失而復『得』」一節故事性、故事的奇特性較強之外，在兩個工廠中展開的情節，都難合乎中國青少年讀者欣賞口味。加之主題和題材的嚴峻性給年齡較小的讀者造成了理解上的困難，於是這部中篇兒童小說在藝術上儘管力求創新，但離茅盾《關於「兒童文學」》一文中所提的藝術標準，仍有較大的距離：故事（結構）不夠「明晰」「熱鬧」，「英雄色彩」和故事的「新奇」程度也較爲欠缺。加上全書主要人物和次要人物之間的關係缺乏統一的有機的始終一貫性，各條情節鏈條未能環環相扣而形成一個又一個的各自獨立的圈圈，成爲一個個游離的成分。這一切造成的結果是：思想性方面達到了茅盾提出的要求，藝術性方面卻遠未達到；思想性與藝術性的成就存在著明顯的矛盾和差距。因此《少年印刷工》在茅盾的作品群裡，並非屬於上乘。

六

　　表面看來，這只是藝術結構安排不當的問題，其實這並非問題的全部癥結。這裡起碼還包含著兩個矛盾。其一，寫機械的「奇蹟」，這是作者從主觀願望出發的概念化的東西，而趙元生的悲慘身世和失業就業的悲劇經歷以及他周圍許多人物的悲慘遭際，則是從現實生活出發提煉成的形象化的東西。要把概念化的東西和形象化的東西統一起來是很難的。其二，關於機械「奇蹟」的描寫，其題材性質與科學幻想小說較爲接近；趙元生及其周圍的一群人物的悲劇命運，其題材性質更宜於用世俗小說的形式來表達。科幻小說和世俗小說二者是不容易融於一爐的。這兩個矛盾被主題思想的多樣性和反映社會生活的多側面性的沉重負載所加劇而暴露得更加明顯、更爲充分了。

　　因此我們可以設想，即使茅盾後來不「因忙於他事」而草草結束，在這個基礎上從容構築也難以克服藝術結構和藝術構思上的這個「先天不足。」

　　茅盾著手兒童文學的理論研究，歷史已經很長了，到寫《少年印刷工》時起碼有十年以上的實踐。但他的兒童文學創作實踐還僅僅是開始。理論與

實踐兩方面的經驗的不一致，使作者面臨這樣的矛盾：理論探討上雖然從容裕如，創作實踐上卻感到力不從心。

俗語說：「看花容易做花難。」古人說：「知易行難」。這兩句話說的是一個意思。都說出了一個方面的道理；但在另一方面卻有片面性。因為「做花」也罷，「知」（也就是認識）也罷，其實都很不容易。當然，「知」了的未必能「行」。從這個意義上講，可以說：「『看花』不易，『做花』更難」，何況二者之間常常存在著矛盾。

在這個客觀規律面前，茅公也是難以例外的。因此，追求理論和實踐的辯證統一，的確要用更大的力氣。

（刊於《浙江學刊》1984 年第 5 期）

光明與黑暗的艱苦搏鬥
——讀《腐蝕》

　　茅盾的長篇《腐蝕》〔註1〕是繼《子夜》之後又一部力作。至今它的研究尚不充分，評價也頗不一致。本文試圖從其思想藝術特點略作剖析，以就教於讀者、同行。

一

　　茅盾說過：「我從不把一眼看見的題材『帶熱地』使用。」《腐蝕》以皖南事變為背景，皖南事變發生於一九四一年一月七日，《腐蝕》寫於同年孟夏。小說用日記體寫成，所記時間是一九四○年九月十五日到次年二月十日，歷時不到五個月。寫作時間離事件的發生如此之近，算不算「帶熱地」使用材料而破了茅盾創作的慣例呢？答案當然是否定的。因為《腐蝕》著力描寫的不是皖南事件本身，而是寫此事件形成的深遠的社會根源與廣闊的時代的社會基礎。自二十年代始，特別是三十年代起，民族矛盾逐漸上升，民族矛盾與階級矛盾相交織，國共兩黨又聯合又鬥爭的局面因民族矛盾逐漸上升而顯得特別複雜，茅盾對此作了系統周密的考察。對這一段歷史的發展，茅盾已經爛熟於心。因此有如破繭抽絲，抓住一根線頭，就能抽出一根有頭有尾源遠流長的文學創作的「絲」來。正如茅盾所說：「由於我們生長在舊社會中，故憑觀察亦就可以描寫舊社會的人物。」寫人如此，寫事亦復如此。

　　《腐蝕》採用的是日記體，主人公又是女特務。這對揭露特務政治的反

<hr>

〔註1〕1941 年在香港《大眾生活》5 月 17 日至 9 月 27 日新 1 期至 20 期連載，同年
　　　　10 月由上海華夏書店出版。

動性有其獨特的優勢：既能深入其巢穴內部，又能深入其內心深處。茅盾小說的特色之一在於對歷史和現實社會場景能作氣勢磅礡、視野開闊的全景式的深廣描繪，具有濃厚的時代性與社會現實性。《腐蝕》保持了這個特色，並藉日記體所規定的獨特角度反映時代場景，這就能使讀者看到這些生活與鬥爭在特定人物的心靈深處的投影，使之帶上了主觀思維與主觀認識的色彩。這種藉特定的「視點」反映生活的寫法，不僅提供了生活中客觀的東西，也提供了人物內心裡主觀的東西。這種一箭雙雕地反映生活的方法是茅盾運用現實主義創作方法的一種新發展，是對西歐小說發展的特定階段（藉一個固定的角度，從一個特定的人的眼光來反映現實生活的階段）創作經驗的成功借鑒與創造性的運用。

小說開篇所寫的一九四〇年秋，正值第二次世界大戰處在一個新的轉戾點。德國法西斯軍隊攻佔了大半個歐洲，德、意、日三國聯盟有條件擴大其法西斯侵略版圖，實現其重新瓜分世界的野心。因此，儘管中日戰爭已進入戰略相持的艱苦階段，日寇卻急於迅速結束侵華戰爭，以便抽出兵力，配合德、意，南取南洋，北攻蘇聯，最終實現其「大東亞共榮圈」的迷夢。爲此，日寇伙同汪僞加緊對蔣介石國民黨的誘降；促進「日美協定」的談判。同時又明裡暗裡和國民黨軍隊相配合，瘋狂向解放區大舉進攻。於是在祖國大地上，最艱苦的浴血拚搏的時代壯劇開演了。中國共產黨領導全國抗日軍民，堅持抗戰，反對投降；堅持團結，反對分裂；堅持進步，反對倒退，在解放區和國統區、敵佔區展開了三條戰線的英勇鬥爭。《腐蝕》所反映的，正是這一光明與黑暗艱苦拚搏的時代。它藉助進步女青年趙惠明被拉下水當了特務，又在善與惡、光明與黑暗、人性與獸性的血肉拚搏中不勝追悔，力圖自拔以求走自新之路的內心矛盾歷程，把時代的社會的階級矛盾與民族矛盾相交織的複雜現實，作了深刻、生動、獨具特色的反映。

作品正面展開的是國民黨特務內部狗咬狗的矛盾，和以國民黨特務爲主向地下黨、革命地下工作者以及國統區愛國群眾所作的鬥爭。這兩條主線是以中級特務陳胖與 G 的矛盾爲一組，趙惠明參與其中，以國民黨特務與地下工作者小昭、K 和萍爲另一組，趙惠明亦參與其中（不過參與這組矛盾時，趙的表現忽左忽右，和參與上一組矛盾站在其中一方的情況不同），形象地展開來的。此外作品還包含著兩條副線：一條是蔣介石與汪僞方面的暗中勾結；一條是蔣介石發動的以皖南事變爲標誌的第二次反共高潮對共產黨領導的抗

日軍民的殘酷鎮壓。所以，雖然小說情節是通過趙惠明的日記展開的，但其反映的社會生活的廣闊幅度與矛盾衝突的磅礴氣勢，歷史發展的浩瀚場景與社會鬥爭的發展趨勢，依然體現了茅盾小說大規模反映中國社會的藝術特色。而皖南事變在小說中所居的地位，有如「投石驚破水底天」般，激化了種種矛盾，也推進了趙惠明內心痛苦掙扎的鬥爭歷程，成為情節發展和人物性格發展的重要契機。

按說，不論寫蔣賊對抗日軍民及其領導者共產黨的鎮壓與武裝進攻也好，對這第二次反共高潮的頂點皖南事變的反映也好，作為長篇小說，都有條件正面展開。正面展開的最大好處是有利於描寫正面力量。為什麼茅盾要避開正面描寫而採取從特務內部及一個小特務內心活動的角度反映這麼廣闊深刻的時代矛盾呢？這從作品的具體描寫中可以求得答案。茅盾選取這個描寫角度後其著力點放在兩個方面。

其一是氛圍描寫。這些氛圍描寫，從國民黨內部暴露其部署與意圖，從特務政治與前線的軍事鎮壓揭穿其蓄謀已久的對日妥協與鎮壓共產黨領導下的抗日運動的陰謀。同時也從側面反映出人民群眾的強烈反抗及其引起特務內部的驚擾與分化。特別可貴的是形象地記錄了周恩來領導《新華日報》奮起抗爭的歷史鏡頭：

　　　　兩幅挺大的鋅版字，……一邊是「為江南死難諸烈士誌哀」，又
　　一邊便是那四句：「千古奇冤，江南一葉，同室操戈，相煎何急！」

儘管特務們傾巢出動，「整整一天，滿街兜拿，──搶的搶，抓的抓，撕的撕！然而，七星崗一個公共汽車站頭的電線杆上，竟有人貼一張紙，徵求這天的，肯給十元法幣」。人心所向，那是封鎖消息和鎮壓群眾所遏止不住的。「人們心裡的是非，雖不能出之於口，還是形之於色；從人們的臉色和眼光，便知道他們心裡雪亮：這不是一個簡單的軍紀問題。」而是從國共合作到反共的一個「過門」。這些藝術描寫展示出皖南事變是蔣敵偽合流過程中蔣介石給敵偽的見面禮。對此國民黨內部的反映千奇百怪：「『金頭蒼蠅』中興高采烈者，自不乏其人」，「負責人們加倍『忙』了起來」。「但大多數的關心程度，遠不及昨夜賭局的勝負」，更為揪心。而趙惠明則頗為不滿和蔑視。她說：

　　　　媽的，那種樣的細密猜測，疑神疑鬼，簡直是神經衰弱的病
　　態。

除了一握的食祿者，其他的人們都被認爲不可靠了，竟這樣的
沒有自信！剩下來被依爲長城的，只有兩個：財神與屠伯。

從以上引證可以看出，這種氛圍描寫由於是藉助日記來完成的，它涉及的範圍極廣，攝取的各階層反映極簡括深切逼眞，鳥瞰圖般地反映了正面細寫無法達到的大全景鏡頭的藝術效果。它令人易於把握全面的時代動向。藉時代全景的明暗對比，鮮明地分辨了是非。由於這一切出自趙惠明這個女特務的手筆，對事件的評價雖有其局限，但卻反映出心臟與脈搏跳動的頻率，這也是正面描寫無法達到的。趙惠明正是在這大背景中選擇了棄暗投明，悔過自新之路，人物性格的這一發展，也出於事件的推動，這種藝術構思，是頗爲巧妙和深入的。

描寫角度的另一個著力點是特務組織內部及其和地下工作者之間的微妙鬥爭的形象反映。在這場鬥爭中，以 R 處長爲首，通過陳胖與 G 這個勾心鬥角的對立面爲中介環節，把趙惠明推到第一線，使她和地下工作者小昭、K 與萍構成了尖銳、複雜、曲折、微妙的衝突。作者把特務內部狗咬狗的矛盾，把特務組織對地下工作者的偵察追捕均推到鏡頭前正面拍攝；而對地下工作者種種活動的描繪只是作爲插入的鏡頭組接其間。特務組織內部的狗咬狗鬥爭的描寫雖然著墨不多，但卻充分渲染出其生存競爭、自相殘殺的嚴酷性。茅盾還以特務組織內部的火並爲鋪墊，著重寫他們如何逼迫人性尙未泯滅的小特務趙惠明兩度施展「美人計」以對付地下工作者，藉以挖掘特務政治的凶殘刻毒，斬盡殺絕的滔天罪行。在這裡，通過趙惠明對其同居過的情人、地下工作者小昭進行精神摧殘的描寫顯得最有思想藝術深度。作者一方面正面揭示出趙惠明的內心痛苦，另方面對小昭作側筆勾勒。儘管著墨不多，小昭那種可殺不可辱的氣概，不爲安危所困、不爲酒色所奪的意志，寫得頗具聲色。儘管在處理小昭對趙惠明的態度上有時略嫌英雄氣短，兒女情長，他臨刑前把 K 與萍等戰友的安危託給趙惠明，顯得警惕性差，但在關鍵問題上（如不肯出賣同志，立意越獄逃走，意識到生還無望，當即顯示了視死如歸的堅韌犧牲精神，並在有限的時間裡向對趙惠明曉以大義），均體現出革命者那浩然的正氣和不屈的精神。K 和萍兩個人物的塑造也很成功。他們那面臨白色恐怖的威脅而能堅定從容，笑傲敵人的氣度，出入狼窩虎穴之中而置生死於度外的膽識，對同志忠貞不二、捨命營救的階級情誼，都給人留下深刻印象。特別是作者寫他們在鬥爭中的革命氣質都能以平常人的極性格化的筆觸

素描淡寫，使這些革命者形象既個性化又富於人情味。略嫌不足的是兩封給趙惠明的信褒詞過頭而缺乏分寸；革命者形象描寫限於趙惠明的認識程度與接觸機會而缺乏更完整的性格描繪。但作者從趙惠明角度對比了敵與我兩個營壘，黑暗與光明兩個世界，反動派與革命者兩種人格。通過映襯對比充分顯示出敵人的醜惡與革命者的美好。對比描寫所收到的強烈藝術效果，一定程度上彌補了上述不足，何況通過對比又構成趙惠明棄暗投明，重新做人的重要契機。這一藝術效果又是正面描寫革命者所難以達到的。

此外，作者通過對特務營壘內部的描寫和趙惠明的獨特經歷的描寫特點，藉助趙惠明的同學關係把舜英及其丈夫松生這對汪偽特務來陪都裡勾外連、推進蔣汪勾結和蔣敵偽合流的情節扭結在總結構上，使這條若明若暗、時斷時續的副線貫串全書，不僅顯示了皖南事變發生的重要社會根源，而且也是蔣敵偽勾結，反共反人民的真實寫照。作品塑造了何參謀、陳胖、周經理等反面形象，分別寫黨、政、財各界人物與汪偽特務密切勾結、賣國求榮，乘機發國難財漢奸行徑，而蔣記特務希強到了敵佔區上海成了顯要人物，並指派汪記特務松生、舜英打入重慶，暗中勾結的情節，更反映了蔣敵偽合流、你中有我，我中有你的狼狽為奸關係。這和上述各條情節線索一起，構成四十年代民族矛盾和階級矛盾相交織的複雜的歷史場景與錯綜的社會鬥爭圖畫。藉助這些線索也寫出趙惠明雖然失身特務陷坑，尚不肯喪失民族氣節的品性。

這一切都非藉助特務陣營內部與特務內心世界的形象描寫不可，否則就難以達到這種藝術效果。而這種描寫角度還有一個難以取代的作用，那就是成功地表達了趙惠明由傾向革命而失足特務巢窟，由失足到追悔，由追悔而尋求自新之路的獨特經歷，這一貫串全書的描寫在作品中有獨立意義。由於小說採用了日記體，這些方面都表現得分外淋漓盡致。

二

《腐蝕》通過萍、趙惠明和舜英這三個同學的根本不同的藝術形象的塑造，提出了當代青年和時代女性到了國民黨統治時期和抗日戰爭進入戰略相持階段的生活道路問題。可以說，這是四十年代中國青年的「三人行」。茅盾在一九三一年寫過一個題為《三人行》的中篇小說，那是寫的二十年代末期，「四一二」反革命政變前後的「三人行」。這兩組「三人行」，有其共同的內

容，這就是在階級鬥爭激烈進展時期不同青年的不同立場與政治道路的尖銳對比；也有其不同的內容，這就是《腐蝕》還著重從困難當頭中國青年是否能夠保持民族氣節，是否能站穩民族立場的問題。

這三個女同學在學校時共同具有進步傾向，走向社會後卻嚴重地分化了。萍堅定地站在中國共產黨與中國人民一邊，階級立場堅定，民族立場鮮明，在光明與黑暗艱苦拚搏的時代中毅然走革命的路。舜英則墮落成漢奸特務、民族敗類，由「前委員太太」搖身一變而爲汪僞打入陪都重慶溝通蔣敵僞合流渠道的漢奸走狗。趙惠明則經歷了由激進「左」傾到腐化墮落淪爲特務，又在特務巢穴中受壓迫、遭蹂躪，尚能迷途知返掙扎著重新做人的變化過程。這個階級立場已轉到反革命方面但還沒有喪失民族氣節的墮落的青年，她在萍和舜英之間選擇生活方向的歷程是相當艱難，內心衝突也相當激烈的。茅盾正是要著重塑造趙惠明這樣的形象，通過她的坎坷經歷給已經墮落尚思悔改的部分青年指一條棄暗投明、回頭是岸、悔過自新之路。

趙惠明的性格發展的典型意義在於她的人生經歷始終是在階級矛盾、民族矛盾相交織的社會政治鬥爭旋渦之中徘徊於歧路的。爲了體現這個特點，茅盾著重描寫了趙惠明面臨的種種外部矛盾及其內心生活的種種矛盾，強調指出這一切矛盾都不是孤立、靜止和游離於時代發展之外的，而是和抗日戰爭進入戰略相持階段國統區種種重大政治事件與階級的民族的矛盾相糾結的。作者從內外結合的角度與趙惠明對這些事件與矛盾的複雜態度，和這些事件、矛盾在趙惠明心靈深處、思想感情領域的投影。於是趙惠明的性格發展與生活道路的發展就不是與世無關的個別現象，而是與時代密切攸關的重要組成部分。趙惠明的性格正是從這個契機取得了較爲深刻的典型意義，折光地展示出時代內容。

趙惠明經歷的由人性異化到人性復歸的生活道路與性格發展歷程，又是可以放到茅盾自《蝕》開始塑造的兩種不同類型的女性形象系列之中來考察的。實際上趙惠明是屬於《蝕》中的慧女士、孫舞陽、章秋柳這種類型的。這是「五四」新女性中較爲獨特也較有代表性的一種。她們植根於反封建、要民主、追求個性解放的新民主主義革命時期的中國土壤上，由於受到西歐資本主義的思想影響，又具有明顯的歐化傾向，她們不滿現狀，反對苟活，追求理想，追求有強烈刺激性的生活。這理想又大都是以極端個人主義爲核心。其思想基礎沒有超出資本主義範圍，因此，其反封建意義就有一定的限

度。茅盾塑造的這種類型人物一開始就受到尼采思想的影響。當作家自己揚棄了尼采的思想之後，他注意到這類青年身上尚打著尼采思想的烙印而難以擺脫，於是從慧到趙惠明，茅盾始終把這類形象放到時代的洪流中加以考察、反覆提煉，塑造成一個又一個新的典型。從二十年代到四十年代，這種典型在許多作家的筆下不斷出現，如丁玲的《莎菲女士的日記》中的莎菲，蔣光慈的《衝出雲圍的月亮》中的曼英，曹禺的《日出》中的陳白露，一直到四十年代的趙惠明，她們留下了這類典型隨著時代發展而發展的鮮明軌跡。由此我們可以理解，為什麼茅盾並不把趙惠明當作一個單純的女特務來寫她的獸性，而要寫她人性異化和人性復歸的全過程。

趙惠明的性格發展，大體經歷了三個階段。第一個階段是一個進步學生的墮落過程。她出身於封建官僚家庭，卻受到「五四」以來民主潮流的影響。其母在封建家庭中受其父及其父的小老婆的種種迫害，母死之後她在家中居於屈辱地位，這加深了她受的民主思潮的影響。在學校裡她是個發動擇師運動、並敢衝鋒陷陣的極「左」派；抗戰爆發後，她又是「上海大中學生救國運動」的積極分子，是自己開車上京請願活動的積極贊助者與參加者。其母之死使她斬斷了與舊家庭間聯繫的紐帶，她與之決裂並踏上社會。正是這種進步傾向使她和革命者小昭結合在一起。但是她那個人主義的物慾追求和享樂腐化的思想終於導致她與小昭關係的破裂。這使趙惠明第一次失去了踏上革命道路的難得機會。儘管此後她出於民族義憤曾搞過戰地服務工作，但終於抑制不住物慾的誘惑而混跡在人不人、鬼不鬼的異類中間，最後淪入大特務希強之手，在半姦半誘中失身，在半推半就中墮落，成了不齒於人民的特務。這就是趙惠明人性異化的基本過程。在她內心深處的光明與黑暗艱難拚搏的過程中，年輕、進步、有理想的趙惠明被舊社會所吞噬，人不人、鬼不鬼的獸性佔據了其內心世界的主導地位。

趙惠明性格發展的第二個階段是善與惡、人性與獸性、奮力自拔與繼續作惡激烈衝突的矛盾掙扎階段。一方面她對自己的罪惡有一定的認識，因而時時受到良心的譴責，時時萌生棄惡從善的念頭。這時她能清醒地認識自己的環境。這時她痛恨自己，痛恨周圍的環境，她「恨聲叫道：『這簡直不是人住的世界！我們比鬼都不如！』」她「心裡有一團火，要先把自己燒掉，然後再燒掉這世界！」意識到這一點，她就同情革命者。不過，這時實際上趙惠明已經放棄了自新路，仍然蛆蟲般地在特務的糞坑裡繼續其臭氣沖天的生存

競爭──儘管她的仇恨，包含了反抗掙扎的積極的內容。

趙惠明以強者自居，其實她自始至終是個弱者。她慨嘆於自己懷著「一顆帶滿了傷痕的心」，她希望從被捕入獄的小昭身上吸取動力，希望和他重新建立幸福的人的生活。但她的辦法卻是引誘小昭出賣同志，出賣革命，以當叛徒為代價換取那實際上是可恥的苟活者的生活。她不敢支持小昭越獄，並想親手破壞這越獄的條件。她選擇的其實是自己屈從，也讓小昭屈從的生活道路。她一直念念不忘於小昭的品格與舊情，甚至設法搭救他。不過這時他的動機仍是個人主義的，並沒有什麼真正的革命認識與覺醒。過去的進步的趙惠明的本性此時還難以復歸。也同樣出於這種個人主義動機，她時時想到報復。她以強者自居，多次反覆地聲稱「我不是女人似的女人」，她甚至想不「顧惜我這身體！我得好好運用我這唯一的資本」，為的是進行報復。在光明與黑暗艱難拚搏的關鍵時刻，趙惠明當時不僅是弱者，而且仍然是個妥協者與投降者。在小昭面臨危亡，自己可能暴露的關鍵時刻，她甚至不惜出賣了 K 與萍來換取個人的平安，幾乎使自己的雙手沾上新的革命鮮血。就這樣，她第二次失去了棄暗投明、走向革命的機會。從本質上講，她始終對小昭和其他革命者缺乏真正的認識和理解。然而趙惠明卻有自知之明。她說：「我不配做聖人，但也不肯低三下四向狗也不如的人們手裡討一點殘羹冷飯。我做好人嫌太壞，我做壞人嫌太好。我知道我這脾氣已經害了我半世，但脾氣是脾氣，我有什麼法子？」

當然，這些話裡有自我辯解的成分，然而她「雖不夠做一個十足的好人，但還不至於無恥到漢奸手下去討生活」的行動，以及對小昭、K 和萍從根本上還有所維護的態度，證明她的話還有其實際行動作依據。可見，在趙惠明性格發展的第二個階段，儘管有著極其複雜、極其矛盾的內心衝突，儘管她目前還難以自拔，使其生活道路根本改觀，但從總體上來看，卻顯示出善戰勝惡、人性戰勝獸性、傾向進步戰勝因循墮落、傾向光明戰勝彷徨於黑暗的基本勢頭。

趙惠明性格發展的第三個階段是開始向棄惡從善、悔過自新之路邁出了堅實的一步。關於這種給出路的描寫，學術界存在針鋒相對的意見。一種意見認為這種「處理不夠正確」，不太真實可信；給人以「蛇足」之感；另一種意見則認為應該給她以自新之路，並認為「趙有逃走的決心，定了計劃，行動如何，沒有寫出，留有兩種可能」的餘地，這種處理是正確的。對此，我

們究竟應該如何評價呢？

關於這個問題，茅盾自己作過解釋，他說造成寫趙惠明悔過自新的結局描寫的客觀原因是兩個：其一是不少讀者來函要求給趙惠明一條自新之路。其二是發行部要求此書施幾期到夠合訂本為止。下一合訂本再連載另一部長篇（夏衍的《春寒》）。主觀原因則是進一步深化主題，提高作品的思想性與加強作品的社會教育作用。茅盾認為：「為了分化瓦解這些脅從者（儘管這些脅從者手上也是染了血的），而給《腐蝕》中的趙惠明以自新之路，在當時的宣傳策略上看來，似亦未始不可。」於是，作者續寫了小昭被害後趙惠明到學府區並救 N 出險而自己卻作了犧牲的結局。

其實，上述種種理由之所以能被接受，最根本的是寫到小昭的死時趙惠明的性格已發展得相當完整，作為一個已經完成的性格客體，其性格邏輯和人物思想發展的趨勢客觀上已經提出了走向自新之路的必然性。這種必然性表現為以下五點：其一，小昭的死震動了她，使之真正開始覺醒。其二，皖南事變後政治迫害加劇不僅體現在對人民群眾方面，也體現在特務組織內部，因與小昭的關係和對 K 成萍的掩護而見疑的趙惠明首當其衝。她被迫捲入 G 與陳胖衝突之中而支持了陳胖；但在他們幕後言和之後，她的存在已屬多餘。打她一槍僅僅是警告，她感到下邊還會有更嚴酷的迫害，這迫使趙惠明不得不重新考慮生活態度與道路問題。其三，到了大學區後，她對光明與黑暗的艱苦搏鬥體會得更深，對善與惡、是與非的對比與選擇有了更為真切深刻的認識與體會。其四，地下工作者的幫助，特別是 K 與萍的來信對她的鼓勵與推動，也起了很大的作用。其五，N 的遭遇激起趙惠明的同情；N 的處境使她想起了自己最初被迫下水的悲慘遭際，使她第一次認真地變思想傾向為實際行動。對此，作者大有深意地寫了趙惠明的夢：

> 我做了一個夢：在原野中，我和 N 挽著手，一步快一步慢的走著。四野茫茫，寂無聲息；這地方，我們似乎熟悉又似乎陌生。泥地上滿布著獸蹄鳥爪的印痕，但也有人的足跡，我們小心辨認著人的足跡，向前走。

這段描寫使我們聯想到三十年代茅盾總結「四・一二」前後自己的生活道路的曲折所寫的散文《沙灘上的腳跡》。這段文字和那篇散文在思想傾向上是相通的。接下來茅盾寫夢境中 K 和萍的警告：「還不快走，追捕你們的人來了！」寫了小昭的重新出現，特別是他那骷髏當中熱氣騰騰、突突地跳著的那顆「紅

而且大的心」，這一切形象化地和盤托出了性格發展第三階段的趙惠明的基本精神狀況。

正是以這些認識爲基礎，趙惠明下定決心「要救出一個可愛的可憐的無告者」。剩下自己，她決心和「什麼魑魅魍魎」作長期的奮鬥，她「準備著三個月六個月乃至一年之計！」橫下了這條心，趙惠明就「好像把家眷和後事都安排停當了的戰士，一身輕鬆地踏上了長期苦鬥」。有了這些眞實可信的頗具分寸感的描寫，有了趙惠明雖未徹底自拔但已邁出人性復歸過程最堅實的這一步行動爲依據，作者給趙惠明以自新之路顯然是正確的，眞實可信的。這種理解，比較合乎形象的客觀意義。至於她是否最終能逃離虎穴，走上革命道路，作品沒有明寫，這種留有充分餘地的寫法，也合乎現實主義的眞實性。因此，我同意第二種意見，趙惠明的結局描寫是眞實而又正確的。

關於趙惠明性格描寫的另一個爭論是作者對人物的主觀態度是否同情過分，批判不足的問題。應該提出的是，從政治上上綱上線，對這個問題和對出路問題持否定態度，這種傾向使人們對《腐蝕》的評價諱莫如深。這是長期以來《腐蝕》遭到冷遇的重要原因。因爲顯然這種狀況是長期以來「左」傾思潮的一種反映。其實不存在茅盾認不清趙惠明的特務本質而給她以過多同情的問題。

關於趙惠明的本質，茅盾藉當時讀者的看法作了綜合概括：

> 她雖然聰明能幹，然而虛榮心很重，「不明大義」（就是敵我界限不明），雖然也反抗著高級特務對於她的壓迫和侮辱，然而她的反抗動機是個人主義的，就是以個人利害爲權衡的，而且一到緊要關頭她又常常是軟下來的；……

應該承認，茅盾這些認識和對趙惠明本色的批判是正確的，是與他在作品中的對趙惠明的批判、描寫是完全一致的。

至於說作者對趙惠明同情過分、批判不足，其原因恐怕是論者忽視了日記體裁帶來的特點——人物在自述過程中必然要爲自己作辯護，必然要自我寬解與開脫。我們不能把日記體小說中人物的自我辯解和作者的客觀態度混爲一談。否則，硬要求作者藉人物的口說作者之話，那將違背人物的性格邏輯和現實主義描寫的客觀眞實性，那倒是很不適當的。我們應該區別清楚，哪些是人物的自我辯解，哪些是作者的同情；不加分析地妄責茅盾，這種做法顯然很不公正。

三

茅盾確定用日記體小說來反映這麼複雜的社會內容而且仍要保持其大規模反映中國社會，並體現出時代性與生活的廣闊性的風格特色，實際上是給自己出了一個極大的難題。但是，當我們看到作品成功地運用並創造性地發展了他一貫擅長的人物心理描寫，顯示了作家對生活、對人物的了解是那樣的異乎尋常的透徹，他那枝筆運用得又是那樣自如，揮灑之間竟把生活的廣闊場景舉重若輕地攝取於筆下，我們就感到，作家敢於用限制性極大的日記體，他是有恃無恐的。他以自己之所長補日記體小說之所短；取日記體小說之所長，以發展自己的小說藝術。正如茅盾所說，他的創作始終沒被既定的模型所套住。這正是《腐蝕》藝術獨創性的精華所在。

權衡得失，主要的不足在於正面人物的塑造受到限制。因為日記主人公趙惠明是特務，她的任務就是搜捕地下工作者。地下工作者也理所當然要十分巧妙地掩蓋自己的活動，更不能向她展開自己崇高的內心世界。因此，作家只能從現實主義藝術真實出發。在趙惠明的日記中雖能較客觀地反映革命者特別是小昭的部分活動，但很難描繪其全部活動。更無法深入描繪革命者的內心世界。因為除了革命者要掩飾與保護自己，不可能向趙惠明作無保留的傾吐之外，即使偶有流露，也未必是趙惠明這個特務所能理解的。因此難以反映在她的日記裡。這部長篇正面人物寫的不夠充分，主要原因在此。好在作品的主要任務在暴露而不在歌頌。所以這個損失較之作者運用日記體方面之所得，畢竟是第二位，較為次要的。

茅盾運用日記體小說取得的收穫卻非常多。第一個收穫是充分發揮其跳躍性強的優點。這部日記體小說或寫人，或記事，或狀物，山南海北，海闊天空，凡主人公視野所及，思緒所之，均可無拘束地收入筆底。這就擴大了作品的容量，擴展了反映生活的幅度。這一點在體現作者一向具備的大規模反映中國社會且具有強烈的時代性與社會矛盾複雜性的特色方面大有長處。

第二，日記體可以熔敘述、議論、抒情、描寫於一爐。敘事狀物可繁可簡，揮灑自由，不必像一般長篇小說描寫人物，敘述事件，展開情節所要求的那麼豐滿，那麼有頭有尾。這就使作品顯得場景雖開闊，事件、情節雖曲折，人物和人物關係雖複雜，但總的說來都能簡煉概括集中，既放得開，又收得攏，以有限的篇幅、嚴謹的結構去反映紛繁的事物與豐滿的生活。而且

議論和抒情手法的充分運用，爲一般的小說所難以企及。議論雖多，但沒有概念化的毛病。抒情充分卻不顯得空靈浮泛。其它藝術手法的運用也顯得游刃自如、眞切靈活；或莊或諧，冷嘲熱諷，嬉笑怒罵，皆成文章。作品手法多樣，色彩斑斕，但能自然地統一於主人公看取生活的視點上，統一在她的生活實踐與內心世界的觀照中。

與此同時帶來了第三個收獲，那就是時時、事事都能顯示出主人公獨特的性格特徵，藉助她在日記中對人、事、物的種種描寫和記述、議論和抒情，打上她主觀思想感情的烙印。這對展示趙惠明的內心世界，刻劃這個人物性格說來，可以說是任何別的手法都難以達到的。

行文至此，有必要集中談談茅盾運用日記體小說在心理描寫方面所作的突破。

首先一個突破是通篇都用心理描寫；通篇的心理描寫都體現出赤裸裸的自我解剖的特色。這也包括茅盾所說的趙惠明對自己的自訟，自解嘲，自己辯護等等在內。除了日記體外，任何一種小說都難以一個人物的內心世界的解剖統貫全篇，都難以達到日記體那種自艾自怨，口向鼻、鼻向心的徹底化的程度。茅盾筆下的趙惠明，不僅生活經歷中充滿矛盾，由於她處在從人性異化到人性復歸的劇烈的內心矛盾衝突過程，其心潮起伏特別激烈，其對人對事的感觸特別複雜，加之作爲特務，她面臨著特務與革命者、與特務集團內部某些人的複雜矛盾，環境十分險惡，她必然常常言行不一，心口不一。但在日記中作自己心理活動的眞實記錄，她當然特別坦率，也非坦率不可的，加之她還具有女人的心細如髮的特點，具有特務生活鍛煉成的獨特的敏銳的嗅覺。這一切都以自我解剖的方式體現在統貫全文的心理描寫中。這就大大地發揮了心理描寫的長處，達到了一般心理小說所難達到的水平。

第二，用心理描寫統帥小說所揭示的複雜的人物關係，瞬息萬變的政治事件；並通過微妙複雜的人物關係和瞬息萬變的政治事件及這多變的事件造成的人物關係更加複雜、更加微妙的局面，來促進人物性格的變化發展，來激化人物內心世界的種種波瀾，激起了千姿百態、瞬息萬變的心靈的火花。從而把趙惠明對革命營壘、對特務組織內部、對蔣汪特務與蔣汪政治集團之間的勾結等等重大問題的主觀認識與愛憎感情充分傾瀉出來。而這種內心浪潮的傾瀉翻捲，又給這些事件塗上了一層趙惠明特具的那種主觀色彩，使人物的主觀感受與事物的客觀形象得到有機的結合，達到獨特的統一，收到了

既寫人物的主觀感覺，又寫環境的客觀狀況的一箭雙雕的藝術效果。

第三，充分發揮了心理描寫約細緻入微的藝術長處。第一個表現是充分使用心理分析的方法把人物認識生活的原始過程加以提煉，用於深化對人物內心世界的描摹。特別是趙惠明處在 G 與陳胖以及小蓉等那種出於不同目的，採用不同方式的暗算之中，舜英夫婦又對她拉攏利用兼而有之，這逼得趙惠明對人對事不得不多方分析，細細品味，逐一考慮到種種可能，並搜索枯腸尋求對策。事過境遷之後還要「過過電影」，估計形勢，吸取經驗教訓，捕捉未來可能出現的前景趨勢，以便預作防範，預謀對策。這就把人物及其環境以及這環境中的其他人物都寫得細緻入微，特別把主人公的心理與性格寫得深入肺腑。這和一般小說中的心理描寫中作者不得不以無所不知者的面貌出現（茅盾此前的許多小說的心理描寫均用此法）相比，顯得要棋高一著。因為在日記體中，作者可以完全退居幕後，使人物的心理描寫特別真切，特別直接地作用於讀者的感官。這種現實主義的心理描寫方法兼有浪漫主義的抒發主觀的長處，而又不明顯地塗上作者本人的主觀色彩。我們只能在字裡行間偶而看到作者那雙洞幽燭微、明察秋毫、炯炯發光的機智的眼睛。

第二個表現是出於人物的自身利害的考慮，人物的心理描寫時時帶上思前想後的特點。例如趙惠明就常常翻檢自己那記憶的倉庫，不僅把自己的身世、家庭社會關係、不同時期的不同經歷和同一時期的不同經歷回憶、對比、品味，而且還把同一經歷、同一處境作面面觀，藉助設想、推測、考究其種種可能性，發掘其內在的意義。作者借助於人物性格發展的這種需要，既寫了人物，又寫了事件，還寫了人物與事件的複雜關係。這麼細緻、這麼深入的心理描寫，是一般小說的描寫難以做到的。

第三個表現是作者藉助人物認識事物的過程或寫其尚未完成的朦朧狀態，或寫其難於明言而使用象徵比喻手法表情達意，使心理描寫達到細緻入微的程度。例如趙惠明在皖南事變發生前夕憑其特務生活的特有敏感對激變的政治形勢所作的朦朧的捕捉，她感受到的「屍臭」，她對「大風暴之前，一定有悶熱」，各種昆蟲也將「一齊出動」的比喻，以及她對自己那「冷漠的心境」的剖析，就是明顯的例子。這裡有她對客觀事物的探索與貶斥，也有她處在朦朧狀態的明確的和不明確的意識的流露，這一切又多以自審自問，自評自議的方式出之，活畫出人物細緻入微的內心活動。並藉以折光地勾畫出

客觀環境。

　　在《腐蝕》中，茅盾還運用了自《蝕》以來常常使用的心理描寫手法，如代人物直抒胸臆，運用人物的類似「精神分裂」式的兩個自我的自問自答、自己辯論，以寫其內心矛盾與思緒活動，寫其下意識的精神幻象和夢境等等。這一切都使小說的心理描寫達到了一個新的水平。茅盾一九二一年寫的《近代文學體系的研究》一文中指出：「心理解剖的精研」是世界近代文學的特點之一。在這方面，茅盾對中國現代文學的發展作出了獨特的貢獻。他的這些努力使《腐蝕》的內容與形式達到了高度的統一。直到今天，茅盾的這些貢獻仍值得我們認真學習。

　　　　　　　　　　　　　　　　　（刊於《衡陽師專學報》1983 年第 1 期）

《腐蝕》的結構藝術

　　從中國小說史發展脈胳縱觀，小說結構藝術經歷了三個階段，第一個階段主要是情節結構。中國小說脫胎於神話傳說、民間說書、史傳文學以及筆記野史。這些淵源的一個共同特點在於記事，因此著重描寫故事情節就成爲這一階段小說的基本特徵。情節與故事相連，而結構也不能不在一定程度上依附情節，於是以事件進程爲縱線，依開端、發展、高潮、結局爲層次的有頭有尾的情節結構就成爲這時小說的基本結構方式。第二個階段就不同了，其結構雖不能完全擺脫情節框架，但軸心卻轉向了人物性格的刻劃。例如《紅樓夢》儘管以賈府的興衰史作爲縱線、但其結構軸心卻以寶、釵、黛三個中心人物的複雜愛情糾葛爲契機。這就轉入以人物爲軸心安排藝術結構的新階段。情節則從屬於人物，正如高爾基所說，情節是人物性格的歷史。第三個階段嚴格說來是從當代文學開始的。出現了無情節、無人物的散文化結構，其中包括心理結構爲軸心的結構藝術。西歐文學也大體經歷過這三個階段，不過他們歷史較短，進度特快，第三個階段拋棄人物和情節的程度更徹底。而我國當代小說即或採用心理結構（如王蒙的小說）也帶有很大比重的情節結構因素，這和情節結構歷史長達千年，因而養成了重故事情節的文藝欣賞民族心理素質有很大的關係。

　　茅盾開始小說創作時中國小說的結構藝術已經進入了第二個階段，但由於茅盾的西歐文學修養根基深厚，所以一開始就包孕了第三階段的某些特點，不僅《蝕》三部曲，就是《野薔薇》和《宿莽》中的短篇也有不少篇什帶著明顯的心理結構因素。及至四十年代初期寫《腐蝕》時，他採用心理結構與人物結構、情節結構相結合，把後兩者納入心理結構框架之中的複雜的

藝術結構形式，從而把自己的結構藝術推到一個新的階段。

《腐蝕》採用日記體，寫主人公趙惠明的「自訟，自解嘲，自己的辯護等等」（《腐蝕》新版後記），類似西歐小說常用的「人格分裂」，即把「我一分為二，展示其性格發展過程中的矛盾心理。趙惠明是小說中情節結構因素的兩極：革命者和敵對營壘（又包括蔣介石集團和汪偽集團又勾結、又衝突的兩大特務勢力）的聯結點；這雙曲線拱形情節結構的兩極把趙惠明的心靈歷程和內心衝突作為軸心。而且不僅兩極衝突直接影響著趙惠明的內心衝突，就是蔣、汪兩股勢力的交鋒、勾結，也直接影響著趙惠明的內心衝突。從藝術結構上說，作者是藉助趙惠明的內心衝突組成小說的心理結構，以反映敵我之間和敵友之間錯綜複雜的階級的、民族的社會矛盾，包容和統率著作品的情節結構因素。

從作品心理結構統率著情節結構因素的整體特點看，我想可稱之為：「細腰蜂」式的藝術結構形式。據茅盾自述：「原來的計劃是：寫到小昭被害，本書就結束。」（《腐蝕》新版後記）但讀者和編者均要求他續寫下去。於是又寫了趙惠明被派到大學區的經歷：通過拯救 N 而力求自拔的心靈歷程。前半是蜂腰的前半，後半是蜂腰後半，當中藉趙惠明及 F 兩個人物這個「細腰」加以連結。從心理結構主體看：前半是趙惠明在敵、友、我「三軍交戰」中內心的向善傾向與向惡傾向起伏消長而前者在掙扎中逐步擴展的過程。後半則是向善傾向佔了上風力求自拔的掙扎過程。照茅盾的預想，作品前半是一個「開放式」的結構形式。事件和人物的發展趨勢得以顯示之後即嘎然而止，留下空間由讀者自己藉想像去自行補足；現在卻帶有中國傳統小說的「封閉性」結構形式的特點，給人物發展前景以一個較為樂觀，較為光明的結局。明顯地帶著「大團圓」色彩，這顯然由讀者民族欣賞傳統心理推動著作家，作家站在時代高度，從「給出路」的「政策觀念」出發，予以接受，重作安排，因而留下了「續貂」的斧鑿痕跡。

這在心理結構主線方面，沒有什麼不完整處。因為人物心理和內心衝突導致的「人格分裂」至此漸趨統一。但從情節結構因素考察，其鬆散情況則顯然類似《蝕》三部曲。因為趙惠明在作品結構的前半面臨的種種矛盾所凝成的情節線索均一一完成。這裡包括 R 處長領導下 G、小蓉等為一派，陳胖等為另一派兩派之間狗咬狗的鬥爭；包括以希強、松生、舜英為代表的汪偽漢奸特務以蔣特陳胖為引線所搞的「蔣敵偽」合流；以及共產黨領導下的革

命力量代表人物小昭、E 和萍（通常論者理解爲共產黨員，茅盾曾說他們不過是「工會」。我在論文中曾採用前說。文學作品的形象大於作家的思想，儘管作者這麼說了，讀者仍有權根據形象描繪聯繫當時的生活作自己的判斷性理解，從這個角度考慮，我個人的觀點如按作家意圖作相應修改，似乎爲時尚早）與合流的蔣、敵、僞反動力量之間的矛盾衝突。這一切使趙惠明在夾縫中陷於絕境。這一切均因她被懲罰性地調到大學區而得到「解決」。她在大學區所面臨的藝術結構後半所反映的矛盾衝突從情節結構因素看，實質上已經另起爐灶，是圍繞著 N 的命運展開的，在這裡構築起新的矛盾衝突；爲爭風吃醋導致的 F 和「老俵」之間的劍拔弩張的狗咬狗鬥爭，爲救 N 趙惠明和包括 F 在內的蔣特之間的「暗鬥」與「智鬥」。而 N 又是趙惠明的影子。如果把他們合併成一個人物，倒也能完整地寫出趙惠明性格發展歷程（就是說 N 是趙惠明性格發展的起點和初期階段）。如果那樣，這只「細腰蜂」應該作個「手術」，使其頭尾倒置起來。但作者既無意完整地寫趙性格發展的編年史，最初也無「續貂」的打算，何況 N 和圍繞 N 的命運構成的這組與結構前半基本無關的情節線索有其自成體系的相對獨立性，因此現在安排成這種「細腰蜂」式的藝術結構，不僅從心理結構主體說是有機的統一，就是從情節結構因素說，也有其內在的思想聯繫：各從一角揭露了特務政治及特務政治下革命力量的英勇鬥爭。因此，實際上《腐蝕》並不因此像《蝕》那樣顯得結構鬆散，倒是因這一「續」形成一個「細腰蜂」，它和心理結構主體一起，豐富了茅盾的以至中國現代小說的結構藝術。

　　《腐蝕》結構藝術最大的成功在於把複雜的情節結構納入趙惠明單個人的心理剖析的心理結構之中。換個角度來說：藉助複雜的情節結構因素的納入，使趙惠明單個人的心理感覺和意識聯想「立體交叉橋」般地立體化與多層次化，把這個本很單純也較進步的姑娘如何淪爲雙手沾滿人民鮮血而又並未喪盡天良的女特務的複雜心理狀態解剖得淋漓盡致。通過她的心理心境的波浪起伏，反映出「皖南事變」前後民族矛盾、階級矛盾交織的特定時代的複雜生活。不僅揭露了蔣政權的反動特務政治和汪僞集團的賣國罪行，而且還一定程度地歌頌了共產黨領導下的革命者浴血奮戰的民族氣節和革命獻身精神。這危機四伏、處境險惡的典型環境，這民族矛盾、階級矛盾以及特務集團的內部矛盾，都反映在這個二十四歲的自認爲自己不是女人似的女人的心理感覺、意識聯想所組成的心靈發展變化的歷程裡。當然，其心理反應的

層次結構必然是十分複雜的。

從縱線看。趙惠明的心理變化大體包括以下四個階段：在學校是個捲入學潮的激進派；被引誘誤入歧途；雙手沾滿鮮血並遭情夫遺棄後邊追悔邊同流合污，而內心又時時充滿向善與向惡兩種傾向的激烈衝突；幾經衝擊後終於決定並且開始作自拔的艱難掙扎。作家著重寫了三、四兩個階段，而把前兩個階段的生活經歷與內心痛苦藉助意識聯想和心理感覺意識流般地穿插其中。這是《腐蝕》心理結構的經線。圍繞著它還穿插編織進去較經線遠為複雜的多條緯線，首先是趙惠明和萍、舜英這三個女同學分道揚鑣後所走的三條不同的人生道路，其內容反映著共產黨、國民黨和汪僞漢奸集團這三股激烈衝擊的政治道路。更為複雜的是：在這四十年代的「三人行」的發展途中，充滿了極為複雜的兩性糾葛；這些兩性糾葛又無不和三條人生道路以及趙惠明徘徊於三叉路口時所感受的心靈衝擊、所激起的意識聯想特別是對比聯想緊密相連，所謂「一石激起千層浪」（心浪），再真實不過地成為趙惠明心理感覺的形象寫照。例如，圍繞著趙惠明的兩次同居，小昭的革命立場和希強的反動立場（也包括人品、道德風貌）時時造成趙惠明的心理反饋，帶來了痛定思痛的陣陣痛苦，這層心理變化決定著趙惠明何去何從的人生道路的最後抉擇。被希強遺棄後落在 G 的手裡難以自拔，又構成她和小蓉之間爭風吃醋（這種感覺嚴格地講只是來自小蓉單方面，而投影在趙惠明麻木的心中，從而引起她種種意識聯想），這件小事因 G 對趙惠明施加陷害，唆使 R 處長把她派到小昭身邊而獲得了政治內容，又因 G 和陳胖一個靠蔣，一個靠汪而複雜化，這就使趙惠明的民族意識覺醒起來，而民族意識的覺醒又促使她的階級意識的緩慢復歸（她本來屬於小資產階級而有別於大資產階級的）。在被推到小昭事件中以後，趙惠明又不得不和小昭的戰友 E 與萍打特殊的交道。E 的人品在趙內心激起的若明若暗的感情，又導致她對萍的嫉妒心情，這就把兩個同學的政治分歧勾連到趙惠明生活道路抉擇的內心衝突中去。這一切蜘蛛網般地交織著趙惠明那本已相當複雜、也相當緊張的神經中樞，於是就成為茅盾筆下、也許是中國現代文學史上所有的著名作家們筆下所構築的女性心理描繪的最為複雜也最為出色的「工程」。如果再把「細腰蜂」尾部結構中，圍繞 N 的命運在 F 和江西老俵之間發生的衝突包括進去，再把這個衝突在趙惠明的心靈的投影所導致的心潮起伏也包括進去，那麼我們就可以看到《腐蝕》以心理結構為主、以情節結構為輔的藝術結構整體，從而也就可以更充

分地估價《腐蝕》的結構藝術的美學價值了！

從三十年代初開始，心理的結構藝術和人物描寫藝術本來已經從《蝕》的「內向」化趨勢轉到《子夜》的「外向」化即以客觀描寫人物和環境的社會複雜性為主的趨勢上去了。到了四十年代初寫《腐蝕》，不僅又回到「內向」化趨勢上去，而且對人物內心世界集中作縱深開掘了。茅盾本來一向以不「帶熱地」使用材料律己的。皖南事變發生後怒不可遏的作家甘心破例，他在事變發生後幾個月的時間就以長篇小說的形式作出了反映，給敵人以響亮的回答。為了使這回答更加有力，為了以一擊而致敵於死命，茅盾不僅不就事論事，反而把皖南事變僅僅當作襯景，而在產生此反革命事件的社會根源與歷史根源方面作宏觀的縱深開掘。為了使作品掘進度更深，茅盾就下定「不入虎穴，焉得虎子」的決心，用他那支如椽大筆「探」虎穴了。這就是他破例放下自己熟悉的許多重大題材不寫，而去寫自己並不熟悉的特務政治題材的原因。茅盾雖不熟稔特務政治，但對形形色色的「時代女性」包括趙惠明型的墮落了的「時代女性」卻爛熟於心。於是他決定把他所要寫的民族矛盾、階級矛盾分解為蔣、偽、我三方，納入蔣政權特務政治的生活濁流裡，凝聚到小特務趙惠明多層次的心靈衝突的心理活動中，依託在心理結構為主、情節結構為輔的藝術結構間架上，創造了一只「細腰蜂」！

（刊於《中文自學指導》1986 年第 4 期）

歷史發展的畫卷，社會風情的華章
——讀《霜葉紅似二月花》

一

　　《霜葉紅似二月花》是茅盾的長篇小說中藝術成就卓著而遭到冷遇的唯一的一部。建國以來的許多中國現代文學史著作中，肯給予它以百字以上的篇幅加以論述的並不多見。就是幾部關於茅盾的專著，談到《霜葉紅似二月花》時也多是匆匆帶過。與此相反的是某些國外學者又把它抬得過高。例如美國學者夏志清先生就認為其成就甚至在《子夜》以上。因此，如何給予它以客觀公允的評價，仍是一個有待進一步解決的課題。

　　大家公認這是一部描寫歷史題材的作品。而且多數研究者認為它反映的是辛亥革命以後至「五四」前夕的歷史發展與社會風情。最早出版的規模較大的現代文學史著作《中國新文學史稿》中說它「是以『五四』前夕的一個閉塞的小城市為背景的。」此後的《中國新文學史初稿》等書沿用了這個提法。近年來陸續出版的文學史著作如唐弢嚴家炎主編的《中國現代文學史》，田仲濟、孫昌熙主編的《中國現代文學史》以及十四院校編寫組的《中國現代文學史》也都持這個觀點。幾部關於茅盾的專著及其修改稿，或說小說反映的是「五四」前夕的歷史場景，或說它反映的是從辛亥革命到「五四」前夕。只有丁易的《中國現代文學史略》和復旦大學中文系現代文學教研室編的《中國現代文學史》兩書提法較為靈活。前者說它寫的是「民國初年」，後者說它是「表現『五四』前後中國社會現實的」。美國學者夏志清先生獨樹一幟，說它的「故事發生在一九二六年的一座小城裡。」

　　到底這部長篇的故事發生在什麼時代呢？不能說這已經是個妥貼解決了的問題。不搞清這個問題，很難作出較爲準確的評價。

　　關於這個問題，茅盾自己是這樣說的：

　　　　這部書本來是一部規模比較大的長篇小說的第一部分，……

　　　　本來打算寫從「五四」到一九二七這一時期的政治、社會和思想的大變動，想在總的方面指出這個時期革命雖遭挫折，反革命雖暫時佔了上風，但革命必然取得最後勝利；書中一些主要人物，如出身於地主階級和小資產階級的青年知識份子，最初（在一九二七年國民黨叛變以前）都是很「左」的，宛然像是眞的革命黨人，可是考驗結果，他們或者消極了，或者投向反動陣營了。如果拿霜葉作比，這些假左派，雖然比眞的紅花還要紅些，究竟是冒充的，「似」而已，非眞也。再如果拿一九二七以後反革命勢力暫時佔了上風的情況來看，他們（反革命）得勢的時期不會太長，正如霜葉，不久還是要雕落。

　　　　這就是我所以借用了杜牧這句詩，卻又改了一個字的理由了。

　　　　誰知道此後人事變幻，總沒有時間續寫此書，以至這書名和本書現有的一部分更加聯繫不上。

　　　　　　──《霜葉紅似二月花・新版後記》，著重點係引者所加，

　　　　　　　　《茅盾文集》第 6 卷，第 255、258～259 頁

關於本書的創作意圖和寓意，下面還要集中探討。這裡需要明確的是從茅盾的創作構思中可以看出，他想著力反映的時代是「從『五四』到一九二七這一時期」，而不是像許多論者所說，寫的是從辛亥革命到「五四」前夕。

　　但茅盾所說係全書的歷史背景，現在寫成的這第一部究竟寫的是什麼時代，是所謂「五四」前後，還是如夏志清先生所說是一九二六年？根據作品中的具體描寫，這兩說仍不夠準確。實際上作品中作過具體交代，寫的是一九二三年或一九二四年，這從下面的引文中可以看出。在本書第二章裡，維新派代表人物朱行健跟主人公之一張恂如說過這麼一段話：

　　　　（朱行健）沉吟著又說道：「十五年前，那還是前清，那時候，縣裡頗有幾位熱心人，──」他把臉向恂如，「令親錢俊人便是個新派的班頭，他把家財花了大半，辦這樣，辦那樣，那時我也常和他在一道，幫襯幫襯，然而，到頭來，還是一事無成。五六年前，

　　——哦，那是俊人去世的上一年罷，他來縣裡探望令祖老太太，他
——豪情還不減當年，我們在鳳鳴樓小酌，他有一句話現在我還記
在心頭……」……「哦，那時他說，行健，從戊戌算來，也有二十
年了，我們學人家的聲光化電，多少還有點樣子，惟獨學到典章政
治，卻完全不成個氣候，……

——《茅盾文集》第 6 卷，第 42 頁

查戊戌變法是公元一八九八年。錢俊人說此話時是戊戌變法之後的二十年，
即一九一八年。從錢俊人說這番話到朱行健舊話重提，這當中相隔約「五六
年」，因此，朱行健提及此事的時間，顯然應該是一九二三年或一九二四年。
這正是《霜葉紅似二月花》第一部所寫的那個時代。據此可以推斷，朱行健
提到的「十五年前」幾個「熱心人」搞維新活動，指的當是一九〇八年至一
九〇九年。那正是辛亥革命前夕。可見，錢俊人從康梁維新變法及其後一直
到辛亥革命前後，都在從事資產階級舊民主主義的革命活動，辛亥革命前夕
並且「進」過「革命黨」，還在縣裡大紅大紫辦什麼新法玩意」，其中包括「佃
戶福利會」之類資產階級改良主義的社會改革在內。這一切造成的影響，從
小說中許多人物時時提及並多加讚許中可見一斑。作品中關於這個問題的側
面交代與反覆地刻意渲染，實際上是為的勾出書中事件所以產生的歷史淵
源，也為錢良材等人物性格發展提供了典型環境的依據。

　　書中事件發生於一九二三至一九二四年，是和茅盾在《新版後記》中的
自述相吻合的。也因為這個時間離一九二七年還遠，因此作者原擬揭露假左
派的立意在這第一部還無法展開。於是書名的寓意在作品中也看不清。這些
問題就都迎刃而解了。

　　至於為什麼多年來論者一直把背景錯搞成「五四」前夕，因為他們在論著
中沒有展開剖析，一時還無從判斷，冒昧揣測，可能和書中的下列情節有關。
在第五章裡書中人物趙守義向胡月亭等說：「孝廉公從省裡來信，說起近來有一
個叫做什麼陳毒蠍的，專一誹謗聖人，鼓吹邪說，竟比前清末年的康梁還要可
恨可怕。咳，孝廉公問我，縣裡有沒有那姓陳的黨徒？」「孝廉公信上說比康梁
還可怕，想來又是鬧什麼變法的！」把陳獨秀錯搞成陳毒蠍，顯然是孝廉公和
趙守義這二位遺老的「傑作」，但趙的周圍除胡月亭是前清秀才，約略知道「那
個陳什麼的，恐怕還是讀書人呢，說不定也是中過舉的」外，其他人竟連「變
法」都不了了，販賣煙土的賈長慶竟誤以為是變戲法的，把縣裡來的變戲法的

一男一女誤認為是陳的同黨，在這裡，所提到的陳獨秀「誹謗聖人，鼓吹邪說」倒好像是「五四」前夕的事，但是，這只是清朝遺老「孝廉公」的認識，這正如魯迅的《祝福》中魯四老爺一見到「我」就大罵新黨，而這新黨是指康梁一樣，「五四」時期陳獨秀的活動到一九二三年頃才為「孝廉公」及其故鄉的趙守義之流所知，這完全是可以理解的。因為魯四老爺和孝廉公、趙守義之流，不僅同一時代，而且同在江浙地區的縣城。他們之間的閉塞愚昧，是有共性的。一九二三到一九二四年頃，中國共產黨成立剛剛兩三年，一九二二年七月召開的黨的第二次代表大會雖規定了黨的綱領，卻沒有提出無產階級對民主革命的領導權、工人農民的政權要求和農民的土地要求。一九二三年六月黨的第三次代表大會確定了國共合作的統一戰線政策，但對農民問題和革命軍隊問題仍未給予應有的注意。因此，黨的影響雖引起了孝廉公之類反動派的注意，但由於對地主階級的衝擊僅限於政治攻勢而不是群眾革命運動的威力，當時發生在小曹莊的農民反對輪船公司的騷動完全處在自發狀態，縣城裡的地主階級不了解黨及其當時的領袖人物陳獨秀，這種藝術描寫是真實可信的。因此，如果根據上述情節把小說背景斷定為「五四」前夕，顯然是根據不足的。

至於夏志清先生斷言此書時代背景是一九二六年，在作品中更找不到這麼具體的根據。但此說較之「五四」前夕說，是更接近於作品實際的。

搞清這個問題非常必要，因為可以對照茅盾所反映的現實來剖析作品，這就更能準確地考察茅盾創作實踐所取得成績。

二

從《霜葉紅似二月花》（第一部）來看，茅盾小說特有的那種大規模反映廣闊的社會場景，並且層巒疊嶂、波湧瀾捲，形成極其開闊的氣勢的特點，發揮得相當充分。

如前所說，長篇雖著重描寫「從『五四』到一九二七這一時期的政治、社會和思想的大變動」，然而它的筆觸卻伸向自戊戌維新以來經過辛亥革命和「五四」運動一直到一九二三至一九二四年的社會動盪、和歷史發展的縱深。這一歷史變革的描寫，是透過江浙小縣城錢氏家族中錢俊人與錢良材父子兩代人的性格發展和當事人朱行健的性格刻劃這個聚光鏡反映出來的。茅盾避實就虛，採用《紅樓夢》那種把社會事件的描寫放在家庭內部，放在茶餘酒後的閒談之中，通過側筆勾勒、逐步推進的寫法，把社會矛盾的歷史前奏曲，若斷實續地雜揉在封建主義與資本主義的現實矛盾衝突的展示中。這種寫法既避免了產生

平鋪直敘的單調感，又把節省下的筆墨集中在當前社會矛盾的大開大闔的揭示上。小說追溯了張、錢、趙王四個大家族的淵源，也揭示了「五四」以後四大家族之間重新分化組合所構成的複雜糾葛，展現出從上海到江浙某縣城，再到邊遠農村這一中國社會的全面圖景，著重揭示了封建地主階級和以買辦資本主義為後盾的民族資產階級之間的複雜矛盾，揭示了農民階級和地主資產階級之間的階級鬥爭。這是這部長篇現實意義最強的地方。

作品藉助張家老太太和瑞姑太太關於張、王兩家的墳地爭端和「風水」興衰的充滿封建迷信和宿命論色彩的議論，形象地寫出了張姓大地主家庭的衰敗史和王姓資產階級大家庭的發跡史，把辛亥革命到「五四」以來封建主義的逐步衰微和資本主義的逐漸興起（這和第一次世界大戰間隙裡中國民族資本主義得以發展有緊密的聯繫）作了形象的映現。在張老太太和其女兒瑞姑太太看來，王家和張家雖「算是三代的世交」，但王家的發跡，卻和其設下圈套，把「正當龍頭」的張家墳地「換去」以和王家的「不過是龍尾巴」的墳地相連而形成完整的「龍」形有關，因為王家正是靠著這個「風水」的優勢發跡的。在她們看來這個糾葛的教訓是：「王家三代到如今的伯申都是精明透了頂的，只有他家討別人的便宜，不曾見過別人沾他家的光；我們家跟他們算是三代的世交了，可是，和他們打交道的時候，哪一次不是我們吃點兒虧呢」！茅盾筆下這種頗具人物個性特徵的事件評述的描寫，卻具有極濃的象徵寓意：張王兩家在勾心鬥角中的或興或衰的歷史，乃是封建主義式微、資本主義茁長的縮影。正像張家那座「幾十年的源長老店被人搬空」象徵著這個家族日益衰微一樣，這都不是人力所能挽回的偶然性的個別事件，實乃出於二十世紀的中國社會中封建主義不可免的復滅命運腐必然。在茅盾筆下，歷史規律就是這麼極其自然而不可抗拒的顯示出威力的。

茅盾對「精明透了頂的」王家發跡史的描寫同樣採用避實就虛、側筆勾勒的寫法。而且不僅寫王伯申怎樣繼承「做官不成」轉而經營事業的父親王老相的衣鉢，通過惠利輪船公司的刻意經營而成為左右縣城經濟的大戶；而且還兼顧到對王伯申上勾下連、左顧右盼地結成廣泛的社會勢力的多角度、多側面的描寫。例如茅盾寫了王伯申串通縣政府李科長和警察署以擠剋趙守義、鎮壓趙守義煽起的砸船鬥爭中的受害者——農民，藉此揭示了民族資本主義與其政治後盾——北洋軍閥政府的微妙關係；茅盾也藉助王伯申強迫次子民治娶梅生之妹馮秋芳的情節寫他與官僚買辦的密切聯繫。因為馮秋芳認

了馮家族長馮退庵「的二姨太太做乾娘」，而馮梅生又是稱霸上海的馮買辦的姪兒，他們聯姻結親，相互勾結，從上海到縣城，電報來往，互相聲援，構成了強大的勢力。正因此，王伯申才不掩飾自己強迫兒子俯就馮秋芳的目的：「退老的面子，我和梅生的交情」，如此而已。因為有了政治、經濟和武裝暴力為後盾，王伯申的輪船儘管給沿岸鄉紳與百姓造成了極大危害，他仍敢為所欲為。甚至連趙守義支持小曹莊土著地主曹志誠煽動農民騷動砸船也無濟於事，戊戌以來在縣城頗有影響的維新勢力錢良材和朱行健聯名遞公呈等也奈何他不得。茅盾設計的這蜘蛛網般的情節枝叉，相當生動地展示了「獨坐中軍帳」的蜘蛛般的王伯申的獨特性格所概括的時代的、社會的、階級的內容，顯示了時代發展到二十世紀二十年代所呈現的某些特徵。

茅盾抓住動用善堂經費辦貧民習藝所，與疏浚河道、鼓動姜錦生（趙守義以高利貸為手段巧奪其地產的佃戶）向官府告狀等糾葛寫王伯伸向趙守義所發動的強大攻勢，並以善堂經費問題為焦點，展開了這部長篇的中心事件──王伯申和趙守義的「鬥法」。這不僅寫了方興未艾的王氏家族及其代表人物王伯申，而且也寫了土著鄉董、惡霸地主趙守義，還寫了另一個開明士紳、少壯派維新黨錢良材。顯示了茅盾善於一石三鳥，抓住中心事件多方面寫人物的藝術才能。因為在這三個人物之外，還勾勒了一系列生動而富個性特徵的次要人物，構成了數以十計的人物畫廊。如聚集在王伯申周圍的梁子安、馮梅生，聚集在趙守義周圍的哼哈二將徐士秀（兒媳徐素員之兄）、樊雄飛（姨太太銀花之姪），黨羽鮑德新（經營煙土生意與買賣冥間地契「生意」的敦風化俗會的會長，關帝爺的「寄名兒子」）、賈長慶（合伙搞煙土生意的黨徒）和曹志誠。以及那個沒有出場的教育界無恥之尤曾百行（縣校校長），這些次要人物如暈圍月，烘托出王伯申、趙守義的獨特性格。

正如張老太太所說：「我們和趙家也是兩輩子的世交」。但是蟠踞在里仁坊的趙守義這個惡霸地主還沒像張家那樣日趨衰敗，他以地頭蛇般的凶殘性格支撐著他雄霸一方的局面。茅盾也像寫王伯申那樣寫了「獨坐中軍帳」的趙守義的蜘蛛網。往上，寫了他和蟄居省城的「孝廉公」互通聲氣，一同關注和清查什麼「陳毒蝎」及其「黨徒」顯示了其又愚昧又反動的立場；往下，寫其褫奪姜錦生的田產、霸佔姦淫陸根寶的女兒阿彩並敲骨吸髓地剝削陸根寶的勞力的殘暴行為，展現了其極冷酷、極貪婪、極盡獸性之能事的腐朽性格。而他和王伯伸「鬥法」過程中所採取的種種手段，諸如指使曾百行告王

伯申霸佔官地；指使曹志誠煽動農民群起砸船；指使祝大爲被打死的兒子小老虎告官索命；逼王伯申疏浚河道；設法由省城打來電報勒令輪船停航：作者這一切情節設計，都生動地揭示了趙守義翻手爲雲、覆手爲雨、善於興風作浪的奸雄性格。而茅盾對他既寵姨太太銀花、又苟且兒媳徐素貞，此外還玩弄婢女阿彩使之因懷孕而連遭銀花毒打的一系列的私生活描寫，更從又一側面揭露了趙守義的腐朽靈魂與荒淫生活。這一切所用的筆墨是那樣的經濟簡潔，娓娓寫來又是那樣勾魂攝魄地繪形傳神。這藝術筆觸的運用，儼然鬼斧神工。

最精彩的是茅盾對王、趙「鬥法」之結局的藝術提煉和處理。王、趙火拼既顯得勢所必然，火拼難以持續時爲避免兩敗俱傷而又幕後言和，也完全合乎邏輯。因爲，又勾結又鬥爭的獨特的矛盾及這矛盾的不斷轉化的過程，本來就是半封建半殖民地中國社會中地主階級與資產階級相互關係的獨特性，茅盾正是以其深刻的現實主義筆觸形象地再現了這兩個階級之間在中國社會的特殊條件下的本質聯繫。

於是唯一必須作出巨大犧牲的是災難深重的農民。祝大及其一家先是受騙上當跟著鬧事充當了狗咬狗鬥爭的工具（這一點在《當舖前》中對王阿大的描寫開本書寫祝大悲劇命運之先河）；後是兒子被打死再次被利用，以告狀的方式成爲趙守義進一步向王伯申施加壓力的砝碼。結果呢？白搭上愛子小老虎的一條性命，白浪費了鬧事砸船消耗去勞動時間，輪船照樣橫衝直闖戽水上岸造成災害。祝大和小曹莊以及沿岸的農民的自發鬥爭，又怎能改變自己的悲劇命運呢？這裡，茅盾帶著歷史的遺憾，把握著一九二三年到一九二四年農民運動還未廣泛展開的時代特徵（如前所說，這時中國共產黨還沒有廣泛發動農民運動，沒有提出農民階級的土地要求；而一九二三年以「二七」大罷工爲標誌的高漲的工運暫時尚不可能影響到遠離大城市的農村）對此作了合乎歷史眞實情況的現實主義描寫。在作者的全書總計劃中，小曹莊的這場鬥爭爲一九二六年以後的農民運動的高漲埋下了伏筆，提供了很好的基礎。顯然，王與趙的「鬥法」也好，農民自發鬥爭的暫時失敗也好，在一九二三年至一九二四年的時代大動蕩中，都不是定局，而是鬥爭進程中的重要環節。這是作者爲下文的情節發展留下了充分餘地。當然，關於錢家莊的落後農民老駝福的描寫是個敗筆。這個人物的痴呆與麻木、處於半昏迷狀態的思索、意識流般的心理活動，加上作者人爲地賦予他以時時流露的「狡猾」

的表情與莫名其妙的冷笑，都使這個人物過分怪誕。在全書中顯得是個很不調和的游離成分。如果這個人物在後來的情節開展中派不了大的用途，是大可以斷然割愛的。

儘管長篇存在著這種個別的敗筆，但就整個藍圖的展現來考察，的確可以稱之爲歷史發展的畫卷，社會風情的華章，其現實教育意義與歷史認識作用，是會持久存在的。而茅盾在藝術構思上這種寓動於靜、置歷史的風雲變幻於茶餘酒後的談笑之間的匠心安排，虛實結合、避實就虛，正面描寫與側筆勾勒結合、以側面勾勒爲主的描寫方法，的確舉重若輕地收到了藝術的奇效。這些地方，均令人聯想到《紅樓夢》，並覺得茅盾的這部長篇之藉家庭生活、日常瑣事來寫歷史發展進程，大有青出於藍而勝於藍之妙！

三

茅盾提煉的中心情節：王、趙鬥法及其最終幕後言和而導致受害農民的社會悲劇，使得錢良材這個托爾斯泰式的人物在全書結構中佔了獨特的地位，具有獨特的意義。

從全書結構安排與主題思想的揭示來看，錢良材、張恂如和黃和光這三個出身於地主階級的青年知識份子是相對比、相映襯地顯示了其性格的獨立意義的。

在長篇中錢良材出場很遲，但從第一章起，茅盾就採用「下毛毛雨」的辦法藉助各種不同場合，通過不同人物之口介紹與評述這個人物，把「開台鑼鼓」敲得很足，爲這個人物的出場把氣氛造得很濃。茅盾布置錢良材的出場其著力點是兩個方面。其一，寫子繼父業，藉助對晚清末年的維新派代表人物錢俊人所從事的維新變革活動及其影響，寫酷似其父的錢良材所具備的資產階級民主主義思想基礎。儘管在他的那些封建正統觀念很深的親友家人眼裡，錢良材似乎是個揮金如土不務正業的大闊少爺，唯其他的政治傾向封建思想較濃的人有所衝擊，才更能襯托出錢良材的民主主義傾向所具有的進步意義。其二，寫錢良材和張恂如在許靜英的婚姻問題上構成的微妙關係。恂如的包辦婚姻使他無法同所愛的表妹許靜英結合；包括老太太在內對錢良材和許靜英的「撮合」，又無法填補錢良材和生活的空虛。從後文可知，他一方面對亡妻曹氏仍有深深的懷念；另一方面又似乎對恂如的姐姐、黃和光的妻子婉卿懷有某種微妙的感情。這樣，錢良材雖未出場，其性格的大致輪廓已經描繪在讀者面前。於是，從第九章起，作者連續用九、十、十一、十二

和十四章共五章的篇幅寫錢良材在王伯申、趙守義「鬥法」過程中的立場、態度與相應的行動。作者通過說服並施加壓力（包括聯名遞公呈的辦法在內）使王伯申接受出資疏浚河道主張的種種努力，著重突出了錢良材申張正義、主持公道、熱心公益事業、關心百姓疾苦的基本性格特徵。雖然這些行動包括了維持自己的地主權益在內，但茅盾對其主導方面的表現，則突出了其秉以公心、申張正義的品格。因為有了出場前所作的前一方面即受其父維新思想影響的方面的鋪墊，這種描寫就顯得來有蹤去有影，分外真實可信。而藉助勸說小曹莊鄉民不要上當受騙去砸船，以及強行按住自己莊上的農民不參予砸船事件，而以築堤防水辦法力圖縮小損失的一系列行為，展示了錢良材具有某種政治家風度：既能洞察陰謀權術而提出防止中計的辦法，又能伸能屈而採取較為克制的態度。這當中寫錢良材為顯示自己的熱心公益、關懷農民疾苦的誠意所作的個人利益方面的犧牲，儘管略顯做作，但基本上成功地刻劃出錢良材那種帶點托爾斯泰式的「道德上的自我完成」的性格特徵。「一方面，無情地批判資本主義的剝削，揭露政府的暴虐、法庭和國家管理機關的滑稽可笑，揭示財富的增加和文明的成就與工人群眾的窮困、野蠻和痛苦的增加之間的矛盾是何等的深刻；另一方面，痴呆地鼓吹『不用暴力去抵抗惡』。」〔註 1〕列寧論托爾斯泰的這些話，在具體事實上雖不完全適用於錢良材，在思想氣質上是大體適合的。但錢良材對農民群眾僅限於同情，他從根本上還是把群眾看成愚魯不堪的庸眾與群氓，在這個方面他顯然還脫不了地主資產階級知識份子的底子。他的興利除弊的主張與活動基本上類同乃父，是屬於資產階級改良主義的。所不同者他顯得較為深沉和實際，而且他已經突出地意識到自己和農民群眾之間存在著他的熱心公益行為無法填補的鴻溝：他深深感到群眾對他只是服從而非信服。他的想法和農民的想法很難一致。茅盾在十二章裡集中寫了錢良材感受到的這種苦悶。成功地顯示了這個人物很有厚度的內心世界。這些描寫和茅盾對錢良材懷念亡妻的深情的描寫以及他們父女煢煢孑立、相依為命的孤寂情況的生動描寫一起，使這個人物從形象到內心頗具藝術的立體感。

這個人物的政治傾向和作者給他安排的吃重的地位說明，在後來的續篇中，錢良材可能在政治風雲變幻中充當重要的角色。至於其性格發展的未來趨勢，僅憑此書第一部提供的描寫，似乎尚難以預言。儘管如此，錢良材作

〔註 1〕《馬恩列斯論文藝》，第 81 頁。

為一個出身地主階級而頗具資產階級民主主義傾向的青年知識份子形象出現在二十年代的時代舞台上，是很有典型意義的。加之作者藝術塑造上那頗具功力的形象雕鏤，這個典型在現代文學史上是站得住的。前瞻後顧，這類人物在現代文學史上還很少見。為此我們有理由感謝茅盾。

在小說第九章和第十四章裡作者把錢良材和張恂如作了對比描寫，在第二章和其他部分章節中，作者又把張恂如與黃和光作了對比。這些對比既描繪了錢良材，也描寫了張恂如與黃和光。和錢良材的雖無濟於事，但總在興利除弊、改革舊秩序的努力相比，張恂如是個既胸無大志，又不尚實踐，但卻不滿現狀，頗思變革的地主階級出身的半新不舊的知識份子。他最大的苦悶是婚姻與愛情的不幸，為此，作者把他安置在父母包辦所娶的少奶奶寶珠和表妹許靜英的愛情糾葛裡。能共同生活者他並不愛，他所愛者又不具備任何共同生活的可能性與基礎。感情的折磨和少奶奶的嫉妒與干涉，使他陷於苦悶中難以自拔。家庭的封建保守與禮教束縛又使他的行動動輒得咎。加上他本就沒有什麼壯志宏圖，沒有什麼實行計劃的決心、毅力與身體履行的能力，於是他就成了二十年代舊中國這一特定時代的「多餘的人」。他的內心苦悶集中在他的一個疑問和一聲喟嘆之中。他的疑問是：「我們，為人一世，嘗遍了甜酸苦辣，究竟為了什麼來，究竟為了誰？」那喟嘆是他打麻將作比：「我早就打得膩透了」，「十二分的厭倦了」；可是那三家還不肯歇手」，「我硬被拖來作陪！」他說的那三家指的是「祖母，母親，還有，我那位賢內助！」「路呢，隱約看到了一條，然而，我還沒有看見同伴，──唔，還沒找到同伴」。事實上茅盾的布置向我們顯示出：即便找到同伴，恂如是否能隨著時代步伐向前邁足，也大成問題。這個人物和曹禺筆下的《北京人》中的曾文清頗為相似，階級的局限與性格的局限決定了他們多半只能作「多餘的人」。

假如張恂如作為一個「多餘的人」其心還未死，他尚能在矛盾、苦悶、徘徊、彷徨中時時想作些追求，那麼他的姐夫黃和光連這點追求之心也失掉了。哀莫大於心死，黃和光的心基本上死了，這是張恂如和黃和光這兩個悲劇人物的不同之處。黃和光的幸運在於他的內助婉卿是個類似《紅樓夢》中鳳姐那樣的能幹人物，她不像鳳姐那麼陰險毒辣，但卻有鳳姐那樣的幹才。因此，黃和光儘可在大樹底下乘涼。他這一生的最大追求是克服生理缺陷生個一子半女；他這一生的最大痛苦，則是為了克服生理缺陷生育子女而吸上了鴉片煙。然而即便是戒了煙、克服了生理缺陷。不僅生育子女而且兒女成

行，誰又能擔保黃和光能不把他們按到自己的模型中？

這三種地主階級出身的青年紳士和知識份子，代表了中國地主階級在二十年代所面臨的不可避免的歷史性的分化：張恂如和黃和光代表著地主階級必然的沒落與腐朽化；錢良材則代表著地主階級轉向資產階級並獲得民主主義傾向所可能獲得的新生。然而即使有所進步比較開明的錢良材，其新生之路也不可能建立在法蘭西、英吉利式的發達資本主義的政治土壤上。擺在錢良材面前的是兩條路：或者再大跨一步走到中國共產黨領導的新民主主義革命的統一戰線營壘中來做堅定的同盟軍；或者依附買辦資本主義及其政治上的代表蔣介石而與人民為敵。這兩條路錢良材究竟會走那一條，到一九二七年便見分曉。遺憾的是：一直到茅公作古之日，《霜葉紅似二月花》這部傑作竟未能續寫。於是留在中國現代文學史上的就是一個極大的歷史遺憾。

四

對王伯申、趙守義角逐鬥爭的描寫和對錢良材、張恂如、黃和光三種類型地主階級知識份子生活道路的描寫是《霜葉紅似二月花》藝術結構的兩大基本部件。當中張、黃等士紳人家家庭生活的生動描寫加以鋪墊與充盈，形成了豐滿而具有地方特色和生活氣氛的二十年代的時代風情畫，有力地展示了歷史發展的某些進程。

王趙「鬥法」和錢、張、黃三種生活道路這兩組「部件」的內在聯繫，在半封建半殖民地中國社會面臨著二十年代大分化、大動盪的新局面上得到了體現。它既反映了新民主主義革命到來之後社會階級矛盾的新的變化：資本主義在排除封建勢力阻撓的艱苦歷程中掙扎；又在所激起的人民群眾的反抗潮中顯示出其進入帝國主義與無產階級革命新時代後必然具有的局限性。夾在兩間為生存而掙扎的人民群眾的反抗威力，在一九二三年雖未得到充分的發揮，但卻顯示出山雨欲來風滿樓的勢頭。面臨著這種複雜局面，出身於剝削階級的不同類型的知識份子，必然不得不作生活道路的抉擇，這種抉擇當然又會產生對社會矛盾的反作用。這種頗有見地的思想內容的成功表達，顯示了茅盾作品一貫具有的社會分析的特色。這種社會分析特色的形象化體現，就要求小說有相應的氣勢恢宏、完整嚴謹的藝術結構。

茅盾抓住張、錢、王、趙、黃、朱（行健）六個家庭內部生活的極有特徵的藝術描寫，從不同側面展現出複雜而又存在有機聯繫的社會生活內容。他採用「花開兩朵，單表一枝」的傳統文學手法有條不紊地分頭展示。開篇

的一、三、四、六各章從張、黃兩家寫起，間以第二章雅集園茶館的社會鏡頭，就把全書的線索和主要人物鳥瞰圖式地鋪排敷衍開來。五、七兩章分別把趙、王兩個「對家」的營壘內部作了集中描繪。經過第八章寫朱行健家庭內幕的鋪墊並引錢良材正式出場。此後從第九章一直到第十四章終篇時止，全部圍繞錢良材展開情節。王、趙「鬥法」則穿插其中。這就從結構整體上大開大闔地概括並展現出二十年代中期社會矛盾的廣闊場景。各條線索的分頭並行與穿插表述，並不顯得零碎或散亂，因為作者一方面注意在各章具體描寫中保持情節與人物描寫的完整性，又採用「你中有我，我中有你」的寫法，藉助人物的閒談和次要人物的登場，退場引起的情節波瀾使各條線索的開展有機結合著同時進行，作品表現的矛盾儘管複雜，社會場景儘管開闊，人物關係儘管曲折複雜，人物內心世界儘管微妙，但都能統一到氣勢恢宏、情節複雜但卻相當嚴密緊湊的藝術結構中。

　　作者一般不正面描寫複雜的矛盾和尖銳的衝突（只有小曹莊砸船事件是個例外），而把它寓於日常家庭生活的動態的描寫之中。加之描寫人物心理特別生動細緻，形象傳神，這就保證了把主要筆墨用於寫人。茅盾寫人充分發揮了他善於作心理剖析的一貫優勢，心理描寫上也有新的發展，這就是對比地寫兩個人物（如第二章之對比張恂如與黃和光；第三章之對比婉卿與寶珠；第四章之對比黃和光與婉卿等等）或兩個以上的人物（如第十四章之對比錢良材、張恂如和黃和光等），使人物性格在對比中相映生輝，顯示出各自的獨特內容。有時寫人物心理還採用以自然環境作渲染與烘托的辦法（如藉大雷雨以烘托錢良材防洪的急切心情；藉白頭蚯蚓的長吟烘托黃和光、婉卿的不愉快的私生活等等），使之帶上了濃厚的抒情氣氛。增加了藝術的感染力。對王伯申、趙守義等批判性人物的描寫，則採用在事件演進中藉其行動揭示其性格的方法，這和心理描寫相配合，使人物性格的描寫藝術達到了相當高的水平。

　　寓重大事件的描寫於日常生活描寫之中，寓人物描寫於心理剖析之中，這兩個特色相結合，使茅盾的文筆顯得那麼從容而悠閒，可以運用游刃有餘的筆墨描寫社會風情。於是，《霜葉紅似二月花》這部長篇，作為歷史發展的畫卷和社會風情的華章，就和茅盾其他的長篇顯得不同。它具有《紅樓夢》般的現實主義的藝術魅力。至今能保持其思想的藝術的生命。唯其如此，我對此書遭到的冷遇，分外感到不平。

　　　　　　（1982 年 4 月 14 日初稿，刊於《貴州社會科學》1983 年第 6 期）

《霜葉紅似二月花》人物關係圖解

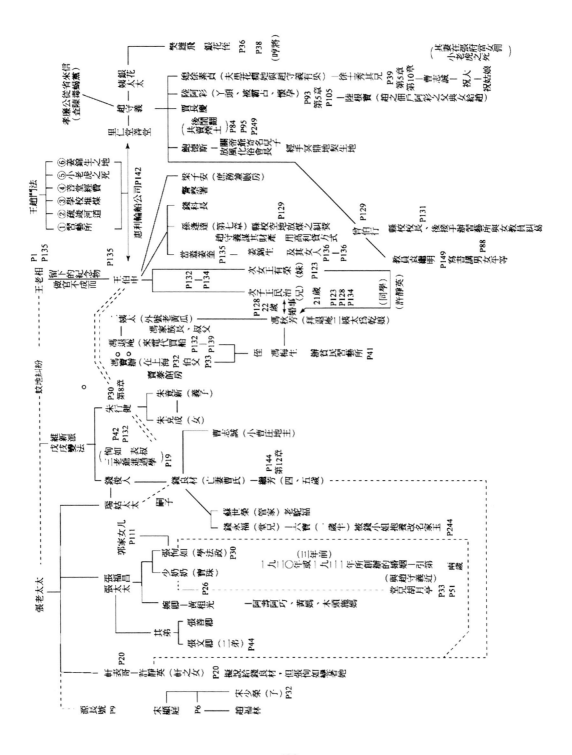

論《霜葉紅似二月花》及其續書手稿

　　茅盾的長篇小說大都是未竟篇，事後他不願重炒冷飯。只有《霜葉紅似二月花》事過 30 餘年又寫了續篇。現有五萬餘字的續書手稿尚未面世。學界對此書一直存在爭論。我有幸讀過這些手稿，得窺總體構架的全豹。深感要統一分歧意見，必須研究成書背景與當時創作心態的時代烙印；還要對茅盾自相矛盾的說法詳加考釋。

時感史思相契合的寫作背景與命題立意

　　皖南事變後重慶的政治環境惡化。周恩來安排茅盾等進步人士轉移到香港開闢新戰線。在港期間茅盾對消極抗戰、積極內戰及腐敗政治頗多揭露，遂遭蔣介石疑忌。42 年初香港淪陷。黨又安排茅盾等撤到桂林。當時桂林環境雖較重慶寬鬆，但蔣介石一面命當地政府不給他們安排工作以困圍之；一面命 CC 特務劉百閔赴桂林迎他們赴重慶以控制之。茅盾是首要監控對象。他託故不去。在桂林韜光養晦觀察形勢。但不再寫指謫時弊鼓吹抗戰之作。歷史的反思卻使他開拓了新的創作天地。

　　他和辛亥革命元老柳亞子、著名歷史學家陳此生過從甚密，談古論今。作爲中共最早的黨員與高級領導人之一的茅盾，把革命體驗與集體智慧結合起來，以歷史的反思與舊民主主義、新民主主義革命的經驗教訓相觀照，高屋建瓴，洞若觀火；眞知灼見昇華成的時識與史識結合爲高層次的現代意識。發而爲文，成《雨天雜寫》五篇。這些散文項莊舞劍，意在沛公；名爲談史，實則諷時。《霜葉》也是這時的史識與時識相結合的產物。因此這部小說頗具現實針對性。茅盾說此書「規模比較大，預計分三部，第一部寫『五四』前

後，第二部寫北伐戰爭，第三部寫大革命失敗以後。」實則只寫完第一部，「還看不出我原來的寫作意圖。」這意圖是「寫從『五四』到1927年這一時期的政治、社會和思想的大變動，想在總的方面指出這時期革命雖遭挫折，反革命雖暫時佔了上風，但革命必然取得最後勝利；書中一些主要人物……最初（在1927年國民黨叛變以前）都是很『左』的，宛然像是真的革命黨人，可是考驗結果，他們或者消極了，或者投向反動陣營了。如果拿霜葉作比，這些假左派雖然比真的紅花還要紅些，究竟是冒充的，『似』而已，非真也。再如果拿1927以後反革命勢力暫時佔了上風的情況來看，他們（反革命）得勢的時間不會太長，正如霜葉，不久還是要凋零。」故把杜牧詩句「霜葉紅於二月花」改為「霜葉紅似二月花」以為書名。此題和三部曲《蝕》、散文《紅葉》、長篇《腐蝕》等題目異曲同工，均具象徵性。它體現了茅盾當時對消極抗日積極反共的蔣政權的看法，體現了《雨天雜書》那史識與時識相結合的諷時喻世的弦外之音。但把握此命題立意的關鍵，在於準確地判定故事情節的歷史年代以保證審美判斷的歷史準確性。對這年代的分歧看法，則導致把特指性很強的主題思想普泛化了的後果。

眾說紛紜的情節發生的具體年代

《霜葉》第一部共14章，前9章刊於《文藝陣地》，後5章以《秋潦》為題刊於《時事新報》青光副刊。全書由桂林華華書店初版。

第一部故事情節發生的時間，茅盾的說法前後不一。《秋潦·解題》說是「五四運動的前一年」。《新版·後記》說是「從『五四』到1927這一時期」。晚年如上文所引又說是「寫『五四』前後」。學界的看法振幅更大：1943年10月《自學》雜誌所刊該社與讀書俱樂部組織的座談會的記錄載；韓北屏認為「發生在五四時代以前。」田漢認為在「『五四』以後。」靈珠認為所寫是「『五四』旁潮，是不是『五四』沒有多大關係。」此後李長之著文說「這部小說在寫時間空間的特點上，缺乏明確，甚至有些混亂。」建國後最寬泛的說法是「辛亥革命以後至『五四』前夕」。丁易說是「民國初年」。美國學者夏志清說是1926年。以上各說的時間跨度長達十餘年，實際小說情節發生在夏秋之間幾個月時間內。而且茅盾一向注意點明情節發生的特定年代以加強典型環境的時代特徵。《霜葉》亦然。「混亂」之說毫無根據。

我把握住茅盾小說這一特徵對作品細加剖析，於11年前著文提出新說：

事件發生在「1923 年或 1924 年」。有些學者公開表示認同。現據續書手稿，我對拙見略有修正：判定第一部所寫的時間是 1924 年夏末秋初。我認爲判斷作品最科學的根據是文本，作家的自白也僅供參考。因爲他可能出於種種原因另有其說。在《霜葉》中茅盾對情節與人物活動的時間空間許多描寫都有特指性。如寫朱行健跟張恂如談及縣裡往事時說：「五六年前」與錢俊人「在鳳鳴樓小酌」，「那時他說，行健，從戊戌算來，也有 20 年了。」按戊戌是 1898 年，據此後 20 年推算，「五六年前」那小酌對談的時間當是 1918 年。此後的「五六年」即朱行健與張恂如談話（此即本書情節的時間）當在 1923 年或 1924 年。再如寫趙守義跟胡月亭說的話：「孝廉公從省裡來信，說起近年來有一個叫做什麼陳毒蝎的。專一誹謗聖人，鼓吹邪說，竟比前清末年的康梁還要可恨可怕。咳，孝廉公問我，縣裡有沒有那姓陳的黨徒？」這是寫中國共產黨成立後在敵對營壘中的反響：他們已關注共產黨是否在縣城發展組織（即所謂「黨徒」）了。這些描寫都排除了寫辛亥革命後至「五四」以前的各種說法，而把時間限定在 1923～1924 年夏秋之間。

　　我修正此說並判定所寫是 1924 年夏秋之間，是根據續書手稿。續書緊緊承接第一部末章（14 章）所寫的秋潦，在第 15 章開頭寫這時秋潦已漸平復，「天氣逐漸涼快。良材侍奉姑太太回了錢家村。上游沒有大雨，河水馴順，錢家村和小曹莊一帶的稻田估計還可以收獲九成，這算是好年景了。農民們鬆了一口氣。」這些交待秋潦結局及錢良材在城裡介入輪船淹田事件結局的文字說明，第一部末章（即 14 章）與續書首章（即 15 章）的時間緊相銜接：由初秋到秋收前夕。續書手稿從 15 章到 17 章時間也是連續的。所寫均係「五四」過後的事。而續書以下的描寫則特指 1924 年，排除了 1923 年的可能性：續書 15 章在「婉小姐智激錢良材」一節中有寫錢良材對黃和光婉卿的一段話；「良材謂：從前康梁保皇，孫中山革命，旗號分明，可現在，國民黨三民主義，共產黨共產主義，共產主義同孫中山的三民主義，說是最終目的相同。」「但共產黨又說他們同國民黨合作是完成資產階級民主革命，意思是此時同路走，完成了資產階級民主革命以後，他們又要反過來打倒那自己完成的資產階級民主革命，這就叫人難懂了。所以國民黨內有一派人反對國共合作。」這裡所說是 1924 年 1 月在廣州舉行的有共產黨參加的國民黨首次全國代表大會實現國共合作後國民黨內分成兩派的種種情形。既排除了我的 1923 年舊說，也排除了學界那些時限縱跨十餘年的諸說：它特指 1924 年。

手稿「第18章以後各章的梗概及片斷」中有未標序號的小標題；其中有個標題為「北伐軍入城」，其時間由前章的1924年跳到1926年。這標誌著茅盾在續書中已把情節推進到第二、三兩部裡去了。

明線暗線有機結合的揭示主題的構架

引起學界時序諸說誇度極大的原因，我想也許是誤把小說的穿插追敘性的人物對話所涉及的歷史內容當成小說描寫的直接現實情節所致。第一部所寫雖是1924年夏秋之間，但通過人物對話提及的事件上溯到戊戌維新，中經辛亥革命直到北伐前。這條歷史政治縱線是避實就虛，納入人物對話及心理描寫之中斷斷續續點染提及的暗線。和寫經過「五四」洗禮的知識份子人物系列的明線盤根錯節相互糾結在一起，共同體現歷史蘊涵深厚的主題思想。小說的明線氣勢浩瀚，主次有致地寫了張、王、錢、趙、馮、黃、朱七個家族的興衰史與相互關係史。七、八、十個人物的命運交織在由舊民主主義革命到新民主主義革命的歷史長河的描寫中。明線又非單線而是復合線。其構成有主次之分。

寫張、王兩大家族的鬥爭與趙、王兩大家族的鬥爭體現了新興資產階級與沒落地主階級關階級鬥爭的歷史衍延。前者暗寫後者明寫；後者又是前者的繼續與發展。它一方面展示出民族資產階級取代地主階級佔據歷史主位的艱難過程；另方面也寫其有妥協有勾結以體現資產階級的不徹底性及其半封建時代特徵。而王伯申與趙守義的「鬥法」與《子夜》中吳蓀甫與趙伯韜「鬥法」對照互補，一事兩面，共同體現出中國資產階級民主革命的痛苦過程及其獨特性與不徹底性。不過這條線索在明線復合體中居次要地位。佔主線地位的是以錢、張、黃三家為重點組成的兩組「三人行」：男性「三人行」是「五四」落潮後分化出的頹唐者黃和光、消沉者張恂如和茫無方向又不甘寂寞只能托爾斯泰般地追求些改良主義的善行聊以自慰的錢良材。女性「三人行」是鳳姐般的張婉卿、寶釵般的胡寶珠與黛玉般的許靜如。這是些受過「五四」洗禮但又跟不上時代步代的「零餘人」。大都有趨前的願望卻無行動的決心與能力。時代潮漲他們有程度不等的亢奮與追求；時代潮落他們則或退隱或消沉。不同的個性反映出共同的特徵，「光譜」般地折射出時代潮汐中駁雜的人生追求與人生道路。這從又一個側面相當吃重地展示了中國資產階級民主革命的不徹底性。充滿更濃重的歷史反思的內容。正是在這裡結晶著茅盾在抗

戰最艱苦的年代在桂林所作的時識與史識相結合的歷史反思的深沉內涵。它與《雨天雜寫》異曲同工，充滿了歷史意識與時代體驗的厚重感。

《霜葉》的人物關係與人物性格「光譜」系列的描寫，其複雜程度較《子夜》有過之而無不及。其寫法也大異其趣。它把事件推到幕後，藉人物在家務事兒女情中展現其細膩複雜的心態與情態。這時茅盾介入民族形式討論並作出一系列著述的工作已告段落。他有意識地在《霜葉》中實踐其民族化理論。遂使小說舉重若輕，雅俗結合，情致幽遠，沖淡而不綺麗，纏綿卻不艷麗，的確是《紅樓夢》般的大手筆。但陰柔中透出陽剛之氣，家務事兒女情中蘊藏著歷史與政治的風雲變幻，又有過於《紅樓夢》而無不及。它和《子夜》一脈相承且有較大突破；把一向擅長的社會政治剖析的鋒芒藏在心理剖析與人情世態剖析之中。含而不露，剛柔相濟。這種審美表現特徵，可視作桂林時期茅盾韜光養晦處世態度的對應物。遺憾的是這部未竟篇未能展示出原構架的磅礴的全景。只在續篇中才略有揭櫫。

續書的主體部分是第一部的續貂

續寫《霜葉》工作在「文革」後期。這時茅盾的處境有所改善但無事可做，遂採納了兒子韋韜續寫此書的建議。現存的遺稿約五萬三千字左右。包括目錄、分章梗概、分章大綱、情節片段。此外有人物表與縣城略圖兩個附件。鑒於手稿短期內未必能面世，現向讀者略作介紹。

續作手稿的主體部分其實是第一部的續書大綱。故時間緊相銜接，內容與茅盾規劃的第一部的總體內容相吻合。據梗概，第15章寫朱行健幫黃和光戒了煙。「兩家交情日密。」時朱竟新獲悉中學校長曾百行要辭掉朱行健的教職。遂向婉卿告急。婉與黃轉請錢良材干預此事。這章大綱片段有「婉小姐處理家產」、「第 15 章初稿一段」（回敘秋潦平後良材返里的家居生活）、「婉小姐智激錢良材」、「補述 15 章之一段」（寫錢教青年農民習武）、「補述 15 章又一段」（寫婉與黃赴錢府前所備「雅禮」等）等。

第 16 章梗概是：圍繞王民治不願與馮秋芳成婚，馮梅生則極力促成藉以與民治之父王伯申拉攏關係，茅盾設計了兩個待定的方案。此章大綱片斷為「馮梅生夫婦談秋芳婚事」、「馮秋芳與其嫂拜訪婉小姐」、「馮秋芳贈阿秀。」

第 17 章沒寫梗概，只寫了大綱：「錢良材在黃府賭酒」。開頭寫婉小姐及丫頭阿秀的衣著，文筆極其富麗堂皇。寫賭酒方式是以時事為題材對對子。

藉此提寫了人物性格、處事方式與人際關係，也補寫了未出場的人物與情節。如補述張文卿攜錢良材嫖妓就引出第一部未出場的人物張文卿與馮買辦。借錢不肯宿娼寫其人品；隱約透出錢和婉卿彼此都有愛戀對方之意。行文既細且詳，約一萬二千字。稍加伸展即可成篇。未寫梗概可能緣此。

　　第 18 章梗概寫王民治馮秋芳的婚禮及婚後擬去日本留學。大綱是「王民治的婚事」（婚前民治不願，秋芳也心存疑慮。婚禮寫席間諸客動態。禮成後秋芳與民治傾談，消除了王有容暗下微詞導致民治對馮的顧慮。此章設一伏筆：王伯申擬辦電燈公司請大家認股；趙守義仍奪民田放高利貸等。此外還寫「婉小姐盛宴慶祝黃和光戒煙成功。」

　　茅盾說第二部寫北伐戰爭，第三部寫大革命失敗以後。但上述三章均未及此，故實際上這三章是續寫第一部；對其中的階級關係、人物性格及人物關係作了一定的拓展。

從續書手稿看二、三兩部的整體格局

　　眞正屬於二、三兩部的續寫文字是「第 18 章以後各章的梗概及片斷。」它文字簡但內涵大：包括一、「北伐軍入城」，時間是 1926 年 9 月（手稿誤爲 11 月）。這時北伐軍圍武昌，孫傳芳敗兵臨城勒索。正值錢良材去了上海。恂如應付不善被扣押；經賄賂獲釋。良材回來後婉卿設計給北伐軍通信息，遂順利克城。趙守義一派利用歡迎之機向北伐軍師政治部嚴主任誣告錢爲土豪魁首，朱行健爲劣紳班頭。縣中某教師則向嚴主任介紹婉卿是女中豪傑。嚴主任名無忌，是黃和光的同學。夫人張今覺。二、「嚴無忌拜會黃和光」：先藉嚴氏夫婦之眼極力寫婉卿的風采及黃府「偕隱軒」之幽雅，並假敘舊之機，補寫黃和光當年在校時的抱負。「裡外間的素壁，上有橫額，墨綠地嵌羅甸字，寫『膽大心細，外圓內方』。落款是和光爲婉卿書。橫額下是一幅六尺中堂，裝在鏡框內，畫的是拳石木芙蓉，那拳石突兀峭拔，芙蓉則婀娜冷艷，矯健英發。看落款是：婉卿畫，和光借青丘詞奉題。」談話中，他們向嚴主任著重介紹了錢良材「磊落悒塞之奇才」。當即決定由婉卿張今覺代嚴主任去鄉下拜會錢良材。

　　三、「張今覺初會錢良材」，寫這次會面是第二部的關鍵情節。因爲這位以「覺今是而昨非」內蘊命名的時代女性，後來成了錢良材大革命潮中同安共危的戰友。四，「亡命日本」：這當中跳過許多情節。直接寫錢良材加入國

民黨並任縣黨部副主任。他上一條陳：「縣立中學、善堂等等積弊甚多。應派人清查」。「嚴主任派朱行健清查，趙守義聞風逃走，曾百行逃不成，被撤職，委恂如代校長。」但旋即發生「四一二」反革命政變。嚴主任被調到南昌。他「勸良材避風頭。」時新縣長到任。良材化裝爲女僕，隨婉卿與張今覺逃出縣城同赴上海。後張今覺赴江西尋夫。錢與婉卿和光赴日本。錢在日本與亡命東京的國民黨左派及共產黨之脫黨者來往，因受日本特務注意擬返滬。

五、「馮秋芳、王民治在日本與黃和光、張婉卿相遇」：民治帶來消息，趙守義捲土重來，幫助到錢家村搜捕錢良材。六、「張今覺、錢良材結伴北上」：南昌起義消息傳到日本：旋又接張今覺函，稱起義已失敗，嚴無忌被當作共產黨殺害。她死裡逃生。婉卿等遂回滬會張今覺。張說她欲去救陷在九江的婆婆和母親。後由錢赴九江救出二老（暗寫）。錢又陪張今覺乘船經天津赴北京去救張的弟弟（桂系與閻錫山聯繫的聯絡員）。在船上張今覺向錢介紹了自己的和丈夫的身世。她是上海人。父爲北京某大學左派教授，爲軍閥注意。攜今覺南下。1924 年在廣州入國民黨爲左派。在嶺南大學上學的今覺也同時入之，亦爲左派。1926 年父被暗殺。張與嚴結婚。隨軍入浙後抵縣城。

六、「醫戒行房期滿翌晨夫妻戲謔」：和光病，房事有礙。在日本治癒。此節寫癒後返滬夫妻治酒自慶時談詩自娛。當中穿插寫「四一二」後朱行健被誣爲共產黨被押經婉卿救出。

七、「張今覺與錢良材策劃擊殺仇人」：寫他們抵京後密謀報仇，爭相赴險。但仇人是誰，報仇是怎麼回事，均未交待。他們談話中說：「中國革命前的陣痛如果從辛亥革命算起，已有十多年，此後也許還要十多年，這才革命這個嬰兒能呱呱墜地罷」。八、「張今覺受傷住院：」最後還是張去報仇，事成後受傷住院。錢常去看望：「他們慨嘆於所謂國民黨左派大都變節，又驚訝於共產黨在南昌起義後南下到汕頭，又被擊破」。張出院後擬繞道大連返滬，問錢今後作何打算。錢說：「收拾鉛華歸少作。」張接日：「排除絲竹入中年，是不是？妹子願奉陪。」至此，續稿嘎然而止。

對續書手稿的幾點看法

18 章以後的大綱梗概文字雖簡，卻把原定題旨與書名涵義大體上揭示出

來了。在人物描寫方面，張婉卿、錢良材的性格有較大的發展。新增寫的人物嚴主任與張今覺都構思得很有份量，也很生動。尤其是寫張今覺這個國民黨左派女傑，不論是在茅盾筆下，還是在其他作家筆下，似乎還屬獨一無二的典型。她令人聯想到國民黨左派女傑施劍翹。（不過施北上刺殺的是北洋軍閥）。這類性格過去極少受到作家青睞。在茅盾筆下的時代女性群中，此人也是首次登場。因此彌足珍貴。

這份手稿氣勢磅薄，文字也華麗灑脫。眞地能一一譜繪成篇，未必不能超過第一部。可惜茅盾自律過嚴；僅因文字風格難於與第一部諧調即毅然輟筆；給中國現代文學史留下一個永久的遺憾！儘管大綱與梗概規劃甚詳，從素養與功力看，不大可能有新的高鶚能效其作「補天」之舉！

二、三兩卷的規劃，場面與時空視野跨度都很大。分章內容與密度也較第一卷大。眞地鋪開來寫，勢必得另擬分解的章節。否則只能是高度的濃縮，則將顯得頭輕腳重，前鬆後緊；比例恐怕很難諧調了。書名「霜葉」所指，在續作中已展現出初衷。只是未見設計出相應的出場人物予以形象化揭櫫。顯得象徵寓意大於實際展現，好像也非良策。

（刊於《山東社會科學》1994 年第 6 期）

茅盾抒情散文的藝術特色

　　一個傑出的作家往往有幾副筆墨。這有助於他適應時代的需要，也便於發揮其多方面的藝術才能。茅盾就是具有幾副筆墨的傑出作家。他的小說、詩歌、散文創作，在中國現代文學史上程度不同地佔有相當重要的地位。他的散文，尤其抒情散文的藝術成就就僅次於他的小說。他是可以和朱自清、冰心等著名抒情散文大家相比肩的高手。只是他們的創作個性不同，其散文的藝術特色也不相同。

　　成熟的創作個性決定著作家創作的藝術特色。時代的需要和生活的推動促進著其藝術特色的逐步形成。茅盾抒情散文的藝術特色當然也打上了作家的創作個性和作家所處時代、所熟悉的生活的鮮明烙印。結合著這些主觀與客觀因素來考察其藝術特色，有助於總結其藝術實踐經驗並供後來者借鑒。這是我們認識和評價茅盾的一個重要的角度。

一

　　和敘事散文、雜文的寫作相較，茅盾的抒情散文數量較少，但質量卻較高。在為數不多的抒情散文中，象徵寓義的展現和象徵手法的普遍應用是個顯著的特色。形成這一特色的原因比較複雜，要而言之，這既是對外國當代文學的借鑒，也是時代環境對作家創作的制約與要求。

　　茅盾所處的時代是波浪翻騰、動蕩不安的複雜歲月，生活的湍流呈現出極為複雜的狀態。茅盾的思想隨著時代的發展而曲折起伏，儼然生活湍流一般，經歷著曲折、複雜並探索前進的征途。茅盾創作伊始就立志大規模地、正面地反映時代和中國社會。這一壯志宏願不僅體現在小說創作中，也體現

在散文，包括抒情散文的創作裡。這一切使他往往採用不少西歐作家喜歡採用的象徵手法，藉具體的意象或物象寄託更為深沉、更為恢宏的象徵寓意，以擴大其作品的思想容量。

很久以來對藝術中的象徵存在一種誤解：以為只要用某種具體事物來表現某種抽象意義就是象徵或象徵手法的運用了。其實象徵和象徵手法的運用，其契機在於以某種具體形象來概括更為普遍、內容更豐富、也更複雜的東西；並且以含蓄蘊藉、耐人尋味，具有最大程度的概括性和表現力的獨特性為前提。歌德就曾說過：「真正的象徵手法出現在部分的東西是更加普遍的東西的代表者的地方。」這正是茅盾看重象徵並常常採用象徵手法塑造其抒情散文形象，描繪其抒情散文意境的重要原因。因為這對茅盾的創作個性和所處時代，所寫生活最為適合。

通觀茅盾抒情散文的象徵性描寫的發展狀況，大體上可分為三個階段。第一個階段是二十年代末期，可以稱之為苦悶的象徵；第二個階段是三十年代中期，可以稱之為時代的象徵（對於這一提法，筆者自己感到不很貼切，但一時找不到更為恰當的提法，只好姑妄用之。）；第三個階段是四十年代伊始，可以稱之為理想的象徵。無論哪個階段，都和時代與作家思想存在著密切的內在關係。

茅盾是「為人生的文學」和現實主義文學的積極倡導者和實踐者。他從五四運動開始，就堅持徹底揭露黑暗，同情被壓迫人民，在黑暗社會中尋求光明的戰鬥精神。他在一九二一年就認為文學應「能聲訴當代全體人類的苦痛與希望」。〔註 1〕到了一九二五年，他進一步指出「文學決不可僅僅是一面鏡子，應該是一個指南針」。〔註 2〕這些主張不僅和他在中國共產黨成立以來作為一個黨員作家所從事的社會革命活動相一致，也和他的創作準備期間的試筆作〔註 3〕的傾向相一致。

但是，一九二七年大革命的失敗使茅盾「經驗了動亂中國的最複雜的人生的一幕，終於感得了幻滅的悲哀，人生的矛盾，在消沉的心情下，孤寂的生活中，而尚受生活的執著的支配」，想要以「生命力的餘燼從別方面在這迷亂灰色的人生內發一星微光」，於是「就開始創作了。」〔註 4〕這時期寫的長

〔註 1〕 《新文學研究者的責任與努力》，《小說月報》1921 年第 2 期。
〔註 2〕 《文學者的新使命》，《文學週報》第 190 期，1925 年 9 月。
〔註 3〕 通常以《蝕》為茅盾的處女作，此前的文學散文被視為試筆之作。
〔註 4〕 《從牯嶺到東京》，《小說月報》第 19 卷第 10 期。

篇小說《蝕》短篇集《野薔薇》和短篇小說散文合集《宿莽》中的一批短篇
小說和抒情散文，雖然也在執著追求光明，但卻僅能使這些作品成為動亂時
代的「一面鏡子」，難以成為「一個指南針」。這時的茅盾苦悶、彷徨、焦
灼、憤懣。他覺得「既然沒有杲杲的太陽，便寧願有疾風大雨，很不耐這愁
霧的後身的牛毛雨老是像簾子一樣掛在窗前。」〔註5〕但時代和作家思想的局
限使茅盾一時認不清時代洪流的前景，分不清其主流與支流。正面反映時代
的宏願，與個人苦悶所反映的時代苦悶相膠著，茅盾的藝術才能就使他選擇
了象徵手法作象徵性描寫。他捕捉與把握著客觀環境具體物象的特徵，以形
象地概括那來源於生活深處而凝成的主觀意象和情懷。於是他二十年代末的
這組抒情散文的象徵描寫，就成為寓時代苦悶於個人苦悶之中的苦悶的象
徵。在這組苦悶的象徵的抒情散文中，《霧》、《賣豆腐的哨子》和《虹》是代
表作。

　　這時他較為嚴格地遵循著他從五四時起就倡導的現實主義原則，往往按
照生活的本來面目去作寫實的描繪，藉助自然現象以象徵恢宏、開闊、錯綜
複雜的社會政局與動亂潮流。「霧」成為他概括大革命失敗後社會政治狀況的
最重要的象徵性形象。最早出現「霧」的形象的是《賣豆腐的哨子》。〔註6〕
在「胸間那股迴蕩起伏的帳惘的滋味」藉助捕捉到的「哨音」被抒發得迴腸
蕩氣之後，茅盾採用了這樣的結尾：

　　　　我猛然推開幛子，遙望屋後的天空。我看見了些什麼呢？我只
　　看見滿天白茫茫的愁霧。

　　　　　　　　　　　　　　　　　——《茅盾散文速寫集》，第22頁

在《霧》裡則把「抹煞一切的霧」和寒風冰雪作為對立性的象徵形象來寫。
他強烈呼喚驅除「頹唐闌珊」並能「刺激人們活動起來奮鬥」的「疾風大雨」。
這兩篇散文的基調都是苦悶、焦灼與對新的戰鬥生活的渴望和呼喚。上文所
引《從牯嶺到東京》的那段關於經歷了動亂人生而感到幻滅的悲哀，又不甘
孤寂而想作執著追求的話，可以和這兩篇散文互為注腳：它們共同反映著茅
盾對時局的認識與感受——這正是「霧」的象徵寓意之所在；它們共同反映
著茅盾對革命鬥爭的渴望和對革命理想的追求——這正是「寒風」、「冰雪」
和「暴風雨」的象徵寓意之所在。

〔註5〕《霧》，《小說月報》第20卷第2期，1929年2月10日出版。
〔註6〕刊於《小說月報》第20卷第2期，1929年2月10日出版。

茅盾還藉「霜葉」和「紅葉」來諷刺假革命者（《紅葉》）；用「虹」來描摹虛偽的「繁榮」的革命景象和羅漫諦克的革命幻想（《虹》）。這些形象的象徵寓意中，既包孕著總結革命經驗教訓的真知灼見，也混雜著悲觀、失望、頹唐情緒。這一切又統一在「尚思作革命的追求」的行動貫串線中。而真的前景和出路是什麼呢？作者又不甚明確，於是積極的追求與消極的幻滅相交織，就形成以苦悶為基調的複雜情懷。而這個人苦悶之中所包含的，分明是大革命失敗後革命沉寂期的時代苦悶的基本內容。

所以茅盾的苦悶的象徵期的這些抒情散文，尚不足以貫徹其既是一面鏡子又是一個指南針的現實主義文學主張的全部。這一主張的全面實現，是進入三十年代之後的事。如前所說，三十年代的抒情散文的象徵性描寫可以叫作時代的象徵。代表作是《雷雨前》、《黃昏》和《沙灘上的腳跡》。〔註7〕

這批散文的象徵性描寫區別於二十年代末的最大特點是兩個。其一是象徵手法的運用，不是納入現實主義而是納入浪漫主義的創作原則裡；其二是既能準確反映現實，又能充分展示前景，一掃苦悶、消極的調子，代之以信心十足的追求和開朗樂觀的戰鬥情懷；能夠充分反映三十年代中期革命由低潮轉向高潮那歷史轉折時期的時代精神。這就是我把這一時期抒情散文的象徵性描寫叫作時代的象徵的緣由。這裡既反映了革命潮流波瀾壯闊的發展，也體現出茅盾在旅居日本東京時期清理了思想，振作了精神，回國投身左翼文藝運動後的嶄新風貌。經過痛苦的思索和對走過的道路的嚴格審視，他終於從曲折的回流中重新匯入革命的洪流。這些認識以空前的深度凝入了作品。

在《雷雨前》裡，他以「灰色的幔」代替了「霧」來象徵黑暗勢力的暫時統治，以蒼蠅、蚊子和蟬象徵形形色色的社會勢力與社會思潮，以幔外的持刀巨人象徵革命勢力，以暴風雨的到來象徵革命高潮的興起，茅盾像個革命浪漫主義的抒情詩人，他在讀者面前展現了一幅令人驚心動魄、倍受鼓舞的象徵情景：

> 然而猛可地電光一閃，照得屋角裡雪亮。幔外邊的巨人一下子把那灰色的幔扯得粉碎了！轟隆隆，轟隆隆，他勝利地叫著。胡——
> ——胡——擋在幔外邊整整兩天的風開足了超高速度撲來了！蟬兒噤

〔註7〕分別刊於《漫畫生活月刊》第1號，1934年9月20日出版，《太白半月刊》第1卷第5期，1934年11月20日出版。

聲，蒼蠅逃走，蚊子躲起來，人身上像剝落了一層殼那麼一爽。

霍！霍！霍！巨人的刀光在長空飛舞。

轟隆隆，轟隆隆，再急些！再響些吧！

讓大雷雨沖洗出個乾淨清涼的世界！

——《茅盾散文速寫集》，第 69 頁

這一象徵性的意境和形象，簡直是革命高潮到來時中國社會那波瀾壯闊場景的真實寫照。它充滿了革命理想主義的憧憬和光采。說它既是鏡子，又是指南針，並不顯得有什麼過分。

和開朗樂觀的《雷雨前》的象徵性描寫相比，《沙灘上的腳跡》則顯得艱難、險惡和嚴峻。不管是吃人的夜叉還是排出「光明之路」字樣的惡鬼和唱迷人之歌的美人魚，在象徵性地反映反動勢力方面，都較之灰色的幔遠為逼真，具體和可怕。而第三人稱「他」簡直就是茅盾自己，「他」像《過客》之於魯迅那樣，總結並形象地反映了茅盾艱難前行的思想歷程與這思想歷程的曲折迂迴性。當「他」打消了等天明再走的念頭，「靠著心火的照明，在縱橫雜亂的腳跡中」，「小心辨認著真的人的足印，堅定地前進」時，我們不是分明地看到了由苦悶的象徵進入到時代的象徵這一歷史性轉折的作家生活與創作道路發展的真實寫照嗎？這一象徵性寓意除反映了作家自己之外，不也同樣充分地反映了那個時代嗎？

但是這種時代的象徵畢竟帶著革命理想主義的成分。如果不是從現象而是從本質上來看，險惡的《沙灘上的腳跡》如果說基本上是寫實，《雷雨前》和那篇以黃昏日落和「大風雨來了！」來象徵革命轉機的《黃昏》卻有明顯的理想主義的成分。但這畢竟是天亮之前的「黃昏」。到了四十年代，當茅盾在延安生活數月之後寫《風景談》和《白楊禮讚》〔註8〕時，他已經看到了三十年代這組抒情散文反映的理想轉化為真的現實。所以「白楊」等象徵性形象就脫離了浪漫主義和革命理想主義的底子，重新把象徵手法納回到現實主義的軌道上去。這時，茅盾進入了理想的象徵期。因為把解放區和中國共產黨領導的解放區那嶄新的社會制度的種種現實變為整個中華民族的現實生活，這一理想的實現，已經為期不遠了。所以把西安變成延安的信念，就成了四十年代初茅盾這組理想的象徵的抒情散文的基調。代表作除了《白楊禮

〔註 8〕分別刊於《文藝陣地月刊》第 6 卷第 1 期，1941 年 1 月 10 日出版；和該刊第 6 卷第 3 期，同年 3 月 10 日出版。

贊》，還包括了《風景談》、《開荒》，〔註9〕一定程度上也可以把《霧中偶記》〔註10〕包括在內。

　　既然有數月之久的延安生活的直接體驗，又放棄了浪漫主義而回到現實主義上去，茅盾當然也可以完全放棄象徵手法而照實直書。但國民黨反動統治下的重慶，這麼寫出的反映延安精神的作品顯然「吟罷低眉無寫處」，很難發表的。所以茅盾仍然藉助於象徵手法而展示其深邃的象徵寓意。因此，在《白楊禮贊》中，作者對白楊作了種種頌讚之後，雖明白宣告過它的象徵寓意是歌頌「北方的農民」，是歌頌我們的民族精神，但還有另一重未便點破的象徵寓意：熱情謳歌中國共產黨人和他們領導的廣大中國抗日軍民。在《開荒》中藉「開荒」這個客觀現象，象徵著我國社會歷史發展的三個重要階段；而最後的一個階段，則是以解放區的大生產運動和社會革命運動為其象徵寓意的。而這，代表了中國人民金光閃閃的歷史前景。《風景談》不是通篇有象徵寓意的作品，但結尾出現的號兵和荷槍的哨兵，則分明是中華民族的象徵與黨領導的抗日軍隊的化身。最有意思的是在《霧中偶記》中再次出現的「霧」的形象。它已失去了二十年代末期那朦朧的色彩，而成為「霧重慶」黑暗社會的象徵。它是和「朗天化日」相對照而出現的，而「朗天化日也跟著來」的描寫，又和「林卷紓的出走的去向」相聯結，林卷紓顯然走上了革命道路。這就更進一層站在時代制高點上，點出象徵寓意的社會內容。這一切理想的象徵都聯結著時代的動向和歷史的趨勢，代表著中國的未來和人類的前景。這一切又都閃現著四十年代思想已趨成熟的大作家那理性思想的光芒，因此象徵性描寫又和哲理的思辨、政論的手法相溶匯，帶著明顯的開朗、樂觀和機智、豪邁的情感。

　　郁達夫在評價茅盾散文時曾說：他「唯其閱世深了，所以每每不忘社會。」〔註11〕茅盾自己也說他「未嘗忘記文學的社會意義」。〔註12〕茅盾的這一創作個性特點使他的象徵性描寫和象徵手法的運用具有以下三個特點：其一，他常常從微觀的角度從自然界諸事物中提煉象徵性形象，在典型化過程中卻注意從宏觀的高度與廣度賦予其社會全景和深廣社會內容的象徵寓意，使其象徵手法的運用不僅發揮了藉具體概括抽象的作用，而且使其最大限度地概括

〔註9〕刊於《筆談半月刊》第6期，1941年11月出版。
〔註10〕刊於《國訊旬刊》第261期，1941年2月25日出版。
〔註11〕《中國新文學大系導論集》，第222頁。
〔註12〕《我的回顧》，《茅盾論創作》，第7頁。

更普遍、更豐富、更複雜的時代內容，以其含蓄蘊藉、耐人尋味的獨特表現力扣動讀者的心弦，以期引起更強烈的共鳴。其二，在這個基礎上，把時代烙印和主觀傾向有機地納入象徵性形象中。隨著自己思想發展的不斷昇華，主觀與客觀的結合經歷了由矛盾到完全統一的溶化過程。這也就是苦悶的象徵被時代的和革命理想的象徵所取代的過程。其三，象徵手法的運用往往交織著強烈的抒情，使主觀意象能融洽地統一在象徵性形象的客觀描繪之中。因此，他的追求情理結合的散文和象徵性寓意的散文有時一而二二而一，很難區分的。

二

情與理的有機結合所造成強烈的藝術美，是茅盾抒情散文的又一個顯著特色。

抒情散文的感情濃度僅次於詩，但感情因素對抒情散文的重要性決不亞於對詩。因此我國古文論中一向重視感情因素。所謂「登山則情滿於山，觀海則意溢於海。」指的是作家接觸外界生活所激發的強烈感受；所謂「情動於中而形於言」，指的則是感情的強烈抒發。具有淵博的古代文學素養的茅盾深諳此道，在他的抒情散文中，感情因素是最重要的構成因素之一。

由於茅盾是一個堅定的現實主義大家，在他的創作個性中，偏於客觀、偏於理性是最重要的因素之一。因此他的感情的激發往往萌始於敏銳的觀察、深沉的思索、豐富的聯想。他往往從一個居高臨下的視點選擇抒發感情的渠道，並常以哲理的探求與闡發作為抒情的間架，使激情與哲理、抒情與議論得到內在而完美的結合。

統觀茅盾抒情散文與理的有機結合情況，大致表現為三種類型：其一是情調的捕捉與抒發。其二是意象的捕捉與意境的追求。其三是情與理的物化。

情調的捕捉與抒發往往採取直抒胸臆的方式。所謂直抒，包含著作家把捕捉情懷的方式與過程，淋漓盡致地傾注入作品之中的意思在內。最典型的莫過於《賣豆腐的哨子》和《叩門》。〔註13〕

《賣豆腐的哨子》反映的思想並非形成於茅盾東渡日本之後。大革命失敗後形勢的殘酷與混亂使他迷惘，革命的失敗使他沉痛，從置身革命漩渦之

〔註13〕刊於《小說月報》第 20 卷第 1 號，1929 年 1 月 10 日出版。

中到游離於革命之外並不得不置身異國，使他惆悵苦悶，他渴望再次投身於拼搏奮鬥之中而不可能。這一切鬱結於心，迫使他尋求恰當的藝術再現的形式。日本的自然風光和社會情狀恰恰啓發了作家的思路，激發了作家的靈感。他抓住了「滿天白茫茫的愁霧」來象徵那膠著得令人難耐的形勢，表達如置霧中一時看不透前景的心境。他捕捉了「賣豆腐的哨子」那「低嘆暗泣的聲調」所激發的蒼涼悵惘之情，來抒發他滿含著時代苦悶的個人內心那苦悶惆悵之情。但出現在散文中，卻是從「哨音」激起的悵惘落筆。藉助剖析這哨音激起悵惘之情的原因而抒發開去。這原因既不是漂泊者的鄉愁，也不是「類乎軍笳」之音使他聯想到北伐軍揮師北上那悲壯的過去。爲了排除這些，作者索性置下「哨音」，而寫「夜市」，從小販「誇賣」的行動感到他們艱難掙扎的求生，和掙扎不脫那生活的苦難而激起的「心的哀訴」。於是茅盾就把個人的悵惘之情和同命運的被壓迫者的心聲相聯結。這就充分抒發了苦難人民共同的「地下的聲音」，所以他從「單調的鳴鳴中讀出了無數文字」。這正是抒情的間架──哲理因素之所在。

因爲大革命的失敗和人們的求生慾望以及這個願望在階級壓迫下之難以實現，都反映了這樣一個哲理：「歷史必然的要求與這個要求實際上不可能實現之間的悲劇衝突。」﹝註14﹞這正是茅盾所說的「無數文字」的哲理性內容。這篇散文追求與抒發的「悵惘」之情，都是從這兒激發出來的。這強烈的抒情與哲理的闡發因「只看見滿天白茫茫的愁霧」而激發得分外濃烈。悵惘的感情基調的捕捉與抒發也就傾瀉得更淋漓盡致。

作家藉助社會情狀的描繪與所捕捉的感情基調的品味，實際上是挖掘了一條感情渠道，不由讀者不沿著這條通渠捲進社會矛盾漩渦，去思考，去探索，這正是茅盾所追求的由抒情而至哲理的美學效果。

《叩門》的主題和《賣豆腐的哨子》基本一致，但側重點在對前景孤苦而執著的憧憬與追求。這孤凄、寂寥而執著之情的追求是作家捕捉並抒發的感情基調。三次叩門的描敘把作家的捕捉過程也嵌入意境之中，並成爲貫穿全篇的抒情線索。孤凄、寂寥而執著追求之情也具有哲理性的間架：這就是嚴寒、淒寂、空虛與「殷殷然有些像雷鳴」的聲音對比之下展示出的思理。「是北風的怒吼罷？抑是『人』的覺醒？我不能決定。但是我的血沸騰。我似乎已經飛出了房間，跨在北風頸上，䀚然驅馳於長空！」這帶象徵意味的哲理

﹝註14﹞恩格斯：《給拉薩爾的信》，《馬恩列斯論文藝》，第15頁。

警句，顯然展示了作家那踏過敵壘猛闖直邁的革命氣概。它反映了不論環境如何艱難，都應該「知難而進」的哲理思想。這也是茅盾所刻意追求的由抒情而至哲理的美學效果。

茅盾抒情散文情與理結合的第二種情況是充滿哲理色彩的意象的捕捉與意境的追求。這方面最有代表性的作品是《嚴霜下的夢》和《光明到來的時候》。茅盾生前在回憶錄中說過：《嚴霜下的夢》「表述了革命的遭遇和我的心情，並對那時的盲動主義表示了『迷亂』『不明白』和不贊成；我發出了詢問：『什麼時候天才亮呀』？」〔註15〕這段話把作品意象的捕捉、物境的提煉、意境的凝聚和哲理的追求的全部內涵，作了簡明透剔的概括。作品寫了三個夢境：第一個夢粗疏傳神地描寫了形形色色革命者的英姿，藉歌聲、軍樂、呼喊等等抒發了悲壯、激昂、狂歡的革命激情。還想像出人人的心都跳出胸腔在空中聯成字跡的場面，以展示中國革命的偉大意義和「眾志成城，可定乾坤」的歷史唯物主義的哲理。這一切展示的是「未來的憧憬凝結而成為現實」的理想境界。然後又用蝙蝠灰色的翅膀撲滅了這美夢，把人拉回到殘酷的現實之中。第二個夢與血與火的鬥爭，體現出對反革命血腥鎮壓必須以更猛烈的革命烈火去清除的意境。第三個夢則是對頹廢而又「左」傾的空談家、盲動主義者的批判，「死的跳舞」的場面多少流露了「色即是空」的消極情懷。三個夢均略微帶有象徵的色彩。如前所說，茅盾的象徵性散文與追求情理結合的散文有時是一而二、二而一，很難區分的。此文即其一例。在這裡作家刻意抒寫與捕捉的，是根據殘酷的歷史事變所凝成的主觀意象與哲理性思想。但正像魂必須附體那樣，文中所直接描寫的正是這「體」，這「體」當然是大革命前後現實生活的片片斷斷所構成的物境，但一切均經過作家大刀闊斧的加工，並把其主觀意象與哲理性思考充盈進去，成為其靈魂。在這裡意象與物境相互滲透、有機結合著，凝成深邃、發人深思、哲理性極強的意境。這就既不同於直抒胸臆的情調的捕捉；也不同於下文將要談到的託物寄意式的物象的客觀描寫。因為三個夢境雖從一九二七年大革命由高潮到逆轉取材，但對場面的描摹並非寫實，而是以主觀感受與哲理思辨為基幹加以改造，成為形象十分奇特、構圖相當朦朧，並充滿浪漫主義色彩的意境，三個夢境均採用意識流手法來展現與組接，含蓄蘊藉地透示了寓意：對革命高潮的留

〔註15〕分別刊於《文學週報》第 6 卷第 2 期，1928 年 2 月 5 日出版；《中學生》第
31 號；1933 年 1 月 1 日出版。

戀，對反革命改變的鞭撻，對左傾盲動的唾棄，對光明前景的熱切的憧憬與嚮往。這一切都在混亂的噩夢與黎明的曙光的交替與尖銳對比中得到展示。文章開頭那一大段關於夢的議論，則加重了後面意識流般的夢境描寫所顯示的內在寓意的哲理性。「嚴霜下的夢」這一標題準確地概括了通篇意境包含的全部哲理與激情。《光明到來的時候》的藝術構思基本上與《嚴霜下的夢》類似。也許由於寫作時間較晚，離事件發生的時間較久，作品對物象的提煉與加工的流程和幅度更大，意象的主觀色彩更濃，加上採用意識流手法來組接對話，採用精神幻象手法來加重情感的抒發，使作品帶著較《嚴霜下的夢》遠爲濃重的哲理思辨性。所抒發的感情，也減少了熱度，加重了冷嘲的色彩。但基本主題還是積極的，調子也比較高昂：「來罷！燒毀了舊世界的一切渣滓！來罷！我要在火裡洗一個澡！」這個結尾和《嚴霜下的夢》甚至上文論及的《雷雨前》顯然異曲同工。

　　茅盾抒情散文的情與理有機結合的第三種情況是情與理的物化，這就是託物寄情，情隨物移；藉事寓理，理依事顯。不論是物象的捕捉還是事件的凝聚，均保持著生活的本來面目，散文形象的提煉，或人或事或物，均以客觀描寫爲主；激情與哲理則潛移默化地滲入其中，絲毫不露形跡，感情的抒發和哲理的思辨也不留斧鑿痕跡。於是，就和第二種情況即意象的捕捉與意境的追求顯然不同。因爲第二種情況雖然也是託物寄意，借景抒情，但是以抒發主觀爲基本軸心，意象也罷，意境也罷，均是一種藝術手段，均服從於抒發主觀的美學要求。而情與理的物化卻是以客觀的物爲描寫主體，情與理滲透其中，是無形的「神」，它雖起主宰作用，卻用潛滋默長的方式，努力維持生活客體的本來面目。這類作品較多，最有代表性的是《白楊禮讚》、《紅葉》、《櫻花》〔註 16〕、和《風景談》。《白楊禮讚》是藉物抒情寓理的。它賦予白楊以合乎其外在特徵與內在特徵的某些性格特色，作家把白楊擬人化了。他由物而及人，寫物以狀人，藉此抒發作者的感情；也藉此激發讀者的感情；而哲理的議論就順勢滲入，結合得順理成章，渾然天成。《紅葉》、《櫻花》的寓意和寫法不同於《白楊禮讚》，它們不是狀物而是寫事，兩文的寓意與寫法也比較近似，《紅葉》寫嚮往觀紅葉的盛況和觀後感到的索然寡味；《櫻花》寫傾慕賞櫻花之雅趣及賞畢感得的有名無實。在這裡，紅葉與櫻花自然

〔註 16〕分別刊於《小説月報》第 20 卷第 3 號，1929 年 3 月 10 日出版；《新文藝月刊》第 1 卷第 2 期，1929 年 10 月 15 日出版。

也略有寓意，但寄情寓意的重心還在觀葉與賞花，都包含著「百聞不如一見」，和「觀景不如聽景」的生活哲理。但是兩文的寓意不僅乎此。因爲其中抒發的乘興而來，敗興而歸的惆悵失望、意冷心灰之情，包含著超乎事情本身的弦外之音。如果我們細細品味，聯想對比，可以發現，從一九二八年十二月寫《霧》始，到一九二九年寫《櫻花》止，有一條一以貫之的惆惘、幻滅和憤懣、壓抑之情，隱隱連成一條抒情貫穿線，幾乎一無例外地寄寓在這一時期寫的這組抒情散文中。不論狀物、敘事、寫人，均隱隱透出苦悶之情。如前所說，這種個人的苦悶是時代苦悶的深刻反映。因此我們不得不由觀葉賞花的失望而聯想到大革命鼎盛期的亢奮與落潮期的幻滅與消沉。這裡的幻滅與消沉當然不僅是消極情緒，也還有更積極的內容：對左傾盲動的壓棄，對「霜葉」似的假革命者的憎惡，對前景認識的朦朧，都交織其中。由此可見，茅盾寫《霜葉紅似二月花》並爲該書立意和定名時談及的那些認識，其萌發極早，在《紅葉》等這組散文裡已略見端倪。儘管這種情與理的滲入幾乎看不出蛛絲馬跡，但卻以「潤物細無聲」的方式充盈其中。使之獲得類似山水詩、詠物詩般的深邃意境。那弦外之音似來自飄渺的天際般韻味無窮。《風景談》的內容較前三篇爲複雜，它不寫一物一事，而是截取延安解放區那嶄新生活的幾個鏡頭，用蒙太奇手法組接成片，線索則是「談風景」。寫「風景」是因由，寫人是目的：這是一曲新人、新生活、新精神、新社會的謳歌。這種「大題小做」筆法，幾乎使人誤以爲這是一篇敘事散文。因爲它的情和理埋藏得那樣深沉；結合得那樣緊密；一切激情和哲理或者物化了；或者寄寓在所寫的事裡；或者滲透在幾個生活片斷裡；一切鬼斧神工都潛藏在所描繪的六個「風景」鏡頭裡。這地地道道地是神來之筆。是藉事寓理，理依事顯的典型範例。如果把《風景談》和《嚴霜下的夢》作個比較，會更明顯地感到情與理的物化方式，和意象的捕捉與意境的追求這另一種情理結合方式的區別。它和情調的捕捉，區別就更大了。因爲前者偏重於客觀，後面者則著力於主觀。但追求情與理的完美結合則是完全一致的。

　　然而不論哪種情理結合方式，都能造成高度的藝術美，其美學價值是任何別的作家別的作品難以取代的。因爲即便和朱自清、冰心這些抒情散文大家相比，由於茅盾具備了郁達夫所說的「唯其閱世深了，所以每每不忘社會」的創作個性特點，即便寫觀葉賞花、風土人情，茅盾也更善於凝聚進遠爲深廣的社會內容。由於茅盾養成了一個偏於理性的心理素質，具有觀察周到、

分析透剔的能力，其哲理性追求又往往和雜文筆法結合在一起，形成了堅實剛勁的思想骨架，使他的抒情散文也具有頗濃的社會批評的色彩，其鋒芒之犀利，在現代文學史上，除魯迅外，無人可比。

在《准風月談・前記》裡，魯迅在諷刺文禁森嚴，只准談風月時列舉了談風月的兩種筆法。一種是蘇軾《後赤壁賦》的筆法：「月白風清，如此良夜何？」另一種是元朝鞭然子《拊掌錄》中所記歐陽修的詩友的筆法：「月黑殺人夜，風高放火天。」魯迅的這個對比當然和茅盾的情理結合以展現更豐富的社會內容與哲理沒有什麼關係。但從說明談風月也可談出複雜的社會內容這一點看，對我們把握茅盾抒情散文作品在情理結合上的獨特追求並形成自己獨具的特色方面，仍能給我們以啟迪。

三

取精用宏，一以當十，形神結合，避實就虛，是茅盾抒情散文的第三個特色。

茅盾說過：「社會對於我們的作家的迫切要求，也就是社會現象的正確而有為的反映！」「因而一個做小說的人不但須有廣博的生活經驗，亦必須有一個訓練過的頭腦能夠分析那複雜的社會現象；尤其是我們這轉變中的社會，非得認真研究過社會科學的人每每不能把它分析得正確。」〔註17〕以豐富的生活經驗為基礎，靠訓練過的具有馬克思主義的頭腦的分析提煉，茅盾就能取精用宏，一以當十，對現實社會作正確而有為的反映。但在抒情散文中，還要解決一個小說創作不一定必須解決的問題。因為小說只要塑造人物、提煉情節就可安排藝術結構了。抒情散文的手段可以是人物和情節，但多數情況不一定要有人物和情節，而靠另外的藝術手段提煉出散文形象，藉個別以展示一般。舉凡大千世界的億萬事物，人類社會的紛繁糾葛，大至宇宙蒼穹，小至一嘴、一鼻、一毛，都可以一以當十，達到取精用宏之目的。而茅盾的最集中的追求，則是藉此盡可能廣、盡可能深地反映社會歷史和時代命題，力求藉一斑略窺全豹，以一目盡傳精神。茅盾認為「隨筆之類光景是倒過來『小題大做』的。」〔註18〕就道破了這一特色的精髓與奧秘。

〔註17〕 《我的回顧》，《茅盾論創作》，第 31 頁。
〔註18〕 《茅盾散文集・自序》，《茅盾論創作》，第 71 頁。

　　茅盾常用以構成散文形象和意境的手段是三類。每一類都能以小見大，以一當十，達到取精用宏的目的。第一類是自然物。如霧（《賣豆腐的哨子》、《霧》、《霧中偶記》）和暴風迅雷（《雷雨前》）。這本是自然界天氣變化的自然現象。但茅盾手裡，卻成了反映社會現實的重要手段。在茅盾筆下，霧有時用以概括時局混亂、前景迷茫的時代；有時用以概括社會黑暗、重壓備至的環境。暴風迅雷則往往被用來寫「山雨欲來風滿樓」的革命高潮到來前夕那壯潮洶湧、鬥爭殘酷的局勢。本來這些社會矛盾和生活現實是極難概括的。但茅盾精選了自然界的一剎那間的景物境界作為藝術手段，達到取精用宏、一以當十之目的。這類自然物還有白楊（《白楊禮贊》）和櫻花（《櫻花》）等等，在茅盾筆下也擬人化了，成為具有複雜社會內容的人物性格或一類人的類型的寫照，它們如魂附體，以一物之小，見一代人、一階層、一類型人之大。所取甚精，而所展現的內容甚宏。小小的自然物蘊含了出人意外的社會內容。第二類是生活橫剖面甚至生活橫剖面的斷片。如《風景談》中所寫的高原駝隊、生產歸來、魯藝風光、男女新貌、茶社剪影、戰士雄姿等，都是生活橫剖面，甚至生活橫剖面斷片的精選，但合起來卻構成一個陝甘寧邊區風情畫全景，甚至是解放區整個新的社會制度下社會生活的縮影。又如《從半夜到天明》所寫的奪路北上、橫加攔阻、舞場狂歡等場面，不僅藉此反映了整個群眾革命運動，而且兩相對比還展現出群眾革命運動興起的社會背景。第三類是某種情調的捕捉或某種物境的再現。前者如《叩門》中之叩門聲；《賣豆腐的哨子》中之哨子聲等。耳聞的聲音也好，幻境的心聲也好，畢竟不過是一種聲音，但它構成的抒情意境所體現的情調，具有恢宏開闊的時代內容；成為時代巨響的一種回聲。後者如《黃昏》中之海濱風情；《雷雨前》之風雲叱吒等，表面看來只不過是一種頗帶韻味的意境，細加品味，則從中看到了時代風雲之變幻，社會動盪的縮影，革命興起之情勢，歷史推進之前景。這一切無不是一以當十，取精用宏的範例。而「一」之所以能當「十」，根本原因在於大題小做和取精用宏。由此又可窺見茅盾的創作個性。

　　出於取精用宏、一以當十的美學追求，茅盾在描繪這些散文形象或意境時，常常把握兩個原則。其一是形神兼備，藉形似以求神似；其二是虛實結合，避實就虛。

　　形似是求神似的基礎，古人早就了解並充分運用這一辯證統一關係。《文

心雕龍・物色第四十六》說：「自近代以來，文貴形似，窺情風景之上，讚貌草木之中。吟詠所發，志唯深遠；體物爲妙，功在密附。」「故能瞻言而見貌，印字而知時也。」但在這兒形似只是藝術手段，神似才是追求目的。茅盾深諳此道。所以他雖狀物寫景，肖似逼眞，但用筆極簡，以高度概括其主要特徵並能傳神爲目的，如《白楊禮讚》之寫白楊。所取形體均緊扣「枝枝向上、葉葉團結、對抗著西北風」的神態氣質，以展示其象徵寓意。在《黃昏》一文中，雖多方描寫了海邊日落、黃昏漸臨時天和海的種種變化，但無不緊扣光明與黑暗相交替，但黑暗終將過去，光明還會來臨的軸心，促成這一歷史性演變的是暴風雨的來臨。暴風雨來臨得又是那樣生動而有活力。「風在掌號。衝鋒號！」浪在跳躍，「開正步走。」「在夜的海上，大風雨來了！」而「風帶著永遠不會死的太陽的宣言到全世界。」這一切正如劉勰所說：「是以詩人感物，聯類無窮。流連萬象之際，沈吟視聽之區；寫意圖貌，既隨物以宛轉，屬采附聲，亦與心而徘徊。」傳神，傳神態之神，傳時代的歷史的精神之神：這是其全力以赴追求的目的。

茅盾既能窮萬物群像各自的內蘊外態，又能巧妙地發現其與社會現象之間所具有的共同性而產生豐富的聯想。因此就能把遠遠超過自然物之負荷量的思想感情、社會內容凝鑄其中，使之結合完美，神形諧合，達到了取精用宏、一以當十的目的。這不能不首先歸功於他廣博的生活體驗和訓練過的馬克思主義頭腦，及長期從事藝術創作所形成的實踐能力。

取自然物或社會生活片斷作爲物象，描繪中就不能不務實，但太務實就於傳神有礙，因此又不能太實。茅盾的辦法是虛實結合，避實就虛。「實」爲間架，但盡量使這「實」中有虛，虛得疏能跑馬。「神」爲靈魂，但盡量使靈魂的表達密度加大，加大到密不透風。

在《從半夜到天明》中，作者採取的生活片斷已經夠少的了，只精選了學生克服重重困難驅車北上，當局派出軍警押解回滬，舞廳躬逢聖誕大發橫財，舞客通宵達旦紙醉金迷等少數鏡頭。就是這些鏡頭也被剪裁得粗具輪廓，毫無贅筆。至於《光明到來的時候》對社會生活素材的選用連片斷都談不上，那幾乎全部是蜻蜓點水式。意象也好，物象也好，不僅點到爲止，而且採用了高度凝縮甚至扭曲改造的虛寫形式。避實就虛的結果之一是使蜻蜓點水式的生活畫面的採擷，最大限度地爲說明題旨、展示寓意服務。只有這「實」避到「疏能跑馬」的程度，才能留下最大的「虛」供「神」來佔用，而神的

充盈，才能滿到密不透風的程度。這就是一以當十的奧秘！這就是取精用宏的妙用！這才達到了「以少總多，情貌無遺」的藝術境界。所以「大題小做」的目的，不是追求「小」，而是追求「大」。

四

汪洋浩瀚、機敏犀利、雄渾和沖淡並存、含蓄與顯豁共在的綺麗多姿的藝術風格是茅盾抒情散文的又一顯著特色。這是茅盾藝術個性的具體體現。在這對立統一的多樣化風格中，其主導方面是汪洋浩瀚，機敏犀利與雄渾顯豁。沖淡與含蓄作爲風格因素之一雖然重要，但它是綠葉而非紅花，是襯色，而非底色。

茅盾說過：「一時代有一時代的文風，然而同一時代的作家在共同的文風中又有各自的風格。」形成作家獨特藝術風格的原因很多，一方面它「有時代精神的烙印」，〔註19〕另一方面則和作家的藝術個性密切關聯著，而且它首先被作家的創作個性所決定。

關於茅盾的藝術個性，論者談及頗多，我以爲樂黛雲的剖析和概括最爲精到，最爲全面。在《茅盾的現實主義理論和藝術創新》一文中，她把茅盾的藝術個性歸納爲四個特點。其一，「有明確的創作目的，並在一定理論方法指導下進行創作。」其二，「冷靜、清醒，偏於理性的心理素質。」其三，「堅定地面對現實，正視一切苦難」，也不回避「自己心靈的歷程」，並能「一併客觀地如實呈現在自己的作品裡。」其四，「『素來不善於痛哭流涕劍拔弩張的那一套志士氣概』，因此「較少狂熱的吶喊或激烈的呼號。」〔註20〕

樂黛雲認爲，這些特點鮮明地表現在其小說裡，「大都是冷靜而清醒的，著重理性的客觀描寫，他所塑造的人物多半是作者觀察到的客觀存在，而絕少作者個人的投影或化身。」〔註21〕但我覺得在抒情散文中，和樂黛雲所說的小說中的表現既有共同點，也有不同點。主要區別在於，「冷靜而清醒的，著重理性的客觀描寫」中滲透著較小說遠爲熱情、更爲激動的濃厚的感情因素；「個人的投影」較小說多，散文中的「抒情主人公」往往打上作家的烙印，甚至是作家的化身。這是形成其散文藝術風格特色的重要基質。因此，他的

〔註19〕 《反映社會主義躍進的時代，推動社會主義時代的躍進》，見《爭取社會主義文學的更大繁榮》，第28～29頁。
〔註20〕 《從牯嶺到東京》，《茅盾論創作》，第31頁。
〔註21〕 見《中國現代文學叢刊》1981年第4期，第47頁。

抒情散文讀來感到汪洋恣肆，犀利機敏，氣勢磅礴雄渾，也不乏含蓄、綺麗、沖淡、飄逸的氣質。

從藝術構思看，茅盾抒情散文的特色是高視點，大手筆。他「超以象外，得其環中」，〔註22〕從時代的制高點和歷史發展的洪流著眼，雖然往往大題小做，但又能高屋建瓴，以小見大，展現出生活的動向，歷史發展的情勢。有時雖寫一葉，一花，或霧，或雨，都能一以顯十，概括深廣的社會內容，展現時代的恢宏風貌。

從作品氣度看，往往是或抑制感情，偏於理智；或援情順勢，由情而理；總能展示出機敏睿智的目光，作出鞭闢入裡的剖析。或社會世相盡收眼底；或歷史風雲，悉現筆端；透剔犀利，一箭中的。固然不乏含蓄朦朧之筆，多數情況則顯豁開闊，給人以一覽眾山小般的啓迪。

從寫法看，則是立體感，油畫式。從不單線平塗，一向追求縱深；決不一面觀，而是面面觀，寫縱深，是生活的縱深，時代的縱深；面面觀是社會的各個側面，歷史的種種側影。即便寫雷雨前、黃昏後也大至風雲雷電、陽光月色，小則蠅鳴蟬叫，水測浪湧。展視出飛動的氣勢，給人以全景鳥瞰。感情的抒發和剖析，也是多層次，細品味，把內心世界的縱深、層次、酸甜苦辣、各種情調，一齊揭示，傾泄無遺，使人感到感情世界也是立體的，交響樂般的，給人以豐滿厚實之感。

茅盾的抒情散文，經歷了一個由較爲含蓄到較爲顯豁，由重感情抒寫到重理性剖析的發展過程。只要把二十年代的《霧》、《虹》和四十年代的《白楊禮贊》、《風景談》作一比較就會明顯地意識到。他的散文寫作也像朱自清那樣，經歷了由詩意的抒情散文到機智的雜文的轉換期。他的抒情散文中雜文成分愈後愈顯，而感情的抒發則愈後愈隱了。

別林斯基曾經說過：「激情永遠是觀念在人的心靈中激發出來的一種熱情，並且永遠嚮往觀念。因此，它是一種純粹精神的、道德的、極其完美的熱情。」〔註23〕這點是就一般情況立論的，但用來說明茅盾的抒情散文，我覺得特別適合。

茅盾自己也說過：「詩人是對於時代的風雨有著預感的鳥，特別是不爲幻

〔註22〕司圖空：《詩品》。
〔註23〕《別林斯基全集》俄文版第 7 卷，第 312 頁：轉引自許懷中《論魯迅雜感文學中的情感態度》一文。

影迷糊了心靈而正視現實的詩人，他們的歌聲常是時代的號角」。〔註24〕統觀茅盾的抒情散文，你不感到茅盾也「是對於時代的風雨有著預感的鳥」一般的詩人嗎？他的「歌聲」不也是「時代的號角嗎？」

（1982 年 11 月初稿於內蒙古鹿城，1983 年 4 月修改於北京茅盾故居，收入中國茅盾研究會編《茅盾研究論文選集》，湖南人民出版社出版，1983 年）

〔註24〕 《為〈親人們〉》，《茅盾散文速寫集》下卷，第 408 頁。

丙　編

藝術探索與政治偏見之間的徘徊傾斜 [註1]
——評夏志清的《中國現代小說史》茅盾專章

　　美國華裔學者夏志清的《中國現代小說史》，在國際上流傳頗廣，在我國也有一定的影響。夏著在美國的貢獻，首先是較系統地介紹了中國現代文學及其歷史發展。以前美國讀者對中國現代文學相當隔膜。儘管夏氏持反共觀點，評論作家作品及文學史現象時使夏著受到很大局限，但夏氏佔有的材料相當豐富，敘述文學史實較爲翔實，立論也不乏獨到的見解。它對中國現代文學的反封建的革命民主主義精神，反帝的愛國主義精神，追求民主、自由、個性解放和人道主義的奮鬥精神，不少地方作了肯定。作者的視野比較開闊，評論所及，既有魯迅、郭沫若、茅盾等世界聞名的大作家，也有當時已不大爲國內青年所知的如張愛玲、錢鍾書等小說作家；對周作人、沈從文等在中國長期受到批評或冷漠的作家，也放在論述範圍之中。儘管夏氏對他們的文學史地位的評價有明顯的失當之處，但從廣泛深入研究中國現代文學史的角度看，這種努力也有裨益。善於從縱橫兩個方面探索作家所受影響的源流，所起作用的大小，也使作者開闊的視野得以深化。在作家作品評價方面，也有其獨到的見解。即以茅盾專章和書中其它地方涉及茅盾時所闡述的意見論，就很有中肯之處。書中對茅盾文學史地位的總評價，對茅盾所作的

〔註 1〕　本文是《評美籍華裔學者夏志清著〈中國現代小說史〉》與《再評夏志清的〈中國現代小說史〉》的姐妹篇，上述兩文收入《丁爾綱新時期文論選集》下卷，中國戲劇出版社出版。

多方面文學貢獻的論述，對茅盾創作準備的分析，對茅盾創作風格的概括，都有精到的見地。例如談到茅盾的理論批評的建樹時，夏氏說茅盾「是從事當代文學批評最有眼光的一位」。〔註2〕談到茅盾創作成就的原因時，夏志清說：「與同期作家比較，在他奠定寫作事業之前，他在寫作技巧和生活體驗兩方面，均曾痛下苦功」（119頁）。夏氏還把茅盾早期作品的基調特色概括為「絢爛中帶有哀傷」（137頁）。這些論述都是比較精闢的。

可惜，夏志清先生的政治偏見局限了他的學術探討，一遇到革命作家及其創作所具有的無產階級傾向，所體現的馬克思主義思想，他就失卻了嚴肅的學者應有的科學態度，偏頗武斷之語時有所見。夏志清是強調「探求真理」而反對「訴諸感情」的。他曾批評茅盾確立馬克思主義世界觀後，其作品「已不復見先前那種真誠的語調了。」（131頁）其實，因為政治偏見而失卻真誠的語調的不是茅盾，恰恰是夏先生自己。他不僅在藝術探索和政治偏見中徘徊彷徨，而且往往在科學態度和政治傾向、感情色彩中傾斜到後一方面。這樣，儘管這部著作的確有不少有益的建樹，但決掩蓋不了其學術見解和藝術剖析上的諸多謬誤。對此給以辨析，是必要的。

夏志清先生闡述其著史的原則和他所用的標準時說：「一個文學史，如果要寫得有價值，得有其獨到之處，不能因政治或宗教的立場而有任何偏差。」（425頁）他又說：「我所用的批評標準，全以作品的文學價值為原則。」（427頁）這些話本來體現了持平公允的立場和原則，如果真能付諸實施，定會寫出一部更具科學價值的著述。可惜事情並非如此，因為夏氏緊接著又這樣寫道：「雖然我在書裡討論了有代表性的共產黨作家，並對共黨在文藝界的巨大影響力作詳細的交代，可是我的目標是反駁（而不是肯定）他們對中國現代小說的看法。」（427頁）可見，當政治偏見和藝術探索發生衝突時，夏氏斷然違背了自己的治史原則。

夏氏否定作家作品時動輒說「這是宣傳」。事實上夏氏並不一般地反對宣傳，他只是反對宣傳共產黨，宣傳無產階級，宣傳馬克思主義。至於宣傳「反共」，宣傳對無產階級作家及其作品的否定與貶低，他不僅並不反對，而且自己在書中就身體力行，全力以赴。評價作家作品時，夏氏的習慣性思路是以作家的思想轉變為線，一旦那個作家呈現出無產階級傾向，他就連政治帶藝

〔註2〕《中國現代小説史》，香港友聯出版社中譯本，第137頁。以下引用此書，只在引文中注明頁數，不注書名及版本。

術統統加以否定。認爲包括魯迅、茅盾這些大作家在內，當他們世界觀發生變化之後，其「創作力」也「消失」（44頁）了。這種情況，使我們想起了毛澤東的一段話：「我們不但否認抽象的絕對不變的政治標準，也否認抽象的絕對不變的藝術標準，各個階級社會中的各個階級都有不同的政治標準和不同的藝術標準。但是任何階級社會中的任何階級，總是以政治標準放在第一位，以藝術標準放在第二位的。」這一段話起碼對夏志清學術研究傾向來說是完全適合的。

夏著洋洋大觀，非一篇論文所能涉獵。本文僅就茅盾專章及書中其他涉及茅盾的偏頗謬誤之處，擇要探討。

一

怎麼認識與評價茅盾創作的思想藝術傾向，怎麼認識這種傾向和中國共產黨所堅持的文藝的政治方向之間的關係，在這個問題上，夏志清先生和我們之間存在著根本分歧。因此，對茅盾的評價就很不一致。弄清這些問題，是帶全局性的關鍵問題。

第一，夏氏評價茅盾早期創作時認爲，它所體現的傾向與中國共產黨的文藝方向或者沒有什麼關係，或者存在矛盾，或者甚至攻擊了共產黨領導的工農運動的「暴政」。夏氏認爲這體現了茅盾眞正的發自內心的傾向，對此倍加推崇。這種觀點在評《蝕》和《虹》時體現得最爲充分。夏氏寫道：「《幻滅》和《動搖》那班年輕大學生」「的失意消沉不單說明了舊社會的罪惡，同時亦說明了如果不是以仁愛和智慧作基礎，那麼一切極端的政治行動是無濟於事的。」他引用方羅蘭攻擊工農革命運動的話後發揮說：「儘管茅盾筆下把方羅蘭貶成弱者，可是，通過他對這個主角內心矛盾和痛苦的描寫，卻使我們體會到暴政可惡這個不容置辯的眞理。」在分析《追求》後夏氏又說：「《蝕》超越了一般說教主義的陳腔濫調，在這本作品裡，我們處處看到作品認識到人力無法勝天這回事。」夏氏認爲：《蝕》所體現的茅盾的看法「和共產主義的基本信條互相抵觸，因此三部曲一出版就受到共黨文學批評家的攻擊。」夏氏非常欣賞這種所謂的「不一致」，說「茅盾雖身爲共黨同路人，但寫本書時卻站在小說家的立場，說了小說家應說的話。答覆那些攻擊時，他只能說他的三部曲只是一部客觀的當代史，只要符合這原則，他自己的思想是否正確，不容批評家質問。」（124～126頁）

　　夏氏這些評析是否合乎實際，是否有些道理呢？答案顯然是否定的。茅盾是中國現代文學史上第一個共產黨員作家。早在建黨前夕他就加入了共產主義小組，是黨成立時的第一批黨員之一。儘管當時他的文藝思想還存在著非無產階級的東西，但在文藝的政治方向上他和黨是一致的。早在 1923 年，當共產黨人所辦的《中國青年》雜誌發表了黨的早期政治活動家惲代英的文章，批評文學創作中脫離「民族獨立與民主革命運動」的政治方向，而陷入唯美主義、頹廢傾向中去時，茅盾就立即著文給予支持。他指出：「現在這種政局和社會不是空想的感傷主義的和逃世的思想所能改革的」。他要求作家「從空想的樓閣中跑出來，看看你周圍的現實狀況，並把代英君的抗議想一想」。〔註 3〕這些思想和《蝕》中批評小資產階級知識青年對革命的不切實際的幻想，以及革命失敗後那種消極、頹廢、幻滅情緒的政治思想傾向，顯然是一脈相承的。到了 1925 年，茅盾發表了第一篇系統論述無產階級文藝思想的長篇論文《論無產階級藝術》，更加系統地論述了馬克思主義的文藝方向。這些論述和中國共產黨建黨以來逐步倡導的文藝的政治方向是一致的，這些，在《蝕》中都有所體現。

　　《蝕》三部曲及其第一部《幻滅》中，茅盾的主觀政治傾向並非如夏氏所說，是站在靜與慧一邊來稱道與「捕捉小資產階級的良知」。作者固然肯定了她們追求革命的熱情，但對這兩位女士的曲折的不盡相同的生活道路，卻持批評的而非讚頌的態度。茅盾雖然也批評了革命內部某些陰暗面，但他明顯地否定了那種與革命時代、革命潮流格格不入的政治態度。《蝕》的藝術成就，恰恰是通過其藝術描寫，在善意地批評這種傾向的過程中表達出來的。這種同藝術傾向完全統一的思想傾向，即便今天看來，和黨的文學原則也是一致的。但這種一致性，恰恰是夏氏很想否定的。

　　《動搖》的政治傾向也並非如夏氏所說：是藉助方羅蘭之口去攻擊什麼黨所領導的工農運動的「暴政可惡」。作者固然沿著方羅蘭的性格邏輯寫了他那段指摘黨領導的工農運動的話，但作者對那段話所體現的「動搖」情緒，恰恰作了尖銳的批判，而毫無與之共鳴的意思。因此，這部中篇就不可能、事實上也根本沒有像夏氏所希望的那樣，「使我們體會到暴政可惡這個不容置辯的真理」。更不可能「對今日生活在大陸的中國人說來，應當比當年出版時更見政治上的重要性。」（124 頁）所以，被夏氏稱作「身為共黨同路人」的

〔註 3〕 《雜感·讀代英的〈八股〉》，《茅盾文藝雜論集》第 2 集，第 155～157 頁。

茅盾，雖然如夏氏所說，「寫本書時」確實「站在小說家的立場，說了小說家的話。」但茅盾的「小說家的立場」和「話」，恰恰是批判方羅蘭的。作品中李克對方羅蘭的否定雖不徹底，但仍在一定程度上代表了作家的否定態度，這和夏氏的「肯定」顯然南轅北轍。

《追求》中的幻滅情緒倒是作家自己的。但在作品中，茅盾及其描寫的人物，對此情緒一邊發泄，一邊也在作自我批評，此後，茅盾自己曾多次對《蝕》所流露的幻滅情緒作了自我批評；並且認為正是這些錯誤思想限制了《蝕》的藝術成就。他說他寫此書時「情緒忽而高亢灼熱，忽而跌下去，冰一般冷。」使得作品「有一層極厚的悲觀色彩」，使「綿綿幽怨和激昂奮發的調子同時並在。」但茅盾這種「幻滅」情緒，是對其早年所持的「革命速勝論」的懷疑。而不是對革命持「幻滅」態度。對革命和革命理想，茅盾從未動搖過。茅盾一再說：我幻滅了，但我從未動搖。〔註4〕作家這些與創作實際完全一致的自剖，恰好推翻了夏氏所持的茅盾創作的政治傾向及其藝術成就與黨的文藝方向並不一致的論點。至於《蝕》發表後受到「批評」，這是事實。但決非如夏氏所說的那麼簡單。有些同志出於「左」傾幼稚病的原因，對茅盾反對標誌口號化、主張寫小資產階級的看法的批評，顯然是錯誤的。對茅盾不贊成把蘇聯的某些政治口號硬搬到中國來的意見所作的批評，也是沒有道理的。對《蝕》的批評，則有正確之處。茅盾在《蝕》的創作中之所以流露出消極情緒，一方面是對革命主流估計不足；另一方面則是對以蔣介石為代表的國民黨右派偽裝革命及其叛變革命的行為，以及黨內右傾機會主義路線和革命過程中產生的「左」傾盲動錯誤缺乏更為本質的認識；對陰暗面估計過大，對光明前景認識不足。這些情緒受到批評，是應該的。但茅盾並非對黨領導的中國革命發生了根本性的動搖。茅盾當時就說：「靜女士在革命上也感到了一般人所感得的幻滅，但不是動搖！」關於自己的傾向，茅盾說過同樣的話。在 1928 年茅盾還說過：「悲觀頹喪的色彩應該消滅了，一味的狂喊口號也大可不必再繼續下去了，我們要有蘇生的精神，堅定的勇敢的看定了現實，大踏步往前走，然而也不流於魯莽暴躁。」〔註5〕正是在這個認識的基礎上，茅盾利用東渡日本之機，清理了思想，振作了精神，寫出了思想傾向藝術傾向均較正確的長篇小說《虹》。

〔註4〕 《牯嶺到東京》，《茅盾論創作》，第32～36頁。
〔註5〕 《從牯嶺到東京》，《茅盾論創作》，第43頁。

　　夏氏對《虹》寫梅女士性格發展一、二階段的部分是推崇備至的。但對其性格發展第三階段，則頗多微詞。他說：「相比之下，描述中國接受馬克思主義洗禮前夕的第三部分，就遜色多了。」「作者在這一部分裡加強了宣傳的調子，使小說的真實性削弱了了。」「在最後一部分裡，無論在思想上或情緒上的描敘，已不復見先前那種真誠的語調了。」《虹》寫梅女士思想發展前兩個階段，的確表現了夏氏所說的種種長處，寫梅女士性格發展的第三階段，的確也有短處。但其短處並不在於作家的思想傾向和黨的傾向的一致性，也不是因為加強了宣傳的調子，而在於作家對這類人物的這種思想轉變其生活積累不足。因此，相形之下，生活積累更豐富的梅女士性格發展前兩段的描寫，就更有光彩。然而，寫梅女士在「五卅」工潮中一方面熱情登場表演「時代的壯劇」，一方面又因感到梁剛夫搞地下活動有時對自己「保密」而激起不滿，她從個人英雄主義出發，想幹出驚天動地的事業向梁剛夫顯示一下自己的革命熱情與能力。這種描寫不正和性格發展前兩個階段的描寫同樣真誠，同樣真實，同樣「蘊藏著個人深厚的情感，與寫實的底子」嗎？可見，《虹》的思想傾向全書是一致的；倒是夏氏從他反共的立場出發，把直接描寫梅女士與工農運動結合的階段（即第三部分），和未與工農結合時小資產階級情感十分濃厚的階段（即所謂一、二部分），人為地割裂了，並把它套在自己一向堅持的肯定創作的小資產階級傾向、而否定創作的無產階級傾向的模子裡。於是梅女士性格被分割成兩個人，《虹》也被腰斬為成敗參半、前好後糟的兩個部分。夏志清在這個基礎上來妄評茅盾在《虹》中前半語調真誠，後半則失卻「真誠的語調」，「真實性削弱多了」，這些結論只能使人感到是帶著偏見得出來的，因而也是靠不住的。

　　第二、夏氏認為，茅盾作品凡是其題材與主題和「共黨奪權鬥爭無關」的就寫得好，反之就是「拘泥於自己擔上的公開宣傳任務」，其作品就是失敗的。例如，儘管《腐蝕》和《霜葉紅似二月花》的藝術成就各有千秋，而思想性、戰鬥性前者還勝於後者，夏氏卻貶低《腐蝕》而抬高《霜葉紅似二月花》。認為後者的「成就堪與《虹》和《蝕》最好的部分相比擬」，而「《腐蝕》是一本寫得很糟的書。」問題的癥結在於夏氏認為前者「和共黨的奪權鬥爭並沒有什麼大痛癢」，後者則寫的是「一場黨派政治的惡鬥。」（305頁）因此，儘管《霜葉紅似二月花》一書沒有寫完，茅盾僅僅提出了一個藝術構思的設想，對此，夏氏卻在其著作的具體行文中，流露出反感：認為茅盾的真正的

政治傾向和他自己承擔的「宣傳任務」傾向很不一致。於是斷言：「隨著共產中國文藝氛圍的改變，茅盾如果繼續這樣寫第二、三部的話，未免太笨，而《霜葉紅似二月花》遂永遠成爲一塊精彩的片斷了。」（306 頁）

其實夏氏對《霜葉紅似二月花》的判斷是有疏漏的。因爲作品對地主階級代表人物趙守義和對資產階級代表人物王伯申們的暴露是不遺餘力的。對農民騷動的描寫，儘管批評了其缺乏自覺，缺乏策略，因此墮入地主、資產階級幕後言和的彀中而成了犧牲品；但對農民自發反抗的正義性，對其正義行爲顯示的力量，作家分明表示了熱情支持的鮮明態度。這些描寫與夏氏所謂「刻畫農民的愚昧和固執，既不太過滑稽，也不太過惹人同情」的評價，顯然存在著不小的距離。正是在這些地方體現了茅盾的思想傾向，這也是茅盾爲後文寫「共黨奪權鬥爭」（姑且暫借夏氏的話一用）所作的準備。因此，從作家續寫此書的創作構思所顯示的政治傾向性看，《霜葉紅似二月花》作爲整體，其主觀思想傾向是一致的。夏氏說：「從《腐蝕》到《霜葉紅似二月花》，我們總算在一場黨派政治的惡鬥過後，呼吸到一點春天景色的清新之氣。」顯然，這種評價是夏氏弄錯了作品的歷史背景。這部長篇的故事發生在辛亥革命和「五四」以後，主要是 1923 年到 1924 年頃，這從作品的具體描寫中可以判斷。小說第二章裡維新派人物之一朱行健跟張恂如談話中，曾提到「五、六年前」維新派重要人物錢俊人和他談話時說過：「從戊戌算來，也有二十年了」。錢俊人是從戊戌變法說到談話當時的。戊戌變法是 1898 年。由此下推二十年，則這場談話應該是在 1918 年，再加上朱行健追憶這場談話時相距又是五、六年，那麼，朱行健追憶往事的時間應該是 1923 年至 1924 年。這正是小說中故事發生過程的主要時間，此前的事都用追憶方式補敘。而在 1923 年至 1924 年，國共兩黨之間談不上夏氏所謂的「黨派政治的惡鬥」。於是夏氏立論的前提就站不住了，其他的推論也就動搖。因爲既然故事並非如夏氏所說「發生在 1926 年」，而是發生在 1923 年到 1924 年，這時中國共產黨成立不久，它的總書記陳獨秀不爲這個江浙一帶的小縣城裡的人所知，就並不奇怪了。當時的國民黨是在孫中山領導之下，並且實行了第一次國共合作，建立了國共兩黨的統一陣線。儘管國民黨右翼勢力仍在排斥共產黨，但總的形勢是以合作建立統一陣線爲標誌的。因此，茅盾在長篇中雖然寫了「孝廉公」從省裡來信查問縣裡有沒有陳獨秀的黨徒，但在這個江浙縣城裡陳獨秀並不爲人所知，這裡也反映不出「黨派政治的惡鬥」，這些都是理所當然，

眞實可信的。茅盾之所以能「放開手去發展書中的情節和人物」，其原因並不如夏氏所說，是因爲小說的主題「和共黨的奪權鬥爭並沒有什麼大痛癢所致」，更不能說明茅盾的政治傾向背離了黨的方針，而只說明茅盾作爲一個現實主義作家，是多麼忠實於生活的眞實和時代的特點。在這裡，茅盾作品的現實主義眞實性和作家的革命傾向是統一的而不是矛盾的。以「和共黨奪權鬥爭並沒有什麼大痛癢」的論點來解釋茅盾的「放開手去發展書中的情節和人物」，其實說明不了什麼問題。

夏氏在另一種場合，亦即當作品寫了「和共黨奪權鬥爭」有「大痛癢」的時候，他對這類作品的政治與藝術的分析倒是連在一起，一筆抹煞的。最典型的例子是夏氏對《腐蝕》的徹底否定。儘管他口頭上聲稱特別厭棄「黨派政治的惡鬥」，但他的專著有不少地方充滿了「黨派政治的惡鬥」氣息而離開了學術立場。他認爲《腐蝕》「是一本寫得很糟的書」，「風格不統一，日記的形式也處理得不適切。無論是女主角的回憶，或者日記所載的日常瑣事，均引不起讀者的興趣。」夏氏特別否定作品藉助「有毒的昆蟲，貪婪的野獸，害人的妖魔鬼怪」等比喻象徵性描寫對「狐鬼滿路」的蔣記國民黨政權所作的揭露。夏氏甚至拋開學術，從政治上站出來直接指責茅盾：「在《腐蝕》一書中，茅盾巧妙地利用了國民黨政權最受非議的一面。因爲國民黨在抗戰期間，爲了打擊共產黨，不惜採用了特務手段。這種愚昧的措施，當然應該受指責。可是，一個公平的，眞正關懷中國的幸福的小說家，更不應當忽視共產黨所採用的更有效、更惡毒的手段，包括秘密警察所用的一整套法寶，如思想控制、製造輿論、破壞抗戰行動，以及最後席捲整個中國大陸等。」（305頁）在這段話中，夏氏對於國民黨殺人越貨的特務政治是那樣輕描淡寫；而攻擊共產黨時又是那樣無中生有，違背起碼的歷史眞實，充滿了那麼濃厚的憤憤不平之情，令人很難相信這段文字是出自一個自稱「不能因政治或宗教的立場而有任何偏差」的學者之手，更令人難以相信這是出自一位厭棄「黨派政治的政鬥」的美國教授之手。在《腐蝕》問世的那個年代，中國共產黨領導的陝甘寧邊區，不僅是與秘密警察特務政治絕緣的最民主的地區，也是全國抗日愛國運動與建立廣泛統一戰線的核心地區。全中國人民都心嚮往之，全世界人民都給予支持和讚揚。有哪一件事能證明夏氏所謂「破壞抗戰行動」的論點呢？夏先生對待所謂國共「黨派政治的惡鬥」，爲什麼這樣厚彼薄此，不僅不再在藝術探討中間徘徊彷徨，反而一邊倒地「傾斜」致此呢？

他這樣地不贊成共產黨領導廣大人民解放了全中國的「席捲整個中國大陸」，那麼，他眞地希望蔣介石的國民黨政權（亦即夏氏所說「秘密警察代表了極權暴政的形式」）永遠在中國統治下去嗎？

夏氏對《腐蝕》藝術成就的否定，同樣顯示了不公平的態度。這也源於其政治偏見，服從於政治上否定此書的需要。《腐蝕》之寫女性，是沿著《蝕》開創的兩個女性形象系列發展下來的。作爲日記體小說，茅盾充分發揮了他善於描寫女性心理的長處。手法之多樣，比《蝕》、比《虹》均不遜色。日記體小說反映生活幅度本來有極大的局限。但《腐蝕》卻在日記體小說中反映了較之《幻滅》與《追求》更爲廣闊的社會場景，寫了較之《幻滅》多得多的人物形象。僅此數端，就足以說明《腐蝕》比《蝕》在藝術上的長足發展，怎麼好不加分析地用幾句抽象空洞的話就一筆抹煞了呢？

夏氏對《腐蝕》中關於昆蟲、野獸、妖魔、鬼怪的比喻和象徵描寫的非難更難站住腳。因爲作品借此揭露「狐鬼滿路」的蔣政權特務統治及蔣敵僞合流的反動路線，無論從政治角度，還是從藝術角度看，或是從二者結合的角度看，都是作品的長處，而非其短處。首先，這些描寫是體現女主人公趙惠明從其特務生活經驗出發產生的本能的敏感。其次，這也是對當時反動統治佔上風的政治局勢與政局轉折關頭的政治氛圍的準確、生動而又具鮮明政治傾向性的形象概括。這些恰恰是作品的成就而並非敗筆。

第三，按照夏氏的說法，茅盾內心的政治傾向和他的創作的藝術傾向之間存在著矛盾。他認爲茅盾主觀上存在著游離甚至反對共產黨的政治傾向而有另外的政治見解。在夏氏看來，茅盾這種政治見解既符合生活眞實，又符合夏氏本人的政治口味。夏氏又認爲，客觀上茅盾還要承擔「共黨宣傳」任務而不得不作違心的、也是違背生活眞實的描寫，因而也就違背了夏氏本人那要求「客觀」、要求「眞實」、要求「藝術性」的「口味」。這就是說：茅盾的無產階級創作傾向是違背自己的眞實意願的。因而其創作常常是違心的，不眞實，不客觀，因而也就是沒有藝術性的。夏氏的這個意思，有時說得相當明確。如說：「茅盾與張天翼，高踞在其他作家之上，然而他們最佳的作品，卻蘊藏著個人深厚的情感，與寫實的底子，與小說裡面宣傳共產主義的片斷是搭不上多少關係的。」（428 頁）又如：「茅盾在中共大陸，發表了很多文章和演說，重申毛澤東文藝路線，不過自己卻聰明得很，不再發表任何文藝創作。」（308 頁）夏氏立論常常自相矛盾。且不說茅盾解放後新寫的《茅

盾詩詞》等作品，不能隨意排除在「文藝創作」之外；就以夏氏對茅盾抗戰時期文學創作傾向的評價來說，他就很難自圓其說。夏氏一方面寫道：「抗戰期間，茅盾毫無疑問是中共作家中的首席小說家。他得以保持這一地位，主要因為是住在香港和國府統治地區，可以不管延安方面的指令，繼續寫他小資產階級的小說，捕捉小資產階級的良知。」（301 頁）但另一方面，他在評價抗戰時期茅盾寫於「香港和國府統治區」，並且根據夏氏的定義，也應算是「捕捉小資產階級的良知」的長篇《第一階段的故事》時，夏氏卻又說：「它是配合了『統一戰線』，歌頌全民覺醒日本侵略而寫。不過共產黨式的教條仍甚顯著。」（302 頁）這又是怎麼一回事？難道寫《第一階段的故事》時，「延安方面的指令」忽然又能飛越千山萬水，來到茅盾身邊？難道在夏氏看來，在世界上竟有既可違背「中共」的「指令」（姑且暫借夏氏的用語），又能保持「中共作家中的首席地位」這樣的咄咄怪事嗎？難道真的能像夏氏所說，作家創作的思想傾向和其追求的生活真實、藝術真實之間，就這樣的不能統一，以致非違背主觀意願、使藝術屈從於政治不可嗎？難道茅盾真是這樣一個在政治與藝術的夾縫中求生存而竟又能取得如此輝煌的思想藝術成就的作家嗎？由此可見，即便真如夏氏所說，茅盾那些確實合乎「捕捉小資產階級的良知」標準的作品，只要其政治傾向是無產階級的，也同樣在夏氏的否定之列。對此他毫不徇情。事實上，我在前邊和夏氏商榷的許多有關茅盾作品的評價問題，所舉的例證，以及夏先生非難茅盾時所舉的例證與所作的評價，都充分說明茅盾既不是表裡不一的作家，也不是和中國共產黨離心離德的文人。

二

　　夏志清先生在其論著中，還否定了茅盾大規模地反映中國社會及其歷史發展的創作努力與創作成就；否定了茅盾作品的「社會分析」的特點。他特別著力否定茅盾創作最高成就的標誌：代表作《子夜》；雖未把它貶得一錢不值，但把《子夜》放在連《蝕》、《虹》和《霜葉紅似二月花》都不如的相當次要的地位，稱之為「失敗之作。」夏氏寫道：「茅盾的野心──要給中國社會來一個全盤的檢討──說明了一點：作者愈來愈『科學』（馬克思主義式的和自然主義式的）了。在他以後的創作生命中，除了偶爾一兩個例外，他再也擺不脫這個迷障。」（136 頁）。說茅盾的創作「要給中國社會來一個全盤的

檢討」，這個論斷頗有見地。但說這是什麼「迷障」，顯然不妥。縱觀茅盾的全部創作，明顯地具有「史詩」的性質。《霜葉紅似二月花》反映了辛亥革命、「五四」以來特別是 1923 年到 1924 年前後地主階級和資產階級之間，資產階級、地主階級和農民階級之間複雜尖銳的社會矛盾。《虹》反映了從「五四」運動到「五卅」運動中國社會的激烈變革。《蝕》反映了從「五卅」運動到北伐戰爭，再到「四一二」反革命政變的劇烈、複雜、曲折、波浪起伏的社會革命。《三人行》和《路》反映了大革命失敗後在蔣介石法西斯政權統治下青年學生要民主、爭自由、尋求革命出路的鬥爭。《子夜》和與它有關的《當舖前》、《農村三部曲》、《林家舖子》以及《多角關係》等中篇、短篇則大規模地反映了三十年代前半期中國社會階級矛盾與民族矛盾相交織的複雜的社會場景與廣闊的時代畫卷。《第一階段的故事》、《鍛煉》反映了抗戰初期特別是上海「一二八」抗戰以來，民族矛盾開始上升爲主要矛盾後民族矛盾與階級矛盾相交織的複雜現實，以及抗日救亡浪潮席捲華夏的時代壯劇。而《腐蝕》反映了皖南事變前後在蔣介石統治下大後方狐鬼滿路、人妖顛倒的黑暗現實。《劫後拾遺》反映了「香港戰爭」前後時代動蕩潮中的生活插曲。《清明前後》則反映抗戰勝利前夕中國人民雖在艱苦奮鬥，但那「專搶桌子底下的骨頭，舐刀口上的鮮血的人們」卻仍在演出中國歷史上最黑暗的醜劇。茅盾的一系列短篇小說和散文也各從一個側面反映了上述的社會鬥爭現實與歷史發展場景。一言以蔽之，自辛亥革命以降到解放戰爭揭幕，中國社會幾十年的民族鬥爭、階級鬥爭的歷史，均在茅盾的觀照之中。茅盾以小資產階級、民族資產階級爲描寫重點，全面概括了中國社會各階級在時代洪流中的種種動向。茅盾的壯志宏圖，確如夏氏所說，正是「要給中國社會來一個全盤的檢討」；茅盾的思想的確「愈來愈科學」，愈來愈「馬克思主義式的」了。但這又有什麼不好呢？

　　古往今來偉大的作家，其作品大都帶有全盤檢討社會歷史動向的性質。這正是他們彌足珍貴之處。恩格斯正是從這個立足點出發，熱情歌頌了巴爾扎克的功績。他著重肯定的正是巴爾扎克從現實主義出發，形象地對社會歷史作全盤檢討而得出合乎歷史發展規律的結論。這種檢討歷史所得的結論，甚至違背了巴爾扎克的主觀感情傾向與政治立場。茅盾的努力與巴爾扎克基本一致，不同的是他不需要違背其主觀感情傾向與政治立場，因爲茅盾開始創作時就是「馬克思主義式」的，因爲他「愈來愈科學」，以致主觀傾向和社

會發展本質傾向完全臻於一致。顯然，夏氏所指責的這一點，恰恰是茅盾創作能取得輝煌成就的重要原因。

夏氏非難茅盾創作「愈來愈科學」的問題，和歷來引起非議的茅盾創作的「社會分析」特色問題，其實是密切相關的。對所謂「社會分析」特點加以否定，有的人是從「概念化」角度，有的人是從「形象思維過程應排斥邏輯思維」的角度。而夏氏則多了一條更站不住腳的理由：他不贊成茅盾提煉生活、概括生活時所持的馬克思主義世界觀和立場。其實，茅盾小說反映現實生活以「社會分析」爲基礎，始自夏氏肯定的處女作《蝕》，其中《動搖》體現得尤爲明顯，對此夏氏並未否定。因此說茅盾的「社會分析」是個缺點，夏氏是另有所指。即便拋開夏氏否定作家的馬克思主義世界觀與立場的這種政治偏見不談，所謂「愈來愈科學」與「社會分析」特點是否就該斥之爲概念化呢？包括茅盾在內的作家的形象思維過程又是否應該而且可能排斥邏輯思維呢？

茅盾的創作道路上的確存在過「概念化」的失敗教訓。但其形象思維過程中伴隨著邏輯思維，並且其邏輯思維也好，形象思維也好，均接受其馬克思主義世界觀的制約，這些都無可厚非，而且是一個無產階級作家必然遵循的客觀規律與共同歷程，是帶普遍性的問題。因爲任何作家其形象思維過程總是伴隨著邏輯思維，二者是水乳交融、自然地結合著進行，要分也分不開的。寫完《蝕》後，茅盾檢討了自己雖想藝術地忠實於生活眞實，但卻在消極的情緒支配下過分看重了生活中的陰暗面，而忽視了「肯定的正面人物」。「待到憬然猛醒而深悔昨日之非」時，他得出了這樣一個結論：「一個作家的思想情緒對於他從生活經驗中選取怎樣的題材和人物常常是有決定性的」。〔註 6〕他把失敗的經驗提到理論的高度總結說：「一個做小說的人不但須有廣博的生活經驗，亦必須有一個訓練過的頭腦能夠分析那複雜的社會現象；尤其是我們這轉變中的社會，非得認眞研究過社會科學的人每每不能把它分析得正確。而社會對於我們的作家的迫切要求，也就是那社會現象的正確而有爲的反映！」〔註 7〕這些看法，茅盾在很多文章中，特別是在系統地總結創作實踐經驗的小書《創作的準備》中，曾反覆論述、反覆強調過。此後，他在「很少接觸青年學生；既沒有『體驗』，也缺乏『觀察』的情況下寫了《三

〔註 6〕《茅盾選集·自序》，《茅盾論創作》，第 20～21 頁。
〔註 7〕《我的回顧》，《茅盾論創作》，第 8 頁。

人行》和《路》。這兩個中篇雖在藝術上也有建樹，但是的確存在著「概念化」的毛病。於是茅盾更進一步作了另一方面的總結：「徒有革命的立場而缺乏鬥爭的生活，不能有成功的作品。」〔註8〕也就是說，缺乏生活才是概念化的成因。

「但更深刻地認識到這個眞理，則在寫作《子夜》以後。」《子夜》的教訓在於：「由於我們生長在舊社會中，故憑觀察亦就可以描寫舊社會的人物，但要描寫鬥爭中的工人群眾則首先你必須在他們中間生活過，否則，不論你『第二手』材料如何多而且好，你還是不能寫得有血有肉的。」〔註9〕如果從這種角度說茅盾作品「愈來愈科學」，那麼這和茅盾的創作實際與上述的自我總結完全一致。可見關鍵在於創作是否有充分的生活依據，作品是否能形象地本質地概括生活，其人物塑造是否充分形象化、個性化、典型化。能達到這些要求，其社會分析愈充分、愈深刻、「愈科學」、愈「馬克思主義化」，就愈好。事實上任何現實主義的偉大作家，其作品在形象地反映生活時，總是以充分的社會分析爲依據的。

夏氏立論的主導方面顯然並非指此。他所否定的，主要是作家對社會現實作本質的歷史的馬克思主義的概括，以展示歷史發展的本質動向——正是這一創作實踐體現了茅盾的鮮明的無產階級文藝傾向。例如他指責茅盾在《子夜》中失卻了「作爲一個熱情的藝術家的眞面目。他在本書的表現，僅是按照馬克思主義的觀點給上海畫張社會百態圖而已。讀此書時，我們很容易就發現到書中的人物，幾乎可以說都定了型的，是注定了要受馬克思主義者抵毀的那種醜化人物。即使主角吳蓀甫（一個頗具粗線條的人物）亦不例外：他的道德面的刻畫無法與方羅蘭或梅女士可比。不但吳蓀甫一個人如此，我們可以說整本書都如此：儘管《子夜》包羅的人物和事件之大之廣，乃近代中國小說少見的一本，但它對該社會和人物道德面的探索，卻狹窄得很。」夏氏說，《子夜》對「社會經濟的資料的運用」都是「死的、本身無用的」，缺乏「有創作性的想像力」（136頁）的組合而使之「活」起來。夏氏還指責茅盾在《子夜》中「同情心範圍縮小了」，說「茅盾的小說家感情，已經惡俗化了」。（132頁）據此夏氏作了宣判：《子夜》「是失敗之作。」

說《子夜》是按照馬克思主義的觀點給上海畫社會百態圖，這是不錯

〔註8〕《茅盾選集·自序》，《茅盾論創作》，第20～21頁。
〔註9〕《茅盾選集·自序》，《茅盾論創作》，第20～21頁。

的。因爲文學的使命就是眞實地形象地反映社會現實。以馬克思主義爲指導畫社會百態圖，就是更本質地反映現實。因爲馬克思主義的精髓在於對具體問題作具體分析，這和創作上的現實主義在精神實質上完全一致。茅盾把握了這一精髓，通過深入生活，觀察體驗，的確佔有了大量社會資料。但他運用這些資料作典型提煉，作形象概括時，卻是具有創造力而非「缺乏創造力」的；他筆下的材料是活的，有用的，而並非「死」的，「本身無用的」。無論《子夜》概括的公債市場上吳趙鬥法，還是吳在工業戰線上既與帝國主義、買辦資產階級搏鬥，又對工人階級作殘酷壓榨，都活生生地反映了三十年代初期民族矛盾與階級矛盾相交織的活生生的現實，都具有濃厚的時代氛圍。這正是被夏氏稱爲社會百態圖的東西。對此應該肯定而不能否定。何況《子夜》的成就決不僅此。因爲它塑造了近百個栩栩如生的人物，有的則是現代文學史上的不朽的典型。這些典型和夏氏所說的「定型化」毫無共同之處。

　　夏氏所說的「定型化」是指作家塑造人物典型時，藉助生動的個性，鮮明地體現了包括特定的階級性在內的共性。夏氏所說的對人物的「詆毀」，無非是指塑造反面人物時作家所持批判態度的政治傾向性。然而如果對反面人物流露否定的傾向就可以認爲是在「醜化人物」，那麼，難道說我們所要求的典型人物就只能是被頂禮膜拜的偶像嗎？難道說世界文學史上曾經出現過失卻了以階級性爲核心的共性，而能單獨存在的個性嗎？即以夏氏倍加稱讚的《蝕》中的靜女士和《虹》中的梅女士論，其小資產階級兩重性就藉助生動的個性描寫體現得非常鮮明，個性與共性結合得相當內在。至於說描寫反面人物流露出作家否定性的政治傾向，那是任何作家都不例外的正常現象。正如夏氏在評價老通寶時特別欣賞其蒙昧、馴順與保守一樣，任何作家都不可能不從其階級立場出發，以其獨具的審美觀點，通過人物性格的刻畫，對其筆下的人物作美學評價。因此，茅盾對其筆下人物如吳蓀甫等身上那醜惡的東西作種種鞭撻，這不僅無可厚非，而且勢出必然。這與「醜化人物」不可同日而語，更非什麼「詆毀」。何況，當茅盾描寫吳蓀甫在趙伯韜及帝國主義分子的魔爪下拚命掙扎著繼續辦民族工業時，分明流露出強烈同情，又怎能說茅盾失卻了「熱情的藝術家的眞面目」，「同情心範圍縮小了」，「小說家的感情，惡俗化了」呢？

　　說《子夜》對吳蓀甫及其他人物的「道德面的探索狹窄得很」，以致「無

法與方羅蘭或梅女士可比」，也不符合作品的實際。僅以吳蓀甫與杜竹齋的關係描寫爲例，就能說明問題。茅盾一方面寫吳蓀甫在同行的競爭中和公債市場上的肉搏中，從不遵守什麼「道德」，其行動的唯一準則是追逐金錢。但另一方面，卻寫吳蓀甫在處理家庭關係中，尚能恪守封建道德。因此吳蓀甫才在公債市場的決戰前夕，把嚴峻形勢向姐夫杜竹齋和盤托出以求支援。杜竹齋卻見利忘義，倒戈相向，導致吳蓀甫全軍覆沒！茅盾寫吳蓀甫的「開門揖盜」，正是從廣泛的「道德面的探索」，寫人與人之間赤裸裸的金錢關係，破壞了以封建道德爲核心的骨肉至親的家庭關係。這種道德探索的精彩篇章，在《子夜》裡俯拾皆是：吳蓀甫夫妻的同床異夢，趙伯韜玩弄女人的黃色交易，「新儒林外史」中那一群青年男女，以金錢爲背景構成的所謂愛情糾葛與性的玩弄，李玉亭、劉玉英、徐曼麗之流在吳、趙鬥法中的朝秦暮楚，馮雲卿「詩禮傳家」的家庭內部，圍繞金錢追逐所形成的商品化關係，無一不是從道德與金錢的矛盾角度作廣泛的道德探索的。這些探索遠較《蝕》和《虹》爲寬，爲深，這是一目瞭然的事。至於茅盾筆下工人家庭中，雖窮困相守仍然能相濡以沫，相依爲命，共同作艱難的掙扎；罷工工人雖面臨血濺紗廠之危局，卻仍然精誠團結，抗爭到底；這些無產階級道德面貌的生動展現，更是《蝕》和《虹》所難以企及的。又怎能說《子夜》的道德面探索狹窄得很，甚至無法與《蝕》、《虹》相比呢？不過，與《蝕》與《虹》的道德探索相較，《子夜》有個顯著的區別：那就是茅盾深刻挖掘了金錢與道德的尖銳對立。爲了追逐金錢，什麼道德倫理，在剝削階級人物如趙伯韜、吳蓀甫、杜竹齋看來，都是一錢不值的。可見，《子夜》的道德探索面，不僅寬了，而且大大加深了。因爲，正是在這些地方，充分顯示出茅盾小說的「社會分析」特點的思想深度和藝術魅力；顯示出茅盾那「熱情的藝術家的真面目」，其「同情心範圍」不是縮小了而是擴大了；顯示出其「小說家的感情」不僅不是「惡俗化」了，而是更高尚、更淨化了。對這一切，夏志清爲何故意抹煞呢？

所以，說「《子夜》是失敗之作」，這無論如何站不住腳。《子夜》作爲茅盾的最高成就，其文學史地位是動搖不了的。

三

在結束本文之前，我還不得不再次涉及夏氏所謂的追求「文學價值」。例

如夏氏相當推崇諷刺藝術。在談到《子夜》的諷刺藝術時夏氏寫道：「漫畫式的諷刺原是文學上一種正宗技巧，我們不能僅因懷疑它為共黨宣傳（像在本書中）便抹殺它的原有價值。如果我們小心不讓它破壞本書的悲劇氣氛，那麼我們相信一部馬克思思想為中心的諷刺資產階級生活的小說，可以與以儒家觀點或基督教觀點而寫成的小說寫得一樣的好，問題的關鍵在作者的觀察力是否夠敏銳，以及隨之而來的愛憎是否真實。就以諷刺而言，茅盾在《子夜》的表現可說是完全失敗的，因為他對書中資產階級所表現的輕蔑態度，給人輕飄飄的感覺，看不出一點由衷的憎恨。在《蝕》、《虹》的書裡，因為茅盾對中產階級的態度還拿不定主意的緣故，顯示出一種近乎自我折磨的真誠。在《子夜》裡他就不同了。他好像站得高高在上，對他筆下的中產階級分子，不屑一顧，因此，也就難怪這些角色變成舞台上的傀儡，不時打諢取鬧，談情說愛，一無意思。」（133～134頁）這一段話的自相矛盾之處是顯而易見的。因為夏氏既主張作者應對中產階級「由衷地憎恨」，但他又很讚賞茅盾在《蝕》與《虹》中「對中產階級的態度還拿不定主意」；而對《子夜》中作者拿定主意批判鞭撻中產階級時所流露的「由衷的憎恨」的「真誠」描寫，對其否定資產階級反動本性的「輕蔑態度」又橫加指責。顯然夏氏這段話言不由衷。因為統觀夏氏對茅盾諷刺藝術的評價，凡是諷刺封建地主階級的筆墨，大都評價較高，予以讚揚；凡是諷刺資產階級和國民黨反動派的筆墨，即便確實深刻精彩，夏氏也予以否定。例如夏氏既說「就諷刺而言，茅盾在《子夜》的表現可說是完全失敗的」，但對《子夜》諷刺吳老太爺及四小姐蕙芳的篇章卻很讚賞，說這「證明作者在寫作上有很高的造詣和想像力的。」（136頁）夏氏還談到了《子夜》之寫曾滄海、馮雲卿，並說「茅盾的諷刺手法，用在頭腦封建的角色上是較為成功的。」（134頁）顯然，夏氏只允許作者諷刺封建階級，而不喜歡作者把諷刺的烈火引向資產階級及其政治上的代表。這種藝術評價上的兩把尺子，很難談到公正，很難據以判定文學價值。又如夏氏是對反文學作品對社會作全盤探討，反對作品「愈來愈科學」的。但他有時又離開這個前提，反而強調訴諸理智。他說：「關於信仰的選擇問題，艾略特曾經肯定了理智是重於情感的。由於共產主義知識理論基礎的膚淺，因此共產作家對讀者的一貫戰略是『訴諸情感』，尤其訴諸小資產階級的罪惡感——情感一動，他們就難冷靜地去探求真理了。」夏氏以《虹》中寫梅女士在梁剛夫的感召下的思想轉變為例，在這裡夏氏「忘記」了自己一

向把茅盾作品的「失敗」歸之為「鼓吹共產主義思想」，而自相矛盾地說：
「《虹》的失敗並非由於茅盾鼓吹共產主義思想，而是由於他無法像在這小說
的前半部中用寫實的細膩的心理手法去為這種思想辯護。」由此出發，夏氏
還進一步否定「自蔣光慈以還，所有中國革命小說都幾乎千篇一律地出現」
像梁剛夫」這樣的一個英雄人物」（131頁）。他反對用這種人物從感情上去感
召梅女士這樣的轉變中的人物。在這裡夏氏從文學的情感作用和塑造正面英
雄形象兩個角度把自己引進了「迷障」。弄得許多讀者一頭霧水！

其實，文學「訴諸情感」的美學作用，並非始於「共產作家」，更非「共
產作家」為克服所謂的「理論基礎的膚淺」而「訴諸情感」。早在古希臘時期，
亞里士多德就用「感覺著更大的愉快」和「通過憐憫和恐懼以完成」「某種嚴
重、完整」的「情感的渲泄」來區分喜劇與悲劇。〔註10〕到了十九世紀，別
林斯基作了更為透徹的論述：「詩人的道德箴言和訓誡只能減弱他的感染力，
而對於詩人說來，唯有感染力是必要而生效的東西。」〔註11〕可見，「訴諸感
情」並非「共產作家」「膚淺」或「低能」的表現，而是他們繼承了文學的美
感作用的傳統，並充分把握了文學特色和規律而自覺運用它來反映生活的必
然結果。事實上，在文學史上不乏非「共產作家」而重視文學的美學感染作
用，因而常常「訴諸情感」的範例。一部成功的作品，「訴諸情感」的美學感
染力愈強，其作品的藝術魅力也愈大。這一點被古往今來無數經典作家的創
作實踐一再地證實。

至於夏氏對描寫無產階級英雄人物的非難，更是沒有道理的。因為任何
階級的英雄人物，包括無產階級的英雄人物在內，都是現實生活中的客觀存
在。文學既然要真實地反映生活現實，就必不可少地要寫英雄人物。任何階
級的作家均遵循這一規律，不獨無產階級作家然。無產階級英雄人物（如梁
剛夫）之對於其他階級人物包括小資產階級人物（如梅女士）的思想吸引力
與情感感染力，也是客觀存在的無法動搖的規律。並非「共產作家」的杜撰。
如果說「自蔣光慈以還，所有中國革命小說都幾乎千篇一律地出現」像梁剛
夫「這樣一個英雄人物」，這固然與作家的無產階級傾向性有關，但他們首先
是以生活真實為基礎，因為生活中確實存在著這樣的人物，他們對歷史說來，
有時還舉足輕重。他們的作用力是客觀的；並非作家平空捏造的。至於這些

〔註10〕　《詩學》，新文藝出版社，1953年版，第9、17頁。
〔註11〕　《別林斯基論文學》，新文藝出版社，1958年版，第4頁。

英雄人物感染了某他階級的人物，其他階級的人物受了無產階級英雄人物的吸引與感染而傾向革命，不正是無產階級優越於其它階級的表現麼？這在生活中被千百萬人的客觀行動無數次地證實著。茅盾寫梅女士受梁剛夫的感染、吸引，不過是這千百萬次重覆行動的一種反映，實乃出於必然，並非茅盾強迫，這又有什麼可以責怪的呢？

其實真正應該受責怪的倒是夏氏自己。他出於某種政治偏見，儘管說「不能因政治或宗教的立場而有任何偏差」，並強調自己「所用的批評標準，全以作品的文學價值為原則」，到頭來他卻違背了自己的「宣言」，而時時在藝術探索與政治偏見之間徘徊，甚至經常傾斜到政治偏見的歧路上去，這才導致違背一般文藝規律和文學基本原理的某些錯誤結論的出現。以夏志清先生這樣有名的專家學者，竟也難免被政治偏見引到學術探討的窄胡同中去，竊以為實在是不可取的。

（1982 年 2 月至 6 月初，6 月修改，

刊於 1982 年《中國現代文學研究叢刊》第 4 期）

論東西方文化碰撞中對
茅盾的歷史評價

　　中國現代文學史學科的主要奠基人王瑤先生臨終前在中國現代文學研究會的一次理事會上說過一段語重心長的話：

> 　　老、中、青三代人在學術面前人人平等。青年同志提出新想法，要鼓勵他們向新的方向努力，作出成果就好，否則也要淘汰。但是不能有「取而代之」的心態，學術研究是靠一代人乃至幾代人的共同努力來推動的。
>
> ——《中國現代文學研究叢刊》1990 年第 2 期

顯然，這些話是有感而發的。新時期新人輩出，建樹頗豐，先生熱情嘉許；對個別年青學者以張揚新潮為名，推倒前人，否定一切的態度，先生嚴肅批評。而「學術研究是靠一代人乃至幾代人的共同努力來推進的」這一遺言，則既體現出學術研究的科學規律，又反映了時代與歷史對學界的期待與呼喚。它催人奮進，也促人反思。

　　在新時期改革開放的大潮中，茅盾研究領域三代學者通力合作，取得了令人矚目的成就，但也存在一些尚待研究、甚至認真反思的問題，特別是東西方文化碰撞導致當代文藝思潮起伏傾向，既頗有收益，也存在混亂。

　　這使我聯想到前些年由南到北，一片「重寫文學史」呼聲導致的後果。應運而生的文章中，固然有「向新的方向努力」的成果，然而也有以「『取而代之』的心態」寫出的贗品。無怪乎連當年唯新是鶩、以現代派小說創作著稱的施蟄存老人，也著文提出了異議。

倡導「重寫文學史」的理論根據是：文學觀點的每一次深刻變化，都將導致重寫一次文學史。其實這並非中國人的創見，而是舶來品。西方接受美學的奠基者之一姚斯，就以其接受美學新觀念爲據，提出了「重寫文學史」的命題。在建立其「重寫文學史」的方法論之同時，還列出七個論題。姚斯的這一觀點，70 年代已在西歐衰微。但 80 年代初，香港大學又主辦過以「重寫文學史」爲主題的國際性學術討論會。1986 年美國哈佛大學還出版了以取代羅·斯皮勒主編的《美國文學史》爲目的的《重寫美國文學史》。〔註1〕

我國 80 年代末才提出的「重寫文學史」，其理論（「文學觀念的每一次深刻變化，都將導致重寫文學史」）也是從西方搬來的，並沒有什麼發展或創新。但這是站不住腳的。

因爲文學的歷史是已經存在的客觀事實，文學史的任務起碼是兩個：一是眞實地、本質地、規律性地把握與描繪文學發展歷史的本來面貌與情態；一是作出客觀的、歷史唯物主義的科學的評價。兩者都受已成爲客觀存在的已逝的文學歷史這一不依人的主觀意志爲轉移的客觀條件制約，而不能從主觀意願出發，作隨意性的「重鑄」。這和「重寫文學史」倡導者以觀念爲出發點，是大相徑庭的。如果後者的理論能夠成立，則撰寫文學史的首要依據，就變成了發生深刻變革的「文學觀念」，而非不依人的意志爲轉移的已成客觀存在的文學歷史事實。而歷史，包括已逝的文學歷史在內，豈不就失卻了其客觀存在的固有的內涵，也失去了這內涵所包孕的客觀眞理性及其運行規律的必然取向了嗎？

何況，發生變革的新觀念，不一定就是沿著由錯誤而正確、由浮淺而深入的走向發展的；有時還適得其反。前些時候西學東漸，「新說」迭起，其中有不少就是這樣，這已是人所共知的客觀事實。

因此，在不同觀念支配下，可以寫出不同的文學史；但我更加毫不猶豫地確認：在錯誤與浮淺的文學觀念支配下，完全可能把文學史寫得更糟。前些年否定魯迅、郭沫若、茅盾、趙樹理成風，就是突出的例子。這些做法背離了尊重文學歷史及其固有價值的客觀存在性，與不依人的主觀意願爲轉移的屬性這一文學史家必須具備的實事求是的科學態度。而離開了歷史唯物論的根本立場，唯心史觀就將乘虛而入。因此，我想藉斑窺豹，就前些時候否定茅盾的某些觀點，提出些商榷意見。

〔註 1〕 參看錢中文《文學原理·發展論》，第 369 頁。

一

這些作者及其文章，對茅盾及其作品的態度並不完全一致。有的是基本肯定之餘，提出的否定意見有些偏頗；也有的持基本否定的態度。他們據以立論的美學觀，也有性質上的差異。有的人總的美學觀是科學的，但其局部觀點有問題；其茅盾評價方面個別觀點的偏頗，則源於其錯誤的美學觀點。本文無意對他們的美學觀和其茅盾研究論著作總體評價。我的目的是：對他們文章中某些觀點提些商榷意見，然而重點還在正面闡述我的看法，以期在爭鳴中對茅盾及其作品作出較接近其盧山眞面目，較合乎歷史唯物主義的科學評價。因此，並不是以偏概全，這是要首先加以說明的。

例如《關於〈子夜〉的幾個問題》〔註 2〕一文中認爲，「茅盾傳統」及其以《子夜》爲代表所創立的「社會剖析小說」「範式」，「構成了對『五四』文學傳統的一次重要的背逆」。論者認爲魯迅是代表「五四」傳統的，因此這茅盾傳統及《子夜》範式，也是對魯迅傳統的「背離」、「拋棄」、「歪曲」和「片面的發展」。

這個評價如果能成立，顯然茅盾作爲「五四」新文學奠基人與開拓者之一的歷史地立與文學史評價根基，就將發生動搖。因此，這個評價是非同小可的！

論者從以下四個方面論證其上述歷史評價：一、這「範式」「呈現的政治意識形態的明晰性、系統性」，「大大強化了文學的意識形態的論辯性」。這就「背逆」了「五四」文學「源於個人對生活和自我的直覺觀察」所形成的「對社會的或深刻或潛淺的理解」，「在意識形態上」所處的「模糊、混沌的狀態」，從而形成的「個人性」、「模糊性」、「混沌性」及與其「相伴而生」的「對待現實的態度上呈現出的批判性與茫然性的二重趨向」。二、這「範式」「呈現出客觀的、非情感的特徵」與「超越個人經驗的特徵」。它「力圖消解作家的個人性和主觀性」。後者是源於「強調主體的經驗結構在主客觀關係中的重要性」。這「範式」還力圖消解「從個體的立場來揭示社會的不合理性」，導致「個體情感的充分發揮」所形成的「情感性」。三、這「範式」具有「反映現實的『整體性』、『時事性』和『共時性』」特徵，它「在『必然性』的名義下突出了一種作爲既現實又神秘的絕對力量」。在它面前「個體只

〔註 2〕載《中國現代文學研究叢刊》1989 年第 1 期，本節引文均係此篇，餘不一一注出。

能是一種匍伏」其下的「可憐而被動的玩偶」。這特點與古代的「天命論」相類似，說明茅盾是個「環境決定論者」。它「忽視了人的能動力量，從而具有機械性質」。它「導致宿命論和主體性的喪失」，「恰恰又和『五四』文學所自覺反叛的傳統相聯繫」，當然也就和「五四」文學的反叛精神相「背逆」。四、這「範式」「把現實的力量絕對化和神秘化之後」，就使「隱伏於現實與環境中的『規律』與『必然性』」成了「冥冥之中控制一切的『命運』」，「使得小說具有了古希臘命運悲劇的特點」，即「在承認『命運』的絕對權威性的前提下表現失敗的英雄」。於是形成了與傳統「民族文化心理」相通的期待：「把改變命運的期待集中於集智慧、經驗與鐵腕於一身的力量型的英雄」。這「範式」一直影響當代文學的《喬廠長上任記》與《新星》，通向「兩結合」創作方法，從而「構成了」對「注目於普通的小人物」、「反權威、反專制、反英雄傾向」的「『五四』文學的背逆」，也「不由自主地偏離他的明確的階級立場」。

　　儘管論者列出了上述看起來比較複雜，實際上用語模糊，有的並非規範的範疇所表述的「四大表現」，然而稍加集中，問題和分歧卻簡單而明晰。它集中於兩點：一、什麼是本質意義上的「五四」文學傳統？二、如果可以把「茅盾傳統」及其代表作《子夜》當作「範式」，論者的四點論證是否合乎茅盾的實際，是否能夠成立？明乎此，才能確定究竟茅盾是繼承並發揚了「五四」文學傳統，還是「背逆」了這個傳統，此外也可以明確論者對「五四」文學傳統的理解與概括是否站得住。

　　「五四」運動既是政治革命運動，也是包括文學革命運動在內的文化革命運動。因此，講到「五四」文學傳統，就不能脫離「五四」文化革命傳統和「五四」政治革命傳統。在這些重大問題面前，不同的意識形態的對立，歷來有強烈的反映。我們只能站在馬克思列寧主義、毛澤東思想的立足點，對此作出科學的回答。這也就是早在 50 年前毛澤東在《新民主主義論》中所作的經歷了長期歷史考驗證明其仍然正確的科學結論：「五四運動是反帝國主義的運動，又是反封建的運動。五四運動的傑出的歷史意義，在於它帶著為辛亥革命還不曾有的姿態，這就是徹底地不妥協地反帝國主義和徹底地不妥協地反封建主義」。這是「當時無產階級世界革命的一部分。」五四運動是在無產階級及其科學世界觀共產主義思德領導和指導之下的、在其開始是「共產主義的知識份子、革命的小資產階級知識份子和資產階級知識份子（他們

是當時運動中的右翼）三部分人的統一戰線的革命運動」。「六三」以後則有「廣大的無產階級、小資產階級和資產階級參加」。「五四運動所進行的文化革命則是徹底地反對封建文化的運動」，「當時以反對舊道德提倡新道德、反對舊文學提倡新文學，為文化革命的兩大旗幟」，「它提出了『平民文學』口號」。這，就是「五四」政治革命傳統、文化革命傳統和「五四」文學革命傳統的馬克思主義的科學概括。

毛澤東對「五四」文學傳統的總體概括，顯然是共產主義思想領導下的徹底地不妥協地反帝反封建的文學戰鬥精神。正是從這個立足點出發，他才作出對魯迅的著名評價：「而魯迅，就是這個文化新軍的最偉大的和最英勇的旗手。魯迅是中國文化革命的主將，他不但是偉大的文學家，而且是偉大的思想家和偉大的革命家。魯迅的骨頭是最硬的，他沒有絲毫的奴顏和媚骨，這是殖民地半殖民地人民最可寶貴的性格。魯迅是在文化戰線上，代表全民族的大多數，向著敵人衝鋒陷陣的最正確、最勇敢、最堅決、最忠實、最熱忱的空前的民族英雄。魯迅的方向，就是中華民族新文化的方向。」因此，魯迅經得住國民黨反動派長期的文化「圍剿」的考驗，「而共產主義者魯迅，卻正是在這一『圍剿』中成了中國文化革命的偉人」。這正是魯迅後期對「五四」精神的繼承與發展所導致的必然結果。因此以接受共產主義思想領導為前提，由革命民主主義發展到共產主義，這是包括魯迅在內的一切繼承與發揚「五四」革命精神與「五四」文學革命傳統的革命文學家的共同的歷史道路。

從這個前提出發，我們來對照上述的「茅盾背逆『五四』文學傳統」論，考察論者列舉的理由，就不難發現，他所指出的在這一系列修飾語限定下的這四點，不論是觀點還是材料，都實在是不像樣子：既沒有對「五四」文學傳統的本質概括，也沒有就此作出科學界定。它連共產主義思想領導下的徹底地反帝、反封建的革命精神與民主與科學（即所謂的「德先生」與「賽先生」）的精神的邊兒，都沒有沾多少！

因此，我們有必要本著實事求是的態度，就這四個方面的內涵，作些具體分析。分析所得，可歸納為以下三點：一、與「五四」革命精神與「五四」文學傳統多少有點關係的部分：所謂「反專制」、「反叛舊傳統」及其相應的「批判性」屬之。但這裡說得過分籠統，缺乏對其本質屬性的必要界定，這些抽象的提法用在封建社會中農民的革命反抗運動身上，用在人民性較強的

古代文人文學與民間文學上，大都能適用，更不用說孫中山領導的舊民主主義革命及那一時期相應產生的革命民主主義文學了。因此，這不足以說明「五四文學傳統」的新質。說「茅盾傳統」、「《子夜》範式」「背逆了」這「反專制」、「反叛舊傳統」，認為它缺乏相應的「批判性」，就更是冤哉枉也了！且不說茅盾從「為人生」到「為無產階級」的理論主張與全部創作，就是被稱為「範式」的《子夜》，也恰恰是反帝、反封建、反對實辦勢力，支持工農革命，同時民族資本家因愛國、求生存慘遭的厄運，並熱切呼喚「子夜」過後那黎明時光的到來。連當時的「檢查老爺」都「用朱筆」批道：「二十萬言長篇創作，描寫帝國主義者以重量資本操縱我金融之情形」，既「諷刺本黨」，又「鼓吹階級鬥爭」。〔註 3〕這從一個側面證明了，這部長篇繼承並發展了「『五四』文學傳統」的徹底的反帝、反封建的革命精神；怎麼到了我們的論者筆下，反倒成了「背逆」「反專制」、「反叛舊傳統」的「『五四』文學傳統」了呢？

　　二、是與「五四」文學傳統風馬牛不相及的部分，如所謂「模糊性」、「混沌性」、「茫然性」等等。與此相反，「五四」文學的優良傳統在反帝、反封建，倡導民主與科學精神，鼓吹文學革命方面，不僅不「模糊」，不「混沌」，不「茫然」，反而旗幟鮮明，方向明確。眾所公認，能代表「五四」文學傳統的是陳獨秀的《文學革命論》。這篇文章就「高張『文化革命軍』大旗，「旗上大書特書吾革命軍三大主義：曰，推倒雕琢的阿諛的貴放文學，建設平易的抒情的國民文學；曰，推倒陳腐的鋪張的古典文學（筆者按：這不是上述論者所籠統的提出的「反對舊傳統」），建立新鮮的立誠的寫實文學；曰，推倒迂晦的艱澀的山林文學，建立明瞭的（筆者按：這哪裡有一點兒「模糊性」？）通俗的社會文學。」〔註4〕還有，所公認，最能代表「五四」文學傳統的是魯迅的小說，魯迅就說自己寫小說是「聽將令」、「寫遵命文學」的：「我所遵奉的，是那時革命的前驅者的命令」，「決不是皇上的聖旨，也不是金元和真的指揮刀。」〔註5〕這一切和所謂「模糊性」、「混沌性」、「茫然性」，不也是毫不相干，甚至鮮明對立的嗎？

　　三、與「五四」文學傳統有一定關係，但不能代表全局的部分，如所謂

〔註 3〕 晦庵《書話》，北京出版社，1962 年版，第 47～48 頁。
〔註 4〕 《獨秀文存》，安徽人民出版社，1987 年版，第 95～98 頁。
〔註 5〕 《魯迅全集》第 4 卷，人民文學出版社，1981 年版，第 456 頁。

「個人性」、「主觀性」、「感情性」等等。論者所謂的這幾個「性」，其實是指作品體現的個人色彩、主觀傾向、創作個性等屬於創作主體性的東西。這是任何時代的傑出作家及其傑出作品皆具的共性，不獨「五四」文學然；更不能當作「五四」文學傳統「獨具」的東西。而且，就是在「五四」文學傳統中其體現「個人性」、「主觀性」、「情感性」的方式，不同作家、不同流派，甚至同一流派中的不同作家，其表現均不可能相用。例如創造社作家群較爲直露、強烈和鮮明，文學研究會與「語絲派」作家群則較爲內在、冷靜和潛隱。後者當中，葉聖陶最有代表性。這種審美表現方式的差異，具有跨時代的共性而非時代特性。不能稱之爲「五四」文學傳統的特性，「背逆」與否更談不上！何況茅盾的作品當然具有這三「性」。

綜合以上三方面內容可以發現：上述論者從根本上迴避了作爲「新民主主義革命分水嶺」的「五四」革命運動與「五四」文學傳統的接受無產階級與共產主義思想領導，屬於無產階級革命之一部分的這個根本屬性，而他所羅列的那四個方面的表現或特徵，恰恰屬於資產階級民主主義思想體系與審美觀的範疇，於是我們找到了問題的癥結所在：上述論者據以重新評價茅盾的「文學新觀念」的，原來是遠比馬克思主義的文學觀念陳舊得多的舊東西；無怪乎它把抨擊的重點集中到以下幾點，即所謂「茅盾傳統」和「《子夜》範式」所「呈現出的政治意識形態的明晰性、系統性」，「大大強化了文學的意識形態的論辯性」，以及茅盾在「五四」的領導思想共產主義思想指導下賦予自己的「社會剖析小說」的「客觀性」、「整體性」和「時事性」（其實應該說，這是指的「時代性」）特徵。

然而恰恰在堅持與發揚以共產主義思想爲指導，「聽將令」、「寫遵命文學」方面，茅盾最接近魯迅代表的眞正的「五四」文學傳統。因爲這是「五四」運動區分舊民主主義革命與新民主主義革命的界標。作爲「五四」文學的領導思想的共產主義，經歷了由主導因素轉化爲領導全局的思想體系的發展過程。其突出的表現，首先就是它引導了一大批作家經歷了由革命民主主義到共產主義的世界觀質變。魯迅如此，郭沫若如此，茅盾亦復如此（他不僅是其中完成轉變最早的一位，而且也是現代文學家中第一位共產黨員文學家）。與此相應，一大批作家的作品也發生了突變；有些作家甚至在其世界觀未經質變之前，其創作就呈現了明顯的突變的苗頭。在魯迅，是從前期雜文發展到後期雜文，由《吶喊》、《彷徨》與《故事新編》的前半，發展到《故事新

編》後半的《理水》、《非攻》等作品；在郭沫若，是從《女神》到《恢復》；
在老舍，是以《老張的哲學》到《駱駝祥子》和《四世同堂》；在丁玲，是從
《莎菲女士日記》到《太陽照在桑乾河上》；在何其芳，是從《預言》到《夜
歌和白天的歌》。這一切發展和變化，都體現了對「五四」文學傳統的繼承與
發展，而不是什麼「背逆」！

　　這種轉變不僅沒有「消解作家的個人性和主觀性」，更不是什麼「非情感
特徵」。即便有的作家身上出現了所謂「超越個人經驗的特徵」，那也是以個
人為基礎，並汲取了集體的階級的共同體驗所達到的自我超越的更高級階
段。這就使得上述一切屬於作家主體性內容的各種因素，具備了更強的擁抱
生活、擁抱客體的能力。主體性與生活客體性的辯證統一與有機結合，使作
家及其作品得到了昇華與超越。所以，由「五四」文學傳統發展為後期魯迅
和寫《子夜》時的茅盾所代表的「左翼文學」的無產階級文學新傳統，這不
是什麼「背逆」，而是文學思潮歷史發展過程中的螺旋形上升！

二

　　針對茅盾顯著的文學史地位，某些論者給他「重寫」出這樣的「歷史評
價」：茅盾相當一部分作品，包括其代表作《春蠶》、《林家舖子》特別是《子
夜》，其創作方法一部分是與「四人幫」搞的那套「三結合」、「三突出」創作
原則相通的「主題先行」論。其中以《一份高級形式的社會文件》〔註6〕作正
標題的文章，就把茅盾及其代表作從文學領域中劃了出去；因此，這不是重
評文學史地位問題，而是取消其文學資格的問題。這種否定，相當徹底！其
最尖銳的意見是認為：《子夜》的創作表明，「茅盾意識深處對文學的蔑視和
對文學尊嚴的褻瀆」。其「主題展示建立在對藝術作品功能的誤解上」。表現
之一是「強調正確『觀念』對創作的指導」，「因此很缺乏作家的『主體性』」，
「是一部以嚴謹的客觀性，『科學性』、社會科學的觀察分析，代替了創作中
的個人思想情緒和早期浪漫蒂克（小資產階級對現實的空想和革命狂熱性等
等）的帶有古典傾向的作品」。它「正與胡風後來的主體性理論形成對立」。
它「缺乏時空的超越意識，過於急功近利，是一部缺乏魅力與恆久啟示的政
治小說」。

　　文章包含了許多值得商榷的觀點：一、它把作家確立科學的世界觀與作

〔註6〕刊《上海文論》1989年第3期，本節引文未注出處者均出此作。

家從事創作的主體性對立起來；把作家在創作的典型提煉過程中對生活作客觀的、科學的分析與「個人思想情緒」對立起來。言外之意是不是說：作家的主體意識與其長期社會實踐過程中逐步形成的世界觀沒有關係？如果這樣，那作家以其科學的世界觀爲指導分析生活、進行典型提煉過程中的種種情感活動，和形象思維過程中迸發的激情，都也不是「個人思想情緒」了！人的長期社會實踐、文學實踐所形成的高級精神活動與意識形態形象，是可以或能夠這麼簡單化地割裂的嗎？按照論者的這種割裂剔除，則剩下的似乎只有其十分看重的「小資產階級的空想和革命狂熱性等等」了！其實，連這一點也是和作家的世界觀難以分開的！二、它把主體性與作品描寫的現實生活的客體性對立起來，把作家主體意識和形成這一主體意識的客觀實踐與客觀存在依據人爲地對立起來，它又把現在與未來對立起來，把文學的現實意義與未來世界將對它作一定確認的歷史意義對立起來；此外，它還把文學的急功近利性與時空的超越意識對立起來。這就從根本上背離了一切以時間、地點、條件爲轉移的辯證唯物主義與歷史唯物主義基點，也就抹煞了文學的現實性、時代性內容，使之成爲「超越時空」，不食人間煙火的怪東西。而這一切所導致的結果，不能不是抹煞文學與政治的關係，否定馬克思主義世界觀對創作的指導作用。

文章對茅盾所作的第二個評斷，是說茅盾「把文學看成工具」，把「社會與經濟學家」和「黨的政治領導人」當作「潛在的讀者」，因此就把《子夜》寫成了「一份高級形式的社會文件」。

奇怪的是，論者儘管這麼徹底否定了茅盾，我卻未發現他否定魯迅。如果眞的是這樣，他實際上處在自相矛盾的境地。因爲魯迅成爲共產主義者之後，其思想，其雜文，甚至後期的歷史小說，大都與茅盾相通。而且魯迅還毫不含糊地說過：「一切文藝，是宣傳，只要你一給人看。即使個人主義的作品，一寫出，就有宣傳的可能，除非你不作文，不開口。那麼，用於革命，作爲工具之一種，自然也可以的。」不過魯迅也同時強調說：「但我以爲一切文藝是宣傳，而一切宣傳卻並非全是文藝。」﹝註7﹞這一點魯迅也與茅盾相通。類似的觀點，在茅盾的文章中隨處可見。及至他創作小說，怎麼竟會違背其理論主張，把《子夜》寫成「高級形式的社會文件」呢？

而且這裡的「高級形式」究竟是指「文學形式」，抑或是非文學形式？論

﹝註7﹞《魯迅全集》第4卷，人民文學出版社，1981年版，第84頁。

文中除指明某某章節是寫「偉大主題」外，還指明了某某章節屬於「充滿魅力」的體現了「感情記憶」的部分。而這些，是論者的神聖的文學殿堂所能容許的。既然這樣，又怎能把茅盾的小說，包括代表作《子夜》劃出去呢？至於「潛在的讀者」一說，更難以成立。作品既然是寫給人看的，除了作者之外，誰都是站在明處的讀者而非潛在的讀者，只要你喜歡看，就有權當讀者。「黨的政治領導人」和「社會與經濟學家」們也擁有同等的權利。誰又擁有剝奪他們這種權利的權利呢？同時，誰又權剝奪作家把政治家、革命家當成讀者的權利呢？歷史上不乏政治家對作家及其作品「反響很熱烈」，評價也極高的範例：恩格斯說他從巴爾扎克的作品中「所學到的東西」「比從當時所有專門歷史家、經濟學家和統計學家的全部著作合攏起來所學到的還要多」。列寧則稱托爾斯泰是「俄國革命的鏡子」。這當然不是偉大的作家的恥辱，反倒是他們的榮耀。我們難道能據此說他們「把文學當工具」，或是當作說它是什麼「高級形式的社會文件」的反證嗎？

　　無獨有偶，還有一位論者的文章〔註8〕很多地方也和上述論者相同。她認為茅盾構建的「《子夜》模式──主要包括『主題的先行化創作原則』，『人物觀念化的塑造方法』以及『鬥爭化的情節結構法』──對它以後的長篇小說的影響是深遠的」。她認為，從《子夜》始，包括周立波的《暴風驟雨》、丁玲的《太陽照在桑乾河上》等等，與「茅盾結成『同一戰壕的戰友』」所形成的「觀念化的『英雄人物』」論從理論上為日後臭名昭著的『三突出』原則」「廓清了障礙」。

　　批評茅盾的小說是「主題先行」者，最早的文章當推寫於 1953 年，近年來才發表的《談〈春蠶〉──兼談茅盾的創作方法及其藝術特點》。它的概括是：「茅盾先生這樣先有主題思想，而後再去找生活，找題材。這是由理性到感性，而後表現出來。」〔註9〕近年來某些論者多承襲了這種觀點，但他們走得更遠，甚至頗有把「文革」前和「文革」中所謂的「主題先行」論以及「領導出思想，群眾出生活，作家出技巧」的『三結合』創作方法」拿來「套」茅盾者。然而這都是些過窄的鞋子或過大的帽子，與茅盾的實際相去

〔註 8〕該論者發表了兩篇文章，一是《對中國現當代長篇小說的一個形式考察──關於〈子夜〉模式》，刊《上海文論》1989 年第 3 期：一是《誘惑與困境──重讀〈子夜〉》，刊《中國現代文學研究叢刊》1989 年第 1 期。本文凡引她的文章，均見此兩文。

〔註 9〕見《中國現代文學研究叢刊》1984 年第 4 期。

甚遠！

其實「正宗」的茅盾的「主題先行」論，是他本人提出來的。茅盾早在1942 年秋，在《談「人物描寫」》〔註10〕一文中就寫道：「創作先有主題呢？還是先有人物？從主題的命義上講，它是在人物之前就有了的。譬如打算描寫社會現象中的這麼一種現象，這麼一個方面，當然包括我們對於這種現象的看法和見解，是先有了這個主題，才來寫的。可是事實上，在創作的過程中，也不一定這麼呆板。我們在構思過程或創作過程中，只想到主題，而沒有想到人物，也是不會有的。譬如寫抗戰開始時的現象，一般是先有了這種現象的見解和看法，這種現象自然不會是抽象的，一定會連帶到人物，雖不明顯，總先有了幾成影子；進一步把和那主題有連帶關係的人物，更詳細的分析起來，那麼人物的影子在作家的腦子裡就更加明顯起來。不過也有些例外，先有一個非常明顯的人物在腦子裡，再從這個人物的身上想出許多事情，再確定了主題。所以在理論上講起來，應該是主題在先。但實際上也不老是這樣的。差不多在主題已經很成熟的時候，人物十之八九也已經有了。至少主要的人物已經有了七八成的樣子。」

茅盾這裡總結了自己的實踐經驗，也概括了別人的經驗。他系統完整地談了生活、主題、人物在形象思維過程中的關係與形成次第：一、積累生活與形成主題，是先生活積累，在積累過程中才形成「對這種現象的見解和看法」，主題則是在這些見解與看法之基礎上提煉出來的。因此，實際上倒是生活先行，主題後「行」。可見，某些同志所謂「先有主題思想，而後再去找生活，找題材」，以及「作品的主題很明確，但非生活所暗示，而是作家的抽象觀念」，「而寫《子夜》時，黨或黨的社會科學家已經提供了『正確』的觀點，作家只要把這個觀點當作作品主題，形象化，通俗化，科學化就行了」云云，都是既違背茅盾的理論，也不符合茅盾創作之實踐的。二、茅盾的所謂「主題先行」，是和人物的典型化相對而言的。這裡他提供了三類情況，其一是積累生活中，對生活的「見解和看法」的形成（這還不是主題本身，而是形成主題的基礎）是先於人物的。其二是二者差不多同時形成，作家賴以形成「見解和看法」的生活「現象自然不會是抽象的，一定會連帶到人物」，因此主題的提煉和人物的塑造大體上是拔出了蘿蔔帶上了泥，人物也有個八九成、六七成了！其三是人物在先，「再從這個人物的身上想出許多事情，再

───

〔註10〕刊桂林《青年文藝》第 1 卷第 1 期，以下引文見《茅盾論創作》，第 525 頁。

確定主題」。〔註11〕對茅盾談得如此明確的二、三點，以「主題先行」的帽子扣茅盾的那些論者們，不約而同地諱莫如深，隻字不提！難道這能叫實事求是嗎？

這裡涉及到茅盾對文學史上現實主義創作方法兩種基本類型的認識、論述、汲取、應用等屬於審美表現原則的大問題。寫完《蝕》後，茅盾確認道：「左拉因為要做小說，才去經驗人生（筆者按：這只是大致的表達主導情態的說法，實際上此前的左拉已經有了很長的人生經歷。所謂「才去」，是指其補充生活積累之不足而言的）；托爾斯泰則是經驗了人生以後才來做小說（筆者按：這又是大致的表達主導情態的說法，實際上托爾斯泰寫作過程也有補充生活積累之不足的時候），「我愛左拉，我亦愛托爾斯泰」，「到我自己來試作小說時，我卻更近於托爾斯泰了」。〔註12〕

論者幾乎公認，《蝕》的創作方式是「托爾斯泰式」的，但上述否定茅盾的論家認為《子夜》、《春蠶》、《林家舖子》的創作方式卻是「左拉式」的。對此，我很難苟同，因為它不符合實際。根據茅盾這批作品的形象思維過程，我不只一次論證過：茅盾是把「托爾斯泰方式」與「左拉方式」結合起來，而且是以「托爾斯泰方式」為主的。〔註13〕

在這批作品中，茅盾投入了他青少年時代的故鄉生活體驗，商務時期的上海生活體驗和北伐戰爭時的武漢生活體驗。只是在30年代初回上海後構思這些作品時，才有意識地補充了原始生活積累之不足。翻開《茅盾全集》第11卷，我們可以從1933年至1934年上述小說構思、寫作過程前後茅盾的下述散文中，找到其生活積累許多的原生態記錄。如《故鄉雜記》、《冥屋》、《秋的公園》、《老鄉紳》、《在公園裡》、《春來了》、《「現代化」的話》、《香市》、《我的學化學的朋友》、《鄉村雜景》、《陌生人》、《談迷信之類》、《上海》、《上海大年夜》、《桑樹》、《大旱》、《人造絲》、《戽水》、《舊帳簿》、《上海──大都市之一》、《交易所速寫》……在這些散文中，尤其是長篇散文《故鄉雜記》、《上海──大都市之一》，還應該加上茅盾據左拉長篇小說《太太們的樂園》改編的長篇散文《百貨商店》，以及短篇散文《桑樹》、《人造絲》，這裡邊有其人物背景的實錄，留下了《子夜》、《春蠶》、《林家舖子》依照茅

〔註11〕 《談「人物描寫」》，《茅盾論創作》，第525頁。
〔註12〕 《從牯嶺到東京》，《茅盾論創作》，上海文藝出版社，1980年版，第28頁。
〔註13〕 參看拙著《茅盾作品淺論》，青海人民出版社，1983年版。

盾以上關於生活、主題、人物之關係的論述進行形象思維過程的鮮明印記。如林先生之與《故鄉雜記》中的「活動『兩腳新聞報』」，老通寶與《故鄉雜記》中的「丫姑老爺」和《桑樹》中的黃財發，從原型到典型的形象構成軌跡，不是十分鮮明嗎？尤其是人所公認的吳蓀甫，是茅盾以其當銀行家的表叔盧鑒泉為原型塑造的。而茅盾對盧表叔的了解，始自少年時代；到寫《子夜》時止，經歷了故鄉、北京、上海三個階段的跟蹤觀察研究。以這麼雄厚的生活積累為基礎，怎麼能說是「人物觀念的塑造方法」呢？更妙的是，在責備茅盾寫吳蓀甫是「觀念化」而不是根據「感情記憶」，更缺乏自我表現的主體意識和激情時，有人就說「從深層心理看，吳蓀甫就是茅盾」！在吳蓀甫這個形象裡，無意之中多少寄託了一點茅盾政治境況與文壇境況。「從政治上說，他處在教條主義與取消派之間，從文學上說，他處在激進的創造社、太陽社與落伍的作家群之間，——你看，這是不是多少有些像吳蓀甫被夾在買辦金融資本家與工農運動之間呢？」原來我們的批評家和「重寫文學史」者，是這麼分析文學作品的！無怪乎他們一看到茅盾說他寫《子夜》的直接動因之一是要回答托派，就說《子夜》是寫給「黨的政治領導人」和「政治經濟學家」看的由「抽象概念」演化成的「高級形式的社會文件」；原來這些結論的產生，是「沾上點邊兒就算數，沾不上邊兒也算數」，既用不著據實論證，也沒打算接受理論與實踐的檢驗！這麼著形成「新觀念」，當然容易得很了！

　　沿著這種奇特的思維方式、立論方式與行文方式去研究另一位研究茅盾的論者的茅盾的「主題先行」論，和「左」傾思潮中形成的「領導出思想、群眾出生活、作家出技巧」的所謂「三結合」的創作方法，並和「四人幫」搞的所謂「三突出」原則掛起鉤來等觀點與方法，就不難理解了！由此再去看她把所謂「《子夜》模式」當作「網」，把《太陽照在桑乾河上》、《暴風驟雨》、《創業史》、《山鄉巨變》、《上海的早晨》、《李自成》、《喬廠長上任記》、《沉重的翅膀》、《芙蓉鎮》、《冬天裡的春天》、《東方》、《許茂和他的女兒們》、《將軍吟》、《新星》等作品一網打進去，都當作「主題先行」論的標本，並由此得出所謂「中國的長篇小說缺乏形式感」的結論，對我們說來，也就見怪不怪了！

　　拉這麼一張大「網」，目的是什麼？該論者下邊的話說得很明白：「直到晚年，茅盾還諄諄教導人們要用唯物辯證法的矛盾規律指導自己去觀察生

活、分析生活，要反覆地將自己的生活感受去印證矛盾的對立統一規律從而使之符合辯證觀點。讓理性去駕馭感性的體驗，讓政治的激情統領審美的感性衝動，這是中國作家小說創作的一大通病，也是他們審美素質匱乏的表現。」可見，在她看來，創作只能「跟著感覺走」！不僅得排除唯物辯證法世界觀與方法論，就連「政治的激情」、「理性的意念」也通通要不得！這就是這位論者的「文學本體論」！

<h2 style="text-align:center">三</h2>

有的論者又以反對「機械唯物論」為前提，反對據說是茅盾作品提供的「二元對立模式」。說茅盾「從政治觀念出發」，「戴上『階級』的濾色鏡與『鬥爭』的變色鏡，在作品中偽造生活」，形成了「藝術思維機制」的「生硬的『二元對立』的模式」。這是「簡單化、機械化了的辯證法觀念，將整個混沌無序、奇奧複雜的現象世界，簡單地納入兩兩相對的最基本的有序的『二元』程序中，新與舊、正與反、唯物與唯心，非此即彼，先進與落後、革命與反革命，『不是西風壓倒東風，就是東風壓倒西風』，非『我』即『敵』。世界如此簡單：一切都源於類似這樣的『二元』的『鬥爭』，就如一盤圍棋，只有『黑』與『白』兩子的拚殺互吞。」

這番話包含著一系列成問題的觀念：一、面對著描寫階級社會的作品，卻壓棄作家的階級觀點與階級分析方法。二、片面強調主體意識、內心感受、情感記憶，無視生活的客觀性和表現生活時運用辯證唯物論的能動的反映論，並稱之為「機械論」。三、只強調「藝術世界」與「現實世界」的區別，而抹煞「藝術世界」的構建是以「現實世界」為基礎這一更為本質的方面。但茅盾的革命現實主義的創作是以辯證唯物論能動的反映論對待生活，以階級觀點與階級分析方法面對階級社會的現實與本質的。他一向把其藝術真實性的追求建築在生活的本質真實性基礎上，在二者的辯證統一中體現自己的革命傾向性。這就和歷來的資產階級哲學觀、政治觀、審美觀發生了根本對立。

他的《子夜》及與其相關的《春蠶》、《林家舖子》、《多角關係》等作品的「藝術世界」，是以 30 年代半封建半殖民地的江浙地區特別是上海十里洋場為特定生活依據的。藉助從這一「現實世界」概括而成的「藝術世界」，來揭示生活底蘊，旨在啟示讀者正確地選擇人生道路，以實現其人生價值。這

是茅盾幾十年一貫堅持的從「爲人生的藝術」到「爲無產階級的藝術」這一文學主張和審美觀的能動體現。

包括《子夜》在內，茅盾的許多小說對社會生活、時代動向、人際關係的描寫，都是以生活眞實爲依據的。他的描寫，決非如上述論者所作的那些表述，是什麼「黑」「白」兩子的「拚殺互吞」，而是 30 年代初半封建半殖民地中國上海與江浙農村多元構成的現實矛盾的典型，即帝國主義、買辦勢力、封建主義相互勾結（當然他們之間也相互矛盾），實現其對中國的工農大眾與城市小資產階級的壓迫與剝削。投靠了三大敵人後的民族資產階級，則一方面與工農大眾有矛盾，另一方面也和三大敵人有矛盾。上述各敵對勢力之間，人民內部各階級、各階層之間，也充滿了不同性質、不同表現形式的矛盾。而每個階級、階層的人物形象內心，也充滿打上時代烙印的矛盾。儘管不是「混沌無序」，由此卻形成了 30 年代初民族矛盾與階級矛盾相交織，民族矛盾開始上升爲主導方面的特定時代現實。

這一切在人物關係描寫中得到了完美而充分的體現。不僅民族關係、階級關係形成了多元對立局面，就是在特定階級內部也存在階層差異性和階層與階層之間的「多角」關係。即如《子夜》中李玉亭感受到的「吳蓀甫扼住了朱吟秋的咽喉，趙伯韜又從後面抓住了吳蓀甫的頭髮，他們拚命角鬥，不管旁邊有人操刀伺隙等著」的描寫，就反映了民族的與階級的以及階層之間的多角矛盾在人物關係中的複雜糾結。儘管李玉亭的這種感受有些「簡單化」，作品實際的具體描寫則複雜得多，充分體現了諸般社會矛盾的多元性、多層次性和多面性。

許多人物的面目和內心世界，也是多層次、多側面的，決不是如上所說的「二元對立」，更不是「內心分裂」式的「二元對立」的「簡單化」的內心衝突。即如都市女性徐曼麗、劉玉英、馮眉卿這一組，或林佩瑤、林佩珊、張素素、四小姐這另一組，再如知識份子（即茅盾所說的「新『儒林外史』」）群像中那一組男性如李玉亭、杜新籜、范博文、吳芝生等等，每個人物都有每個人物的複雜性。其人際關係、人生態度是複雜的，內心世界是複雜的，其政治的、社會的、民族立場的屬性更是複雜的。試問他們中的每一個，該歸入「二元對立」的哪一類？

何況，不論「新與舊、正與反、唯物與唯心」，還是「先進與落後、革命與反革命」、「我與敵」，其存在形式與組合方式都非平行的或平列的，而是交

又的立體化的多元組合。如果落實到《子夜》或茅盾筆下任何一個作品中稍微展開了性格描寫的人物身上，就幾乎毫無例外地表明一人兼具多種特徵，這些特徵「奇奧複雜」地交織在性格的內心深層，並以不同時空條件下不同行動方式展示出來。這種多層次、多側面、多方位、多特徵的「元」，其相互交錯、相互融匯、你中有我、我中有他、他中也有你的「奇奧複雜」的內心世界與人際關係描寫，怎麼能歸入「新與舊、正與反、唯物與唯心」，或「先進與落後、革命與反革命」的所謂「二元對立」的「模式」之中呢？又怎麼能是「非此即彼」、「不是西風壓倒東風，就是東風壓倒西風」呢？

還有位論者爲茅盾「重寫」了一個「歷史評價」〔註14〕：存在著兩個彼此對立的茅盾」，政治家和文學家的茅盾，其「靈魂分裂爲兩半」。他認定文學家的茅盾或茅盾靈魂中屬於文學家的那一半，「屈從」於政治家的茅盾或「屈從於靈魂中屬於政治家的那一半」。這個觀點的淵源可以追溯到美籍華裔學者夏志清 50 年代就提出了的「茅盾雙重人格論」。不過我們的論者作了較具體充分的展開與發揮，因此較之夏氏的論述離茅盾的實際情況就更遠。

其一，他既說小說家茅盾「面對虛構世界」對政治能持「比較超脫的態度」，又說政治家茅盾只是把文學當作「發洩」政治失意時的「幻滅情緒」的「出口」。他「惋惜」茅盾具有「文學天賦」，「卻沒有建立起皈依文學的誠心」，他「擔心」茅盾會不會在無意中輕慢了文學，遭到藝術女神的拒絕？在我看來，其實茅盾並沒有「輕慢了文學」而「遭到藝術女神的拒絕」，倒是這位論者「編創」了「兩個對立的茅盾」和「茅盾的靈魂分裂爲二」等「神話」，替「藝術女神」「拒絕」了茅盾。前面提到的有的論者甚至說茅盾在政治上「受到壓抑」，「政治才能不能得到施展，轉而在文學創作上找尋施展政治才能抱負的機會」。這個說法較之「兩個對立的茅盾」說更加聳人聽聞！

實際情況恰恰相反：在茅盾那裡，政治與文學的關係從未產生對立，一向是辯證統一的。不錯，他集革命家、文學家於一身，但二者絲毫不存在誰「屈從」於誰的問題。正像著名的詩人與評論家張光年在茅盾誕辰九十週年紀念大會上所作報告的題目所說：茅盾是「文學家與革命家的完美結合」。不錯，在茅盾心目中和他的畢生實踐裡，文學活動與政治活動「本就是相互聯繫的事」，的確「都同樣能滿足他改造社會的內心熱忱」。然而從魯迅、茅盾

─────────────

〔註14〕見《中國現代文學研究叢刊》1988 年第 1 期所載題爲《一個引人深思的矛盾──論茅盾的小說創作》一文。

到巴金、老舍，哪個作家不是如此？哪個是在國家民族面臨生死存亡關頭，只「面對虛構世界」，對政治卻持「超脫態度」的？難道說他們都是兩個自我「對立」和「靈魂一分兩半」者嗎？

顯然，是上述論者人為地把茅盾「一分為二」，「對立」了茅盾，「分裂」了他的「靈魂」；茅盾自身並不存在「對立」或「分裂」。他畢其一生的文學道路證明，確如張光年所說，是「文學家與革命家的完美結合」。他不否認其從事文學有政治目的，也確實身體力行參與了「改造文壇」的工作。但他沒有以政治取代藝術，更沒有「輕慢了藝術女神」。他從登上文壇起就「建立起皈依文學的誠心」，並為此多方面艱苦奮鬥，充實與磨煉自己的文學素質。他從中國古代文學與西方文學兩個參照系上實現其「必須究本溯源，作一番系統研究」的恢宏浩繁的文學積累工程，這才能縱橫博覽、取精用宏，使自己的創作在博采人類文化與文學的精髓基礎上實現了藝術獨創性。而且在動筆寫小說之前，他還通過一系列散文創作練了筆。在中國現代文學史上，有幾位作家能像茅盾這樣，以如此艱鉅的藝術積累實現其對藝術女神的虔誠？

當然，在處理文學與政治之關係問題上，他不是沒有失誤。他從其《路》和《三人行》的這種失誤中，就總結出「徒有革命立場而缺乏鬥爭的生活，不能有成功的作品」。正如同他從《蝕》的失誤中總結出的另一個經驗教訓：「一個作家的思想情緒對於他從生活經驗中選取怎樣的題材和人物常常是有決定性」。〔註15〕兩者同樣都說明了茅盾對藝術何其虔誠！而論者卻以「政治家與文學家的對立」苛責其政治與藝術相當統一的《蝕》與《子夜》，人們能認為這是嚴肅而實事求是的判斷嗎？

不錯，政治家的茅盾以其高瞻遠矚的思想視野與豐厚複雜的生活閱歷充實著文學家茅盾的審美感受和審美表現。這正是其創作個性的突出特徵。最能反映其創作個性特徵者，也許是茅盾下述的言論：「偉大的作家，不但是一個藝術家，而且同時是思想家——在現代，並且同時一定是不倦的戰士。他的作品，不但反映了現實，而且針對著他那時代的人生問題和思想問題，他提出了解答。」茅盾突出地強調：「他的作品的藝術方面，除了他獨創的部分而外，還凝結著他從前時代的文化遺產中提煉得來的精髓。」〔註16〕這既是他關於文學與政治、文學與思想、文學與時代之關係的辯證理解，也是其創

〔註15〕《茅盾選集·自序》，《茅盾論創作》，第 20 頁。
〔註16〕茅盾《創作的準備》，《茅盾論創作》，第 451～452 頁。

作原則的夫子自道。其頗受青睞的《蝕》如此，其倍受攻擊的《子夜》何嘗不如此？我們的論者不是一向堅持作家應有獨具的主體意識嗎？爲什麼對茅盾這頗具時代特色的獨特的主體意識，卻採取不承認主義呢？

其二，從「兩個茅盾的對立」論和「靈魂分裂」論出發，不僅斷言茅盾「一直到結束自己的創作生涯，都沒能夠」從這種「深刻的矛盾中拔出腳來」，而且還接過夏志清的「茅盾的創作力枯竭」論加以引申，說茅盾「解放後乾脆寫不出作品來」。

這又背離了茅盾一生文學道路的基本事實。茅盾 65 年的文學生涯，是沿著下述軌跡發展的：

理論批評（創作）＜ 創　作／理論批評 ＞理論批評（創作）

具體地說，商務十年時期是以理論批評爲主的，但兼有散文創作，其中也不乏佳作，但不佔主導地位。1927 年後到解放前，創作和理論批評並重，並自形成高峰。顯示出前一段從古代文學傳統、西方文學傳統兩邊面都「窮本溯源，作一番系統研究」，建立相互比照的參照系這一恢宏浩繁的文學積累系統工程，以及藉散文試筆所形成的巨大優越性。建國以後，由於擔負國家文化領導工作、文聯與作協的文學領導工作，以及世界和平運動等涉外工作，佔去他主要的時間與精力，他無法深入生活，爲反映新生活積累素材。據他的兒子韋韜同志回憶，茅盾常說：「我不能深入生活，就沒法寫新東西，有時候爲此也很心煩。想多些時間下去。現在只能寫些舊東西，利用零星時間搞點評論。」其實茅盾評論，是對當代文學的跟蹤研究。既有系統的評論文章（多集中在《鼓吹集》、《鼓吹續集》、《讀書雜記》和「文革」後出版的《茅盾評論文集》、《茅盾文藝評論集》及《茅盾近作》裡），也有《夜讀偶記》、《關於歷史和歷史劇》這樣的「史論性」宏篇鉅著。這時期他寶刀不老，不斷有舊體詩詞和散文等新的創作，而且還有幾部未能問世的大著作，決非如論者所說：因爲「捆在政治上」而「別無選擇」並導致「創作力衰竭」。

下面，不妨披露一些具體的材料。〔註17〕

1951 年他應公安部長羅瑞卿同志的要求，寫了一個肅反題材的電影文學

〔註17〕以下提到的未發表的作品情況，均屬韋韜同志提供，在此向他表示謝意。

劇本，他的忘年交趙明同志曾爲他提供過材料。劇本寫好後組織了兩次座談會，與會者認爲儘管內容很好，但因茅公不熟悉電影藝術規律，本子難以拍攝，又沒有人肯改編「大作家」的原作。此外茅盾也不熟悉當代青年的生活。一向自律很嚴的茅盾就把它擱置起來。這個本子，「文革」中毀掉了！

於是茅盾決定仍轉向自己熟悉的生活，運用自己熟悉的形式。1955 年，他打算寫一部反映資產階級社會主義改造經歷的長篇小說。爲此曾到上海深入調查，周而復特地向茅公介紹了情況。當時茅盾兼職很多，在工作夾縫中無法實現這個大計劃。1955 年 1 月 6 日，他致書周總理，要求「在最近將來請一個短時期的寫作假，先把過去陸續記下來的整理出來，寫成大綱」。「如果大綱可用，那時再請給假」，「以便專心創作」。〔註 18〕茅盾 1959 年 3 月 2 日《致中國青年報社編輯部》的信中說：「我的小說稿子還是去年秋和你社一位同志說過的那種情況：擱在那裡，未曾續寫，也沒有加以修改。原因是去年秋天有些事情」，「同時身體又不好」。〔註 19〕指的就是這部長篇。當時寫了好幾萬字，後在「文革」中茅公因處境困難，親自把手稿「弄掉了」！

到了 1973 年以後，他的處境稍有好轉，就接受了兒子韋韜的建議：「目前現實題材不好寫，歷史題材還是可以寫的」。遂著手續寫《霜葉紅似二月花》。其寫作計劃，後來在《我走過的道路》中有詳細的介紹，現在不妨簡介茅公留下的四萬多字的遺稿的內容。《霜葉紅似二月花》原書到第十四章爲止。茅盾的續作計劃爲十三章。現在留下的稿子包括「第十五章梗概」、「第十五章大綱片斷」（含「婉小姐處理家產」、「婉小姐智激錢良材」等）、「第十六章梗概」、「第十六章大綱片斷」（含「馮梅生夫婦談秋芳婚事」等三節）、「第十七章大綱——錢良材在黃府賭酒」、「第十八章梗概」、「第十八章大綱（部分）」（含「王民治的婚事」等兩節）以及「第十八章以後各章的梗概及片斷」（含「北伐軍入城」等約九章）。這共約十三章的大綱，初步描出了《霜葉紅似二月花》第二部的基本輪廓。大綱不是用邏輯語言而用半文半白的語言形象地敘述了故事情節、人物性格與結構框架的梗概。它居高臨下相當宏觀地勾勒出從大革命到「四·一二」政變的歷史，內容包括：一、錢良材參加了國民黨，因比較「左」傾，被蔣介石「清洗」，後到了北京。二、增寫了一個

〔註 18〕《茅盾書信集》，百花文藝出版社，1987 年版，第 402 頁。
〔註 19〕《茅盾書信集》，浙江文藝出版社，1984 年版，第 232 頁。

與錢良材關係密切、一起戰鬥的革命新女性張今覺。她是犧牲了的一個師長的太太，也是國民黨左派，其性格與婉卿相類，表現得相當堅強，是在書中佔有很重要的地位的新角色。

此後「文革」形勢又有逆轉，加上茅盾覺得時隔幾十年，文筆風格不大像舊作，遂又擱置下來。這些遺墨珍藏在韋韜處，在適當的時候，我們將能一瞻風采。

這一切未竟計劃和所留的遺墨，證明了直到晚年茅盾始終保持著旺盛的創作活力，而其洋洋大觀的回憶錄《我走過的道路》，也時時迸發出文學的火花。茅盾建國後的創作建樹未能更上一層樓的原因，一是囿於沒機會深入生活，二是囿於浩繁的行政工作。隨著年事漸高，身體條件也帶來局限，遂造成了旺盛的創作力與實現其價值的客觀條件之間的矛盾。這是殊令人惋惜的。但是不面對這一真實情況，反而在「創作力衰竭」等不實之詞上節外生枝，這無助於文學史真實面貌的科學而準確的展現。

四

新時期十多年的文學潮流，和改革開放的大潮相對應，有了長足的發展，但在東西方文化思潮、文學思潮大撞擊的宏觀背景下，意識形態形勢一度發生逆轉的局面，也不必諱言。

在現代文學史研究領域，這種現象竟率先出現；其起於青萍之末的風頭，是美籍華裔學者夏志清著的《中國現代小說史》，1979 年港版中譯本旋即流傳於大陸。此作在夏氏有意識地宣傳反共思想的支配下，從否定共產主義思想對「五四」文化革命的指導作用開始，歪曲了「五四」革命傳統，否定了共產黨領導下的包括「左翼」文學、解放區文學在內的無產階級文學潮流誕生、發展壯大的歷史。其否定的矛頭，首先指向魯迅、茅盾、郭沫若等無產階級革命文學的執牛耳的大師。影響所及，早在 80 年代初就匯成否定魯迅的社會思潮。夏氏在否定無產階級文學之同時，把胡適、周作人所代表的資產階級文學奉為「五四」文學「正宗」，把其後出現的沈從文、張愛玲等作家抬到魯迅、茅盾、郭沫若、巴金、老舍、曹禺之上，從根本上改變中國現代文學史的面貌，旨在造成一種印象：中國現代文學史的主流不是無產階級革命文學思潮，而是資產階級民主主義的以至反動的文學思潮。夏志清完成這一企圖的理論武器，主要是虛偽的「藝術至上主義」的資產階級美學

觀。其攻擊以魯迅、茅盾、郭沫若爲代表的革命文學的焦點，是文藝與政治的關係。夏氏把這些大師的無產階級文學傾向一律歪曲爲「共黨宣傳」，並以其世界觀發生質變爲界，抽象肯定其前期，具體否定其轉變後該時期的全部文學建樹。他還以「人格分裂」、「言不由衷」等說法歪曲這些大師後期創作中實在無法否定的東西。關於這部書和否定魯迅的社會思潮的反動傾向與觀點，拙著《新時期文學思潮論》〔註20〕上編所收在當時曾陸續發表過的五篇文章中曾有所批評。但夏氏的《中國現代小說史》與大股湧進的現代派美學思潮及其哲學基礎的影響不可低估，在以「重寫文學史」爲標榜的相當一部分論文中，就有明顯的反映。例如率先倡導「重寫文學史」的《上海文論》，在其所闢專欄中，不僅每一篇文章否定一位革命作家，而且不允許不同意見在刊物上爭鳴。首當其衝的就是《在延安文藝座談會上的講話》影響下奠定了文壇地位的趙樹理、柳青、郭小川、楊沫等作家，「五四」時登上文壇又次第匯入無產階級文學大潮中去的郭沫若、丁玲、何其芳等作家亦未能幸免。爲否定茅盾及其扛鼎之作《子夜》，該刊竟破例同時發表兩篇文章提出否定意見（其中就包括本文與之展開商榷的文章在內），這在該專欄也幾乎是絕無僅有的。

　　應該指出的是，一個時期以來，文學創作中的歐化傾向、特別是否定傳統思潮，與理論批評、文學史研究中的相應取向，是相伴而生的，是同一社會思潮、文學思潮的反映。在新與舊的衝突掩蓋下，實質上存在著以資產階級美學觀否定無產階級美學觀的原則性論爭。茅盾研究領域存在的分歧，有的是學術觀點之爭，有的則是兩種對立美學觀相互撞擊的反映。後者的焦點集中在文學與政治之關係上邊，如否定茅盾的無產階級政治主場，否定其作品的革命性、時代性傾向等等。實質上是以「藝術至上主義」和「純文學」的「超脫」態度爲依榜，來否定茅盾的馬克思主義美學觀，否定其創作與理論批評諸方面的無產階級傾向性。由此推而廣之，還對茅盾文學活動接受黨的領導，對人民革命事業特別是反帝反封建鬥爭所起的促進作用加以非議。而這些恰恰是茅盾的文學遺產中的精華部分。他們用來否定茅盾的所謂「文學新觀念」，其實是早已有之的資產階級民主主義美學觀中比較陳舊的老東西。當然，新與舊不能與正確和錯誤劃等號，但這些過了時的資產階級民主主義審美觀念中，不少成分是錯的。這些美學觀念與無產階級的審美觀當然

〔註20〕中國廣播電視出版社，1990年5月版。

會格格不入，以此來衡量茅盾及其作品，持否定態度是很自然的。這當然是可以理解的。

（收入《茅盾與中外文化——茅盾研究國際學術討論會論文集》，

南京大學出版社出版，1993 年 9 月）

聞茅盾被《大師文庫》除「名」有感

　　時下文壇，駁雜喧囂，花樣翻新。久之感觀漸木，見「新」不新，見怪不怪了。日前接陝西師大一教授函，說他見 8 月 25 日《中國青年報》載，《20世紀中國文學大師文庫》不列茅盾，反列金庸。不平之餘，要我對此「貶『茅』之風」做出反應。

　　近些年此風時伏時起，多與「重寫文學史」的鼓吹有關，遂未在意。近讀 10 月 9 日《中國婦女報》頭版右文，標題赫然。正題：「中國文學大師重排座次，新派老派學者遂起爭端」。引題：「毛澤東是散文家，茅盾名落孫山；金庸居大師之列，錢鍾書未能入選」。問題既然這麼尖銳，就未便等閒視之了！

　　茅盾初登文壇是 1918 年，初期之作十分關注青年與婦女。對茅盾做如何觀，青年與婦女的報紙先後關注，是理所當然的事。婦女報是採訪報導。文中介紹了該文庫係太邦科技文化發展有限公司戴定南策劃，由王一川、張同道兩位博士主編推出；也介紹了他們選編的「內在動力與評判標準」。其解釋茅盾被除「名」的理由是：「他的小說往往主題先行，理念性很強，小說味不夠，今天用整個世紀的眼光去重新衡量，就需要重新審視了。」

　　既然主編是博士，知識必然廣「博」；既然同為主編，評判標準自當統一。但若婦女報所載二位主編的話完全屬實，則給人的感覺卻是：雖處「一川」，卻未必「同道」。王博士說茅盾小說「主題先行」不可取，張博士卻說列穆旦（即查良錚）「為百年詩歌第一人」，是因他「以成熟的現代漢語建構了獨立的詩語符號系統，引進現代詩學主題，對於現代人類心靈與肉體搏鬥的探索抵達了空前的深度與力度」。這就奇怪了：穆旦的「詩學主題」不僅可以「先

行」，而且是引進的「泊來品」；他可列第一人，茅盾卻該除「名」。難道本世紀初「外國月亮也比中國的圓」，的「崇洋哲學」，真的趁改革開放之機借屍還魂了麼？這套文庫給予青睞的「大師」還有張愛玲。她走俏大陸，首功是美籍華裔學者夏志清在《中國現代小說史》推崇她超過魯迅，可與曹雪芹比肩。他特別看重的，是張愛玲 50 年代初在香港所寫的兩部長篇：《秧歌》與《赤地之戀》。目前大陸文壇許多人推崇張愛玲，但只談其淪陷時期的短篇與散文，對此兩部長篇卻諱莫如深。這怕是因為兩作全是宣泄反共情緒的概念化之作罷？但是夏志清卻直言不諱：既稱道張愛玲在《秧歌》中不寫解放前農民受地主剝削，其「身體和靈魂在暴政下面受到摧殘」，反倒編造解放後土改分了地的翻身農民「身體和靈魂在暴政下面受到摧殘」，因飢饉鋌而走險聚眾搶糧，共產黨則領導民兵「給以血腥鎮壓」的謊言。夏志清也承認《赤地之戀》是「沒有什麼藝術性可言的概念化小說」。兩位主編既為「博」士，不致沒讀過這兩部反共長篇和自稱站在「反共立場」的夏志清的捧「張」之論。我們且不談反共與否，單就兩部歪曲生活真實，宣泄反共政治觀念與情緒，編造謊言，醜化農民，又「無藝術性可言的概念化的小說」而論，算不算「主題先行」，「理念性很強」？錢鍾書因「精品太少」而未列為大師；張愛玲卻以如此贗品與「主題先行」之作入選。「五四」以來碩果累累，佳作頻出，所塑造的典型人物呈時代女性、民族資家兩大系列的真正的大師茅盾，反被除「名」，這評判的「尺子」，究竟是一把還是兩把？若是一把，那又是一把什麼性質的尺子？

茅盾早年確有這樣的主張；主題的形成有時先於人物。但這並非指其先於生活。他倒是非常注意「先經驗人生而後創作」的托爾斯泰方式。茅盾的主張和「四人幫」的與「三結合」「三突出」掛鉤的「主題先行」論，南轅北轍。《子夜》整體言之也是如此。對主人公吳蓀甫的原型盧鑒泉，茅盾自幼跟蹤研究約 20 年才用於《子夜》。除農村、工運這兩個局部外，《子夜》所寫都是第一手的積累有素的生活。

權衡是否文學大師，不能不對其創作與理論做綜合考察。對茅盾來說，就不能不追溯用此筆名前以沈雁冰本名及別的筆名申述的理論主張。當他以沈雁冰本名獨立主持《小說月報》改革，參予發起文學研究會並作為其理論代言人時，他倡導的是「為人生的文學」與「自然主義寫實主義」（當時國內外對兩者均混同為一），以表現人生為始點，以指導人生為指歸。其「自然主

義寫實主義」的基本原則是實地觀察與客觀描寫，反對摻雜主觀意識。這顯然是與「主題先行」「理念性」絕緣的。不久即受到剛成立的創造社的元老們的攻擊。他們倡導「爲藝術的」文學和浪漫主義，強調的倒是理念性較強的主觀意識情感的直露傾瀉。具有戲劇性與諷刺意味的是，時過數年大革命失敗，創造社元老棄戎執筆重返文壇，攜同剛從日本留學回國的新秀，聯合剛成立的太陽社成員，一面倡導早在 1923 年《中國青年》派就已倡導，1925 年茅盾在《論無產階級藝術》等文中集大成的「革命文學」，一面又黨同伐異，排頭砍向魯迅、茅盾、葉聖陶和被排斥出來的創造社元老郁達夫。魯迅被扣上封建餘孽、二重反革命的帽子，茅盾則被他們冠以反動資產作家與小資產階級文學代言人的頭銜。

30 年代情況大變。在左翼文藝內部茅盾交的是好運，他的大部分作品受到左翼文壇一片讚揚聲：瞿秋白預言將來文學史寫到 1933 年必然要記錄《子夜》出版這件值得誇耀的事；魯迅也斷言這部作品是御用文人方面所不及的，茅盾這時推出的這批作品也使 20、30 年代崛起並紅極一時的新感覺派代表人物穆時英等的小說黯然失色。但卻引起反動當局的極大恐慌，他們在對蘇區實行反革命軍事「圍剿」之同時，對左翼文壇又同時實行文化「圍剿」，茅盾和魯迅自然首當其衝。1933 年國民黨成立了圖書雜誌審查委員會，穆時英也被請上審查官寶座大開禁書名單，大開刪砍殺機！僅 1934 年 2 月一紙公文就查禁書籍 149 種，涉及作家 28 人，書店 25 家，茅盾著作除幾本論西歐文學的書外，其餘全部被禁，主要有《宿莽》、《野薔薇》、《蝕》、《虹》、《子夜》、《路》、《三人行》、《春蠶》、《茅盾自選集》等。頗具戲劇性的是，「五四」時曾被茅盾批判過的《學衡》派代表人物吳宓，此時卻捐棄前嫌，著文稱讚《子夜》是茅盾「結構最佳之書」，「人物之典型性與個性皆極軒豁，而環境之配置亦殊入妙」，「筆勢具如火如荼之美，酣恣噴薄，不可控搏。而其微細處復能宛委多姿，殊爲難能可貴。」還有個自稱是救國出版社的，把被審查官砍刪得面目全非的《子夜》以精美的印刷復原翻版。其序言稱《子夜》「是中國現代一部最偉大的作品」。言其翻版目的是對抗該翻版書所附的「上海市黨部查禁書報批答第 1592 號」文件。

進入 40 年代，一方面 1945 年中共中央以周恩來、王若飛爲代表，在重慶爲茅盾辦 50 大壽慶祝大會。王若飛的署名文章和周恩來審定的《新華日報》社論，稱茅盾爲中國新文藝運動中「彌久彌堅、永遠年青、永遠前進的

主將」，是「光輝的旗幟」；「他所走的方向，是一切中國優秀的知識份子應走的方向」。另方面國民黨政府把收有《白楊禮贊》、《風景談》等名篇的《見聞雜記》（初刊時題爲《如是我見我聞》刪得面目全非。而茅盾的唯一劇作《清明前後》上演後，國民黨如臨大敵，發動輿論圍追堵截；迫其停演的陰謀經抵制才罷。

建國後茅盾的命運更具複雜性。一方面他被視爲與魯迅郭沫若比肩的文壇主將與奠基人，文代會報告中還把他和郭沫若、巴金等稱作語言藝術大師。另方面他的《腐蝕》、《林家鋪子》等作品，「寫中間人物」、「現實主義深化」等理論，在時起時伏的「左」傾思潮中，幾度被當作資產階級文學及謬論來批判。「文革」中他被「四人幫」列入打倒對象的「黑名單」，扣上反動的「三十年代文學祖師爺」的帽子，直至被當作「叛徒」而設了專案組。要不是周恩來採取保護措施，他幾乎變爲階下囚。

「文革」後恢復了他的歷史面目和應得評價。1981 年他逝世時中共中央的評價是：「我國現代進步文化的先驅者，偉大的革命文學家和無產階級戰士。」其創作「繪製了規模宏大的歷史畫卷……提高了現實主義文學創作水平，在文學史上留下不可磨滅的功績」。但到 80 年代後半，有些照搬西方模式的「新潮派」及「重寫文學史」論者，又對茅盾大興問罪之師。他們說茅盾「背叛五四文學傳統」，「無皈依文學的誠心」，「遭到藝術女神的拒絕」；其創作方法搞的是與「四人幫」那套「三結合」「三突出」相通的「主題先行」論；「把文學看成工具」；把《子夜》寫成「一份高級的社會文件」，創造了一個只有黑白兩子相拼、「非『我』即『敵』」的「二元對立模式」，因此，非重新估價茅盾的文學史地位不可。不過一陣呼嘯過後，重寫的文學史卻未見出版。而今把茅盾從《20 世紀中國文學大師文庫》中除「名」之舉，是否就是重寫的「結論」呢？所謂「今天用整個世紀的眼光去重新衡量」的「評判標準」又是什麼標準？

作爲觀念形態的文藝，在階級意識尖銳對立的「整個 20 世紀」，這個世界上並沒有統一的誰都一致承認的評判標準。儘管評判者打出花花綠綠的審美旗號，不僅上述各種「左」「右」「內」「外」形形色色的評判無一超出社會政治與階級意識之外，就是新時期對茅盾的褒褒貶貶，哪一個又超脫於社會政治觀念之外？以「主題先行」、「理念性強」把茅盾除名，只不過是一種說法，其實暗含著對茅盾社會剖析小說的政治傾向的否定與貶低。如果茅盾眞

的是「主題先行」、「理念性極強」的作家，其作品真的沒有什麼審美表現高品位、高層次可言，那他只不過是個曇花一現式的人物，單靠時間的延續，就逐漸隱去了。但事實恰恰相反，他的作品，他的文學建樹，他所營構的藝術世界，他的美學觀與文藝理論體系，充滿著打不倒、抹不煞的思想藝術魅力。儘管這當中也不乏敗筆或欠當之論，但整體而言卻是一座不朽的思想與藝術的豐碑；其構建者已成為客觀存在，是永遠屹立於世界文學之林的巨匠和偉人。後人因各自的社會政治審美取向的歧異，在仰視時所感到的，有的是巨大的精神的鼓舞，有的則是精神的壓抑。因此對他所持的態度，也幾乎是針鋒相對：多數人視為國之瑰寶，從中能獲得巨大的精神力量；少數人則避之唯恐不遠，棄之唯恐不能。但茅盾還是茅盾，其文學大師地位是歷史用如椽大筆描繪出的偉大的客觀存在。過去的毀論沒能動其分毫，而今這些花樣翻新的貶低與否定，也只不過是在已多次出現過的「左」、「右」、「內」「外」一齊夾攻的怪圈中重蹈覆轍而已！

不過這都不是個別人的個別行為了，而是社會政治文化藝術思潮起伏漲落的帶必然性的現象。倒是茅盾及其作品，反而成了測定風雲變幻的溫度計與晴雨表。

魯迅說得好：「事實是毫無情面的東西，它能將空言打得粉碎。」茅盾的厄運恐怕還將繼續。但它最終將成為歷史。因為魯迅還說過：「以過去和現在鐵鑄般的事實來測將來，洞若觀火！」

對此，我深信不疑，我們不妨拭目以待！

（刊於 1995 年《文藝理論與批評》第 2 期，
同年《作品與爭鳴》第 3 期全文轉載）

潑向逝者的污泥應該清洗
——澄清秦德君關於茅盾的不實之詞

在回憶錄《我走過的道路》中茅盾首次披露了他的革命經歷：加入共產主義小組；參予創建共產黨的活動；擔任黨中央聯絡員、中共上海兼區執委會委員、書記等黨內高級職務；投身大革命洪流任教官、辦報；大革命失敗後奉命赴江西參加南昌起義等等。也不掩蓋大革命失敗後自己的幻滅情緒和亡命日本、脫黨等事實。這有助於學界對他的了解與研究，也說明了他光明磊落的人格與坦蕩的胸懷。但他寫回憶錄重在政治社會活動而少涉及私生活的角度，減少了後人了解他的機會；有的也給自己帶來麻煩。例如他始終回避他和秦德君的交往與同居的往事，就非明智之舉。當秦德君等在茅公逝世後就這段經歷及相互際遇中涉及的某些重大問題說三道四，甚至死無對證地大潑污泥穢水以歪曲茅公的形象時，學界因已逝的直接當事人沒留下說明自己的第一手材料而感到困惑；也很難置辭。遂使一個時期以來眾說紛紜，莫衷一是。使茅盾的形象和茅盾研究蒙受了損失。

在我看來，無關宏旨的純屬私生活的問題，學界可以不論，但對涉及作家作品及那段歷史中攸關全局性的問題，則必須予以澄清。正是出於這個考慮，我決定依據史實對某些謬說細加剖析，旨在清洗潑向逝者身上的污泥，還他一個歷史本來面目，以正視聽；以免以訛傳訛貽誤後世。

秦德君發表的署名文章有《我與茅盾的一段情》（香港《廣角鏡》1985年4月16日，總第151期）和《櫻蜃》（日本《野草》1988年第41、42期）等。還有她和沈衛威的談話由沈整理發表的《一位曾給茅盾的生活與創作以很大影響的女性——秦德君對話錄》（《許昌師專學報》90年至91年連載，未完）。

沈衛威個人署名發表了《兒子與情人——魯迅、胡適、茅盾婚戀心態與情緒闡釋》（《心理學新探》89 年第 4 期）等。爲節省篇幅，下引文字只提著者或篇名，不一一注明出處。〔註1〕

一

「四一二」反革命政變後中共中央於七月四日召開常委擴大會議，撤去陳獨秀的總書記職務。代之以張國燾、李維漢、周恩來、李立三、張太雷臨時中央常委會五人小組。同時又成立以周恩來爲書記的前敵委員會，領導在江西南昌的武裝起義。茅盾奉命赴南昌參加起義。他這段歷史被嚴重歪曲了。

秦德君說他是攜公款潛逃因而被開除黨籍的叛徒。但她的說法又前後矛盾。《櫻唇》中說：她聽楊賢江講，黨派茅盾攜鉅款赴安徽做秘密工作，茅盾卻攜款潛逃廬山。故被開除黨籍。《對話錄》卻說：「茅盾在廬山時，組織上交給他兩千元錢的支票作爲南昌起義的經費，茅盾攜款潛回上海。」

茅盾在《我走過的道路》中說：他當時奉命赴江西接受新任務，並攜一張兩千元的支票到江西交給黨組織。茅盾 7 月 23 日離武漢，次日抵九江，接待他的是董必武和潭平山。董必武說：「你的目的地是南昌，但今天早晨聽說去南昌的火車不通了，鐵路中間有一段被切斷。你現在先去買火車票，萬一南昌去不了，你就回上海」。支票也帶到南昌去。茅盾去購票，果然火車不通了。他打聽到此前惲代英、郭沫若翻廬山走小路一途，當即上了廬山。但山後小路也被切斷。26 日起茅盾腹瀉甚重，只得暫居旅館。時值汪精衛上山開會。茅盾就不敢公開活動了。由途中巧遇的武漢時的戰友范志超傳遞消息。直到 8 月中旬會議才散。這才按董必武所囑，和范志超搭伴返滬。這時茅盾已被通緝。爲防意外，把行李託范志超帶滬。自己由鎮江下船換車，不幸在碼頭遭軍警搜身，那鉅額支票引起了懷疑。茅盾急中生智，以支票賄之，才得脫險。返滬後他立即向黨報告。因該支票上有受款人姓名，只有在有商家擔保，且受款人在銀行中有存款的前提下才可轉帳。但卻不能提現款。因此地下黨及時設法轉了帳，實際上未受損失。

到底何說可靠？只能驗之以史實。

〔註1〕 在寫者把本文收入《時代潮汐衝擊下的文壇砥柱茅盾》一書時，見到李廣德著《茅盾及茅盾研究論》一書下冊《茅盾研究論》編所收入的秦與李的通信及李的文章，所述的論述超出上述諸文，因此不擬涉及。

茅盾在武漢時曾和孫伏園、郭紹虞等文學研究會元老發起組成文藝社團上游社。出版了由孫伏園主編、附在《中央日報》的中央副刊「上游」週刊。他轉入地下與離開武漢時答應孫伏園以「致友人」的通訊形式繼續爲「上游」寫稿。抵盧山後他兌現了自己的諾言。我們今天仍可找到 1927 年 7 月 29 日和 8 月 1 日的《中央日報》副刊，其上發表了茅盾的兩篇書信體散文：《雲少爺的草帽——致武漢的朋友們（一）》、《牯嶺的臭蟲——致武漢的朋友們（二）》。在頭篇散文中茅盾公開敘述了他的行蹤：「寫這封信的人離開你們已經兩天了，……他現在正和兩個同伴住在牯嶺的一家旅館裡。」兩文署名玄珠，當時人所共知，這是茅盾即沈雁冰的常用筆名之一。兩篇文章生動地寫了武漢宴別、沿途經歷、牯嶺行藏；提到了同行者雲少爺（宋雲彬）、S 君（宋敬卿）；路遇的「我們的冰瑩」（唐棣華）和另一女士（范志超）。從這些眞實情節中不難判斷作者是沈雁冰。熟人則會對上述提及人物一目瞭然。特別是茅盾公開了自己到達的時間與住址及同住的伙伴。如果他眞是攜款潛逃，謹愼如茅盾固然不會這麼幹，就是再粗心的人會這麼暴路自己而不怕被跟蹤緝拿嗎？何況當時和茅盾一起在牯嶺（盧山別稱）的有宋雲彬、宋敬卿，特別是同在武漢革命陣營共事的范志超。如果茅盾是攜款潛逃，會和他們公然打交道而不怕暴露嗎？

還有一個證據，就是 1933 年《文學》三、五、六號連載的記實小說《牯嶺之秋——1927 年大風暴時代一斷片》，對茅盾自武漢至牯嶺的全部經歷所記甚詳，其時與茅盾這段歷史有關的當事人、特別是小說中提到的當事人如董必武、范志超、宋雲彬等，都從未提出異議。包括近年來對此事提出指控的秦德君，她所據「信息」的提供者楊賢江，幾十年來都均未提出指控，爲什麼事過半個世紀，反倒一而再、再而三地揭露起來了呢？

而且，秦德君並非是這段歷史的直接當事人或見證人。據她說所據是楊賢江對她說的話。然而楊賢江也非當事人或見證人，即便談過那樣的話，也並非有直接而充分的根據。何況楊賢江是否眞說過此話也大可置疑。因爲當時楊氏夫婦和茅盾一直過從甚密。包括茅盾與秦德君同居後在日本京都與返回上海，曾兩度住在楊寓。直到兩人分手後楊賢江仍和茅盾保持密切關係。又怎會背著茅盾向秦德君講那樣的話？

近年來有一分最強有力的證據已被學界朋友公布。即 1928 年 10 月 9 日《中共中央致東京市委的信》（原件現藏中央檔案館。以下引文見 1991 年《江

海學刊》第四期唐天然《1928年中共中央曾考慮恢復茅盾黨籍》一文）。其信中說：「沈雁冰過去是一同志，但脫離黨的生活一年餘，如他現在表現的好，要求恢復黨的生活時，你們可斟酌情況，經過從新介紹的手續，允其恢復黨籍」。這裡說得再明白不過：是「脫離黨的生活」而非叛變。可以「斟酌情況」「允其恢復黨籍」；然而人所共知，叛徒必須永遠開除出黨且不得重新入黨，更談不上什麼「恢復黨籍」。那麼中共中央後來對此事持什麼態度？這有《中共中央決定恢復沈雁冰同志的黨籍》的正式文件為證：「中央根據沈雁冰的請求和他一生的表現，決定恢復他的中國共產黨黨籍，黨齡從一九二一年算起。」所謂「一生的表現」當然包括秦德君提出「指控」的這一段歷史，我們到底是相信中共中央的正式文件和當年即事隔一年的公函呢，還是相信秦德君的無端誣陷呢？

至於中共東京市委當年為何沒有恢復茅盾的黨籍。唐天然在上述文章中也有解釋：「我從 1990 年第二期《黨的文獻》上，讀到署名張魁堂的文章，文中說，1982 年他曾函詢旅居加拿大的當年東京市委書記李德馨，並經過當時也在東京的現中國致公黨主席黃鼎臣先生回憶，上述東京市委成員五人，其時因中國留學生受日本當局迫害，他們從 1928 年夏天起，陸續回國。李德馨等七、八月分就已經在國內。因此，中共中央 1928 年 10 月 9 日寫給中共東京市委的信，市委成員未曾接到。」這不僅可以解釋茅盾未恢復組織關係的原因；也可解釋其脫離組織關係的部分原因。

二

無獨有偶，沈衛威同志配合秦德君的「叛徒」論，牽強附會地藉助弗洛依德的精神分析理論，在《兒子與情人》中製造擊「助父自殺」因此「膽怯」，故在「革命到了關鍵時刻，要流血犧牲」，其「怯弱的本性」的暴露就是「逃遁」的「神話」，在《對話錄》中他又把「助父自殺」發展為聳人聽聞的「弒父」說，而且拉出茅盾的佚詩《留別》當作茅盾「脫離共產黨」「告別政治舞台」的渲泄情感的宣言書和證據。

茅盾如何「弒父」或「助父自殺」？據沈衛威說，其行為就是八歲時父親病久不癒遂想自戕，並叫茅盾替他「拿來一把鋼刀」。沈所據的材料其實只是茅盾《我走過的道路》（上）第 47 頁的那段回憶：「有一天，我正在執書讓父親看，父親忽然說：『不看了。』停了一會兒，又說：『拿刀來。』……我

拿了刀來，問道：『做什麼？』父親說：『手指甲太長了，刀給我。』那時我原也覺得詫異，手指甲怎麼能用刀削呢？但還是把刀給了父親。父親手拿刀，朝刀看了一會兒，終於把刀放下，叫我拿走。」這裡是寫茅盾父親欲用水果刀自殺而又作罷的思想鬥爭過程。其時八歲的茅盾並不知情。怎麼就能扣上「助父自殺」甚至嚇人的「弒父」的罪名？事後明白了，茅盾當然也會後怕。但這未必就能從此形成什麼「膽小怕事」或「膽怯」的性格與心理。更和怕「流血犧牲」因而「逃遁」相去何止十萬八千里？何況茅盾去廬山，是為了找路奔赴南昌參加起義，若要逃遁，就不會赴江西，更不會登廬山，而應該從武漢溜之大吉了。這種誣詞，怎能成立？

同樣荒唐的是把《留別》解釋成「脫離共產黨」、「告別政治舞台」的宣言書。《留別》也刊於孫伏園的《中央副刊》1927 年 8 月 19 日總第 146 期。署名亦為玄珠。這是一首打油詩。篇幅不長，不妨引於下面：「雲妹，半磅的紅茶已經泡完，／五百枝的香煙已經吸完，／四萬字的小說已經譯完，／白玉霜、司丹康、利索爾、哇度爾、考爾辮、班度拉、硼酸粉、白棉花、都已用完，／信封、信箋、稿紙，也都寫完，／矮克髮也都拍完，／暑季亦已快完，／遊興早已消完，／路也都去完，／話也都說完，／錢快要用完，／一切都完了，完了，／可以去了！／此來別無所得，／但只飲過半盅『瓊漿』，／看過幾道飛瀑，／去過幾條亂山，／但也深深的領受了幻滅的悲哀！／後會何時？／我如何敢說！／後會何處？／在春申江畔？／在西子湖邊？／在天津橋畔？」

據沈衛威解釋：「雲妹」是「象徵物」，「『雲』係政治風雲，『妹』係女性，香草美人。自屈原始，文人們善把對政治寄託的希望和對象，比喻為香草美人，所以，我說這首詩的『雲妹』係象徵茅盾在此之前追求和為之努力工作的政治理想和政治活動。牯嶺是他脫離共產黨的轉折點，他在這裡告別了政治舞台，然後轉向文學創作」。因此這首詩也就成了「逃遁」的宣言書了！常言道：「詩無定解。沈衛威深諳此道。所以也充分發揮其像想力盡量去虛構了。然而即便可以把「雲妹」一分為二，這「雲」為什麼不是自然物而一定是政治風雲，這「妹」為什麼不可能是指唐棣華、范志超，或者如同「雲少爺」特指宋雲彬那樣，也是一種特指，而一定是「象徵物」和「香草美人」，並且拉出屈原來作旁證？沈衛威並未提出半條理由以支撐其主觀妄斷。這也是一個時期以來某些年青的新潮派學者的通病：他們像法庭，只下判斷，不作論

證。因此常常鬧出很多笑話。其實作為詩中意象的「雲妹」是個整體，並非用測字法折開來分別作解所能「破譯」的。它可以是特指：這有《從牯嶺到東京》中講《蝕》的構思所據原型之一的「肺病第二期」的「雲小姐」，和《雲少爺與草帽》中的雲少爺實指宋雲彬為參照系。也可以是泛指：是作者心目中虛構的意象，可以對其明志抒情的客體對象。但若把她說成是靠分析兩字加以解釋再整合成一個象徵茅盾「政治理想與政治活動」的「象徵物」，即便不是笑話，也近乎天方夜譚！因為儘管詩可能無定解，但作為語言藝術也有其特殊規定性。屈原筆下的香草美人及其象徵寓意其實是以比喻為基礎的嚴肅的浪漫主義詩作中的意象。但茅盾的《留別》卻是以寫實為基礎的打油詩性的遊戲之作。硬外加其中以象徵寓意，且嚴肅到象徵「政治理想與政治活動」的地步，這是不倫不類、牽強附會的臆說。再由此生發開去，扣上與政治理想、政治活動告別，由此再上綱說這是「逃遁」，是叛黨和叛變革命等帽子，這種「推理」已經完全與學術研究和科學態度無關，而幾近於「文革」大字報式的上綱上線之舉了；期期認為不可！

事實上這詩的前半，儘管以遊戲筆墨大作鋪陳，中心意思無非是「一切都完了」之意。結合茅盾此行目的在於參加南昌起義，則其意顯然是此行一無所獲，目的未能達到，從而表示其失望情緒。現在去南昌已不可能，故而說「此來別無所得」「可以走了。」這「可以走了」是董必武事前交待過的：去不了南昌就可以回上海。茅盾其時正是按黨的領導人的意圖行事，只是藉詩道出而已。怎麼能曲解為逃遁或叛黨或與過去的「政治理想與政治活動」告別？至於全詩，特別是後半，中心意思無非是抒發其此行與此時此刻「深深地領受了幻滅的悲哀」之情。而最後幾行所說後會於何時何地的六行詩，表示的是對前景尚很渺茫的情致。這和他回滬後寫的《蝕》，是日本所寫的《霧》、《賣豆腐的哨子》中抒發的迷茫情緒相呼應並且是一致的。

所以《留別》的主題是表達茅盾的「幻滅」情緒。如何理解「幻滅」的涵義，則是理解此詩的關鍵。若把 1920 年至 1930 年茅盾全部論著按時序排列通讀，就不難發現：他大革命失敗後所「幻滅」的不是其早在建黨前後就宣布了的他所信仰的「馬克思主義底社會主義」這一革命信仰與政治理想，而是其「中國革命速勝論」。」早在 1921 年 4 月他發表的《自治運動與社會革命》一文中總結蘇聯革命三年來的經驗時茅盾就宣布：馬克思斷言的「最終的勝利一定在勞動者」不僅「應驗了」，「而且這勝利即在最近的將來。」

事過六年，直到「四一二」政變前夕，這種速勝論還主宰著茅盾和他所寫的許多政論；「四一二」政變後他並沒有立即放棄。如1927年5月10日他在政論《蔣逆敗象畢露了》中還樂觀地宣告：「蔣的勢力已至末日」。並號召「我們再努力一點，早些把他完完全全送進墳墓去呀！」及至上了廬山。卻仍未去成南昌，而他這時已受到蔣政權的通緝，他的「速勝論」的幻想終於破滅。所以他坦誠地在《留別》中宣告：「此行深深地領受了幻滅的悲哀！」這和秦德君所說的叛黨，與沈衛威所說的「逃遁」及告別其「政治理想與政治活動」，何啻十萬八千里！把握了這個契機，也不難解釋茅盾一再說過的「我幻滅了，但沒有動搖」這句話：幻滅的是其「中國革命速勝論」；沒有動搖的是他始終信仰的「馬克思主義底社會主義」政治理想與奮鬥方向。他感到茫然的則是當時不明確通過什麼具體道路來實現這一偉大理想。特別是寫《幻滅》前，得知瞿秋白在糾正陳獨秀右傾社會主義路線之後，又犯了「左」傾盲動主義錯誤。茅盾的幻滅達到了頂點。

三

但是這時茅盾從未改弦更張，更沒如秦德君所說：「當其時，茅盾崇拜浙江幫政權，讚美得口沫四濺地表示平生志願，就是能夠做到蔣介石的秘書，就心滿意足了。」

秦德君不無惡意地畫的這幅「奴才相」，與茅盾的形象無異於南轅北轍。如果這是他平生的志願，那麼實現此志願的最好時機當是1926年他赴廣州出席國共合作的國民黨第一次全國代表大會，那時他就該用秦德君所杜撰的方法「找邵力子推薦」去討好蔣介石。而不是應中共中央的分配，留在國民黨中宣部，當中共領導人之一並出任國民黨中宣部代表部長的毛澤東的秘書。更不會在「中山艦事件」之後，蔣介石反共陰謀已徹底暴露之際，還接受中共中央指示返回上海，出任名為國民黨中宣部屬下的交通局代理主任與主任一職，實則從事中共中央與國民黨左派繼續統一戰線以與蔣介石對抗的工作。以「幼稟慈訓，謹言慎行」的茅盾為人處事的邏輯，其志願與行動決不會如此對立。

茅盾之反對蔣介石及其後盾浙江幫政權，是有其一連串的行動與白紙黑字的文章為證的。遠的且不說，自從他投身大革命，在武漢任《漢口民國日報》總主筆前後，他就發表了一系列旗幟鮮明的與蔣介石反動勢力唱對台戲

的文章。如《國家主義者的『左排』與『右排』》、《國家主義者──帝國主義
最新式的工具》、《國家主義與假革命不革命》等。這些文章所打擊的，正是
未公開叛變之前替蔣介石鎮壓革命的預謀作前驅的國家主義者組成的反動
派。後來這些頭面人物都成了老蔣麾下的馬前卒。而且在蔣介石露出猙獰面
目，舉起屠刀屠殺共產黨人之後，茅盾更旗幟鮮明地連連著文，點名予以聲
討。如 1927 年 5 月 4 日發表在《民國時報》上的政論《革命者的仁慈》，劈
頭就聲討「蔣介石在南京秘密處死了江蘇省黨部的負責同志二十餘人，並用
麻袋裝屍，棄於通濟門外江中」的暴行時說：「從前孫傳芳在上海殺人，用刀
斬決，已可謂極殘暴了，不謂蔣介石竟還用絞！」為此他總結血的教訓說：「革
命者太仁慈了。只使反革命派更加猖獗！」在《袁世凱與蔣介石》一文中，
他對比地論述了「蔣介石實在是一個具體而微的袁世凱」，並列舉了其六大罪
狀。在《蔣逆敗象畢露了》、《鞏固後方》、《鞏固農工群眾與工商業者的革命
同盟》、《工商業者工農群眾的革命同盟與民主政權》、《夏斗寅失敗的結果》、
《我們的出路》、《整理革命勢力》、《撲滅本省各屬的白色恐怖》、《長沙事件》、
《肅清各縣的土豪劣紳》、《討蔣與團結革命勢力》等等一大批政論中，茅盾
從各個角度聲討了蔣介石及浙江幫政權的滔天罪行，總結了許多歷史經驗教
訓，並提出許多打倒蔣政權，重振革命力量，把大革命進行到底的方略。哪
裡有半點「崇拜浙江幫政權」，想當蔣介石秘書的「志願」？

　　唯其如此，蔣介石才恨茅盾入骨三分。在其 1927 年發布的《國民政府秘
字第一號令》中歷數所謂「共產黨罪惡」，說其「禍有甚於洪水猛獸，並且開
列名單通令全國緝拿所謂「此次謀逆」的「罪魁」以及各地共產黨首要」以
「從嚴拿辦」。在其所列 193 人緝拿名單中，沈雁冰名列第 57 位。雖在鮑羅
廷、陳獨秀、毛澤東等「首要」之後，卻在老蔣亦欲置之死地而後快的瞿秋
白、張太雷、蘇兆徵、周恩來、彭湃等著名共產黨領袖之前。足見蔣介石不
齒與不容茅盾到何等程度。此通緝令我手頭現掌握的複製件共有三份。一份
是近年來由不斷宣傳茅盾「叛逃」論的沈衛威最早公布於學界的《新發現國
民黨南京政府 1927 年通緝沈雁冰（茅盾）郭沫若的原件抄本》。沈衛威所據
係台灣學者王健民從台灣「黨史會庫」剪報上抄下來的，當然可靠得很。第
二份是江西大學劉國清教授親自到南昌八一紀念館據館藏件拍照並另抄錄回
來賜寄給我的。該件是「中華民國十六年六月十五日福建政務委員會代理主
任委員陳乃元」簽署轉發的。第三份是在中共嘉興市委宣傳部長吳騫幫助下，

我直接從該市中共黨史陳列館館藏件中複製回來的。此件是「中華民國十六年六月一日中華民國國民政府浙江省政府公報第十八期」所載該省「戒嚴司令周鳳歧」簽署轉發的。浙江這分與《國民政府秘字第一號令》完全相同。南昌館藏福建簽發的那分名單上的人頭略有出入。但三份文件都列有沈雁冰的姓名；所在的順序也是一致的。

事實上茅盾即沈雁冰正是因為身受通緝才不敢在廬山與也已叛變的熟人汪精衛見面。返滬時只得棄舟轉車；回滬後只能隱居而不敢露面。此後風聲更緊，這才亡命日本；且一直在日本警視廳所派專人的監視下，化名方保宗，過著隨時有可能被捕押回國去的「地下」生活。秦德君本是這段亡命生活最直接的見證人。熟料竟是她在半個世紀之後，卻編造出茅盾想做必欲置自己於死地而後快的蔣介石的秘書，並以此為平生志願的「神話」。無怪乎她的《我與茅盾的一段情》在香港《廣角鏡》發表後，茅盾的兒子韋韜、兒媳陳小曼在聯名致該社長的信（見該刊 1985 年 5 月 16 日第 152 期）中，說秦德君是「挾私攻擊」，並認為此舉其實是「『文革』中對先父誣陷的繼續」了！

四

行文至此，有必要正面接觸學界一向諱莫如深、茅盾也一直避而不談的他和秦德君的關係，以及秦德君對茅盾的生活的作用與影響問題了。我的基本觀點是：這個婚外戀有其必然性。它對茅盾的生活與創作有一定關係與影響，但不像秦德君那樣誇大其辭，說得神乎其神。不過她所說的純屬私生活問題而與學術無關者，我這裡不願涉及。我要剖析的，是幾個原則性的問題。

秦德君在《櫻蜃》中說：她聽到「茅盾的消極、頹唐、悲觀、失望的呻吟」後，「一而再、再而三的婉勸他，鼓勵他勇敢些，朝前看」。「這麼一來我義不容辭，不得不振作起精神來，傾全力扶植他前進」。「從此茅盾的心情開朗起來……很快活的寫好一篇文章《從牯嶺到東京》。」並說：「文章中說的北歐命運女神中間最莊嚴的一個，就是你啊。」應該承認，茅盾那時仍有幻滅情緒，這是事實。秦德君給他以安慰與鼓勵，也完全可能。但若說茅盾的幻滅情緒嚴重到秦德君描繪的那樣，秦的作用則大到被茅盾稱為「北歐女神」的程度，則大可置疑。因為她忽略並違背了一些基本事實。他們相識雖是在上海大學，但那只是一般的同事，並無個人交往。首次接觸，是 1928 年 7 月

初由陳望道安排，由上海同船抵神戶轉車赴東京。從 7 月初動身赴日到 7 月
16 日寫完《從牯嶺到東京》，充其量不過十天左右的時間。且不說旅途顛簸，
在東京他們又分住兩處。而上述長文洋洋萬餘言，連構思到寫成起碼也得兩
三天。俗話說：十月懷胎，一朝分娩。茅盾停下來思考經年，調整了消沉情
緒，糾正了幻滅思想，理情思路，長期構思，始得此文。秦德君又不是神仙，
他怎能在不足十天的時間內既完成上述旅途經歷，又在分住兩處的情況下一
下子幫助茅盾扭轉了歷時已達年餘的幻滅情緒，自己則在茅盾心目中構建起
「北歐女神」的地位？若真能達此，秦德君倒真得具備神力不可！無奈她卻
是一個凡夫俗子，因而只得靠想像來編織這篇「神話」了。

　　列寧說過：「馬克思主義的真髓和活的靈魂：對具體情況的具體分析。」
要弄清「北歐女神」所指到底為何？首先得弄清茅盾行文的具體涵義。茅盾
在《從牯嶺到東京》中兩次提到「北歐女神」。其主要的一段話是：「悲觀頹
喪的色彩應該消滅了，一味的狂喊口號也大可不必再繼續下去了，我們要有
蘇生的精神，堅定的勇敢的看定了現實，大踏步往前走，然而也不沉於魯莽
暴躁。我自己是決定試走這一條路：《追求》中間的悲觀苦悶是海風吹得乾乾
淨淨了，現在是北歐的勇敢運命女神做我精神的前導。……我只能依我自己
的信念，盡我自己的能力去做，……我希望能夠反省的文學上的同道者能夠
一同努力這個目標。」結合茅盾從牯嶺到東京的心靈歷程不難看出，茅盾這
段話是從宏觀視野總結歷史經驗並明確立定自己的政治方向和人生道路的。
其「北歐女神」的象徵寓意，當然是，也只能是政治目標和政治寓意。把它
曲解為特指某人，特別是像秦德君這樣精神狀態與政治態度的女人，顯然是
風馬牛不相及的。

　　那麼「北歐女神」實指為何？1929 年 5 月 9 日茅盾在《寫在〈野薔薇〉
的前面》一文中早有具體解釋：「在北歐神話，運命女神也是姊妹三個……
Verdandi 是中間的一位，盛年，活潑，勇敢，直視前途；她是象徵了『現在』
的」。這是其具體象徵寓意。意在說自己想做個真的勇者，他是敢於凝視現
實的，是從現在的醜惡中體認出將來的必然。」茅盾表示要從頭開始有效的
工作，這「真的有效的工作是要使人們透過現實的醜惡而自己去認識人類偉
大的將來，從而發生信賴。」他要求自己「既不依戀感傷於『過去』，亦不冥
想『未來』」，而是「緊抓住現在」，踏踏實實地前進。時過三十多年即 1961
年 6 月 15 日，茅盾在《致莊鍾慶》函中，又具體解釋了「北歐女神」的宏觀

的政治象徵寓意：「北歐的運命女神見北歐神話。當時用這個洋典故，寓意蓋指蘇聯也」。以上這種話都是在秦德君提出「北歐女神」是指自己這一說法之前講的。因此絕無自我辯解的動機。結合著茅盾一生追隨黨，信仰馬克思主義，嚮往社會主義蘇聯（這在 1947～1948 年訪蘇過程及其後的著作《蘇聯見聞錄》與《雜談蘇聯》中表露得尤為充分）的一貫言行，茅公的夫子自道，是可信的。

事實上 1928 年 7 月寫《從牯嶺到東京》時，茅盾為擺脫幻滅情緒停下來思考以總結歷史經驗教訓與自己的政治道路，已歷時經年。其幻滅情緒已經有所扭轉。赴日前的 1928 年 2 月 23 日所寫的《創造》就是明證。結束「地下」狀態東渡日本，也給他的生活道路開闢了新階段。恰在這時（6 月 18 日至 7 月 1 日）中國共產黨第六次代表大會在莫斯科召開。會議解決了以下問題：一，明確了「中國仍然是一個半殖民地半封建的國家，引起中國革命的基本矛盾一個也沒有解決」，因此，「中國革命現在階段的性質是資產階級性質的民權主義革命」。二，指出當前中國「第一個革命浪潮已經因為歷次失敗而過去了，而新的浪潮還沒有來到，反革命的勢力還超過工農，黨的總路線是爭取群眾。」目前「最主要的危險傾向就是盲動主義和命令主義，他們都是使黨脫離群眾的。」會上還調整了領導機構。推舉碼頭工人向忠發為中央政治局常務主席、周恩來為常委秘書長兼組織部長。從此，一個時期中央的工作實際上由周恩來主持。會議是在共產國際新的正確方針指導下作出上述正確決議的。布哈林代表共產國際作了《中國革命與中共任務》的政治報告。斯大林出席了會議並為大會主席團成員之一。「六大」端正了我黨的指導思想，具有重大的歷史意義與影響。同樣也給茅盾擺脫幻滅情緒，重新振作起來繼續奮鬥的思想與行動以重大影響。據茅盾《我走過的道路》中冊第 15 頁記，他正是在寫作《從牯嶺到東京》前後「聽說黨的六大在莫斯科召開了，會議批判和糾正了秋白的盲動主義路線」的消息。這對茅盾擺脫其「茫然」的心態也是極大的促進力。

所以茅盾 1927 年至 1928 年思想轉換期，是在自我反思與藉助國際共產主義運動、特別是蘇聯的成就，與中國革命由低谷走出，逐漸有所恢復與發展的推動力下逐步實現的。並非秦德君十多天的時間影響（這影響是否真是積極的，還大可置疑）所能奏效的。而他的思想走出消沉期的主要標誌，應該是《虹》的寫作與《霞》的構思。

　　於是又來了問題：據秦德君說，《虹》是她「爲著鼓勵茅盾的勇氣，安慰他苦悶的心靈，就搜索枯腸把我的朋友胡蘭畦」的事情提供給茅盾；並「拚著性命和茅盾計議共同寫成的。」連《虹》的篇名也是她提出的。不僅此也，連合《幻滅》、《動搖》、《追求》爲三部曲並題名爲《蝕》，也是她的主意！爲此「茅盾報我以無限欣慰，頗贊成我所提出來的這樣名稱，頻頻點頭。」這些說法是否可信呢？我想有一點是可信的。即關於胡蘭畦的素材有不少是秦德君提供的。因爲她們是密友，相處也久。但關於胡蘭畦的素材來源，秦德君並非唯一的渠道。據《胡蘭畦回憶錄》記，胡蘭畦 1924 年 6 月赴滬出席全國學聯代表大會（茅盾在《虹》中一開頭就寫此事）時，由於兼了考察上海女子工業社的任務並住在該社，遂「認識了茅盾的夫人孔德沚，和陳望道教授的妻子吳庶五，她們都是女子工業社的股東。」（見該書上冊，第 69 頁，可參照其九、十兩章以對比《虹》）茅盾多次說過。他塑造時代女性的素材重要來源之一，是孔德沚教女校、搞婦運所得。還有她結識的女友的生活經歷。其中自然也包括胡蘭畦。其實秦德君也承認茅盾也見過胡蘭畦。茅盾說：「《虹》的主人公是以胡蘭畦爲模特兒的，胡蘭畦是 1927 年武漢的國民黨中央軍事政治學校的女生，我曾在該校教過幾個月的書」，到女生隊講過課。所以茅盾還是胡的老師。因此醞釀《虹》的主人公梅行素女士的形象，決非自日本始。規模如此之大的《虹》的創作動因，也決非秦德君一倡議就能形成的。她向茅盾講述胡蘭畦，對茅盾說來實際上至少是第三次「文學受孕」了。他了解胡蘭畦，已經歷五六個年頭了。

　　《虹》的寫作，秦德君參加意見，代抄稿件，都是可能的。但像她說的那樣是共同創作的，就又是誇大其詞。因爲茅盾研究婦女問題始自 1915 年讀陳獨秀編的《青年雜誌》所闢「女子問題」專欄的文章。1919 年起他發表了數以百計的研究婦女運動與婦女解放的文章。其認識不斷深化的過程，在《虹》和梅女士的性格發展中都有蹤可尋。他還和向警予一起直接領導過中共發動的婦女運動，是最早的中國婦運領袖之一。以男性而任婦運領導人，在全世界也是不多見的。這些都是寫《蝕》、《野薔薇》、《宿莽》和《虹》的生活積累與提煉的過程。而且此前茅盾已經有《蝕》、《野薔薇》短篇集等建樹，而秦德君的文學創作又在哪裡？不僅寫《虹》時，就是此後，她又推出了哪些文學名著或可稱之爲創作的東西？她以什麼素質與水平和當時已成爲鼎鼎大名的「五四」文壇理論批評家和小說、散文作家的茅盾「合作」，甚至

如她所說的是那樣引導著《虹》的創作方向和《霞》的構思思路？至於《虹》中梅女士的性格、經歷和胡蘭畦有同有異，我在《茅盾的〈虹〉與「易卜生命題」》一文中已作了詳細對比，這兒就不贅述了。這一切都足以證明：那種貪天功為己功的說法與做法，實在不過是難登大雅之堂的滑稽戲而已！至於說《虹》中梅女士的性格與服飾等等有秦德君的痕跡，是耶不是，都無關宏旨。因為茅盾也好，其他作家也好，他們都要從生活中的真人真事汲取營養並體現在其創作中。這決不能成為被攝取的原型來和作家爭著作權的理由與根據。否則最有權說和茅盾合寫了《虹》的就不是秦德君，而應該是胡蘭畦！這不也是滑稽戲？

五

　　現在剩下的該討論的問題就是「婚外戀」了。對此過去諱莫如深。雖然也有為賢者諱之意，但未免不含封建意識作怪的成分。其實這類問題不僅在今天，就是在「五四」前後和茅盾當時，也帶有很大普遍性。由於包辦婚姻使素不相識毫無感情的男女結為夫妻，其結局雖不會白頭到老，但能培養起感情於婚後才戀愛的事卻鳳毛麟角。至於重視以戀情為基礎，而厭棄無戀愛情感之婚姻者，不是離婚，就是尋找「第三者」構成婚外戀以慰其愛情的飢渴，這種種社會問題，帶有濃重的時代烙印，不可以簡單化待之。

　　茅盾的情況比這個要更為複雜。眾所周知，他和孔德沚雖不是指腹為婚，卻是童稚時代被長輩確定的。很難說茅盾成婚後就非常滿意，但一來因為他是孝子，不願讓寡居的母親為難。二來正如他在《我走過的道路》中所說：「我那時全神貫注在我的『事業』上，老婆識字問題，覺得無所謂，而且嫁過來以後，孔家就不能再管她了，母親可以教她識字讀書，也可以進學校」。這裡就包含著把舊式的妻「創造」成新女性的意圖和主張。1918 年春舉行了婚禮。茅盾沒有談他婚後的感覺。但是郭沫若說過他自己的包辦婚姻的婚後感覺是：「隔著布口袋買貓子，交訂要白的，拿回家去才是黑的」（《沫若文集》第6 卷，第 277 頁）。茅盾是否也有同感？我們從《我走過的道路》上冊「我的婚姻」一節中可以大體觸摸。不過茅盾和郭沫若採取了不同的態度。他不是離棄，而是立足於改造。結婚次年他在《「一個問題」的商榷》中寫道：「父母前定的婚」除因特種情形……外，皆可以勉強不毀。》因為毀了婚約，也等於毀了女方。「我不要伊，別人要麼？」「我娶了她來，便可以引伊到社會

上，使伊有知識，解放了伊，做個『人』！豈不是比單單解約，獨善其身好得多麼？」「世間一切男女，莫非姊妹兄弟，我援手救自己的妹妹，難道也要忖量值得，也爲戀愛麼？我願我們青年人對於妻的觀察是如此：不是我的妻，也不是父母的媳婦，——是一個『人』！也就是年長者的妹妹，年幼者的姊姊！」「諸君是以自由戀愛看得很重，我是以利他主義看得很重。諸君彷彿以破壞的手段改革，我是願以建設的手段改革。」這種從人權與人道主義、利他主義爲出發點形成的獨特的戀愛婚姻觀，是非常奇特的，它是以道德自我完善爲指針的。由此生發出他另一個奇特的觀點：「結婚問題不當以戀愛爲要素！」這是茅盾那時既律人也律己的信條。婚後他對孔德沚也確實是實行了其「解放」人的「改造」，並且收到很大的成就。孔德沚不僅認了字，上了學，有了知識，參加了社會活動，還入了黨，成了茅盾的同志。感情也逐步建立起來了。茅盾的這些努力，從小說《創造》的君實身上，可以找到部分的影子。但是沒有戀愛的婚姻，究竟不如自由戀愛的選擇來得美滿。婚後培養起來的感情，也無法像自由戀愛產生的愛情強烈而牢固。對此茅盾有深切的體驗。不久他就改變了「結婚不當以戀愛爲要素」的觀點。1922 年他在《戀愛與貞潔》一文中說：「我覺得兩性的自由結合是根據了眞戀愛而來的自然的動作，便是合理的。並且我覺得，我們若認戀愛是感情的產物，則自然亦不能指戀愛的減弱而終至於無，爲不道德。一個人有過兩三回的戀愛事，如果都是由眞戀愛自動的，算不得怎麼一回事。」這個觀點是對前一個觀點的重大突破。但是茅盾歷來潔身自好。理論上的突破並未導致行爲上的突破。從情感傾向推斷，也許他更愛他作品中諸如慧女士、章秋柳型的女性，在他長期的革命生涯中，也不會缺乏這樣的機遇。但他仍恪守夫道。從未允許自己放縱情感越雷池一步。因爲茅盾一向是以理性駕馭感情的強者。

他懷著幻滅的悲哀赴日避難，既脫離了包辦婚姻的家庭，身邊又出現了秦德君這個慧女士型的時代女性，使一向嚴謹自持的茅盾那長期壓抑著的情感在特殊情況下迸發出來再難自持。應該說這是帶一定的必然性的生命意識的體現。何況秦德君又是情場的老手。根據她和沈衛威對話中提供的資料可知，開始時她是個被損害者，曾被穆時波先姦後娶，那純潔的少女的情感因之被扭曲變形，竟和穆維持了多年的奇怪的病態的婚姻。這期間她以與穆的婚姻作掩護，竟又和即將與自己的女友結婚的劉伯堅姘居。這時她已失卻少女的純情，變成情慾的追逐者了。茅盾是她主動追求的第三個男性。說她主

動追求，有錢青（孔德沚的同學，茅盾弟媳張琴秋的表妹，當時她也在日本，與同居後的茅盾、秦德君一起相處過）先生《茅盾流亡生活中的一段插曲》一文為證。秦德君這時已是情場老手，要俘虜處境與心境都特殊且缺乏情場經驗的茅盾，當然輕而易舉。和茅盾分居後，秦曾和四川軍閥劉湘的參謀長王宜賓結婚，王死以後她又和有婦之夫郭春濤姘居，直到郭「拋開原來的妻室」與秦結婚。秦德君所經歷的這一切扭曲了的兩性關係，說明了秦德君的人品及其對兩性關係的極不嚴肅的態度。

茅盾對秦德君是有感情的。他們的分手有個情感破裂過程。他回到孔德沚身邊，也有個浪子回頭過程。他和秦同居後，秦德君的性格弱點逐漸暴露，以致使茅盾難以容忍。錢青寫道：「茅盾要秦德君兩次墮胎，這就說明茅盾對秦德君的情義與態度。茅盾給胡風的信上稱秦德君為『暴君』，也是因這種感受而發出的憤怒之聲吧！」在孔德沚方面，對丈夫的行為固然「焦急痛苦。」並引起葉聖陶、鄭振鐸等老友的同情，勸她「冷靜思考，共商對策。」茅盾攜秦回國後暫住楊賢江家，孔德沚「準備好豐盛的家鄉酒菜，請他回家用膳。」茅盾偕秦德君同來，一同進餐。飯後，二人竟提起物件，揚長而去。」但孔仍「聽從葉、鄭諸位的勸導，忍氣吞聲地經常送去茅盾喜愛的家鄉菜餚，茅盾常穿的桐鄉湖州絲綢之鄉出產的絲棉衣被。……且一如既往地體貼周到地照料茅盾。」體現出「多年夫妻的情愛。」「秦德君見狀，怒火中燒，日夜吵鬧，致使茅盾坐立不安。她甚至閉門自殺，茅盾急得破窗而入，急急救援。兩相對比，茅盾感到露水夫妻，不能久遠。」遂決計分手，回到孔德沚身邊去。這當中茅盾母親的促教，茅盾對一雙小兒女的慈父之情，也起了很大的作用。因此，茅盾的回心轉意也帶必然性。

根據以上材料不難看出，其實茅盾在孔德沚與秦德君之間的搖擺取捨，不論哪個方面都帶有必然性。總之，茅盾是封建婚姻制度的受害者；又是犧牲自己顧全對方的利他主義者。他在婚姻上的動搖，有其合理性與必然性，但我們也不必為賢者諱：這畢竟是白璧之瑕。他和秦德君的糾葛，茅盾也不能辭其咎而毫不負責。但秦德君一它要他拋棄前妻，滿足自己，畢竟是過分利己主義的行為。

秦德君因人負我而心懷怨恨，既可以理解，也值得同情。但為此挾嫌報復，竟在茅公謝世之後死無對證的情況下，加之以莫需有的政治誣陷，很難說這能與不義之舉劃清界限。

　　對這些歷史往事，若不是牽涉到重大歷史評價，和茅盾研究領域中對某些原則性問題，特別是作家作品的眞實面貌與歷史評價問題，本來也可以置之不理。但由於事關重大，特別是這事不僅在國內，而且也在海外造成了混亂，其影響相當惡劣。爲了對歷史負責，只能依據可靠的歷史材料與正確的科學的推理判斷去予以澄清。

　　這是迫不得已的事情，但又是非常必要的事情。如果就此能了結這段歷史公案，則對茅盾研究和中國現代文學史研究，當是有益的。

　　　　　　　　　　　　　（刊於 1995 年《茅盾研究》叢刊第 6 期）

附　編

茅盾研究的突破問題芻議

　　中國現代文學研究，已經進入宏觀階段，綜合研究、比較研究在目前發表的現代文學研究的論文中，佔了空前的比重。這種傾向和現代文學史領域中薄弱環節的研究——這種研究帶有很大的填補空白的性質——一起，成了現代文學研究領域深入發展的顯著標誌。但這並非說，此前一直較受重視的現代作家作品研究已經比較充分，沒有深入的餘地了。不僅以前較少或不被重視的作家作品的研究，近年大有進展，開拓較多；即或研究較爲充分的重點作家作品的研究，也大有進一步突破的餘地。即以現代文學史上公認的「三大家」——魯迅、郭沫若、茅盾的研究而論，不僅近年來有所突破，而且也還有廣闊的空間有待開發。

　　茅盾研究遠不如魯迅研究充分，但較郭沫若研究略居領先地位。過去茅盾研究的格局基本上處在創作可和重點作品的研究階段。近年來明顯的進展是：宏觀性的綜合研究有所加強，有些領域例如早期文藝思想的研究有了長足的發展。但是，也許是限於材料的掌握受客觀條件的制約較大，很多方面的研究尚不充分。例如《茅盾文集》所收文章絕大部分是文學作品，中長篇小說稍見完備，短篇小說則缺如者不少，散文所收幾乎是掛一漏萬，大量的雜文均未入集。而理論批評及文學史專著則基本上沒有收入。這些作品解放後都沒有再版，由於種種原因，原刊物和初版書又極難爲一般研究工作者和教學工作者所佔有，一般讀者更難找到，且不用說系統地閱讀了，就是較完備的著譯年表的出版也還是近幾年的事，所以在一般人的心目中，茅盾主要是一位小說作家，他的思想家、政治活動家、文藝活動家、理論批評家、文學史家和翻譯家的面目，至今尚未作充分的描繪。

　　這種現狀和研究格局如不打破，不僅茅盾研究難以深入，而且還直接影響到中國現代文學史、特別是中國現代文藝思潮史和文學理論批評史的完整的研究與全面反映。因而不可等閒視之。

　　視野所限，我對茅盾的全面學習與了解，也是近幾年才開始的，即或如此，已覺得起碼以下許多方面，尚大有全線開發，大規模突破的餘地。

　　首先是茅盾的政治思想、哲學思想發展的研究遠遠不夠充分。和同代的新舊交替期人物一樣，茅盾也經歷了從「子曰詩云」到「聲光化電」的開拓思想視野的新舊思想交替期。這是中國革命由資產階級舊民主主義發軔期到新民主主義革命交替期時許多歷史人物共同經歷的。但是這一代風雲人物的具體思想，彼此之間卻不啻相距十萬八千里。茅盾出身於維新思想佔主導地位的封建舊家庭，和魯迅一樣，他也少小離家，經歷了由「辛亥」到「五四」的時代風雲。飽讀詩書，滿腹經綸，這一點茅盾和魯迅頗為相同，但在接受社會政治運動浪潮的影響，接受外來思想的洗禮方面，他們之間又有顯著的區別。

　　茅盾之於舊學，是經歷過「書不讀秦漢以下，文章以駢體為正宗，詩要學建安七子，寫信擬六朝人的小札」的階段的。「涉獵所及有十三經注疏，先秦諸子，四史（即《史記》、《漢書》、《後漢書》、《三國志》），《漢魏六朝百三家集》，《昭明文選》，《資治通鑑》」，「至於《九通》，二十四史中其他各史，歷代名家詩文集」，也曾「偶然抽閱其中若干章段」。這還僅僅是他「從中學到北京大學」預科時的情況，進入商務印書館之後，所閱幅度更寬。那麼在茅盾與舊學的關係中，他的哲學思想、政治思想，受了那些影響，發展脈絡如何？至今還沒有較系統的研究文章問世。

　　所謂新學，茅盾也有更獨特的涉獵。現在茅盾留下的遺文中，有一大批自然科學譯介與評介文章。他不僅介紹了最新科學發展，而且還評介了許多科學泰斗的成長歷史。至於西歐古典的與近代的政治與哲學方面的成就，茅盾也運用外語程度較高的特長廣為瀏覽，極力吸取。因此茅盾與西歐現代科學及社會科學之思想聯繫，也是至今尚待理清的極端重要的課題之一。

　　更有甚者，是他較早地接受了馬克思主義思想的傳播。他自己回憶說，是自一九二〇年就大規模地學習了。到了中國共產黨成立，茅盾成了中共第一批黨員之一前後，他就在最早的黨刊《共產黨》上發表譯介馬克思主義的譯作和自著的這方面的論文。我們還是從茅盾的自傳體回憶錄著作《我走過

的道路》中，看到一些線索，這方面的端底究竟如何，更是亟待開發的一個領域。

　　此後茅盾的政治思想和哲學思想在源流方面雖不像早期這麼複雜，但其迥異於別人的特色卻是饒有興趣，頗具特點的研究課題。例如早在一九二六年前後，他對黨內和革命思潮中「左」傾的問題與右傾的問題就持自己保留看法。這從他當時發表的一大批政論中可窺見端倪。在《從牯嶺到東京》、《〈讀〈倪煥之〉〉等專文和《蝕》三部曲等小說中亦復有線索可尋。再如他去新疆，訪延安，甚至一度決心定居於彼，僅因工作需要才應召返渝，這一段思想也有其獨特之處。至於解放後歷次政治運動，茅公雖因其地位使然，不得不應組織之要求和形勢的需要作表態性的發言，但我們稍為系統地理一理就可發現，茅公對許多重大政治偏向都有所保留。即以受過很重批判的所謂「大連黑會」，茅盾的講話中，對當時農村形勢、農村政策、農村題材作品的寫作等等，均有自己的看法和主張，類似問題的研究探索，對中國現代思想史來說均不無裨益。

　　茅盾思想研究中還有一個重要側面，那就是他的社會評論中體現的社會思想，且不說早期關於婦女問題、青年問題、兒童問題等一大批社會論文中體現的種種思想，即以二、三、四十年代那數以百萬字計的雜文中所反映出的社會思想，就幾乎可和魯迅雜文反映出的魯迅的社會思想相媲美，值得後人認真探討。

　　換一個角度說，還有茅盾的美學思想和文藝思想問題，也是一個基本上沒作系統開發的領域，以至於迄今為止還沒有一本系統性較強的研究專著。重創作、輕理論，這個問題，決非僅僅在作家的圈子裡存在的一種偏向，在現代文學史研究中，也是同樣的。一件事實即可佐證：以今劃線，公開的和內部的，集體編著的和個人編著的中國現代文學史和中國當代文學史書，估計總可以百種計吧？但是，把理論批評家和作家一樣列專章、列專節給予評述的，也許我孤陋寡聞，至今一部也沒有看到。只有一部《當代文學史》把理論批評獨列章節，算是開風氣之先。但和作家並行的理論批評家專章、專節，亦復沒有。即或如此，這也是鳳毛麟角，不可多得的了。而在許多俄國文學史著作中，別林斯基、車爾尼雪夫斯基、杜勃羅柳波夫卻被列為專章或專節。但是我敢斷言，茅盾的理論批評，不僅就質上遠遠超過了他們，就是在量上，在其各自的文學史階段所處的地位所起的作用上，即或不超過前人，

起碼也不亞於前人。

茅盾留下的理論評遺產，總數不下五百萬字。粗略估計，外國文論與中國文論大約是一與二之比。這裡且不說數百萬字的散篇理評論批文字，即以幾萬字、十幾萬字甚至幾十萬字一集的理論批評專著就有：《神話雜論》、《中國神話研究》、《創作的準備》、《中國市民文學運動史》、《夜讀偶記》、《關於歷史和歷史劇》、《北歐神話 ABC》、《騎士文學 ABC》、《希臘文學 ABC》、《西洋文學通論》、《歐洲大戰與文學》、《世界文學名著講話》、《漢譯西洋文學名著》等十多部，這些專著和散篇，有的屬於文學史著作，有的屬於文學理論著作，有的則是專題研究。古今中外，多有論及。從這當中，我們可以在許多方面得到教益。例如，通過茅盾看中國民族的文藝理論和美學的師承與發展問題，就是具有重大理論意義的研究課題。茅盾的師承，大而言之是兩個方面，其一是古人在詩歌、散文創作實踐基礎上形成體系、並以《文心雕龍》、《詩品》等古典文藝理論專著為代表的古文論遺產的繼承與發展；其二是茅公在前人研究的基礎上自己從古典小說創作經驗中總結昇華為理論，二者相輔相成，而以後者為主，體現了茅盾對中國古典文藝理論的師承、發展關係。但是，茅盾又是借鑒西歐現代文學理論、文藝思潮、文藝創作經驗而又注重洋為中用的傑出代表，在這方面他是「五四」新文學與西歐現代文學之間的一架高大宏偉的橋樑。在中國現代文學以古典的民間的文學為基礎，並借鑒西洋文學而達到「現代化」新水平的方面，茅盾的理論批評建樹，具有極大的啓蒙性與指導性。他幾乎可以說是繼魯迅之後、在郭沫若之上的現代中國文學的開山祖師。從這個意義說，茅盾研究在很大程度上也就是中國現代理論批評史和美學史的研究。我們從中可以發現中國古典文論和現代文藝理論的淵源關係，西歐文學和中國現代文學的交流關係；同時也可以摸索出中國現代與當代理論批評史的發展線索。甚至茅盾理論建樹上的偏頗，也具有這樣的意義。例如他一九五八年一月開始陸續披露的專著《夜讀偶記》一書，提出了現實主義與反現實主義的公式，就影響了當時群眾集體編著中國文學史的理論體系的間架；和古典文學研究中風行一時的抬杜甫、貶李白的思潮傾向有密切關係，正像郭沫若獨尊浪漫主義，他的專著《李白與杜甫》導致上述傾向的反動──尊李白貶杜甫的思潮傾向有密切關係一樣。可見，研究帶全局性的理論批評家和作家，其實很大程度上就是全部理論批評史和文學史研究，起碼可以說這是「史」的主體部分的研究。這種研究結果顯示的規

律性，當然也帶有全局的性質。反過來可不可以這樣說：目前中國現代文學史著作，基本上仍是文藝運動與鬥爭史加作家論的規模，而沒有呈現出眞正意義的文學史規模，體現不出全局性風貌，這是和許多帶全局性作家包括茅盾在內，其研究缺乏全局性、特別是其文藝理論的貢獻的描繪還達不到完整性、全面性的要求密切相關的。

還可以換一個角度看。茅盾的理論和創作，哺育了中國現代文學史上兩代以上的作家。第一代的代表如丁玲、臧克家、姚雪垠等；第二代的代表如茹志鵑、敖德斯爾等。茅盾的理論，今後還將哺育第三代、第四代以至更後幾代的作家。在茅公逝世時，許多作家在挽詩、悼文中以「師」稱之，決不是偶然的。至今新疆的老一代文藝工作者，還都以老師稱茅盾。因爲他在新疆講學，一如此後不久在延安講學那樣，眞正是以執教方式培育門人的。這一方面的研究，已經超過了現代文學發展史範圍，進入了現代文藝教育史以至現代教育史領域了。勿庸諱言，我們在這一方面的研究今天還是空白，只有不多的作家們的回憶錄擺在那裡，作爲研究的史料在「待價而沽」！

茅盾文學評論的實踐經驗和藝術方法，也是尚待深入、目前剛剛引起重視的一個領域。有的文章已經涉及到茅盾是我們文學領域中比較研究的開拓者。但其建樹究竟可觀到什麼程度，目前還不是作定論的時候。他的文學批評有許多特色，例如他把文藝批評和社會批評結合起來，以至於我們今天在劃分他的《「阿 Q 相」》和《神怪野獸片》、《玉腿酥胸以外》等文章究竟是文學批評、電影評論還是社會隨筆性的雜文時都感到了困難。再如他把文學作品的思想分析與藝術分析的方法結合起來進行全局性的分析，他把宏觀研究和微觀研究結合起來進行綜合性的分析；他把文學史考察和社會歷史考察結合起來；他把文學史剖析和歷史剖析結合起來；他把文藝理論命題和作家作品命題結合起來……等等等等，茅盾研究的這種方法論課題，至今似乎還是無人或很少有人問津的課題。

那麼，作品研究領域是否就已經佔領得比較充分了呢？可以這麼說，但又不能這麼說。我說「可以這麼說」，理由是相比之下，茅盾的作品研究，較之其它方面的研究，是較爲充分的。我又說「不能這麼說」，理由是這個領域裡很多方面尚待開發或深入一步的開發。例如，從體裁講，茅盾散文的研究很不充分；而雜文的研究成果更少得可憐。迄今爲止幾乎沒有多少人知道茅盾的雜文不僅數量上可和魯迅雜文相比肩，就是從質量上比，也不過「馬前

張保，馬後王橫」而已！茅盾童話的研究也剛剛引起人們的注意。至於他的神話理論，也差不多居同樣狀況。茅盾詩詞至今尚未發行一個完整的本子，因此很少有人承認茅盾同時又是一個優秀的詩人。

就研究得比較充分的小說而論，空白點還有不少。中篇《走上崗位》固然尚未深入研究，《少年印刷工》也所論不多，就是早就惹人注目的《路》和《三人行》以及《多角關係》三個中篇，研究成果又有多少？就算其中有的是失敗的概念化的作品吧，總結教訓是否就沒有意義呢？至於短篇的研究，應該承認更不充分。目前可喜的是早期的短篇已引起研究者的濃厚興趣。但短篇之大部分尚處於蜻蜓點水或點點名的境地。《農村三部曲》的研究較多。《有志者》、《尚未成功》、《無題》等類似的曾被叫作「文人三部曲」或「創作三部曲」的，至今還沒見到一篇綜合研究的有關論文。而且茅盾的短篇很有特色。特色之一，用作者自己的話說，就是大都像是壓縮了的中篇。這個特色中既體現出茅盾的創作個性，也反映了其美學追求。至於其小說美學的整體研究，更是個極為重要的待開墾的處女地。

茅盾小說創作的整體特色，目前已成為廣大研究者關注的中心之一，例如認為茅盾是個心理小說作家的不乏其人。這個認識是否客觀？茅盾小說的整體特色到底是什麼？茅盾的風格特色和藝術個性應該如何認識？這些問題目前還是仁者見仁、智者見智。而這些問題的科學的解決，卻是至關重要的問題。

此外還有一個宏觀的領域：茅盾的政治思想、哲學思想、美學思想、文藝思想和他的創作的關係，他的理論批評與創作實踐的關係，他的翻譯、評介和他的理論批評、創作實踐的關係，他們的社會實踐、文學活動與創作實踐的關係：這一切的比較的綜合的研究，是一個極其重要的宏觀課題。關於這，足足可以寫一部大書。但是，目前研究的成果還夠不上這種宏觀的規模，這需要花較久的時間才能企及。

還有一更為宏大的課題：這就是茅盾的創作和西歐文學、俄羅斯文學、中國古典文學、中國現代文學的淵源關係和對比研究，特別是和茅盾在文藝思想和文藝創作上關係密切、甚至有血緣關係的作家作品，到底有沒有？有哪些？這也是比較研究方面的重大課題。目前已有人作了較大的努力，但規模和深度均有距離。

茅盾研究取得了很大的成績，也存在不少尚待開發、尚待深入的課題。

目前有兩個條件有利於這項事業的發展，一個是資料問題，一個是人力問題。茅盾研究的基本資料，過去一直是比較分散的。《茅盾文集》出版之後，小說創作呈現了較完整的面貌。但和茅盾的整個建樹相比，尚嫌不足，近幾年來資料建設工作突飛猛進。不僅一些過去未結集或解放後未結集的著作得以重版，而且先後出版或刊載了一批較為完整的著譯年表，出版了兩套較為充實的研究資料。特別是四十卷本的《茅盾全集》將陸續出版，這顯然是茅盾研究史上的千秋大業。從已出的前三卷看，可從每卷平均字數三十萬字來估計四十卷本的全集字數，那也許將在一千二百萬字左右。前些時候報刊上刊載了《茅盾全集》編委會征集佚文書信的消息。相信在廣大文藝工作者和人民群眾的支持下，資料集中的工作將以全集的出版為標誌，推向一個新的階段。

而且陸續見到報導和披露發現茅盾佚文的消息。特別是最近也有人發現了茅盾的不為人知的筆名。一個筆名的發現，就隨著多了一篇以上的著作。這一切都給茅盾研究提供了較好的基礎。我們應該很好地利用這筆相當可觀的精神財富。

茅盾自一九一六年登上文壇起，到一九八一年逝世止，他的文學活動長達六十五年。據粗略的估計，就數量言，其著作比魯迅多一倍以上。這麼長的時間，這麼多的活動，我想茅盾的著作恐不止此數。隨著資料工作的不斷發展，特別是茅盾所編刊物的研究，茅盾二十年代、三十年代和四十年代所用筆名的整理工作的進展，我們還會有新的發現。而新資料的發現和研究領域的擴展是息息相關的，例如過去茅盾在「五四」以後北伐之前這一段的政治活動固然不為人所詳知，他的論著的全貌，也鮮為人所洞悉。然而僅從他主持《漢口民國日報》期間在該報所發表的文章看，就足以改變過去人們心目中的形象。他不僅強烈地抨擊了帝國主義、封建主義，熱情地支持當時的工農運動——包括當時的兩湖農民運動，而且對夏斗寅事變一直到蔣介石叛變的一系列反革命政治事件，都有觀點鮮明、立場堅定的論評文章，發生了極大的戰鬥作用。過去人們只知有郭沫若抨擊蔣介石叛變革命的文章，殊不知茅盾也有同樣戰鬥性很強的文章。過去人們只知道郭沫若參加了南昌起義，殊不知茅盾當時從武漢轉入地下，輾轉九江，上了廬山，也是應黨的召喚去參加南昌起義。只是歷史捉弄人，人也有幸有不幸，郭老先走幾天就名垂青史，茅公晚到幾天被阻於中途就湮沒無聞。但歷史的公正之處在於用事

實說話，而這一部分工作，則是活資料的開發、考釋與搜集整理。這方面還大有可爲。例如茅盾在商務印書館的十年，茅盾在建黨後的活動，茅盾與國民黨的關係，茅盾在日本東京的生活，茅盾抗戰時期的顛沛流離，茅盾在新疆，茅盾在延安，茅盾在重慶，茅盾在香港，茅盾在桂林，茅盾在上海，茅盾在蘇聯，以及在國外的其他活動，這些都是活資料工作的課題。不妨照魯迅生平與活動研究資料的辦法——編集、配套成書。

這裡還有一個天地，就是同代人和晚輩人「憶茅公」的回憶錄的寫作。目前僅僅有個良好的開端，這項工作似乎應該有組織地大規模地進行。如果茅盾研究學會能承擔起這個重任，會得到廣泛的支持而集中累累碩果的。

另一個有利條件是茅盾研究隊伍的不斷擴大。茅盾研究工作始自二十年代，三十年代有幾位茅盾研究者初露頭角而未能爲繼。眞正形成這支隊動，則始自五十年代，以建國後的高校師生研究隊伍中的青年人爲骨幹，形成一支小小的隊伍，寫出了一批具一定分量的專著和論文。使茅盾研究初具規模。文化大革命摧殘了文藝，也摧殘了茅盾研究。但是「文革」結束後，茅盾研究來勢很猛，發展極快。一支以五十年代湧現的茅盾研究者（當時他們還是小青年，如今已是兩鬢染霜的中年和老年）爲核心，形成了不大不小的精幹的研究隊伍。特別令人可喜的是：年青人，特別是研究生們參加到茅盾研究的行列中來。他們初生犢兒不怕虎，思想解放，視野開闊，寫出了一批生氣蓬蓬、頗有見地的論文，呈現了茅盾研究大發展的苗頭。

在世界上，人是最寶貴的因素，有了人，有了這支隊伍，有了這支隊伍的鑽研精神和科學態度，有了紮紮實實的工作，茅盾研究當然會有長足的發展。

儘管茅盾研究領域還極爲開闊，我們的研究還存在著較大的距離。也許還需要一代人花費畢生的精力才會取得與茅盾的建樹相稱的成績，我們這代人和下代人也會毫不吝嗇地貢獻出畢生的精力！

茅盾研究是一個極爲廣闊的天地，在這裡我們會大有作爲的！

（1984 年 6 月寫於北京，刊於 1984 年《嘉興師專學報》增刊）

再次呼籲：建立「茅盾學」

　　大家都不滿足於茅盾研究的狀況，而提倡突破，這是學術發展、研究深入的必然結果。但是研究如何「突破」，看法卻很不一致。部分同志主張從「文藝概念的突破」和「研究方法的更新」入手，這當然是可以的，但他們當中部分人卻對文學以外的研究格局的拓展不感興趣，甚至有人對政治道路和歷史地位的重新評價加以非議。這種把格局的拓展置於突破的視野之外，人為地把「突破」和格局的拓展對立起來的做法，束縛了自己以至別人的手腳。這些同志的突破的視野，涉及到美學思想、創作思想、文化意識、心理結構等方面的宏觀探索與重新評價。對這些過去較少、或者基本上未被涉及的研究領域的探索本身，其實首先就是研究格局的突破，也是一種對茅盾的重新評價。因為涉及更廣的文學領域以及文學以外領域的研究，必然修改了過去建築在創作道路、作品分析基礎所描繪的茅盾形象，這本身就是一種重新評價性的歷史評價。可見「突破」與「歷史評價」是交叉的，存在內在聯繫的關係，人為地把二者對立起來的做法，未必是科學的和實事求是的。

　　當然不願多用精力探討「歷史評價」問題的同志中，有的人出於對政治評價和社會學命題存在逆反心理。這種逆反心理，很大程度上是十年動亂期間，以及此前推行極「左」政治思潮導致的，有其合理的一面。然而辯證唯物主義態度和盲目的逆反心理是有原則區別的，決不應因為反對極「左」的政治思想而把健康的政治思潮、正確的政治估價也一概摒棄，這不成了「把孩子和髒水一起潑掉」了嗎？至於其中隱隱約約透出的非政治傾向，更是要不得的。

　　茅盾研究面臨的研究對象，是茅盾畢其一生所從事的全部社會實踐與文學實踐，以及由此和時代、和歷史、和同代人，以及此前其後幾代人發生的各方面的種種聯繫，這是一筆巨大的歷史遺產和精神遺產，決非文學概念的突破、研究方法的更新這個狹窄視野所能包容的。有的同志儘管口頭上也承認茅盾不僅是偉大的文學家，而且也是偉大的思想家和革命家，但卻主張把其思想、革命活動的寬廣內容，納入文學家的單一格局裡進行研究。老實講，這種做法不僅不可能弄清楚茅盾在思想領域、社會革命領域中有什麼貢獻，就是文學研究領域本身的相當一部分問題的研究，因為格局與視野的限制而難以突破。主張突破，提出主張的狹窄視野和偏見卻限制了突破，這也許是這些同志始料未所及。但客觀效果卻正是這樣的事實。既然這樣，我們何必做事與願違的事呢？

　　目前浩瀚的四十卷本《茅盾全集》所包含了一千二百萬字以上的茅盾遺作。由於資料佔有方面的種種困難，此前不是每個研究者都已涉獵過的。全面的深入的研究工作，在全集出齊之前，不可能方便地具備「全方位」性的研究條件。這種情況使我們把目標更多地集中在文學方面，這完全可以理解。相信用不著等全集出齊，就是第十一卷至十七卷散文、雜文出齊之後，思想家和革命家以及社會活動家的茅盾形象學，就將得到較好的完整描繪。那時除政治問題持逆反心理的朋友之外，許多同志會在研究格局方面形成較為統一的認識。

　　茅盾一生經歷了資產階級舊民主主義革命、新民主主義革命和社會主義革命與建設等三個不同的歷史時期。其一生過程八十五年，如果從入商務印書館從事文學工作算起，其文學生涯凡六十五年。這八十五年的生活歷程和六十五年的文學生涯，涉足了許多重大領域，提供了許多重大研究課題，諸如：中國近代、現代、當代社會發展史，中國近代、現代、當代政治運動史，中國近代、現代、當代哲學思想史，中國近代、現代、當代文化發展史，中國現代、當代文學教育史，中國近代、現代、當代中外文化交流史與國內各民族之間的文化交流史等等。即便退回到文學的較小的格局內來作審視，也還包括美學史、文藝學史、文藝心理學史、文學批評史與文學史等等，其格局也是十分開闊的。何況茅盾的一生，和中共黨史、國際共產主義運動史以及世界和平運動史也有密切的或者十分密切的聯繫。這麼恢宏的研究格局，怎能包括或納入文學觀念的更新與研究方法的更新這樣一個狹小的

天地裡？

因此，在我看來，茅盾研究的突破，固然包容文學研究領域中觀念與方法的突破，但首先和主要的，應該是研究格局的突破。為此，兩年以前我在文章和學術討論會上的發言中，呼籲過建立「茅盾學」——這是在周揚同志三年前提出「重新認識、重新評價茅盾」的號召和魯迅界提出建立「魯迅學」的啓發下提出來的。而「茅盾學」的內涵，則是茅盾偉大的一生的偉大實踐所決定和規定的。

「茅盾學」的內涵，遠遠超出了文學研究領域，但它並未脫離文學研究領域。恰恰相反，它有助於在文學領域茅盾研究的更加深入。從另一個角度說，「茅盾學」的內涵不僅具有多方面性，而且還有內在有機聯繫性。再換句話說，建立茅盾學，不是把茅盾涉足的各個領域一一涉獵，最終導致全部的各方面成果的相加；而且更重要的，要把他作爲一個完整的人，把他的各方面的建樹之間的內部聯繫，作規律性的宏觀研究、整體揭示。而且，應該把茅盾建樹各方面的內部聯繫和其時代的歷史的環境聯繫起來，作更深入的信史性的評價。而且也還應該把對茅盾的歷史性研究，和茅盾研究史聯繫起來，作更廣闊的多學科的研究。也許這種內外結合、縱橫結合、各學科結合的總體研究，就是學術界最時髦的那種提法，屬於「全方位」的研究罷。如果這個理解可以成立，那麼「茅盾學」本身，也是一種「全方位」的研究，內部規律和外部規律緊密結合的並探索其內部與外部有機聯繫的研究。

例如，在茅盾的創作中，存在爭論的作品比較多，但有爭論而評價高低起落的幅度最大的首推三部曲《蝕》。《蝕》的評價分歧最大者是如何估計它的基調。茅盾關於《蝕》的基調說過不少話。概括性的集中一點，就是「我們幻滅了，但沒有動搖」。對這個基調，文藝界、學術界議論紛紛已快六十年了。由於過分偏重在文學領域找答案，也許是迄今統一不了認識的主要原因。

茅盾幻滅了什麼？在我看來，首先幻滅的是「革命速勝記」！早在一九二一年寫《自治運動與社會革命》時他就有此思想，到一九二七年「四一二」反革命政變後不到一月寫的《蔣逆敗象畢露了》，仍認爲粉碎中國革命的這種對象是很快可以完成的事。然而後來事態發展的無情事實，粉碎了茅盾的這種幻想，他當然就「幻滅」了！第二，他看到了右傾和左傾的種種事實，也看到了其導致的嚴重後果，尤其是瞿秋白的「左」傾及其造成的損失，頗使

老朋友茅盾感到痛心，他批判這些錯誤傾向，但找不到治病的藥方。於是就加重了他們的幻滅感，這些都反映在《蝕》裡。但作者把革命事業堅持下去的執著追求的信念並沒有動搖！所以整個《蝕》的基調就是幻滅但不動搖並執著追求的茅盾政治道路的真實寫照，也是當時革命低潮的緊急關頭相當一部分革命者、革命知識份子的時代通病和共同心境。這些問題不放在黨史、革命運動史、社會思潮史及其內在聯繫，以及他們和文學創作以至知識份子整體傾向的內在聯繫的宏觀領域作整體性考察，怎麼能說得清楚呢？

　　例如，誰都承認，就文學創作和文藝理論批評比，茅盾的成就高於郭沫若，就文藝運動史貢獻說則大體相當，但現代文學史的總體評價，郭沫若卻高於茅盾，這是因為，人們把郭沫若的政治運動史的建樹有意無意地納入文學史領域當作砝碼了！這就混淆了學科的界限，同時，在政治運動史領域中，茅盾在用此筆名前那一段被命名為「商務十年」的歷史，就實質講應該稱之為黨的活動十年和政治生涯十年。因為這時他以革命為主、以編輯、理論批評為掩護，革命是他的主要活動。由於當時黨處於地下狀態，也由於茅盾一九二七年由於客觀原因失掉了黨的關係，導致政治工作所得的評價一直很不公正。這個政治評價的不公正，引起了文學評價的連鎖反應。所以茅盾文學評價的偏低，重要原因之一是政治評價不公正造成的。這從另一個角度證明：僅僅局限於文學領域去研究既是思想家、革命家，又是文學家的歷史人物，人為地割斷其內在聯繫，是不行的。反之，從茅盾學角度統觀全局，這個問題就可迎刃而解了。顯然這不僅因為學科界限遭到混淆、學科評價發生「錯位」，而且因為學科間的聯繫性的估計，其主次發生了顛倒。恕我直言，有的同志沒有看清這個問題，把對這個問題的探討視為「排座次」，其實問題那有這麼簡單？如果建立了綜合性的「茅盾學」，這個分歧將易於統一了。

　　再如，一九四五年茅盾虛歲五十壽辰時，重慶文藝界為茅公祝壽，王若飛以個人名義發表文章，重慶《新華日報》也發表了由廖沫沙執筆，由周恩來等中央領導同志審定的社論。兩文根據茅公一九一六年以來二十九年的文學生涯和革命歷程作了極高評價，總地說略遜於毛澤東一九四〇年以來對魯迅的評價，和郭沫若獲得的蓋棺論定評價大體相當。但是，此後茅公生活與戰鬥了三十六年，他逝世後已經五年有餘。如今的茅盾評價反而低於一九四五年，學術界大都認為一九四五年的評價是公平的。那麼出現了一個反常現

象：茅盾多作出三十六年的貢獻，反而降低了對自己的評價，這不是奇怪的現象嗎？其實放在「茅盾學」領域內宏觀考察，這個問題較易解決。這是因為茅盾觀究史的歷史誇度，和中共黨史以及中國現、當代社會思潮史中「左」傾潮流的歷史誇度發生交叉與重迭。迄今為止，「左」的東西尚未清除，而一九四五年的情況較之其後三、四十年要好得多。關於這個問題的探討，也被視為「排座次」的一部分，其實問題那有這麼簡單？這也是茅盾學內涵中佔一定位置的問題。

凡此種種，都說明了建立茅盾學的必要性和迫切性，有鑒於此，我再次呼籲：建立「茅盾學」！

限於筆談篇幅，也限於自己學術水平，不可能在這裡全面展開地論述鋪陳。謹以提出問題拋磚引玉，以就正於茅盾研究界的前輩和同行。

（刊於 1986 年《昌濰師專學報》第 2 期）

人生體驗促進研究升華
——茅盾研究和我

　　從 9 歲時偶讀《春蠶》，到而今年逾花甲，我學習茅盾及其作品凡 53 年。
〔註 1〕說每讀一遍就有新的領會，顯然言過其實；但要說每經歷一個人生階
段，對茅盾及其作品就或多或少有新的認識，則毫無誇張。不能說這是認
識作家作品的普遍規律（膚淺的作家作品也經不住這種歷時性研究）；但說這
是對偉大、深刻、複雜的作家作品的認識與研究的規律，當不致有太大的片
面性。

　　我開始諳事正處在抗戰初期階級矛盾民族矛盾相交織的複雜歷史年代。
身為中共地下黨員的父親從事抗日宣傳而壯烈犧牲的血的經歷，使我過早結
束了童年，置身階級鬥爭民族鬥爭激流。所以對階級鬥爭民族鬥爭的認識，
開始很早，歷時很長；這算是我的人生第一課。建國初到「文革」十年的波
浪起伏的政治局勢，使我逐漸認識了什麼是路線鬥爭；這算是我的人生第二
課。新時期衝破封閉，實行開放，加快了內外交流；各種思潮的複雜撞擊，
使我進一步認識了什麼是各種思潮的鬥爭；這算是我的人生第三課。

　　這裡所說，不是指藉助間接經驗或書本資料獲得的理性認識，而是指自
己直接介入，獲得親身實踐的人生體驗，所形成的由感性上升為理性的認識
的飛躍。正是這三個不同階段的實際人生體驗，使我學習、研究、評價作家
作品，能夠由淺層次逐步升華到較深或更深的層次。這才使我真正體會到周
揚所說的「認識一個人，特別是認識一個偉大的作家，也並不那麼容易，這

〔註 1〕此文寫於 1995 年我 62 歲時，故曰 53 年，至今又過了 11 個年頭，應該是 64
　　　年了。

需要時間」這番話，其內涵並不僅僅指的是簡單的時間長與短，而且包括認識主體的人生閱歷與體驗的深與淺。由此也生發了我的一個看法：僅僅對作家提出深入生活的要求是不夠的；對文藝理論批評家、文學史家、教授及一切研究哲學社會科學的人，都應該提出深入生活，增加閱歷，盡可能加深會的人生體驗以昇華理論的要求。

一

我讀茅盾的第一篇作品，是1942年如飢似渴地讀《春蠶》那時我上了兩三年私塾，背熟了《論語》（上），並聽先生「開講」了「學而」章；後來又插班念新式的小學。一個偶然機會從語文老師那裡得到一本包括《春蠶》在內的新文學作品的選本。《春蠶》給我印象最深的，是多多頭批判其父老通寶的一句話：「他知道單靠勤儉工作，即使做到背脊骨折斷也是不能翻身的」。9歲的孩子能所以能理解這句話，是因為父親被日寇殺害衣食無著，母親只好當佃戶與變賣舊衣物養活兩個孩子。我和小伙伴都各自跟著大人下地幹活。鋤柄比我高，高樑玉米比鋤柄高。於是我理解了「鋤禾日當午，汗滴禾下土」真正是好詩！一年下來，除了交租，只剩下燒柴和聊以充飢的麩皮穀糠。我當然不能接受老通寶的信念，而只能傾向多多頭這句名言。那時我沒有讀到《秋收》和《殘冬》。自然無從領會茅盾這部《農村三部曲》的整體內涵。但不久家鄉成了八路軍控制下老區和抗日根據地，鬼子的「掃蕩」則造成接鋸戰，直到抗戰勝利。在共產黨領導下，先是減租減息，後是土地改革。我們家分了房子分了地。我也從《白毛女》、《李有才板話》中，印證了我作為小民兵參加土改鬥地主的經歷。我這才明白：茅盾藉多多頭批評他爹爹老通寶代表的「安分守己」、「逆來順受」的老路，意在揭櫫多多頭要走一條新的農民反叛壓迫之路。

後來念大學中文系，讀全了茅盾的《春蠶》、《秋收》、《殘冬》，才更全面地昇華了上述認識。我在1957年《處女地》第6期發表的論文處女作《試論茅盾的〈農村三部曲〉》中，提出了兩個觀點：一是說「三部曲」完整地揭示了反帝、反封建、反資本主義剝削這一基本主題。二是說茅盾通過老通寶與多多頭兩代農民的對比描寫，旨在否定老一代農民安分守己的老路；引導新一代農民通過自發反抗走奪槍造反之路；這條路實際通向「井岡山鬥爭」那種依靠革命武裝奪取政權的新路。我形成後一個認識，不單靠學到的革命理

論，更靠我上述人生體驗形成的紮紮實實的結論。因為我先有自己的置身革命壯潮的人生經驗，也學了點相應的理論，後來才讀到《秋收》、《殘冬》中茅盾對農民反抗的描寫。茅盾這描寫是藉助耳聞的間接經驗；而我則有一點目睹親歷的直接經驗。因此我自信這結論經得住檢驗。

我初讀《子夜》是在中學時代。基本上看不懂公債市場「鬥法」的描寫。1955 年在北大中文系讀三年級時，開始實行「學年論文」制度，我選中的題目是《試論吳蓀甫》。導師川島先生非常耐心地給我講什麼是「多頭」、「空頭」，以及趙伯韜如何利用這「多頭」、「空頭」戰術打敗了吳蓀甫。論文是寫完了，也得了五分（那時已取消百分制，實行五級計分制）。但認識水平停滯在「吳趙鬥法」是「狗咬狗一嘴毛」的淺層次上。原因之一，是我參加過「三反」「五反」運動；原因之二，是毫不懷疑 1952 年茅盾在其選集序言中提出的吳蓀甫是「反動的資本家」這個論點。兩相印證，形成一個簡單化的結論：不承認茅盾對吳蓀甫有「同情」。認為批判茅盾「同情吳蓀甫」的簡單化觀點「沒有道理」。在我，實際上是對茅盾關於吳蓀甫的同情性描寫部分視而不見；在對方，則是雖「見」了，卻從「左」的方面作簡單化否定。糾正這兩種簡單化認識，是後來經過私營工商業社會主義改造運動過程，從生活中對民族資本家「一分為二」，承認確實有愛國的資本家；理論上又弄清楚了民族資本家的兩重性，及 1927 年「四・一二」之後民族資產階級投靠買辦資產階級表現出「兩重性」的複雜情態之後，才形成了我在拙著《茅盾作品淺論》中分析吳蓀甫時較辯證的觀點。直到新時期體驗了思潮鬥爭對作家的影響，才認識到茅盾所說「反動資本家」云云，也是打上了「左」的時代鮮明烙印的片面性觀點。人生體驗加深，研究所得相應地也加深了。「人情練達即文章」，信然！

那時我並不知道茅盾 20 年代的革命政治活動，特別是在黨的領導工作崗位上曾擔負過重任的情況。但從茅盾的創作中鮮明地感受到，茅盾從「為人生」的文學主張，發展到「為無產階級」的文學主張，這軌跡，在其創作中體現得非常充分。遂認識到茅盾 1925 年的《論無產階級藝術》和他的小說創作的同一性；因而佩服得五體投地。反之，對照創造社的「革命文學」主張及其作品，發現了二者有很大的反差，使我認為他們確如 30 年代右翼文人批判左聯「左」而不「作」那樣；起碼是眼高手低。而對他們批判茅盾並扣上「資產階級作家」、「小資產階級代言人」等帽子之舉，就產生很大的反

感了。

至此，藉助於我自身的階級鬥爭人生體驗，認識並理解了茅盾及其創作與革命的關係。對他闡述毛澤東提出的「文藝爲政治服務」思想的許多文章也深信不疑。自己寫文章和教課，也以此爲指導思想，今天反思，這也不同程度地打上了「左」的時代烙印。

二

我能逐步切入茅盾的形象思維過程從中取寶探勝，開始時也藉助青少年時代寫文藝散文及《火燒趙家樓》等多幕話劇的創作實踐體驗。這些「穿開襠褲」時的習作是不足掛齒的。但從生活到創作、由素材到成品的不斷「操作」取得的體驗，是打開通向他的形象思維寶庫之門的一把鑰匙。

50 年代提倡「兩條腿走路」的政治口號影響著我，就一邊執教中國現、當代文學史，一邊搞文學評論。教學還可以借鑒別人，評論必須結晶自己獨立思考之所得。評論與研究又不斷充實著自己的教學工作。在這兩方面，茅盾的創作與評論，都啓發著我。

那時我已發現茅盾的散文，特別是《故鄉雜記》之類記實性散文，其中所述的很多生活素材，其實是茅盾的許多小說創作的毛坯。沿著這個思路，我想方設法克服資料的匱乏，找到《茅盾散文集》（1933 年天馬書店）、《話匣子》（1934 年良友公司）、《速寫與隨筆》（1935 年開明書店）、《印象‧感想‧回憶》（1936 年文化生活出版社）、《炮火的洗禮》（1939 年烽火社）和《白楊禮贊》（1943 年柔草社）。這時我幾乎獲得了哥倫布發現新大陸時的那種喜悅。因爲我發現，不僅老通寶性格與《故鄉雜記》中的「丫姑老爺」、《桑樹》中的黃財發的性格有血緣關係，林先生與《故鄉雜記》中的外號叫「活動兩腳新聞報」的小店老板有血緣關係；而且這些散文集中關於上海灘光怪陸離的花花世界的寫眞與茅盾的「都市小說」，關於抗戰浪潮的紀實和議論與茅盾的抗戰小說，它們之間也有或隱或顯的血緣關係。藉助自己學習創作時的幼稚的實踐體驗，我開始了茅盾散文與小說的比較研究。從中開掘茅盾「人生體驗——散文寫作——小說創作」之間的內在聯繫。這是我進入茅盾形象思維世界的最早的通道。

有兩類文章對我的比較研究有很大啓發。一是茅盾的自述性文章，如《我的回顧》、《回顧》、《從牯嶺到東京》、《談我的研究》、《〈子夜〉是怎樣寫

成的》、《我怎樣寫〈春蠶〉》；和茅盾論創作的文章，如《創作的準備》、《「螞蟻爬石像」》、《從思想到技巧》、《有意為之》等。二是蘇聯理論批評家論蘇聯作家創作經驗的傳記與論文，其中特別重要的是當時蘇聯著名的理論批評家多賓論情節的典型提煉的三篇文章陸續譯成中文發表，後又印成一冊出版，這些論著也給我以很大的啟發。

在人類的認識過程中，從漸變到突變，有時得力於一個視角或切入點的發現與運用。有了最佳視點或切版角度，有時幾乎能達到成功的一半。我在「文革」後發表的《論茅盾小說的典型提煉》一文，就是此前根據對茅盾小說與散文的比較研究所得寫成的。文章提出了老通寶、林先生兩個典型人物所據的原型、提煉的過程、依據的原則、素材的具體的取捨與加工虛構，以及其成功的經驗等等觀點。此文曾被《文史哲》看中；已決定發表。因「文革」暴發而作罷。「文革」中此文和我的全部文稿、講稿，均被付之一炬！「文革」後發表的此文，是重新的。其它論著也都是這樣。

1983 年起參加《茅盾全集》編輯工作後，我按編年次序通讀了茅盾的全部作品和未發表的手稿。這時《新文學史料》正連載茅盾的《我走過的道路》。這一切使我形成更宏觀的視野。歷時數年寫成的五篇論茅盾小說典型提煉的論文，前三論收入 1983 年青海人民出版社出版的我的第一個茅盾研究論文集《茅盾作品淺論》中。後兩論連同前三論合在一起收入 1994 年青島出版社出版的我的第二個茅盾研究論文集《茅盾的藝術世界》中。

取這一視角考察茅盾小說的典型提煉，不僅就事論事論述了他的具體作品的成因與寫作過程，還開掘出許多屬於茅盾形象思維規律的某些理論性問題。如：一，茅盾的現實主義審美觀及其政治傾向性在創作過程中如何有機地結合成渾然整體；二，茅盾如何把「為人生」的文學與「為無產階級」的文學統一於創作過程中；三，茅盾創作的心理剖析特徵與社會剖析特徵如何由不同作品中有不同的側重，到逐步水乳交融結合成內外統一的審美表現特徵，並滲入其獨特的創作個性中；四，茅盾如何把「托爾斯泰方式」與「左拉方式」結合起來寫出史詩性作品；五，茅盾如何把借鑒民族文學傳統與借鑒西歐文學（以現實主義為主，兼及浪漫主義，偶爾也借鑒現代主義）之所得溶入自己的審美表現過程，並發揮自己的創造性，從而形成獨特的風格，並體現出自己的創作個性。這說明這是一個相當深邃、相當開闊的領域。我的開掘目前仍屬於較淺的層次。

　　50 年代後期，我還發現茅盾這時發表的文學評論，其分析與評論作品的方法，對解放前、特別是 20 年代的文學評論有很大的發展和超越。他這時非常注意把思想內容與藝術技巧結合起來作綜合分析。當時不論寫評論文章還是教學，人們通常都習慣於把思想分析與藝術分析作爲兩大塊分割開來。二者分離後，往往形成難以統一的兩張皮。茅盾卻不是這樣。他從 1958 年起跟蹤研究，並幾乎每年都發表當年的短篇小說與兒童文學的評論文章。其分析作品的方法，大都是思想與藝術結合在一起的綜合分析。先是陸續發表，後來結集出版的《鼓吹集》、《鼓吹續集》、《讀書雜記》中的評論作家作品的文章，多是思想藝術相結合，揉合在一起作綜合分析的。這種方法使評論生動活潑、切中肯綮，能幫助初學寫作者學習寫作經驗，是名實相副的審美欣賞之作。

　　把茅盾的文藝理論著作（尤其是論述寫作技巧之作）、文學評論和他回顧與總結自己的創作經驗的文章作對比分析，就更能看出，茅盾把思想與藝術揉合起來作綜合分析的評論文章寫法，不是簡單的評論方法問題，而是深諳創作規律的作家，寫評論文章時能把創作經驗與理論結合起來，並能作宏觀研究的特具的優勢。這和教條主義的條條框框式的批評固然不同；也和雖非教條主義，但沒有創作實踐，僅從抽象的理論分析出發寫的評論文章也不相同。這是深諳創作三昧的內行人作審美欣賞之作，毫無隔靴搔癢之弊。

　　這使我認識到茅盾的文藝批評思想與方法，是值得學習的楷模。它可以幫助我改變文風和教風；使我的評論和教學更內行些，更切中肯綮些。如果說我 1983 年和 1984 年出版的《茅盾作品淺論》與《茅盾散文欣賞》還留有學步的痕跡；那麼後來所寫的評論文章，包括 1993 年收入《茅盾的藝術世界》中的文章，就多些受益於茅盾所獲得的突破。前兩本雖出版於「文革」後，但有一部分是「文革」前研究所得，「文革」後才作文字表述的。《茅盾的藝術世界》則全都是新時期的收穫。這期間，我的研究工作完成了由第一階段的微觀研究爲主，到第二階段以宏觀研究爲主的過渡。

三

　　茅盾是中國現代文學的奠基人之一。從「五‧四」算起，他的文學活動比魯迅長兩倍半的時間。共同作爲縱向貫串中國現代文學史與中國當代文學史的兩位「五‧四」新文學奠基人，與郭沫若比較，茅盾文學活動的時間

更長；他在文藝理論、中外文學史、文學評論、文學創作諸方面的開拓，更深廣，更持久；與文壇的關係更直接，也更具連續性。何況，在中國現當代文學史上，茅盾代表的革命現實主義比郭沫若代表的革命浪漫主義更佔據主流地位：因此茅盾是牽一髮而動全身的中國現代與當代文壇最主要的代表者。從 50 年代末到新時期，我的茅盾研究工作，就是立足於這個基點：通過茅盾觀察中國現當代文學思潮史；並反觀茅盾及其文學建樹的歷史地位與作用。

這當中首先碰到的難點，就是如何把握茅盾的世界觀、文藝觀由量變到質變的軌跡與特點。這關係到他與現代文學思潮史的關係，特別是 20 年代中國文學思潮的歷史發展軌跡與茅盾所起作用的評價；故而是個關鍵性問題。在 50 年代，中國學界公認，魯迅由革命民主主義到共產主義的質變，是 1927 年。對茅盾卻沒有一致的意見。那時，通常以《蝕》具「小資產階級傾向」為據，認為茅盾的質變分野晚於魯迅，是在寫了《路》與《三人行》，並參予領導左聯後，特別是寫了《子夜》的 30 年代初，當時學界似乎無人充分了解或充分重視茅盾參予建黨，並擔任過黨內高級領導職務這一事實。也未見誰考察茅盾在其翻譯中、政論與雜文中所表現的無產階級傾向。在「革命文學」論爭中，創造社、太陽社給茅盾做的「小資產階級代言人」的定性分析的流毒，似乎在那時也還左右著學術界對茅盾思想的定性與評價。

我當時也不了解茅盾那段革命經歷，不了解體現他無產階級傾向的翻譯、政論的全面情況。但我覺得 1925 年茅盾在《論無產階級藝術》、《告有志研究文學者》、《文學者的新使命》等文中，系統地論述了他的無產階級藝術觀。就其理論深度與辯證思維程度言，是 1928 年「革命文學」論爭中那一大批文章所未能企及的。因此，把茅盾的世界觀文藝觀的質變推到 1930 年，似乎不合實際。1959 年在內蒙古大學執教，我又碰到這個問題。於是就冒昧地給茅盾寫信，請他談談其思想質變問題。不料茅盾回信答覆道：「看一個作家的思想變化，最可靠的方法是研究他的作品」。我和茅盾只通過這麼一次信。他的回信，「文革」抄家時被人拿去，迄今下落不明！但我記得收到此信時，心情很複雜：一是未獲明確答覆，感到遺憾。二是感到茅盾指示的方法，畢竟是個正確的方法；我當更全面地搜羅其著述，作深入的考察。三是隱隱感到茅盾似有回避正面答覆之意。若是，為何會這樣？

後來我找到茅盾的大部分譯文和政論。通過走訪，大體知道些茅盾的早

期經歷。「文革」後陸續發表的《我走過的道路》，又描繪出其基本人生經歷。特別是經過「文革」，我受衝擊的那幾年的切身體驗，促使我思考了一些關於路線鬥爭複雜性的深層問題。藉此也逐漸理清了上述問題的頭緒。從 1983 年發表的《絢麗曲折的政治道路》、《作家與理論批評家的完美結合》，到後來陸續完成的《茅盾評傳》（1998 年重慶出版社）、《茅盾孔德沚》（1990 年中國青年出版社）、《茅盾翰墨人生八十秋》（2000 年長江文藝出版社），我逐漸形成並論述了以下幾個觀點：一，茅盾完成由革命民主主義到共產主義的政治觀的質變，站在無產階級立場上，是 1920 年到 1921 年；其組織標誌是 1920 年加入共產主義小組，1921 年成為首批共產黨員。其思想標誌，一是同期發表的下述譯文：《共產主義是什麼意思》、《美國共產黨黨綱》、《美國共產黨宣言》、《共產國際聯盟對 IWW〔註 2〕的懇請》、《國家與革命》第一章等一大批馬克思主義文章。二是系統闡述其馬克思主義政治觀的《自治運動與社會革命》等長篇論文中，論述了基礎與上層建築之間的辯證關係；提出了通過無產階級革命在中國實現「一切生產工具歸生產勞工所有，一切權力都歸勞工們執掌」的無產階級專政的社會制度的觀點；並把它作為自己的奮鬥綱領。二，茅盾的文藝觀的質變，滯後於其政治觀的質變；經過「五‧卅」運動，他才放棄了階級觀點模糊的「為人生」的文學與羅曼‧羅蘭提出的「民眾」藝術主張，代之以「頭角崢嶸，鬚眉畢露的名兒──這便是無產階級藝術」；時間在 1925 年；標誌就是《論無產階級藝術》等那批論文的發表。三，茅盾世界觀的質變形態，是以政治觀帶動文藝觀，呈波浪式推進態勢，它始於 1920 年，最終完成於 1925 年。故以具體時間界標這分散出現的質變點就比較困難。四，茅盾確立了無產階級世界觀後，思想上曾出現過曲折反覆，但根本政治立場從未動搖過。這曲折反覆期出現在 1927 年。《蝕》的寫作是其標誌。此作表現了大革命失敗後的幻滅情緒。但他「破滅」的是其「革命速勝論」「幻想」而不是其共產主義理想。茅盾的「革命速勝論」，在 1921 年《自治運動與社會革命》中就形成了。在此文中他說：「最終的勝利一定在勞工者，而且這勝利即在最近的將來。」這「幻想」一直到「四‧一二」反革命政變時還未放棄。1927 年 5 月 10 日，他在為漢口《民國日報》所寫社論《蔣逆敗象畢露了》中還預言：「凡此種種都證明蔣的勢力已至末日。」「我們再努力一點，早些把他完完全全送進墳墓去呀！」這說明在青年時代，共產黨員茅盾身上

〔註 2〕IWW：「世界工業勞動者聯盟」的簡寫。

存在著「左」傾幼稚病。但汪精衛背叛革命發動的「七・一五」反革命政變，
完全破壞了大革命的形勢，使黨不得不轉入地下。茅盾也離開武漢返上海，
在被通輯情況下，隱居家中開始「停下來思考」並寫《蝕》。這時「革命速勝
論」的「幻想」才徹底破滅。這就是茅盾「幻滅」的實質。但他的共產主義
理想與無產階級主場並未動搖。當中他東渡日本。雖失掉黨的關係，但經過
「停下來思考」，他否定了自己的「左」傾幼稚病，也否定了瞿秋白的「左」
傾盲目主義路線。他擺脫了幻滅情緒，堅定了繼續爲共產主義作長期奮鬥的
信心。1928 年 7 月在《從牯嶺到東京》一文中，他宣布他將在象徵蘇聯爲代
表的眞正的無產階級革命方向的「北歐運命女神」引導下高歌奮進。所以茅
盾 1927 年的思想反覆，是「量」的搖擺，而非「質」的突變。並不影響茅盾
於 1921～1925 年確立的無產階級立場與共產主義世界觀這一基本性質及其歷
史評價。五，茅盾的搖擺，是在建黨初期黨內路線鬥爭發展過程中的思想發
展性質的搖擺。他「幻滅」了「革命速勝論」，是好事而非壞事。他並未動搖，
則絕對是大好事！1928 年創造社、太陽社站在「左」的錯誤路線立場，批判
茅盾拋棄「革命速勝論」的「幻滅」，把這視爲對革命的「背叛」，是其「資
產階級立場」與「小資產階級代表人物」的行爲表現：這批判不能成立！這
在當時即被黨中央所糾正；更不能作爲學界判斷茅盾世界觀質變的依據。倒
是對茅盾所作的這些「左」的批判，應該放到當時黨內路線鬥爭及其在文藝
中的反映這一歷史環境中，作歷史唯物主義的評價。這不僅對茅盾的評價、
對當時茅盾研究的評價，就是對那段文藝思潮史的回顧與評價，都有重要的
意義。

四

　　50 年代後半，國際上掀起反共反馬克思列寧主義的思潮。有些共產黨也
開始和平演變。中國的對策是反修防修；其中也夾雜著極「左」思潮；「文革」
時則達到極致。這對當時尚健在的茅盾，對我和我的茅盾研究，都是一次大
衝擊。在目睹親歷這段歷史中，我形成了自覺的思潮意識。新時期撥亂反正
與改革開放，西方各種思潮一齊湧進。其中包括早就產生，滯後湧入中國的
成分。對中國現代文學研究衝擊最大的，是 1961 年美國耶魯大學英文版，1979
年香港友聯出版社中文版的美籍華裔學者夏志清著的《中國現代小說史》。這
時此書在大陸流傳，旋即引起了混亂。夏志清標榜「全以作品的文學價値爲
原則」評價作家作品，反對「因政治或宗教的立場而有任何偏差」。但他又宣

布：「我自己一向也是反共的」，我在書中「討論有代表性的共產黨作家、並對共產黨在文藝界的巨大影響力作詳細的交待，可是我的目標是反駁（而不是肯定）。」這也難怪。夏志清 1951 年曾受雇於美國政府，以政府提供的經費編寫《中國手冊》，供美國政府向侵朝美國軍官進行反共宣傳用。夏志清抱著反共與反駁共產黨對中國文藝界的影響之目的治《中國現代小說史》，其反共傾向就使他偏離了他標榜的「全以作品的文學價值爲原則」的標準。全書的「反共宣傳」基調，使此書成爲五六十年代國際反共思潮的有機組成部分。這本書在中國的滯後流傳，衝擊了新時期的中國文壇。

我是這兩段思潮史的目睹親歷者。敏銳的思潮意識使我及時發現：此書在大陸傳播過程中，與當時針對極「左」思潮及其危害性的「逆反心理」發生了共鳴。特別是使某些沒有思潮經驗的文學青年發生了思想混亂，有的則右向逆轉到另一極端。出於責任感和參與意識，我立即把剛恢復的茅盾研究與新時期文學思潮研究結合起來，以茅盾研究與評價夏著爲切入點參與論爭；想藉此避免文壇逆轉的不良取向。

我先寫了《藝術探索與政治偏見之間的徘徊傾斜——評夏志清的〈中國現代小說史〉茅盾專章》。接著寫了兩篇評夏著全書的文章，與兩篇針對夏著及當時國內外否定魯迅的社會思潮的文章。後來結集爲《新時期文學思潮論》，這組文章編爲上編。中編與下編則是由此延伸，總結現代文學思潮史經驗，針對當時文壇走向的文章。思潮意識與「史識」使我抓住了夏著的要害。我在「文革」後已經認識到，當時在中國現代與當代文學史的史著與教學中，確實存在論述民主主義作家與敵對營壘作家覆蓋面不廣的「左」的偏向。但夏志清站在其自稱的反共立場上反其道而行之的傾向，也是違背歷史主義與科學態度的。我指出其主要表現是：一，夏著對「五‧四」新文學，特別是「左翼文學」與毛澤東《在延安文藝座談會上的講話》指導下的解放區文學，除具反封建傾向者外，大都以「這是宣傳」爲藉口持否定、基本否定或貶低態度。二，貶低魯迅、郭沫若、茅盾、巴金、老舍、曹禺等，人爲地抬高或拔高張愛玲、沈從文、錢鍾書、師陀等。不僅把兩類作家相提並論，甚至把後者置於前者之上。特別是拔高張愛玲，不僅冠以「最偉大的」、「最傑出的」、「最好的」等等最高級形容詞，把她置諸世界文學大師行列，而且在承認《秧歌》、《赤地之戀》兩部長篇是「沒有什麼藝術性可言的概念化小說」的前提下，仍對其歪曲新中國的眞實面貌，把它寫成「共黨統治下」

「種種慘絕人寰的暴行」，「人的身體和靈魂在暴政下面受到摧殘的記錄」的
這兩部長篇的反共傾向倍加稱讚。三，在論述魯迅、郭沫若、茅盾、巴金、
老舍、曹禺等作家時，對其成為共產主義者之前的創作還予肯定，對其成為
共產主義者之後的創作則幾乎全盤否定。對其後期的思想取向大都貶為「共
黨宣傳」。四，對茅盾前期著作加以曲解。如其《動搖》中人物方羅蘭有段攻
擊工農運動的話，茅盾的這種批判描寫，竟被夏志清曲解為茅盾假藉方羅蘭
之口，揭露共產黨領導的工農運動是「暴政可惡」！五，對茅盾的政治與藝
術態度也加以歪曲。一方面把其無產階級傾向說成是「共黨宣傳」，一方面又
說茅盾為保持「中共作家中首席地位」而「言不由衷」；實際上存在游離以至
反對共產黨的傾向。這一說法影響很大，是後來有些人所說的「茅盾雙重人
格論」之本源所在。

　　我在文章中坦率指出：夏志清這些歪曲文學史真實、任意抬高或貶低許
多作家作品的文學價值、文學史地位的做法，表現看他是違背了他「以作品
的文學價值為原則」的自我標榜；實質上都是「因政治或宗教的立場」故意
為之所導致的「偏差」。我還指出：夏志清此書的反共傾向，使他離開了學術
研究，是他自覺配合國際上掀起的那股反共思潮的具明顯政治功利目的之
作。因而有必要把他這部書和此書產生的客觀影響與共鳴區別開來；和與之
產生「共鳴」的國內反對「文革」及「文革」前即有的文壇極「左」思潮的
那種「逆反心理」，嚴格區別開來。

　　這樣，這些文章當時在澄清文壇上與社會上各種思潮大碰撞導致的許多
混亂現象與糊塗認識方面，在澄清現代文學史、特別是茅盾研究領域與此有
關的分歧意見方面，多少起到一些作用。有位作家在來信中說：「看了你的書，
使人頭腦清醒。」

五

　　進入新時期後，茅盾的歷史地位與茅盾研究中的公認的評價，受到一次
又一次的衝擊。其最大者是兩次。一次是從提出「重寫文學史」到最近作為
其餘波推出的重新「排座次」的《20 世紀中國文學大師文庫》的面世：先是
從各方面貶低和非難茅盾及其作品的思想藝術成就，後來則乾脆把他從文學
大師隊伍中「除名」。我意識到這是新時期文藝思潮中比較重大的現象，先後
發表了《撥開雲遮霧罩，恢復廬山真貌——評近些年茅盾研究中的某些觀點》

〔註3〕和《聞茅盾被〈大師文庫〉除名有感》〔註4〕兩篇長文。對貶低與曲解茅盾及其作品的某些觀點予以辨析。鑒於持這些觀點，採取這些做法，大都是沒有文學思潮跟蹤研究經歷與體驗的年輕學者，因此我採取平等商榷的學術探討態度，文章也以正面立論爲主，兼及錯誤觀點與曲解茅盾及其作品的說法的批評與討論。我固然重視對這些誤認成曲解的撥亂反正，但更重視這種文學思潮取向的成因的考察。在我看來，貶低或不承認茅盾及其作品的思想藝術貢獻與歷史地位的原因，主要是以下四點：一，與茅盾及其作品的思想政治傾向持對立觀點，或有淡化思想內容的非政治傾向。在爲「重寫文學史」作準備的一批論文中，從反對文藝從屬於政治，爲政治服務開始，發展到否定文學史上具鮮明無產階級傾向的作家如丁玲、周立波、趙樹理以至郭沫若、茅盾的態勢，一時之間形成文壇一個不大不小的氣候。這些文章往往從今天的強調藝術、忽視政治的欣賞口味出發，來要求與衡量前人。二，對歷史上應中國革命需要，在打擊敵人、支持人民革命過程中，產生過重大戰鬥作用的作家作品的歷史作用，採取不承認態度。甚至脫離作家作品賴以產生的歷史條件，把它納入今天自己的欣賞標準與口味中，合則褒，不合則貶。這種隨意性頗大的違背歷史唯物主義的評判態度與標準，使其失卻了客觀的科學尺度。三，對待複雜多元的文學思潮現象，持合我者褒，不合我者貶的狹隘的藝術功利眼光與態度。往往從特定思潮與流派的主體傾向與需要出發，對非本流派的文藝持排斥態度，其批評多是「以尺論斤」的「異元批評」與「跨元批評」。四，趨時媚俗趕浪頭的態度與無原則、隨風倒的嘩衆取寵態度。凡此種種，或是政治取向不健康，或是藝術態度不嚴肅：其綜合性後果，就是作歷史評價時的隨意性與主觀片面性。不從這些病根作治本之醫療，文學思潮中隨意評價歷史、隨意褒貶前人之弊就難以根治。

另一次則是寫文壇回憶錄與爲作家立傳中對茅盾的歪曲。此事始自「文革」中批判茅盾時，秦德君提供歪曲茅盾政治歷史眞貌的所謂「史料」。茅盾逝世後她又在國內外發表回憶錄談話錄，沈衛威根據秦德君提供的片面的失眞的材料所寫的由台灣出版的《艱辛的人生──茅盾傳》，又總其大成。這些

〔註3〕 此文 1991 年在南京召開的茅盾研究國際學術討論會宣讀，並收入大會論文結集《茅盾與中外文化》與我的第二部茅盾研究論文集《茅盾的藝術世界》中。

〔註4〕 此文先後發表於《文藝理論與批評》1995 年第 2 期與《作品與爭鳴》1995 年第 3 期。

文章與論著或從政治上捏造事實，無中生有，給茅盾扣了「叛黨」、「攜南昌起義公款潛逃」、「把當蔣介石秘書當作人生最大追求」等帽子；或從人格與私生活方面給茅盾潑了不少污水。究其原因，在秦德君，主要是因過去的恩恩怨怨，心理不平衡，而挾嫌報復；在其他論者，則除了治學態度不嚴肅外，與標新立異、藉披露隱私嘩眾取寵的卑微功利目的不無關係。

由於事關中國革命史、現當代文學史與現當代文學思潮史的真實面貌與茅盾研究求真求實的嚴肅性以及歷史評價的公正性等大問題，我冒著捲進文壇糾葛的危險，先寫了一篇考證性論文發表在剛出版的《茅盾研究》第6期，又在今年出版的《茅盾孔德沚》一書中，以正面闡述與描寫為主，兼及辨誣去偽，撥亂反正；力爭據實恢復茅盾的真實面目，澄清被攪渾了的文壇之「水」。

如果說前一次衝擊還不失文學探討的嚴肅性；那麼後一次衝擊則與世風日下、道德水準下滑的總趨勢不無關係。因此，不論哪一次，都有嚴肅對待之必要。對發展茅盾研究與中國現當代文學史研究的事業說，都是時代與歷史之所需。

六

作為觀念形態的文學，起碼在階級意識尖銳對立的整個20世紀，難擺脫其意識形態的社會政治屬性。對文學評價說來，也不存在統一的政治標準。因此作家作品及其文學史地位的評價，就難免仁者見仁，智者見智。但是文學藝術作為審美的意識形態現象，其評價則不是沒有基本統一的審美標準的。而歷史的最終評判，將能作出客觀的科學的評價。

茅盾作為無法抹煞與否認的文學大師，他對中國人民與中國革命的歷史貢獻，他的文學建樹，他所營構的理論世界與藝術世界，是充滿思想藝術魅力的客觀存在。儘管他不是沒有局部的敗筆或失誤，但總體說他是一座不朽的豐碑，以永遠屹立在世界文學之林。後人因各自的社會政治觀念與審美取向的歧異，在仰視茅盾是為所感到的，有的是巨大的精神鼓舞與審美享受；有的是則精神壓抑與審美逆反心理。因此，對茅盾的評價，難免相左或針鋒相對。

但茅盾還是茅盾，或譽或毀或褒或貶，那是讀者與論者的主觀選擇與取向，都不影響茅盾的文學史地位與歷史價值。在階級鬥爭、路線鬥爭、思潮

鬥爭中，茅盾的幸運與厄運，源於他的偉大貢獻及其對不同人的不同影響；他的偉大貢獻，過去、現在、將來，都已經或仍將給他帶來幸運或厄運。

　　但無論是這幸運或厄運，都不是茅盾的不幸，而是他始終享有的歷史性的光榮！

　　而論者面對這一切作歷史評價，最重要的一點在於：依靠自己的人生體驗來促進研究的昇華。

　　　　　　　　　　（收入《茅盾研究和我》，華夏出版社，1997 年 6 月）

編後記

　　從 1956 年寫第一篇茅盾研究論文起，到 2014 年末編本書止，我致力茅盾研究將近 60 個年頭。所得成果可歸爲兩類：一類是《茅盾評傳》等四部專著；另一類是含本書在內四部論文結集：1983 年出版的《茅盾作品淺論》是第一部。1984 年出版的《茅盾散文欣賞》是第二部。1993 年出版的《茅盾的藝術世界》是第三部。本書則是第四部。第一、二部重在具體作品研究。第三部重在作品的綜合研究。本書則是對茅盾全人及其時代、與社會、與思潮之關係的宏觀研究。由此留下了我致力茅盾研究的方法和路徑的軌跡。

　　本書收論文 38 篇，附圖表兩份。最早的寫於 1956 年，晚近的寫於去年和今年。縱跨 58 個年頭。多曾在學術刊物或論文結集中發表過，留下了時代印痕。這次編集，訂正了文字、標點；糾正了誤植、誤排。除其中一篇是兩篇合併者外，其餘一仍其舊，不加藻飾。反映了時代烙印的和我的認識的原貌。也利於讀者作歷史的思考與辨認。

　　全書依題旨分爲五編。

　　序編所論是我的期冀：以史識糾正時識的偏頗，以求正確地「重新認識」茅盾。

　　甲編大體沿著歷史線索和茅盾的人生歷程軌跡，探討茅盾的思想發展、政治道路、引領社會的文化的文藝的思潮的活動、文藝思想的多方建樹，特別是在各種時代潮汐衝擊下，在多個重大節點上所作的卓越理論貢獻。突出其通過上述一切，客觀上推動了文化發展，造成較大的時代影響；主觀上則無形中展現了高尚品格與心靈風采。行文以正面論述爲主；有針對性的反撥爲輔。

　　乙編論述剖析茅盾主要的文學創作。重點在不同時期影響極大，引發了不同的爭論，遭受過種種非難的多部代表作。也是正面論述剖析為主；商榷反駁為輔。

　　丙編則針對茅盾遭受的風吹雨打，潮汐衝擊，根據問題的性質區別對待。有的反駁；有的辯論：有的則作客觀、公正、具科學性的批判。

　　附編則是我對如何開展茅盾研究的一些建議。陳述我據此所作的一些努力，所獲的一些心得。

　　本書的命名頗費斟酌。最終選擇以「時代潮汐衝擊」形容茅盾的歷史處境；以「文壇砥柱」評價茅盾的歷史地位。這是因為，一方面茅盾確實作出了偉大貢獻；另一方面他又命運多舛；寫到歷史焦點，頻遭思潮衝擊。但他巋然不動，砥柱中流，鞠躬盡瘁，死而後已。然而他諸多方面的貢獻，迄今仍未得到公正和充分的認識、開掘和評價。

　　作為茅盾文學遺產的跟蹤受益者和身處學界，致力研究的晚輩，我們有責任撥亂反正。出於歷史責任感，我給自己確立了兩個目標：一是啃「硬骨頭」和開墾「空白地」。二是對曲解、非難茅盾、抹煞其貢獻、掩蓋其真貌、顛覆其應有的歷史地位的種種言論行為，認真嚴肅地論辨反駁。努力維護學術尊嚴，拂去潑撒在茅盾身上的污泥濁水，恢復「廬山真面目」，還歷史一個真實的具生命活力的茅盾。為此也經常招惹是非，引來嘲諷，遭到排斥與孤立、打擊。出於學者良心與責任感，雖是自討苦吃，倒也泰然自若。一路走來，無怨無悔。而且歷史老人和廣大讀者與學界同仁是公正的。大抵心中有數。多以輿論和口碑，加以擺平。

　　何況，塞翁失馬，焉知非福？這樣一來，這第四部論文集和《茅盾評傳》等專著，倒形成了幾個特點：思辨性、論戰性，還多少帶點開拓性。這是幾位論者在評論文章中告訴我的。

　　在本書附編所收入的《茅盾研究的突破問題芻議》一文中，針對開拓茅盾研究全方位視野，倡議建立「茅盾學」問題，提出了當時的一些想法。這些想法首先是我努力追求的和努力實踐的。撫今追昔，60多年的學習和將近60年的筆耕，目標追求，始終一致。基本觀點，始終統一。個別認識，也有偏頗，一旦發現，必定糾正。並在文章中主動宣示。首先是鞭策自己；也怕誤導別人。大半個世紀的跋涉，難免也受潮汐的衝擊。孜孜矻矻，一路走來，個中的艱辛苦澀，冒昧改句古詩自況：秋江水寒鴨自知！

　　而今已入耄耋之年，青年時代的銳氣，成長時期的心智，均已難再。出版這部論文集，也算劃了句號；也算向天國裡的茅公作了交待。

　　承錢振綱教授推薦，承李怡教授厚愛，此稿得收入李怡教授主編的《民國文化與文學研究文叢》附其驥尾。榮幸之餘，多謝盛情。同時也對出版社諸公表示敬意。歷年來貴社出版了多套叢書，品位高雅，內涵厚重。爲祖國以至世界文化事業，做出了巨大貢獻。出版史上對此理應寫上重重的一筆。

　　　　　　　　　　　　　　　　　　　　　　　丁爾綱
　　　　　　　　　　　　　　　　　2014 年 11 月末記於千佛山麓